DAGOBERT LINDLAU | REPORTER

DAGOBERT LINDLAU
REPORTER

Eine Art Beruf

Mit 28 Abbildungen auf Tafeln

Piper
München Zürich

Alle Abbildungen entstammen dem Archiv des Autors,
bis auf Bildteil S. 1 unten: Paul Sessner. Nicht immer konnten
die Photographen ausfindig gemacht werden, eventuelle
Rechteinhaber werden gebeten, sich beim Verlag zu melden.

ISBN-13: 978-3-492-04867-5
ISBN-10: 3-492-04867-6
© Piper Verlag GmbH, München 2006
Satz: seitenweise, Tübingen
Druck und Bindung: Pustet, Regensburg
Printed in Germany

www.piper.de

Für Ursula,
ohne die ich
nicht davon erzählen könnte.

INHALT

DER STOFF

Es geht um Ereignisse, die nicht berichtet wurden, obwohl es sie gab, und um andere, die es nicht gab, obwohl über sie berichtet wurde. Um Leute, die nicht sind, wofür man sie hält, und um andere, die tun, als wären sie nicht, was sie sind. Es geht um das, womit es Reporter zu tun haben. Meistens stimmt, was sie berichten. Manchmal stimmt es nicht. Nicht weil sie Halunken wären, sondern weil sie von hundert Fakten nur die Hälfte erfahren und davon bestenfalls ein Dutzend in ihren Berichten unterbringen. Die Wirklichkeit braucht oft mehr Platz, als Zeitungen oder Sender herausrücken.

Die Masse des Gedruckten und Gesendeten wird von Tag zu Tag größer. Trotzdem nimmt die Desinformation zu. Eine Industrie, die Marketing produziert, macht Milliardenumsätze, indem sie Erzeugnisse schönfärbt, die nichts taugen, Kunden Dienstleistungen andreht, die nichts wert sind, und Wählern eine Politik aufschwatzt, die nicht hält, was sie verspricht. Noch nie, seit die menschliche Art auf zwei Beinen geht, haben so viele Leute von sich gegeben, was sie selbst nicht glauben. Das Hinters-Licht-Führen von Kunden und Wählern ist lukrativer geworden als der Handel mit Erdöl oder Waffen.

Wir waren sicher, daß die Flut von optischen und akustischen Botschaften zu einer informierten Gesellschaft führen würde. Wir haben uns geirrt. Desinformation gedeiht viel besser als Information. Desinformation läßt sich viel billiger herstellen, und sie läßt sich viel leichter transportieren als Information. Milliarden und Abermilliarden werden für terrestrische und außerterrestrische Überwachungssysteme, für ultraschnelle Übermittlung oder Speicherung von riesigen Datenmengen ausgegeben. Zu besserem Regieren hat es nicht geführt. Nachrichtendienste ertrinken in einem Gemenge von Desinformation und Information, unfähiger denn je, Wichtiges und Unwichtiges auseinanderzuhalten und Bedrohliches zuverlässig vorherzusagen. Politik wird allzuoft von Ahnungslosen bestimmt. Drei Viertel der Amerikaner, die sich im Herbst 2004 für George W. Bush entschieden haben, waren sicher, daß Saddam Hussein und Al Qaida am 11. September 2001 gemeinsame Sache gemacht hatten, obwohl in allen Zeitungen stand, daß das nicht der Fall war, und obwohl das inzwischen sogar der amerikanische Präsident zugibt. Ein Drittel der Bush-Wähler war überzeugt, daß im Irak Massenvernichtungswaffen oder Vorbereitungen zu ihrer Herstellung gefunden worden waren.*

Absurde Verschwörungstheorien werden von immer mehr Menschen für bare Münze genommen. Gegen jeden Common sense und alle Fakten. Nicht nur in Afrika meinen Millionen, daß AIDS mit Zauberei kuriert werden kann. In arabischen Ländern ist eine Mehrheit davon überzeugt, daß es nicht die Saudis um Atta waren, die dreitausend Menschen im World Trade Center von Manhattan ermordet haben, sondern der Mossad oder die US-Regierung. Im Westen ist sich eine Mehrheit sicher, daß die Mafia, die Illuminaten, der KGB, Auftragskiller von Fidel Castro, das FBI oder alle miteinander Präsident John F. Kennedy ermordet haben, obwohl inzwischen alle Archive geöffnet und nicht nur die Motive des Lee Harvey Oswald, sondern auch jede

---

* Universität von Maryland, »Program on International Attitudes«, zitiert nach: Andrew Gumbel, *Steal this Vote*, S. 316.

seiner Bewegungen bis ins letzte Detail geklärt sind und seine Alleintäterschaft* unbestreitbar ist. Eine Mehrheit in Europa glaubt, daß Prinzessin Diana nicht einem Autounfall zum Opfer gefallen ist, sondern einem Attentat. Es ist für die meisten Menschen unerträglich, daß das Leben des mächtigsten Mannes der Erde von einem Niemand ausgelöscht werden kann und daß der Zufall auch Prinzessinnen nicht verschont.

Mehrheiten sind krankhaft mißtrauisch. Sie halten daher alles für möglich. Nur wenige nennen die »Eclipse of Reason«, die Verfinsterung der Vernunft, beim Namen wie Max Horkheimer in seinem gleichnamigen Text aus der Emigration. Niemand protestiert so entschieden gegen religiösen Fanatismus wie Voltaire mit seinem Aufschrei: »Écrasez l'infâme!« Wir beginnen zu ahnen, wovor Alexis de Tocqueville vor 150 Jahren gewarnt hat, nämlich daß die Despotie von vielen nicht besser sein muß als die von einzelnen. Vor allem dann nicht, wenn die vielen desinformiert, manipuliert oder aufgehetzt sind.

Ein Kaminkehrer macht sich schwarz. Das hat mit seinem Job zu tun. Ein TV-Reporter wird bekannt. Das hat auch mit seinem Job zu tun. TV-Reporter berichten nicht aus der Deckung heraus wie die von Zeitungen. Sie müssen daher nicht nur mit einem Namen oder ein paar Buchstaben, sondern mit ihrem Gesicht für das einstehen, was sie erzählen. Dafür kriegen sie sogar in einem ausgebuchten Restaurant noch einen Platz. Hin und wieder werden sie auf der Straße erkannt. Wenn das zum ersten Mal geschieht, sind sie geschmeichelt. Später finden sie es lästig. Gelegentlich steht über sie etwas in der Zeitung. So gut wie nichts von dem, was ich über mich gelesen habe, stimmt mit meiner Wahrnehmung von mir selbst überein. Deshalb muß es nicht falsch sein. Aber ebensowenig richtig.

* Gerald Posner, *Case Closed,* New York 1993.

Wer von Ereignissen und anderen Menschen berichtet, kommt nicht immer um sich selbst herum. Eine Autobiographie kommt dabei aber nicht heraus. Es ist schwierig genug, andere einzuschätzen. Sich selbst einzuschätzen ist unmöglich. Selbst der feste Vorsatz, ehrlich zu sein, bleibt ein Versuch in »loosing cause«. Eitelkeit spielt eine Rolle, selektive Wahrnehmung eine andere. Außerdem ist Ehrlichkeit riskant. Warum lügen Politiker dauernd? Weil sie für jeden ehrlichen Satz gekreuzigt werden. Wir zwingen sie, über Wichtiges so zu reden, daß alles offenbleibt und die Unbelangbarkeit selbst bei gröbster Entstellung sichergestellt ist. Mehr noch, wir ertappen uns dabei, sie nachzuahmen. Kritiker schließlich machen sich über die kleinste Ehrlichkeit her, wie schwarmbeißende Piranhas. Ich vermute, daß die Angst vor kritischer Häme mehr Redlichkeit in Wort und Schrift verhindert als Eitelkeit und selektive Wahrnehmung zusammen.

Was einmal ausgestrahlt worden ist, läßt sich nicht zurückholen. Was auf dem Boden eines Schneideraums landet, ist nicht geschehen. Banales muß für das Fernsehen dramatisiert und Dramatisches muß banalisiert werden. Information spielt sich als Unterhaltung auf und Unterhaltung als Information. Gedrucktes wird zur Tatsache, nur weil es gedruckt worden ist. Ernstgemeintes wird als Witz verstanden, und jeder Witz wird ernstgenommen. Eine Reporterin fragt nach meinen schlechten Eigenschaften. Na ja, ringe ich mir ab, manche Leute behaupten, daß ich immer alles besser weiß. Dabei, füge ich hinzu, weiß ich ja wirklich alles besser. Volontäre graben das gelegentlich wieder aus. Wenn ich nicht aufpasse, wird es auf meinem Grabstein stehen.

Dick Sprague ist in des Wortes doppelter Bedeutung mein ältester Freund. Aber wenn andere über ihn reden, dann reden sie über einen, den ich nicht kenne. Vielleicht weil er manche für immer ins Gefängnis oder in die Todeszelle gebracht und andere aus ihr herausgeholt oder viele Millionen Dollar für sie erstritten hat.

Vermutlich kannten nur wenige den Philosophen Max Horkheimer im Nachthemd. Auf den ersten Blick scheint das belanglos. Horkheimer sähe das anders. Er war überzeugt, daß man sich bei einem Mittagsschläfchen nur im Nachthemd und in einem richtigen Bett wirklich ausruhen kann. Sich halb ausgezogen auf eine Chaiselongue zu legen sei nicht nur zwecklos, sondern auch unredlich wie alles Inkonsequente. Bekanntlich war Philosophie für Horkheimer die Lehre vom richtigen Handeln.

Tony LeVier hatte ein Pferdegebiß und war Testpilot. Er ist bis heute der einzige, der einen Starfighter, bei dem Turbine und Hydraulik ausgefallen waren, auf eine tief unter ihm liegende Landebahn gebracht und die Notlandung überlebt hat. Als ihn ein mexikanischer Großgrundbesitzer in seine private Stierkampfarena schleppt, murrt er: Große Heldentat, so ein armes Vieh umzubringen. Der Mexikaner ist beleidigt und verlangt von dem Gringo mit dem großen Maul, es doch einmal zu versuchen. LeVier läßt sich einen Degen geben, geht in die Arena und tötet den wutschnaubend angreifenden Stier. Nicht kunstvoll, aber schnell und schmerzlos. Muß man das von einem Testpiloten wissen? Ich meine schon.

Die Frau des Korsen Jean Dominique Fratoni gähnt, während wir im Züricher Hotel »Baur au Lac« zu klären versuchen, ob ihr Mann beim Krieg um die Casinos an der Côte d'Azur, der viele Menschen das Leben gekostet hat, die Aktionärin des Casino Ruhl, Agnes Le Roux, für immer hat verschwinden lassen. Fratonis Frau gähnt, vielleicht weil sie diese blutrünstigen Geschichten schon tausendmal gehört hat. Im Gegensatz zu den Ermittlern von der Stadtpolizei Zürich, die außer Hörweite vor ihrem Mineralwasser sitzen. Muß man erfahren, daß Fratonis Frau gegähnt hat? Ich meine schon.

Agnes Le Roux war im Oktober 1977 verschwunden. Weder sie noch ihr Auto tauchten je wieder auf. Dafür ein Vertrag, der bestätigte, daß der Korse 80 Prozent des Kaufpreises der Aktien hinterlegt hatte.

Die französische Polizei hatte uns die Frage in den Mund gelegt, ob denn der Text des Vertrags nicht auf einer IBM-Schreibmaschine geschrieben worden sei, die es vor dem Verschwinden der Aktionärin noch gar nicht gegeben hatte? Fratoni zuckt. Aber ein Zucken beweist gar nichts.

Über Johannes von Thurn und Taxis war Abscheuliches zu lesen. Selbst Leute, die sich gern von ihm zu seinen fürstlichen Fasanen- oder Schwarzwildjagden hatten einladen lassen, machten sich über das spanische Hofzeremoniell in seinem Regensburger Schloß lustig. Johannes von Thurn und Taxis war anders. Unter anderem war er ein guter Gastgeber. Selbst als er auf ein zur Transplantation geeignetes Herz warten mußte und eigentlich ans Sterben hätte denken sollen.

In einem seiner Gewässer gab es Krebse.

Keine Ahnung, wie man die ißt.

Man wird sie so zubereiten, daß Sie es zustande bringen, lacht er.

Ein paar Wochen nach den Krebsen in Aspik stirbt der katholische Fürst an dem Herzen, auf das er gewartet hat. Ist es belanglos, daß er, den Tod vor Augen, ein guter Gastgeber war? Ich glaube nicht.

Graham Greene will eine Pistole nach Cap d'Antibes geschmuggelt haben. Einer bedroht, so meint er, die Tochter seiner Freundin, Martine Cloetta, die nach der Mutter schlägt und so schön ist, daß jedem Mann und vielen Frauen der Atem stockt.

Graham Greene ist beim Gin-Rummy zu einem Franc den Punkt ein gefährlicher Gegner. Schwer vorzustellen, daß er das mit der Pistole ernst meint. Auf dem Schießstand von Cap d'Antibes nimmt er meine zerlegte Perazzi aus dem Gewehrkoffer und setzt sie mit zwei Griffen zusammen, als hätte er nie etwas anderes getan. Im Zweiten Weltkrieg war er in den Diensten des MI6 gewesen, des Auslandsgeheimdienstes Ihrer Majestät, und damit Kollege des Doppelagenten Kim Philby. In ein Buch schrieb er mir: »To Dago, whose interest in crime I share«.

Willy Brandt fiel hin und wieder in ein Loch des Schweigens. Auch als wir im Freigelände eines gewerkschaftlichen Erholungsheims mit ihm ein Interview aufnehmen und der Kameramann Film einlegen muß. Mit versteinertem Gesicht starrt Brandt in die Gegend. Beim Anblick von fünfzig Betontischen und zweihundert roten Plastikstühlen an diesen fünfzig Betontischen taucht er aus dem Loch wieder auf und knurrt:

Also, wenn so der Sozialismus aussieht, denn bin ick och dajegen! Was, wenn wir das zitiert hätten? Gewerkschaftsbonzen hätten gemurrt. Vielleicht hätte es ihn sogar ein paar Stimmen gekostet. Möglicherweise aber auch ein paar gebracht. Brandt war Politiker und wie alle Politiker zerrissen zwischen dem, was er sagen muß, und dem, was er wirklich denkt.

Die Herren von der Sicherungsgruppe Bonn können nicht verhindern, daß der Kanzler wenige Tage vor den »fröhlichen Spielen« 1972 in München von einem Mann ins Gesicht geschlagen wird. Minuten später sagt er auf meine Frage, ob ihm dieser Haß Angst mache: Ich rechne damit, eines Tages erschossen zu werden, bei der Politik, die ich mache.

Senden oder nicht senden? Ein Psychologe, der sich das Filmmaterial auf dem Schneidetisch ansieht, um die Reaktion von Psychopathen einzuschätzen, die sich ermuntert fühlen könnten, rät dringend ab. War es richtig oder falsch, den Satz aus dem Interview herauszunehmen?

Von zweien, ohne die ich nicht mehr in der Lage wäre, irgend etwas zu erzählen, kenne ich nicht einmal die Namen. Von dem Aserbaidschaner, der im Hof des Ayatollah Kazem Shariatmadari einen anderen Aserbaidschaner geküßt hat, damit der den Finger vom Abzug seiner Kalaschnikow nimmt. Oder von der Mercedes-Fahrerin, die auf ihre Bremsen steigt und mich mit kreischenden Reifen einscheren läßt, als mir in einem Tunnel ein Geisterfahrer entgegenkommt.

Nein, Franz Schönhuber, Gründervater der rechtsextremen Republikaner und designierter Chefredakteur eines ARD-Senders, wurde nicht wegen seines SS-Buchs *Ich war dabei* entlassen, sondern aus ganz anderen Gründen. Die Massenabstürze des Starfighters F-104 waren keine Folge von technischen Mängeln, sondern die einer überholten Ideologie, und die tödliche Panne von Bad Kleinen, an der ein GSG-9-Mann und ein RAF-Terrorist starben, war keine Hinrichtung, sondern Bürokratie mit Todesfolge.

Es gibt keine Vergangenheit. Auch Erinnerungen sind jetzt. Einige leiden mit der Zeit, andere setzen zuviel Gewicht an. Wieder anderen geht es wie den Bildern, die man im Kopf hat. Sie zerlaufen, wenn man sie zu genau betrachtet. Alte Leute kommen mir jung vor und junge alt. Bei Hunden kann man den Fang aufmachen und nachschauen, wie rund die Reißzähne sind und wie abgeschliffen die Schneidezähne im Unterkiefer. Das geht bei Menschen nicht.

Hin und wieder vergesse ich etwas. Während meines Volontariats einmal sogar das Geschlecht eines Menschen. Nach einem Unfall hatte man das Opfer an den Straßenrand gezogen und neben ein verbogenes Fahrrad ins Gras gelegt. Während der Film entwickelt wird, fragt mich ein Redakteur, ob ein Mann oder eine Frau zu Tode gekommen sei. An das bleiche Gesicht, die blassen Lippen und die starren grauen Augen erinnere ich mich noch heute. Erst als ich das Material auf dem Schneidetisch habe, sehe ich, daß es eine Frau ist, denn die Leiche hat Brüste.

Ich gebe zu, daß es mir Mühe macht, Daten und Jahreszahlen auf die Reihe zu kriegen. Nicht nur deshalb habe ich das Folgende nicht chronologisch geordnet. Das mag zufällig wirken, hat aber mindestens so viel Logik wie ein Zeitablauf, und es spiegelt den Job. Die meisten Reporter wissen heute nicht, wo sie morgen sind oder mit wem sie übermorgen reden. Was sie tun, wird von unvorhersehbaren Ereignissen, unkalkulierbaren Zufällen und von Neugierde bestimmt. Reporter müssen ihre Prioritäten schneller wechseln als ihre Hemden. Pedanterie ist unerläßlich und Feind zugleich, Pünktlichkeit ist Voraussetzung und Alptraum.

Wenn Reporter von sich erzählen, wird daraus kein Lebenslauf mit einer Folge von Daten. Was sich angesammelt hat, erinnert mehr an ein Magazin: meistens Warenlager, manchmal Waffenkammer.

Anführungszeichen verwende ich zögernd, weil sie oft mißbraucht werden und Bruchstücke zu einem Ganzen machen, das sie nicht sind. Außerdem stimmt die beste Erinnerung so wenig mit der Wirklichkeit überein wie die genaueste Übersetzung mit dem Original.

Begründete Vermutungen sind der Realität oft näher als Fakten. Mit Fakten läßt sich bekanntlich alles belegen – und das Gegenteil von allem. Vor allem, wenn man die unterschlägt, die einem nicht in den Kram passen, oder wenn man sie gar nicht kennt. Oft verwende ich das persönliche Fürwort »wir«. Nicht als Pronomen Pluralis majestatis, sondern weil TV-Reporter meistens mit Kamera und Mikrophon recherchieren, also fast immer mit einem Team unterwegs sind.

Auch wenn Reporter, im Gegensatz zu Louis Antoine de Bougainville und anderen Entdeckern, nicht die Erde umsegeln, sondern nur auf ihr herumhetzen, dürfen sie sich vielleicht doch von ihm den Satz ausleihen, den er über seinen Reisebericht geschrieben hat: Ich will nichts beweisen und niemanden widerlegen.

Warum also das Ganze? Wozu? Weil so eine Art Beruf nicht nur aufreibend ist, sondern dann und wann auch das schiere Vergnügen.

Wer Bridgespielern zusieht, ist tief beeindruckt von ihrer mathematischen Präzision, von ihrer psychologischen Einsicht und der Raffinesse ihrer Spieldurchführung – aber auch von dem Blödsinn, den sie von sich geben, wenn sie über Politik reden.
Max Horkheimer, nachdem er mich aus dem Bridge-Club abgeholt hatte

1 UNTERRICHT IN DEMAGOGIE

Den Philosophen Max Horkheimer traf ich zum ersten Mal zu Beginn der sechziger Jahre, um die TV-Dokumentation »Frankfurt und die neue deutsche Gesellschaft« für die ARD anzuleiern. Solche Titel waren in den Sechzigern beliebt. Dem Fernsehen lag damals noch an einem intellektuellen Image. Prof. Dr. Clemens Münster, der erste Programmdirektor des Münchner ARD-Senders, hatte mich zu dem Philosophen geschickt und ihm geschrieben, daß er ihm dankbar wäre, wenn er mich bei sich in die Lehre gehen ließe. Wahrscheinlich wäre Max Horkheimer gern umsonst im Fernsehen aufgetreten. Als Nachhilfelehrer für einen »schwierigen Kollegen« (Münster) verlangte er ein saftiges Honorar.

Clemens Münster war von Hause aus Physiker. Deshalb war er auch zum Programmdirektor gemacht worden. Die Leute dachten, daß nur jemand dieser unseriösen Veranstaltung Herr werden würde, der weiß, wie eine Braunsche Röhre funktioniert.

In den ersten Jahren hatte die ARD in Rom einen Korrespondenten, der ein sehr gebildeter Mann war, gut erzählen konnte und, wichtiger noch, direkten Vortrag im Vatikan hatte. Bedauerlicherweise hatte er auch einen nervösen Tic, der sein Gesicht bei jedem Auftritt vor der Kamera in schreckliche Konvulsionen verfallen ließ.

Wen die Grimassen stören, sagte Clemens Münster, der soll halt die Augen zumachen. Ein bemerkenswerter Rat für einen Fernsehdirektor. Daß Münster ein radikaler Freigeist war, spielte damals auch noch keine Rolle. Kein Politiker kam auf die Idee, daß Fernsehen jemals etwas anderes als eine vorübergehende Spielerei sein würde. Politikern fehlte schon immer das, was Max Horkheimer »exakte Phantasie« nannte. Sie reagieren daher auf Vorhersehbares immer erst, wenn sie selbst betroffen sind. Also entweder gar nicht oder viel zu spät.

Bei unserem ersten Treffen im Frankfurter Institut für Sozialforschung sagte mir Max Horkheimer, daß jeder Mensch, vor allem aber ein Reporter, eine Lüge selbst dann erkennen müsse, wenn er keine Ahnung von der Wahrheit habe.

Wenn eines Tages ein unbekanntes Tier auf die Welt käme, das noch nie jemand gesehen habe, dann könne niemand sagen, was das für ein Tier sei. Wer aber behaupte, das Tier sei ein Elefant, der sei ein Lügner. Oder ein Dummkopf, hatte ich eingewandt. Die Magnifizenz überhörte meinen Einwand. Dummköpfe kamen in Horkheimers Welt nicht vor. So ähnlich sei das auch mit der Freiheit, sagte er. Jeder wisse, was Unfreiheit sei. Aber niemand könne genau sagen, was Freiheit ist. Ich ahnte nicht, daß es ihm um die Dialektik der Freiheit ging.

Gerade sei eine Studentin bei ihm gewesen, erzählte er, die vorgehabt habe, über Schopenhauer zu promovieren. Warum über Schopenhauer, habe er sie gefragt.

Die Studentin habe nachgedacht, aber eine Antwort sei ihr nicht eingefallen.

Finden Sie Schopenhauers Gedanken sympathisch, habe er von ihr wissen wollen. Hilft Ihnen sein Denken in Ihrem Leben?

Sie habe die Stirn gerunzelt.

Hah! habe sie schließlich gesagt. Jetzt weiß ich, was Sie meinen! Ob ich in Schopenhauer engagiert bin? Nein, sie sei nicht in Schopenhauer engagiert. Sie könne genausogut über jemand anderen arbeiten.

Das, sagte Horkheimer, habe ihn deprimiert.

Am Ende unseres ersten Gesprächs riet er mir, immer frei heraus zu sagen, was mir durch den Kopf gehe, denn wer ständig Angst habe, etwas Dummes zu sagen, könne auch nie etwas Gescheites sagen. Dann gab er mir mit auf den Weg, um eine Wahrheit zu erkennen, bedürfe es nicht nur des Scharfsinns, sondern auch der Naivität. Das gefiel mir.

Um nachts mit Horkheimer im Frankfurter Bahnhof zu drehen, brauchten wir Kunstlicht. Es gab noch kein hochempfindliches Material. Die Dreharbeiten nach Mitternacht zogen nicht nur Zuschauer an, sondern auch ein paar Randalierer, die unsere Aufnahmen störten und versuchten, die Stative mit den riesigen High-Intensity-Scheinwerfern umzuwerfen. Die Sache drohte außer Kontrolle zu geraten. Horkheimer ging zu dem lautesten Randalierer hin und sagte zu ihm: Sie sind ein starker Mann. Viel stärker als ich. Aber ich kann etwas, was Sie nicht können. Verblüfft sammelten sich die Randalierer um Horkheimer. Er fing an, wie ein Hund zu heulen, so laut, daß es durch den ganzen Bahnhof hallte. Versuchen Sie es, sagte Horkheimer. Alle versuchten es. Ja, sagte er zu einem, das war schon ganz gut, aber Sie alle müssen noch üben. Von da an sorgten die Randalierer dafür, daß Ruhe herrschte, solange die Kamera lief.

Filmaufnahmen, sagte Horkheimer danach, sind eine geschlossene Veranstaltung. Wer sich ausgeschlossen fühlt, benimmt sich feindselig. Es kommt darauf an, die Feindseligkeit zu beenden, indem man die Ausgeschlossenen auf irgendeine Weise mit in die Veranstaltung hineinnimmt. Notfalls, indem man heult wie ein Hund. Daran erkennen Sie, wie leicht es Demagogen haben.

Jahre später rief mich Horkheimer in München an und bedankte sich für die *Rote Liste,* die ich ihm geschickt hatte. Die *Rote Liste* ist ein Verzeichnis aller Medikamente, samt ihren Wirkungen und Nebenwirkungen. Auch wenn er nicht nach einem Medikament suche, lese er darin lieber als in den meisten Romanen, sagte mir Horkheimer. Wenn er überhaupt an etwas glaube, dann sei das noch am ehesten die Pharmazie. Horkheimer war bekennender Hypochonder.

Ob ich nicht bald wieder einmal zu ihm nach Montagnola in die Schweiz kommen könne, weil er mir noch etwas Wichtiges zu sagen habe. Das »noch« beunruhigte mich. Ich flog am 17. Februar 1972 nach Mailand, nahm am Flugplatz Malpensa einen von diesen winzigen und viel zu schnellen italienischen Wagen und fuhr bei Varese über die Grenze. Kurz nach Mittag kam ich in Montagnola an. Horkheimer schlief. Als er aufwachte, sagte ihm die Haushälterin, Frau Winter, daß ich da sei. Er rief mich ans Bett, schien sich über den Besuch zu freuen und fragte mich, was mich denn in diese Gegend geführt habe. Mir wurde klar, daß er unser Telefonat vergessen hatte. Vermutlich auch das Wichtige, das er mir noch sagen wollte. Ich sprach ihn nicht darauf an. Zu oft hatte er mir gesagt, daß er keine Angst vor dem Sterben habe, aber große Angst vor dem Dummwerden.

Horkheimer war damals Mitglied einer Kommission, von der sich die Bonner Regierung in Fragen der politischen Bildung beraten ließ. Kurz vor meinem Besuch war er in Zürich in den Schlafwagen gestiegen, um an einem Gedankenaustausch mit Kabinettsmitgliedern teilzunehmen, war eingeschlafen, aber am anderen Morgen nicht am Bahnhof von Bonn, sondern im St.-Petrus-Hospital aufgewacht. Der Schaffner hatte ihn wecken wollen. Da er nicht wachzukriegen war, hatte man ihn ins Krankenhaus gebracht. Die Ärzte hatten nichts gefunden. Ein kleiner Schlaganfall, sagte Horkheimer, und ein erfreulicher Hinweis auf ein Ende, ohne vorher dumm zu werden.

Als ich in Montagnola an seinem Bett saß, fiel mir neben den Büchern am Kopfende eine Schachtel auf. Sie hatte einen grünen Aufkleber von Abercrombie & Fitch, New York. In der Waffenabteilung von Abercrombie & Fitch waren die verbleiten Läufe meiner Skeetflinten ein paarmal gereinigt worden. In solchen Schachteln wurden Faustfeuerwaffen verpackt. Ich fragte Horkheimer, was in der Schachtel sei. Eine Pistole, sagte er. Es war eine S & W Automatik, Kaliber .32. Wozu, um Gottes willen, brauchen Sie denn so etwas, fragte ich ihn. Ich muß mich doch verteidigen können, sagte Horkheimer.

Aber Sie können doch gar nicht schießen.

Natürlich kann ich schießen, protestierte er. Ich war schließlich beim Militär.

Ich zog den Verschluß ein paar Millimeter auf und sah im Patronenlager eine Patrone. Die Waffe war durchgeladen. Bei nächster Gelegenheit nahm ich sie heimlich aus der Schachtel, ließ von einem Büchsenmacher in Lugano das Pulver aus den Patronen entfernen und die Geschosse wieder auf die Hülsen setzen. Dann legte ich sie wieder in die Schachtel zurück. Dieser unzulässigen Bevormundung schäme ich mich noch heute.

Horkheimer war zwar ein wenig vergeßlich geworden, aber wenn er ausgeschlafen war, hielt er bei Gesprächen in seiner Bibliothek bis in die frühen Morgenstunden durch. Jedes Zitat, das er brauchte, um irgend etwas zu belegen, fand er in den bis unter die Decke reichenden Bücherreihen mit schlafwandlerischer Sicherheit und ohne lang zu suchen.

Bei diesem Besuch gingen wir abends in Lugano essen. Er mischte sich im »Gambrinus« sein Getränk wie immer am Tisch zusammen: zwei Teelöffel Remy Martin, ein Teelöffel

Zucker in einem Weinglas mit zimmerwarmem Mineralwasser ohne Kohlensäure verrührt. Dazu nahm er zwei oder drei von den Pillen, die er, bunt wie Ostereier, in einer Pillendose ständig in der Hosentasche hatte.

Beim Essen erzählte er, daß ihn vor ein paar Tagen einer seiner Studenten angerufen und, statt sich mit dem Namen zu melden, in den Hörer gehaucht habe: Es tut noch weh!

Der Student war ein so überschwenglicher Bewunderer Horkheimers, daß er sich hatte beschneiden lassen, um seinem Idol ähnlicher zu werden. Horkheimer war zutiefst gerührt über diese Liebeserklärung. Ich war überrascht, daß er keine Vorbehalte gegenüber diesem rabiaten Philosemitismus hatte, der dem Antisemitismus nicht so fern war, wie Horkheimers Verehrer zu meinen schien.

Später, zu Hause in seiner Bibliothek, kamen wir auf Sigmund Freud zu sprechen. Der sei ein Positivist gewesen, sagte Horkheimer. In seinem Wortschatz war das ein Schimpfwort. Denn, so sagte er, selbst die albernste Heiligenlegende sei mindestens so nahe an der Wahrheit wie der gegenwärtige Stand der wissenschaftlichen Erkenntnis.

Ich nahm an, daß Horkheimers Abneigung gegen die psychoanalytischen Theorien Freuds irgendwie mit einer Lehrtherapie zusammenhing, die er als junger Mann gemacht und von der er mir erzählt hatte. Freud habe gesagt, behauptete Horkheimer, man betrachte die Trauer über den Verlust eines geliebten Menschen nur deshalb nicht als pathologisches Geschehen, weil sie so leicht zu erklären sei. Ich bestritt, daß Freud jemals so etwas gesagt habe. Er, der sonst in seiner Bibliothek alles sofort fand, wühlte lange in einer der ersten Freud-Ausgaben, um mir die Stelle zu zeigen, die es vermutlich nicht gab. Ich versuchte, das Gespräch auf ein anderes Thema zu bringen. Das war nicht möglich. Schließlich fand ich in Freuds Aufsatz über das Vergängliche eine Stelle, die

Horkheimer vielleicht anders in Erinnerung hatte. Er blieb eigensinnig. Irgendwo müsse das Zitat so stehen, wie er gesagt habe. Außerdem, sagte er, steht da sinngemäß das gleiche. Ich war bereit, ihm in allem nachzugeben, nur um auf ein anderes Thema zu kommen.*

Zur Beerdigung seiner Frau konnte ich nicht nach Montagnola kommen, weil ich in New York die Reportage »Krieg in Manhattan« machte. Sie schilderte, wie der Konflikt in Vietnam nicht nur ein Land, sondern eine Stadt auseinanderriß, Freunde zu Feinden machte und aus Feinden Bundesgenossen. Joe Stein hatte das Libretto zum Musical *Anatevka* geschrieben, das damals noch *Fiddler on the Roof* hieß, nach einem zentralen Motiv Marc Chagalls, der die Dekorationen am Broadway entworfen hatte. Joe Stein kam in dem Film als typischer Gegner des Vietnamkriegs vor. Wie auch sein Freund Joseph Heller, der Autor von *Catch 22,* dessen Bühnenstück *We bombed in New Haven* ich später für Hans Schweikart und das Berliner Schiller-Theater übersetzte. Außerdem trat der Chirurg Dr. John Conley von der Columbia University auf, Mitglied der berühmten Pak-Medical-Group. Bei einem Test hatte sich herausgestellt, daß er mit bloßem Auge krebsverdächtiges Gewebe so sicher erkennen konnte wie die Pathologen der Klinik unter dem Mikroskop. Bei den Operationen, die ich sah, hatte Conley nur wenig Blut an seinen Handschuhen. Seine Handbewegungen erinnerten an die Präzision eines Dirigenten. Er sah aus wie seine eigene Besetzung in einem Hollywood-Film, angefangen von den grauen Schlä-

---

* Horkheimer kann eine Passage gemeint haben, die Freud in seinen »Ergänzungen«, Abschnitt C, unter dem Titel »Angst, Schmerz und Trauer« schrieb: »Wir kennen noch eine andere Gefühlsreaktion auf den Objektverlust, die Trauer. Ihre Erklärung bereitet aber keine Schwierigkeiten mehr.«

fen bis zum angelsächsischen Gesicht. Sein Aussehen täuschte über seine Widersprüche hinweg. Er ging im »New York Athletic Club« zum Essen, der angeblich weder Schwarze noch Juden aufnahm, war Jazzfan und Friedensaktivist. Außerdem spielte er auf einer silbernen Querflöte, schrieb Gedichte und malte Bilder mit Tulpen. Ich hatte vor, in meiner Reportage die üblichen Vorurteile zu hätscheln, um ihnen dann mit einem einzigen Filmschnitt den Boden zu entziehen. Man sah also John Conley und erfuhr, daß er ein engagierter Gegner des Vietnamkriegs war. Er stand vor einem seiner Tulpengemälde, angetan mit einem Spitzenjabot und spielte auf seiner Querflöte Monteverdi. Dazu hörte man eines seiner Gedichte. Also ein »dogooder«, ein Softie, ein Weltverbesserer, einer von denen, die kein Blut sehen können. Schnitt. Conley mit OP-Haube und Mundtuch, die Hände im Brustraum einer Patientin bei der Operation eines Tumors.

Chirurgie war sein Leben. Aber auch sein Alltag. Er hätte Jahre seines Lebens gegeben, um Künstler zu sein. Die Gedichte von John Conley waren so schlecht, daß er sie auf eigene Kosten drucken und binden lassen mußte. Er nannte sie »Vocal Painting«. Eines seiner Gedichte geht so:

O loneliness of loneliness!
Why sucks your umbilicus
At the forgotten goneness
Of my sickest memory?

O Einsamkeit der Einsamkeit!
Warum saugt dein Nabel
An der vergessenen Weggegangenheit
Meiner todkranken Erinnerung?

Ein anderes nannte er »Desire« (Verlangen):

Boiling blood,
Lust frozen on the moon
In the luxury
Of a total gift
From a woman of Prussia.

Kochendes Blut.
Lust gefroren auf dem Mond.
Im Luxus totaler Hingabe
Einer Frau aus Preußen.

Das fand ich ganz besonders schlecht. Zumal es einer Frau galt, deren »total gift« ich für exklusiv gehalten hatte.
    Wo er sich politisch sähe.
    Er habe nie darüber nachgedacht.
    Erzkonservativer Anarchist, schlug ich vor. Das gefiel ihm zu gut. Deshalb habe ich ihn dann nicht so genannt.

Nach meiner Rückkehr aus den USA ging ich mit Max Horkheimer zum Grab seiner Frau und war von seiner Fassung überrascht. Niemand, sagte er, wisse, was der Tod sei. Das menschliche Gehirn könne absolute Wahrheiten nicht erkennen. Sicher aber seien Tod und Leben nicht das, was wir in beidem sähen. Horkheimers Frau – er nannte Sie Mondon (mein Geschenk) – ging immer früher zu Bett als er. Stets war seinem »Gute Nacht, Mondon« ein zärtliches »Ich hab dich lieb« gefolgt. Sie sei vor langer Zeit von zu Hause in Stuttgart durchgebrannt, erzählte er mir, und mit der Bahn zu ihm nach München gefahren. Obwohl er dauernd nur an sie gedacht hatte, habe er vergessen, sie vom Bahnhof abzuholen. Daß sie damals nicht umgekehrt und mit dem nächsten Zug wieder nach Hause gefahren sei, habe er ihr niemals vergessen.

Am zweiten Tag meines Besuchs in Montagnola, am 18. Februar 1972, trafen wir uns, für Horkheimers Verhältnisse, sehr früh in der Bibliothek, nämlich um 11 Uhr.

Er erwähnte meine Reportage »Kanzler Brandt«, die die ARD im Frühjahr 1972 ausgestrahlt hatte. Wie er Brandt gefunden habe. Horkheimer wechselte das Thema. Als ich insistierte, sagte er ausweichend, Brandt sei ihm jedenfalls sympathischer als dessen Gegner. Ich erzählte ihm, wie angenehm mich die Sprödigkeit Brandts bei den Dreharbeiten berührt habe. Als Reporter begegne man sonst nur Politikern, die sich nach jeder Kamera drängeln. Horkheimer erwiderte, er habe im Fernsehen eine Aufnahme von Brandt und Breschnew gesehen. Die beiden hätten sich die Hände geschüttelt, und Brandt habe ihm dabei ein zu unbekümmertes Gesicht gemacht. Es könne ja sein, daß man mit Mördern verhandeln müsse, aber die Art, in der das geschehe, sei für ihn unerträglich. Brandt sei doch Antifaschist, der die Nazis wegen ihrer Verbrechen gehaßt habe. Da müsse er doch Leuten wie Breschnew gegenüber zurückhaltender sein, weil sie ganz ähnliche Verbrechen zugelassen hätten. Ich sagte Horkheimer, daß Brandt sicher bei solchen Gesprächen hin und wieder über den eigenen Schatten springen müsse. Aber dafür würden Politiker schließlich bezahlt. Außerdem gäbe es zwischen dem deutschen Kanzler und dem sowjetischen Generalsekretär trotz unüberwindlicher Gegensätze so etwas wie persönliche Nachsicht füreinander. Brandt hatte uns ein paarmal Witze Breschnews erzählt, mit denen der sich über die Betonköpfe in der KPdSU lustig gemacht hatte. Zum Beispiel den: Die verdiente Heldin der Arbeit XY-kowa hatte Breschnew geschrieben: Lieber Genosse Leonid Iljitsch, da wir miteinander geschlafen haben, bitte ich Sie, mir bei der Beschaffung eines Autos behilflich zu sein. Ich warte seit acht Jahren auf eine Zuteilung. Breschnew beauftragte seinen Referenten, die Sache in Ordnung zu bringen. Beim nächsten Parteitag traf er die Genossin wieder: Liebe

Genossin, sagte er, bitte helfen Sie mir: Wo haben wir denn miteinander geschlafen? Auf dem vorigen Parteitag, antwortete sie. Während der Rede des Genossen Kossygin.

Dieser Umgang zwischen Vertretern gegensätzlicher Systeme ermögliche Hilfe für Dissidenten unterhalb der Ebene offizieller, nutzloser Interventionen. Passagen im Fernsehen seien außerdem Momentaufnahmen ohne große Beweiskraft. Schließlich sagte ich, halb im Scherz und halb im Ernst, ich würde den Verdacht nicht los, daß Horkheimers Meinung über Willy Brandt womöglich von Hans Habe beeinflußt sei. Hans Habe, der auch am Luganer See wohnte, besuchte Horkheimer regelmäßig, obwohl der sich standhaft weigerte, auch nur einen von Habes Artikeln zu lesen, geschweige denn eines seiner Bücher. Die linken Studenten sangen damals ein zynisches Lied: »Still ruht der See. Die Luft ist rein. Hans Habe muß ertrunken sein.« Aber davon wußte Horkheimer nichts. Sie können sagen, daß es Kitsch ist, was er schreibt, sagte er. Aber er ist ein so reizender, ein so freundlicher und ein so aufmerksamer Mann. Und er kümmert sich so um mich.

Brandt hatte in unserem TV-Porträt eine neue Solidarität gefordert. Nicht mehr als Waffe im Klassenkampf, nicht mehr als Schutz vor Ausbeutung. Eine neue Solidarität, unerläßlich in einer Zukunft, in der auch diejenigen an der Luft ersticken, die sie verseuchen. Das war damals ein neuer Gedanke.

Wichtige Dinge sind uns allen gemeinsam, sagte Horkheimer. Daß wir sterben müssen, daß wir ein erfülltes Leben führen wollen, daß wir weder hungern noch uns langweilen wollen. Diese Solidarität, dieses bewußte Gefühl vieler für die gemeinsame Situation, dürfe aber nicht auf ein Land beschränkt bleiben, wenn daraus Politik werden soll.

Ob das nicht eine Illusion sei?

Man müsse die Reden der Politiker kritisieren, in denen nichts von dieser Solidarität zu finden sei. Und man müsse einräumen, daß es einen nationalen Egoismus ebenso gebe wie einen persönlichen. Diesen Egoismus abzuschaffen und gemeinsame Ziele bewußt zu machen, das sei die Aufgabe, zu der Politiker sich bekennen müssen.

Das können Politiker nicht, denn die Politik deformiere sie zu bloßen Interessenvertretern.

Kein Zweifel, in unserem Verhalten, also auch im Verhalten der meisten Politiker, liege selbstmörderische Dummheit.

Wäre nicht die Voraussetzung einer besseren Politik die Überwindung von Vorurteilen?

Wenn Sie Vorurteile genau prüfen, werden Sie immer finden, daß sie Rationalisierungen aggressiver Tendenzen sind. Außerdem hängen sie immer mit Interessen zusammen. Das stehe einer neuen Solidarität offensichtlich entgegen. Es sei aber möglich, eine Mehrheit für den Abbau von Vorurteilen zu gewinnen. Dazu müsse man allerdings die Gegensätze aussprechen und sie beim Namen nennen. Sie zu verschweigen sei ein Fehler. Klar müsse immer sein, daß über dem nationalen Interesse ein internationales zu stehen habe.

Ich fragte Horkheimer, ob er damit nicht, ohne es zu merken, ein Stück weit Brandt und seiner Außenpolitik folge. Das brachte ihn auf den Unterschied der Systeme. Der Ruf der Französischen Revolution »Freiheit, Gleichheit, Brüderlichkeit«, sagte er, ist mindestens so phantastisch wie die gerechte Gesellschaft von Karl Marx. Man übersehe oft, daß Freiheit und Gleichheit Gegensätze sind. Je mehr Gleichheit man wolle, desto gründlicher müsse man die Freiheit einschränken. Deswegen denke er so pessimistisch an die Zukunft. Je besser die Menschheit in der Lage sei, ihre Angelegenheiten zu regeln, desto weniger sei eine freie Entfaltung des Einzelnen* möglich. Man wird die Ungerechtigkeit abschaffen wollen und bloß zu

---

* Für Horkheimer zeigte die vorschriftsmäßige Kleinschreibung des »einzelnen« die ganze Verkommenheit einer vermaßten Gesellschaft. Das sei groß zu schreiben, sagte er. Darüber anders zu befinden stehe dem *Duden* nicht zu.

einer total verwalteten Welt kommen. Er sei, sagte er, theoretischer Pessimist, aber praktischer Optimist. Theoretisch wisse er, daß die Zukunft finster sei, aber praktisch handle er so, als könne man daran noch etwas ändern.

Weil sich selbst ein theoretischer Pessimist wie Sie irren kann? hatte ich ihn gefragt. Und weil es dem dann leid täte, nicht wie ein Optimist gehandelt zu haben?

Zur Not eine einigermaßen brauchbare Rationalisierung, hatte er lachend geantwortet.

Bei der, wie immer, langwierigen Verabschiedung scherzte ich, daß sich mir die Haare gesträubt hätten, als ich ihn unlängst im Fernsehen recht aufgeräumt im Gespräch mit Kardinal Döpfner gesehen hätte. Seine Gespräche mit Kardinal König könne ich zur Not verstehen, aber daß es in der Bibliothek eines marxistischen Philosophen nach Weihrauch dufte, beunruhige mich denn doch. Er ging sofort auf meine Bemerkung ein. Zur Zeit Hitlers habe man nur Marxist sein können. Heute, in einer ganz anderen Situation, könne man es nicht mehr sein.

Nur weil es die Nazis und ihre Schreckensherrschaft gab, mußte man die Theorien von Karl Marx bewundern? Das tue man doch nur, wenn man sie für richtig hält. Nazis oder keine Nazis.

Man vertritt sie, weil man in dieser Situation nur noch eine Rettung sieht, die Marx angenommen hat, nämlich eine Revolution.

Aber die Nazis waren doch nicht *Ihr* Grund, Marxist zu sein! (Ich hatte nicht den Mut, ihn zu fragen, ob er nicht schon vor Hitlers Machtergreifung »Marxist« gewesen war.)

Ich habe immer bestimmte theoretische Einsichten von Karl Marx anerkannt. Aber Marx *so* zu betonen, das Revolutionäre *so* zu betonen, das hatte mit der historischen Situation zu tun. Schlimmer konnte es durch eine Revolution nicht werden.

Heute kann es durch eine Revolution viel schlimmer werden. Bei Marx wird das Bessere durch eine Revolution erreicht.

Und das glauben Sie jetzt nicht mehr?

Das glaube ich jetzt nicht mehr.

Damals waren Sie Marxist wegen der Nazis? Das glaube ich Ihnen nicht. Sie waren Marxist, weil Ihnen der Marxismus eingeleuchtet hat.

War ich nie, (denn) damals konnte man schon erkennen, wie eine marxistische Gesellschaft aussehen würde. Obwohl Lenin von Marx nicht ganz so weit entfernt ist wie die Christenheit vom Christentum.

Schließlich sagte ich zu Horkheimer, ich hätte das Gefühl, daß ich mich vor seine Haustür legen und jeden ins Bein beißen müsse, der eine Soutane anhat. Vor allem aber den Hans Habe müsse ich ins Bein beißen.

Sowie der Name von Hans Habe fiel, lenkte Horkheimer ab und begann, mir von den Novellen zu erzählen, die er als junger Mann geschrieben hatte. Wir verabschiedeten uns. Ich versprach, ihn von Mailand aus noch einmal anzurufen und mich dann von München aus zu melden. Er stand winkend vor seiner Tür und preßte sich ein weißes Taschentuch fest vor Nase und Mund. Auch im milden Tessiner Klima wurde er seiner panischen Angst vor einem Schnupfen nicht Herr.

Bei meinem letzten Besuch vor seinem Tod kam Horkheimer noch einmal auf sein Lieblingsprojekt zu sprechen. Er wollte mit mir im Fernsehen eine Reihe produzieren mit dem Titel: »Unterricht in Demagogie«. Fernsehdirektor Clemens Münster war Feuer und Flamme gewesen, als ich ihm davon erzählte. Damals hätte so etwas noch Platz in der Hauptsendezeit gefunden. Für Clemens Münster hatten Einschaltquoten ohnehin keine Bedeutung: Die Leute müssen nicht dauernd vor der Glotze sitzen. Die sollen ruhig auch einmal ein Buch lesen oder ins Kino gehen, sagte er.

In der Reihe »Unterricht in Demagogie« sollten die Methoden und Tricks von Demagogen für jeden so verständlich erklärt und damit enttarnt werden, daß, so Horkheimer, jede Putzfrau sie sofort erkennen und durchschauen würde. Er stellte sich eine zehnteilige Reihe vor, gewidmet den zehn wichtigsten demagogischen Täuschungsmanövern, die zuerst mit historischem und aktuellem Material geschildert und dann erklärt werden sollten. Man müsse, so Horkheimer, den Ärger auf sich nehmen, der infolge der Beispiele aus der aktuellen Politik mit Sicherheit zu erwarten sei. Clemens Münster, stets zu jedem Konflikt bereit, sah das auch so.

Um mir zu demonstrieren, was er meinte, holte Horkheimer bei diesem Besuch ein Buch aus seiner Bibliothek, dessen Titel er mir nicht zeigte. Ich lese Ihnen jetzt eine Rede vor, sagte er, und Sie sagen mir, wer sie gehalten hat und wann. Wie sich später herausstellte, hatte er beim Vorlesen einen französischen Text in fehlerloses Deutsch übersetzt. Ich war sicher, daß es sich um eine Hitler-Rede gehandelt hatte, konnte sie aber zeitlich nicht einordnen. Tatsächlich hatte mir Horkheimer eine Rede des Propheten Mohammed aus Voltaires Theaterstück *Mahomet* vorgelesen, und dort, wo im Original von den »Völkern Arabiens« die Rede war, hatte er »Völker Germaniens« gesagt, um mich zu täuschen.

Demagogen erkenne man an einer bestimmten Art zu reden, die zeitlos sei. Voltaire habe diese Rhetorik genau gekannt. Es gebe bedauerlicherweise nur eine Übersetzung des *Mahomet*. Die sei aber von Goethe, und der habe, Herr von Welt, der er gewesen sei, den Blutgeruch des Originaltextes wegübersetzt. Das Stück gelte als unaufführbar, seit ein Versuch, es während des Krieges in Zürich aufzuführen und auf die Nazis zu münzen, gescheitert sei. Voltaire selbst hatte es aber sogar in dem kleinen Theater auf seinem Landsitz von Tourney aufgeführt und darin eine Rolle übernommen. Wahrscheinlich gelang Voltaire die Inszenierung, weil sie nicht mit Zaunpfählen winkte, offene Türen einrannte und mit dem befrachtet war, was erst in den Köpfen von Zuschauern Gestalt annehmen soll.

Als ich nach der Khomeini-Revolution Hals über Kopf nach Teheran mußte, hatte ich drei Bücher dabei, den Koran in der Übersetzung von Rudi Paret, den Kommentar und die Konkordanz zum Koran vom selben Verfasser und Goethes Übersetzung des *Mahomet* von Herrn Voltaire, gedruckt 1768 in Leipzig. Am Flugplatz in Teheran nahmen mir die revolutionären Garden fast alles Gedruckte ab. Den Koran und den *Mahomet* ließen sie mir. Sie konnten nicht wissen, daß dessen Verfasser das Drama im Dezember 1740 an Friedrich den Großen geschickt und in einem Begleitbrief von den Fanatikern geschrieben hatte, »die das Messer vom Altar nehmen, um diejenigen hinzuschlachten, die nicht ihre Anhänger sein wollen«, und: »diese Pestilenz wird immer wieder neue Keime hervorbringen und den ganzen Globus infizieren«. Mahomet, so Voltaire in seinem Brief an Friedrich den Großen, sei einer, der, nur »um einem unverdaulichen Buch Respekt zu verschaffen, sein Land mit Feuer und Eisen überzieht, Väter erwürgt und Töchter fortschleift und den Geschlagenen nur die Wahl zwischen Tod und seinem Glauben läßt ...«, (denn) »... der Geist der Intoleranz zeugt Ungeheuer«.

Die halbwüchsigen Revolutionäre am Flugplatz von Teheran hatten den Namen des Franzosen offensichtlich nie gehört, der meinte, daß religiöser Glaube nicht vor Grausamkeit schütze, sondern sie oft erst erzeuge, und der lange vor dem 11. September 2001 nicht nur am islamischen Fanatismus, sondern auch am christlichen gesehen hatte, wie groß die Unmenschlichkeit werden kann, wenn Religion zur Politik wird oder Politik zur Religion.

Zeitungsberichte und aktuelle Sendungen in Deutschland waren voll von fäusteschwingenden Massen vor der US-Botschaft, in der die amerikanischen Geiseln gefangengehalten wurden. Ich war, wie Millionen Zuschauer, auf die im Trend liegende Berichterstattung hereingefallen, die sich nur auf die Straße vor der US-Botschaft konzentrierte und die Tiefen und Weiten des Landes ignorierte. Ich war daher auch fest davon überzeugt, daß ich nur von Hauseingang zu Hauseingang schleichend und von einer Straßenseite auf die andere rennend zum ARD-Büro vordringen konnte, das Ulli Encke während der Revolution für die Radiosender der ARD gehalten hatte. Nachdem ich keinen Häuserkampf sah, stieg ich am Flugplatz in ein Taxi, fuhr ins »Interconti« und nahm mir vor, den zahllosen Berichten über die Demonstrationen keinen weiteren hinzuzufügen. Wolf von Lojewski, der damals noch in Köln die *Weltspiegel*-Redaktion machte, teilte meine Abneigung gegen Trendberichte. Das war aber nicht durchzuhalten. Die Zuschauer sehen gerne immer wieder dieselben Ereignisse, die sie ohne große Anstrengung einordnen können.

Beim Drehen gerieten wir mitten in einen Strom von ein paar tausend kreischenden Frauen im Tschador. Der Strom teilte sich vor unserer Kamera und schloß sich hinter uns wieder. Zwei der Frauen, die gerade noch wild die Fäuste schwingend »Allahu akbar, Khomeini rahbar« geschrien hatten, küßten mich hinter der Kamera unter dem Gelächter der anderen auf die Backe. Als wollten sie sagen: Keine Angst, ihr ungläubigen Machos, wir tun euch nichts. Ich hatte das Glück, ständig einen persischen Dolmetscher an meinem Ohr zu haben, der so gut Deutsch konnte, daß er gute Lyrik in deutscher Sprache schrieb.

Nicht weit von der US-Botschaft entfernt war das Staatstheater von Teheran. Da wurde Ibsens Drama *Brand* aufgeführt. Jede Vorstellung war ausverkauft. Die Zuschauer standen dicht gedrängt in den Gängen. Auf der Bühne agierte der Pfarrer Brand, ein christlicher Geistlicher mit einem großen goldenen

Kreuz auf der Brust, der dabei war, mit seinem Eifer und seiner Unerbittlichkeit eine Gemeinschaft zugrunde zu richten. Die Zuschauer wußten, daß Khomeini gemeint war. Sie dachten über ihn, was Voltaire in seinem Theaterstück *Mahomet* über den Propheten geschrieben hatte:

Ein finstrer Bürger.
Ein niedriger Rebell.
Ein blinder Schwarm
Von seinem Gift verführt.
Von Eifer trunken.
Und von falschen Wundern.
(…)
Zu groß ist sie.
Die Rache, die er denkt!
Zu groß, um darauf ein Gemeinwesen aufzubauen.

Einer der unzugänglichsten Orte in Teheran war Evin, die ehemalige Zwingburg der Savak, der Schergen des Schah-Regimes. Jetzt war sie zum Hochsicherheitsgefängnis der Khomeini-Revolution geworden.

Wir mischen uns in einen Militärtransport und kommen wie durch ein Wunder durch alle Kontrollen. Im Gefängnisareal, wo die Todesurteile der Revolutionsgerichte gesprochen und vollzogen werden, drehen wir ganz offen. Alle sind der festen Überzeugung, daß jemand weit oben in der Hierarchie der Mullahs unsere Aufnahmen genehmigt haben muß. Alles andere ist einfach unvorstellbar. Revolutionäre Garden stehen herum und sehen uns beim Drehen zu. Einer hat irgendwo eine belgische Browning FN 12/70 und ein paar Patronen erbeutet. Ich zeige ihm, wie der Doppelabzug funktioniert und wie der zweite Lauf durch den Rückstoß des ersten scharf wird, und schieße dann eine der Nebelkrähen, die ständig über Evin kreisen. Von da an haben wir eine revolutionäre Leibgarde.

Wir hatten die Garden in unsere Veranstaltung mit hineingenommen und so zu Verbündeten gemacht, wie Horkheimer damals die Randalierer auf dem Bahnhof von Frankfurt mit seinem Hundegeheul.

Im Hochsicherheitsbereich befand sich das Revolutionsgericht Teheran/Mitte, in dem der islamische Geistliche und Richter Gilani Todesurteile fällte.

Wir gehen in den Gerichtssaal. Nach einer tiefen Verbeugung vor dem Gericht fangen wir an zu drehen. Ein Mann aus der Hierarchie der Universität und ein anderer aus dem Führungskader der Teheraner Polizei werden wegen Verbrechen gegen Allah zum Tod verurteilt und hinausgeführt. Noch während des Singsangs von Koran-Suren entsteht vor dem Gerichtssaal Unruhe. Ein weinender, schreiender Mann umklammert draußen die Beine eines Gerichtsbeamten. Er verlangt unter Tränen, daß seine Frau aufgehängt wird, weil sie mit einem Nachbarn geschlafen hat. Der Mann ist untröstlich, denn das Revolutionsgericht weigert sich, die Frau aufzuhängen, und rät ihm, nach Hause zu gehen und sie zu verprügeln. Ein Revolutionsgericht sei nicht dazu da, treulose Frauen aufzuhängen.

Nachdem die von Gilani zum Tode Verurteilten den Gerichtssaal verlassen haben, machen wir mit dem Richter ein Interview über das koranische Recht, die Scharia. Im Koran war mir an mehreren Stellen das christliche Gebot der Barmherzigkeit aufgefallen. Warum also keine Barmherzigkeit gegenüber den Verurteilten? Die Barmherzigkeit, die der Prophet meine, so Gilani, beziehe sich nicht auf die Feinde Allahs, sondern auf die Gemeinschaft der Gläubigen. Deren Feinde zu töten sei Barmherzigkeit gegenüber den Gläubigen. Das Interview wird fast vierzig Minuten lang und daher nie gesendet. So genau will es keiner wissen.

Der Ayatollah Kazem Shariatmadari hat einen milden Blick und eine altmodische Brille auf der Nase. Unter dem Schah war er der ranghöchste Geistliche im Iran gewesen. Vermutlich hatten er und seine Gefolgschaft Kompromisse machen müssen, um den Terror des Verwestlichers Mohammed Resa Pahlewi zu überleben. Nach dessen Sturz ist Shariatmadari der einzige ernstzunehmende Gegenspieler Khomeinis. Säkulare Macht ist ihm fremd. Khomeini dagegen hatte sich nicht nur zum Imam, sondern auch zum Regierungschef und zum obersten Befehlshaber der iranischen Streitkräfte ausrufen lassen und sich mit Artikel 110 der islamischen Verfassung weltliche Macht angeeignet. Shariatmadari spricht ihm diese Macht ab. In Aserbaidschan steht noch eine Division, die notfalls für Shariatmadari Partei ergreifen würde. Mit offener Gewalt ist der Ayatollah nicht zu beseitigen.

Wir fahren am 12. Dezember 1979 zu ihm und finden ihn im Innenhof seines Hauses in der heiligen Stadt Ghom. Der Innenhof ist voll von Gläubigen. Am Tag zuvor war ein Anschlag auf den Ayatollah fehlgeschlagen. Er hatte unverletzt überlebt. Jetzt sitzt er unter einem offenen Rundbogen, nimmt Geldscheine an und verteilt sie gleich wieder an die Armen. Die Geldscheine tragen noch das Bild des Schahinschah, des Königs der Könige. Auf den meisten ist es mit Tinte zu einer Fratze entstellt, mit Teufelshörnern versehen, oder die Augen sind ausgestochen.

Wie es Shariatmadari gelinge, ein so heiteres Gesicht zu machen, frage ich ihn, als die Kamera läuft, obwohl man ihn doch erst am Tag zuvor hatte umbringen wollen.

Im heiligen Koran stehe, daß man dem Fremden ein freundliches Gesicht zeigen soll, sagt er.

Er warnt uns. Es sei gefährlich, mit ihm zu reden. Er würde es verstehen, wenn wir wieder gingen. Es gebe Meinungsverschiedenheiten zwischen ihm und Khomeini, aber keine Feindschaft. Da Khomeini die exekutive Macht habe, mische er sich nicht ein. Aber er spreche aus, was er denke. Ratschläge zu geben, das sei islamischer Auftrag.

Damit spielt er den Konflikt mit Khomeini herunter. Der sieht Shariatmadari als einen Irrgläubigen, der mit seiner Nachsicht gegenüber Ungläubigen ein Appeasement betreibt, das Auflehnung gegen Allah bedeutet und daher die Beseitigung oder wenigstens Entmachtung des Ayatollah verlangt. Kazem Shariatmadari ist ein orthodoxer und damit ein toleranter Schiit, also einer, der die im Koran geforderte Toleranz lebt und jede Intoleranz ablehnt. Ayatollah Khomeini dagegen setzt seine revolutionäre Doktrin durch, die verlangt, daß kein gläubiger Moslem weltlicher Autorität gehorchen darf und alle zeitliche und staatliche Gewalt in der Hand von schiitischen Priestern liegen muß. Eine Doktrin, die bis heute im Iran gilt. Die einzige Ausnahme seit Khomeini ist der Aufwiegler Ahmadinedschad, der iranische Staatspräsident.

Plötzlich Totenstille im Innenhof. Zwei mit Kalaschnikows Bewaffnete sind eingedrungen und verlangen die Herausgabe eines ihrer Leute. Wir stehen mit Hunderten von Gläubigen so dicht beieinander, daß wir nicht einmal Platz zum Umfallen gehabt hätten. Kein Ausgang in Reichweite. Ein junger Aserbaidschaner der Leibwache Shariatmadaris mit schwarzen Haaren und blauen Augen beschwört die Bewaffneten, nicht zu schießen. Man habe den Mann nicht verhaftet, sondern nur in Sicherheit gebracht. Er garantiere für sein Leben. Die mit den Kalaschnikows bleiben stur. Sie wollen ihren Mann jetzt, gleich und sofort. Der Aserbaidschaner schwört beim Leben seiner Mutter, bei den Augen des Propheten, daß dem Mann nichts passiert. Statt einer Antwort entsichern sie ihre Waffen, um ein Blutbad anzurichten. In seiner Verzweiflung geht der Schwarzhaarige auf einen der Bewaffneten zu und küßt ihn auf den Mund. Daraufhin sichern die beiden wortlos ihre Maschinenpistolen, drehen sich um und gehen.

Dann schreibt der Ayatollah in meine Koran-Übersetzung von Paret: Im Namen des Erhabenen: Es ist geschenkt worden, und so Allah will, möge es genutzt werden. Iran, Ghom, am 22. Moharram 1400 (12. Dezember 1979) Kazem Shariatmadari. Keine Ahnung, ob er damit unser Leben meint oder sein eigenes.

Mit Datum vom 16. Januar 1980 ist, wie zu erwarten, der Protestbrief des Hamburger Generalkonsulats der islamischen Republik Iran beim Sender. Die Vertretung des Gottesstaats protestiert gegen die »Diffamierung der Scharia«. Begründung: Wir hätten den Gesang der Koran-Suren während der Todesurteile mitgedreht und dadurch die Scharia lächerlich gemacht. Die iranischen Diplomaten wissen nicht, daß es keine technische Möglichkeit gibt, den Gesang der Suren von der gleichzeitigen Urteilsverkündung zu trennen.

Nachdem es im Iran ruhig geworden ist, schickt mein Sender einen Kollegen mit meinen regimekritischen Reportagen unter dem Arm zum Generalkonsulat der Islamischen Republik Iran nach Hamburg, um den Mullahs eine konziliantere Berichterstattung anzubieten. Eine senderpolitisch notwendige Maßnahme. Die ARD muß beliefert werden. Der Nachfolger erhält eine Einreisegenehmigung. Als es später in Teheran nach einer Phase der Ruhe wieder zu Unruhen und Schießereien kommt, bittet mich der Sender, meinen Nachfolger jetzt doch wieder abzulösen. Das riskiere ich nicht. Verhaftung und Aburteilung durch ein islamisches Gericht wären mir sicher gewesen, zumal die Mullahs nach der Distanzierung des Senders von meinen Berichten glaubten, daß die ARD ihren Reporter fallenlassen würde, sollten sie ihn vor ein islamisches Gericht stellen und wegen Auflehnung gegen Allah zum Tod verurteilen.

> Man braucht todsichere Beweise,
> um einen Krieg anzufangen.
> Was die haben, reicht nicht einmal
> für eine Verurteilung in einem
> Kangaroo court.*
> *Richard A. Sprague, zwei Monate
> vor Beginn des zweiten Irakkriegs
> »Shock and Awe«*

2 TRACHEASAURUS

So hatten sie Richard A. Sprague genannt und ihn mit bluttriefenden Reißzähnen auf einer Titelseite karikiert**, weil, so hieß es im Text, der Anwalt jedem Prozeßgegner ohne Umschweife an die Gurgel gehe. Das war, bevor Sprague 1970 Sonderankläger des amerikanischen Justizministers John Mitchell und 2005 Vorsitzender Richter des obersten Disziplinargerichts von Pennsylvania wurde.

Als ich Dick Sprague zum ersten Mal begegne, ist er noch District Attorney, also Ankläger, in Philadelphia. Vierzig Jahre später will er von mir wissen, warum uns auf der schmalen Straße von San Casciano nach Sant'Andrea kein einziges Auto entgegenkommt.

Weil die Touristen im Stau zwischen Florenz und Siena stecken und hoffen, irgendwann an einen Strand zu kommen. Dick Sprague hat nie an einem Strand gelegen. Auch nicht, als er sechzig oder siebzig Jahre jünger war. Seit wir uns kennen, strei-

---

* Kangaroo court = Slang, Spottgericht, das alle prozessualen Regeln verletzt und absurde Urteile spricht.
** *Philadelphia Magazine*, April 1998: »He always goes for the throat«.

ten wir erbittert über Geschworene, die auf Anwälte und Gutachter hereinfallen und einen O. J. Simpson laufen lassen, über die Todesstrafe und darüber, ob man Pfifferlinge essen kann. Über das viele, worüber wir uns einig sind, reden wir selten.

Vom Weingut des Staatsdenkers Niccolò Machiavelli aus sind im Hitzedunst die Umrisse von Santa Maria del Fiore und des Palazzo Vecchio von Florenz zu ahnen, der Stadt, der die Medici mit eiserner Faust zu imperialem Glanz verholfen haben. Machiavelli hatte den Medici gedient. Als er nicht mehr wollte wie sie, enthoben sie ihn seiner Ämter. Er durfte den Palazzo Vecchio nicht mehr betreten, aber Florenz auch nicht verlassen, geriet in falschen Verdacht, wurde gefoltert und lebte schließlich auf seinem Gut in Sant'Andrea in Verbannung.

Ein Mann in der Nachbarschaft hat den Schlüssel zu Niccolò Machiavellis Haus. Trotz der Wärme draußen hat sich im Arbeitszimmer des Staatsdenkers die Kälte des Winters gehalten. Es ist feucht, riecht nach Moder. In den Ecken kriecht dunkler Schimmel die Wände hoch. In der Mitte des Raumes steht ein Holztisch, an dem Machiavelli im Herbst des Jahres 1513 *Il Principe* geschrieben haben könnte. Am Tisch ein paar Stühle. Die meisten seiner Sachen sind im Lauf der Jahrhunderte weggeworfen oder gestohlen worden und dann auf irgendwelchen Flohmärkten gelandet.

In der Trattoria gegenüber wird Wein ausgeschenkt, dessen Stöcke angeblich noch von Machiavelli beschnitten worden sind. Das ist sicher gelogen, aber der Wein ist ehrlich. Über seinen Salat schüttet Dick einen Viertelliter Balsamico. Die Amerikaner mögen Süßes. Zu den Spaghetti mit Knoblauch, Olivenöl, Peperoncini und Parmesan will er eine Diät-Cola. Der Wirt macht ein Gesicht, als hätte er ein Gespenst gesehen.

An Niccolò Machiavellis letztem Zuhause eine Diät-Cola zu trinken kommt mir nicht so schlimm vor, wie das Weingut

verludern zu lassen, an dem einer der bedeutendsten Staatsmänner seine letzten Tage verbringen mußte, einer, der noch
mit Ludwig XII., Kaiser Maximilian I. und Cesare Borgia verhandelt hatte.

Soll ich denen ein paar Dollars da lassen? will Dick wissen.

Wozu?

Damit sie wenigstens das Zimmer des Zynikers streichen
lassen können.

Machiavelli war kein Zyniker. Schon geht es wieder los.

Dick stochert in seinen Spaghetti. Behaupten sie das hier?

Verglichen mit dem Zynismus der pharmazeutischen Industrie, die Angst zu Geld macht, verglichen mit dem Vatikan,
der mit gefälschten Wertpapieren handelt? Verglichen mit
afrikanischen Potentaten, die ihre verhungernden Kinder vor
unsere Kameras zerren, um mit den Spendengeldern dann
ihre Nummernkonten in der Schweiz aufzufüllen? Gegen die
war Niccolò Machiavelli ein Moralist und ein Ritter in schim-
mernder Rüstung.

Er war Sekretär des Rats der Zehn in der Republik Florenz,
einer der bedeutendsten Staatsmänner der Geschichte. Aber
auch ein Zyniker, beharrt Dick.

Machiavelli hat es nicht für klug gehalten, seinen Artgenossen Tugenden anzudichten, die sie nicht haben, und vor ihren
Untugenden die Augen zu verschließen.

In *Il Principe* hat er geschrieben, daß es besser ist, gefürchtet
als geliebt zu werden, sagt Dick.

Willst du von dem Angeklagten geliebt werden, wenn du
von den Geschworenen die Todesstrafe für ihn verlangst?

Er hat geschrieben, daß Fürsten Grausamkeiten schnell
begehen müssen. Wohltaten aber sollen sie über lange Zeit ver-
teilen, damit ihnen ihre Untertanen länger dafür dankbar sein
müssen.

Verlangt von euren Mitmenschen keinen Verzicht auf Vorteile. Das ist es, was er geschrieben hat. Verlangt keine Treue,

42

wenn sie Opfer fordert, keinen Gehorsam ohne Furcht vor Strafe. Nehmt sie, wie sie sind. Ihr könnt euch keinen neuen Menschen machen. Das Gejammere, daß die Welt besser wäre, wenn nur die Menschen besser wären, war für Machiavelli der Traum von Spinnern, die damit immer nur Unheil anrichten.

I think, I like the guy, sagt Dick Sprague und schiebt den Teller weg.

In Florenz drängeln wir uns durch Menschenmassen, die von weither angereist sind, um den David von Michelangelo zu bestaunen.

Sie alle lieben die Schönheit, sagt Sprague, dem weder als Ankläger noch als Verteidiger eine Gemeinheit fremd ist. Schau dir nur das Gedränge an!

Adelige Hooligans und Halbstarke der florentinischen Schickeria haben den David von Michelangelo mit Scheiße beworfen.*

Den Jungen aus Marmor? Warum denn das?!

Weil sie begriffen haben, daß der Junge aus Marmor an den Sieg über die Medici und deren Vertreibung aus Florenz erinnern sollte.

Wenn er einen größeren Marmorblock gehabt hätte, dann hätte Michelangelo vielleicht einen Goliath gemacht, sagt Dick Sprague und lacht.

Einen noch größeren David hätte er gemacht, behaupte ich. Aber auch den hätten die Medici nicht verschwinden lassen können.

Mit einem Wink haben sie ihn verschwinden lassen können, behauptet Dick. Als sie 1512 wiederkamen, gab es nichts, was sie nicht verschwinden lassen konnten.

… Mit Hilfe von gekauften Truppen …

---

* Jugendliche, die dem Amtsadel angehörten, sogenannte Optimes.

… Sie wurden bejubelt …

… Wie Hitler in Wien.

Die Medici waren unantastbar, sagt Dick.

Hingerichtet hätten sie Michelangelo, wenn der Papst sie gelassen hätte, sage ich.

Die wußten, daß sein Ruhm den ihren überdauern würde.

Und die wußten, daß Michelangelo Brutus lieber war als Cäsar.

So geht es weiter bis zum Abend.

Let's go eat, sagt Dick Sprague schließlich. Er will über den Ponte Vecchio zu »Angelino« hinüber, weil man da zusehen kann, wie sie in der Küche das Essen kochen. Bei »Angelino« kriegt Dick Sprague sein Cola. Der Ober verzieht keine Miene. Bei Dick zu Hause kommen erlesene Weine auf den Tisch. Für die Gäste. Er selber trinkt höchstens eine Bloody Mary mit viel Meerrettich und Zitronensaft vor dem Essen.*

Sprague hat als Ankläger die Todesstrafe nicht nur gefordert, sondern auch durchgesetzt. Den Streit darüber können wir nicht beilegen. Nur ein einziges Mal hat Dick mich verunsichert. Lebenslängliche hatten bei einem Gefängnisaufstand Aufsehern und Mitgefangenen die Augen ausgestochen, ihnen die Bäuche aufgeschlitzt und sie dann blind oder mit heraushängenden Eingeweiden laufen lassen. Sie waren sicher, daß die Langeweile des Gefängnisalltags bald durch neue und unterhaltsame Prozesse unterbrochen werden würde. Die

---

* »Makes four Bloody Maries: 2 cups V-8 vegetable juice, 2 cups fresh tomato juice, one lemon juiced, 2 limes juiced, Tabasco, Worcester-Sauce, 2 tablespoons horseradish (Meerrettich), 2 tea spoons JANE's KRAZY salt, 1 teaspoon ground black pepper – shake well over ice, serve with Vodka but without ice.« (Die klassische Bloody Mary [Bloody Meyer] war zur Zeit des Alkoholverbots nur eine Tasse Wodka, die mit einer Tasse Tomatensaft getarnt und mit viel Zitronensaft, Salz und grobem Pfeffer eiskalt serviert wurde.)

Todesstrafe mußten sie nicht fürchten, denn die war 1974 durch eine Entscheidung des Obersten Gerichts im Verfahren »Furman vs. Georgia« abgeschafft worden, und ein paarmal Lebenslänglich hatten sie sowieso.

Sprague war im Prozeß gegen den Boß der amerikanischen Bergarbeitergewerkschaft, Tony Boyle, von Richard Nixons Justizminister John Mitchell als Sonderankläger der amerikanischen Regierung berufen worden. Der Arbeiterführer, Joseph Yablonski, hatte Tony Boyle beschuldigt, Geld aus der Pensionskasse der Bergarbeiter gestohlen zu haben. Der Gewerkschaftsboß hatte daraufhin eine Bande von Kriminellen angeheuert, um den Arbeiterführer zum Schweigen zu bringen. Sie erschossen Yablonski in der Silvesternacht 1969 in seinem Haus in Clarksville. Die Schüsse waren im Lärm der Raketen und Feuerwerkskörper untergegangen, mit denen das Jahr 1970 begrüßt wurde. Yablonski hatte noch versucht, sein neben dem Bett an der Wand lehnendes Gewehr zu erreichen. Die Killer waren schneller.

Bergarbeiter hatten keine hohe Lebenserwartung. Der Kohlenstaub, vor allem die darin enthaltenen Silikonkristalle, machte sie krank. Ein Pathologe in West Virginia, Dr. Laqueur, hat uns die Krankheit bei der Sektion eines an der »schwarzen Löcherlunge« verstorbenen Bergarbeiters demonstriert. Er kratzte vor der Kamera den verbackenen Kohlenstaub mit einem chirurgischen Löffel aus den Alveolen der freigelegten Lunge des Kumpels heraus.

Es war Herbst, als wir die Geschichte machten. Über dem Haus, in dem Yablonski ermordet worden war, sammelten sich Wolken von Zugvögeln, flossen zu dunklen Figuren zusammen, strömten auseinander, um neue zu bilden und sie gleich darauf wieder vom Himmel zu löschen. Wir wußten nicht, was wir mit der Aufnahme von den Vogelschwärmen machen würden. Das wußten wir erst, als wir im Archivmaterial den falschen Schwur von Tony Boyle fanden und nicht nur sahen, sondern auch hörten, wie er vor einem Untersuchungsausschuß mit leichenblassem Gesicht und zum Himmel gerecktem Arm, »I swear to allmighty God!«, seine Unschuld beteuerte.

Den Bergarbeitern die Altersversorgung zu stehlen und Yablonski ermorden zu lassen, weil er dazu nicht schwieg, war ein Verbrechen, das Amerika empörte. Der US-Justizminister John Mitchell brauchte einen Ankläger, der den gerissenen Verteidigern der Gewerkschaft die Stirn bieten und die Killer mit »deals« – Verzicht auf die Todesstrafe gegen Aussagen über die Hintermänner – unter Druck setzen würde, um so in der Befehlskette bis an die Spitze zu kommen. Der republikanische Justizminister nahm keine Rücksicht auf Parteizugehörigkeit. Er berief Richard A. Sprague, obwohl der alles andere als ein Republikaner war und schon damals die Demokraten finanziell unterstützte. Als Präsident Nixon wegen des Einbruchs im Washingtoner Hotel »Watergate« unter Druck kam, hatte ich mit Dick Sprague telefoniert und ihn gefragt, warum man denn nicht wieder ihn, Dick Sprague, als Sonderankläger berufen hatte. »They wouldn't touch me with a ten foot pole. I would lock him up tomorrow«, hatte er gelacht. Die fassen mich nicht mit der Feuerzange an. Den (Nixon) würde ich schon morgen einlochen.

Noch heute kommt Dick Sprague mit drei oder vier Stunden Schlaf aus, seine Plädoyers sind kurz, seine Fragen an Sachverständige, Angeklagte oder Zeugen sind noch kürzer. Dick lügt nicht. Nicht einmal aus Höflichkeit. Das gibt dem, was er sagt, auch unter Freunden, hin und wieder etwas Abruptes.
    Im Zweiten Weltkrieg war er zu den U-Booten gegangen, weil man bei dieser Waffengattung entweder überlebt oder stirbt

und nicht riskiert, als Krüppel nach Hause zu kommen. Während der Ausbildung hatte er sich als Sänger zum Chor gemeldet, weil es dafür Sonderurlaub gab. Dick Sprague sang so falsch, daß man ihn unter hundert anderen Sängern herausgehört hatte. Er entschloß sich deshalb, nur noch die Lippen zu bewegen. Später reiste er um die Welt, um die Konzerte gefeierter Dirigenten zu hören. Entweder war er inzwischen musikalisch geworden oder als Matrose nie unmusikalisch gewesen. Bei ihm zu Hause in Springwood wird klassische Musik von morgens bis abends in alle Räume und sogar in den Park geleitet. Opernarien, Konzerte, Fugen und Etüden. Nirgends entgeht man ihnen.

Lawyers Weekly, eine juristische Fachzeitschrift, fragte prominente amerikanische Anwälte, welchen Kollegen sie vor Gericht lieber nicht zum Gegner hätten. Sie nannten Richard A. Sprague. Der Staranwalt F. Lee Bailey schrieb dafür die Begründung: »Wenn ich einen Fall hätte, der zu gewinnen ist, Dick Sprague wäre der letzte, gegen den ich antreten möchte. Er ist ein Meister des Kreuzverhörs, unnachgiebig und schnell. Er kennt das Gesetz. Die Richter mögen ihn, weil er ihnen keine Zeit mit Herumgerede stiehlt. Dick Sprague bläht sich nicht auf. Anwälte, die das tun, kann man mühelos auseinandernehmen.«

Unser gemeinsamer Freund F. Lee Bailey war selbst eine Legende, seit er als junger Mann nach dem plötzlichen Herztod des Verteidigers von Albert DeSalvo, dem sogenannten »Boston Strangler«, von einer Stunde auf die andere die Verteidigung des Massenmörders übernommen hatte. Später kamen Sam Shepard, Patty Hearst und O. J. Simpson als Mandanten hinzu. Bailey machte sich vor Gericht nie Notizen, denn er war ein »southpaw«, eine Südpfote, das ist Slang für Linkshänder. Sein Lügendetektor-Experte Charles Zimmerman hatte ihm gesagt, es wirke ungelenk auf die Geschworenen, wenn er mit der linken Hand schriebe. Er hatte sich daher antrainiert, alle relevanten Details eines Verfahrens im Kopf zu behalten. Lee flog am Steuer seiner eigenen Flugzeuge zu Gerichtsterminen. Für die Teilnahme an seinen Kursen zur Technik des Kreuzverhörs zahlten Strafverteidiger eine Menge Geld. Ich war dabei, als Bailey ihnen riet, sich den Zeugen in einem Raum vorzustellen, der zwei oder drei Türen und ein paar Fenster hat. Während man den Zeugen befragt, schließt man mit dessen eigenen Antworten beiläufig ein Fenster nach dem anderen und eine Tür nach der anderen. Wenn alles verschlossen und verriegelt ist, greift man an. Und niemals stellt man in einem Kreuzverhör Fragen, wenn man die Antwort nicht kennt.

Für die Reportage über den Fall Yablonski mußten wir vom Sonderankläger des US-Justizministers Richard A. Sprague wissen, ob es Beweise gegen den Chef der United Mine Workers of America, Tony Boyle, gab, die für ein Urteil, möglicherweise ein Todesurteil, ausreichen würden. Bis zur Ausstrahlung des Berichts würden Wochen oder Monate vergehen. Produktion und Programmplanung waren damals noch ziemlich langwierig. Wir aber wollten uns beim Drehen, spätestens beim Schnitt und beim Texten der Reportage in der Schuldfrage festlegen.

Dick Sprague nahm mich in der City Hall von Philadelphia eine Stunde lang ins Kreuzverhör. Er fragte Motive aus mir heraus und hinterfragte meine Zuverlässigkeit, den Mund zu halten. Dann sagte er mir, daß Tony Boyle zum Tode verurteilt werden würde. Warum, das konnte man damals noch nicht veröffentlichen.

Um Geld für die Lohnkiller zu beschaffen, hatte die Führung der United Mine Workers of America eine Kommission gegründet, die Geld sammeln sollte. Angeblich, um neue Mitglieder zu werben. Damit sich die am Mordkomplott Beteiligten nicht in Widersprüche verwickeln konnten, hatte man ein

Papier verfaßt, das die offizielle Version enthielt und an alle Verschwörer verteilt wurde. Nachdem die verhafteten Meuchelmörder von Dick Sprague unter Druck gesetzt worden waren und den eigentlichen Zweck dieser Geldsammlung gestanden hatten, um der Todesstrafe zu entgehen, war die entscheidende Frage gewesen, ob der Boß der United Mine Workers of America, Tony Boyle, das Papier gekannt hatte. Wenn ja, dann hatte er die Verschwörung als Gewerkschaftsführer zu verantworten. Sprague nahm ihn ins Kreuzverhör und stellte auch zwei oder drei Fragen zu dem Papier, von dem er nur eine Kopie zu haben schien. Boyle sagte unter Eid, er habe das Papier niemals gesehen, niemals gelesen und niemals in der Hand gehabt. Nachdem er sich festgelegt hatte, präsentierte Sprague dem Gericht das Original, das laut FBI-Labor die Fingerabdrücke von Tony Boyle zeigte. Boyle wurde beim ersten Prozeß zum Tode und beim zweiten, nach Abschaffung der Todesstrafe, zu lebenslänglicher Haft verurteilt. Er starb im Gefängnis an Lungenkrebs.

Bei den Ermittlungen zum Fall Yablonski hatten die Ermittler Richard A. Spragues einen Polygraphen benutzt, einen Lügendetektor. Sprague wollte eine sichere Verurteilung. Erfahrene Polygraph-Examiner prüften für den Special Prosecutor, ob die geständigen Beschuldigten die Wahrheit gesagt hatten oder ob sie sich mit ihrem Geständnis nur den elektrischen Stuhl ersparen wollten. Der Polygraph war um die Jahrhundertwende in der deutschen Psychiatrie entwickelt worden, um Simulanten von Geisteskranken zu unterscheiden. Hielt sich ein Patient wirklich für Jesus, oder tat er nur so? Das technisch verbesserte Gerät wurde im Jargon der Polizei von Philadelphia »the box« genannt.

Wir kamen aus einem Land, das gerade den Hitlerismus und die Schnüffelei seiner Blockwarte hinter sich gelassen hatte, und waren empört über diesen Versuch, mit einer Maschine in die geheimsten Winkel der Seele eines Beschuldigten einzudringen. Falls die Maschine zuverlässig war, würde sie das unveräußerliche Recht eines jeden Menschen außer Kraft setzen, für sich zu behalten, was er für sich behalten wollte. Nicht auszudenken, was totalitäre Systeme oder Polizeistaaten damit machen konnten.

Das zumindest ist ein Denkfehler, sagte Dick Sprague. Totalitäre Systeme sind totalitäre Systeme, weil sie nicht die geringsten Skrupel haben, solche und noch ganz andere Methoden anzuwenden und zu Instrumenten ihrer Gesinnungsschnüffelei zu machen. Daran kann ein Verbot des Polygraphen in einem Rechtsstaat nichts ändern. Aber ein Rechtsstaat kann die Verwendung rechtsstaatlich regeln und einschränken.

Sprague ließ für uns historische Texte aus dem Archiv heraussuchen, die von bedeutenden Juristen veröffentlicht worden waren, als man ballistische Untersuchungen von Schußwaffen und forensische Blutuntersuchungen als Beweise vor Gericht eingeführt hatte. Es war ein Aufschrei gewesen. Das Ende anwaltschaftlicher Argumentation sei gekommen, hieß es in diesen Texten. Das Ende des Rechtsstaats, wenn Schuld oder Unschuld nicht mehr in einem kontradiktorischen Verfahren, nicht mehr durch Anwälte und Richter, sondern durch irgendwelche Techniker festgestellt würde, die entscheiden wollten, ob ein Geschoß aus einer bestimmten Waffe abgefeuert worden war oder nicht. Selbst menschliches Blut, dieser mythische Saft, sollte von Chemikern in Reagenzgläsern und auf den Objektträgern von Mikroskopen beäugt werden! Man schreckte nicht davor zurück, ins Innerste, Verborgenste und Verbotenste des Menschen einzudringen, um es vor Gericht auszubreiten. Die Empörung war damals groß gewesen.

In Philadelphia wurden Lügendetektortests von gut ausgebildeten Polygraph-Examinern und ausschließlich in der Phase der polizeilichen Ermittlungen verwendet. Als Beweis vor Gericht waren sie in Pennsylvania nicht zugelassen. Die Kripo hielt die Tests für so zuverlässig, daß sie einen Verdächtigen, der den Test bestand, fast immer laufen ließ. Wir hatten die Polygraphie beim Polygraphie-Experten von F. Lee Bailey gesehen. Charles Zimmerman war mit knapp 4000 Gewaltverbrechern, die er an der Box gehabt hatte, damals der erfahrenste Polygraph-Examiner der Vereinigten Staaten.

Amerikanische Strafverteidiger testen sehr oft die eigenen Mandanten, weil sie wissen wollen, was wirklich geschehen ist. Sie wollen nicht riskieren, auf »nicht schuldig« zu plädieren, nur um danach von der Anklage mit Beweisen konfrontiert zu werden, die sie nicht kennen. Das kann eine Haftstrafe zur Todesstrafe machen und eine gute Verteidigung zu einer schlechten.

Charles Zimmerman hatte auch den Boston Strangler DeSalvo für F. Lee Bailey am Lügendetektor gehabt, der seine Opfer zerlegt und deren Gliedmaßen einzeln begraben hatte.

Der hatte Humor, sagte uns Charly Zimmerman.

Ein Massenmörder mit Humor?

Ja, sagte Charly. Eines Tages marschiert DeSalvo in den Ausstellungsraum eines Autohändlers und fragt den Verkäufer, was denn so ein Lincoln oder so ein Cadillac wohl kosten würde. Der Verkäufer sieht den Massenmörder von oben bis unten an: Buddy, sagt er, its gonna cost you an arm and a leg. Junge, das kostet dich 'n Arm und 'n Bein. Der Boston Strangler habe vor Lachen über diese Antwort kaum Luft gekriegt, erzählt Charly. Ein Arm und ein Bein, hat er gelacht. Der feine Pinkel in dem Autoladen wußte nicht, daß ich davon jede Menge gehabt hätte.

Richard A. Sprague gibt uns in die Hände des erfahrensten Polygraph-Examiners der Polizei von Philadelphia, Chief Profi, der auch die Mörder Yablonskis an der Box gehabt hatte.

Ob Chief Profi keine Bedenken habe, jemanden am Lügendetektor zu befragen?

Glauben Sie nicht, daß sich die Geschworenen und die Richter einen Angeklagten genau ansehen, wenn er im Zeugenstand ist? Sucht er nach Worten, stammelt er? Wird er rot im Gesicht, kriegt er keine Luft, hat er Schweißperlen auf der Stirn, zittern seine Hände? Glauben Sie nicht, daß sie daraus ihre Schlüsse ziehen? Wir tun das auch, nur zuverlässiger. Und nicht erst vor Gericht, sondern schon während der polizeilichen Ermittlungen. Wir können ausschließen, daß der Verdächtige nur schwitzt, weil es im Vernehmungszimmer zu warm ist, daß seine Hände nur zittern, weil er von seinem Großvater nervöse Hände geerbt hat, daß er nur nach Worten sucht, weil er schon immer Hemmungen hatte, vor Leuten zu reden, und daß sein Atem nur stockt, weil er jedesmal kurzatmig wird, wenn er sich aufregt. Und wer regt sich nicht auf, wenn die Polizei ihn verhört?

Was tut denn einer, fragt uns Chief Profi, der in die Mühlen polizeilicher Ermittlungen gerät, obwohl er unschuldig ist? Einer, der keine gute Figur macht, einer, der schon eine Menge auf dem Kerbholz hat, aber nicht getan hat, wessen man ihn verdächtigt? Einer, der kein Geld für einen teuren Anwalt hat, einer, der keine Zeugen auftreibt, die ihn entlasten könnten? Die Box ist seine einzige Chance.

Aber es spricht gegen ihn, wenn er den Test ablehnt.

Seit wann? Die Geschworenen erfahren es nicht. Wenn sie es erfahren, riskiert das Gericht ein »mistrial«, also ein neues Verfahren, und muß einen Täter womöglich laufen lassen.

Aber der Testant stimmt doch nicht wirklich zu. Er glaubt, daß er zustimmen muß.

Ein Polygraph-Test funktioniert nur, wenn er freiwillig ist. Ein Test ohne Mitarbeit des Testanten führt zu keinem Ergebnis. Der Verdächtige ist es, der sagen muß, ich bin unschuldig, laßt mich an die Box, damit ich meine Unschuld beweisen kann. Nur wenn er das ernsthaft will, ist sein Test aussagekräftig.

Lügendetektortests sind nicht immer zuverlässig, wenden wir ein.

Wesentlich zuverlässiger als graphologische Gutachten und die meisten Zeugenaussagen. Beide sind vor Gericht als Beweis zugelassen. Sicher, bei einem verrückten Türsteher aus Brooklyn, der sich für Napoleon hält, zeigt der Polygraph keine Täuschung an. Eine Lüge erkennen wir nur bei einem, der weiß, daß er lügt. Je klüger der Testant, desto leichter ist er zu überführen. Ein Testant an der Grenze zur Idiotie ist nicht zu testen, denn er weiß nicht, was er sagt.

Unter Dutzenden von echten Lügendetektortests, die wir hinter einem »one way-mirror« (einseitig durchlässiger Spiegel) sehen und hören, sind einige, die der Examiner mit der Begründung abbricht, daß er sich keine Meinung bilden kann. Entweder weil das Ergebnis nicht eindeutig ist oder weil der Prüfling Tricks versucht.

Okay, hören wir auf, sagt Polizeileutnant Spann zu einem Mann, der wegen »statutory rape« angeklagt ist, also wegen Geschlechtsverkehrs eines über Sechzehnjährigen mit jemandem unter sechzehn Jahren. In einigen Staaten wird das hart bestraft.

Sie sind es, der den Test verlangt hat, sagt Leutnant Spann. Wir haben verabredet, daß wir zusammenarbeiten. Die Kurven zeigen mir aber, daß Sie das nicht tun. Egal, ob Sie ein Beruhigungsmittel eingenommen haben, ob Sie einen Reißnagel im Schuh haben, ob Sie sich bei jeder Antwort eine nackte Frau vorstellen oder ob Sie nur die Bauchmuskeln anspannen. Ich sehe an den Kurven, daß Sie mich täuschen wollen, also sparen wir uns die Zeit.

»No opinion«, kein Ergebnis, wird er in das Formular schreiben, das er nach dem Test ausfüllt. Die Geschworenen werden nichts davon erfahren.

Vor jedem Test werden die Fragen und ihre Reihenfolge mit dem Testanten ausgearbeitet. Wenn der Testant die Reihenfolge nicht mag, wird sie geändert. Auch die Wortwahl wird geändert, wenn er damit ein Problem hat. Die eigentlichen Schuldfragen kommen niemals überraschend. Das Teuflische ist, daß der Testant ganz genau weiß, wann sie kommen, denn er hat die Reihenfolge mitbestimmt. Manchmal unterbricht der Examiner den Test, sagt dem Prüfling, daß er mit dieser oder jener Frage offensichtlich Schwierigkeiten hat, daß seine Reaktionen einen Streß zeigen, der auf »deception«, also auf den Versuch einer Täuschung, hindeuten könnte. Er fragt ihn, ob er dafür eine Erklärung hat und ob er die Frage anders formuliert haben will.

Manchmal, sagt Leutnant Spann, zeigt der Test, daß der Verdächtige am Gerät mehr über die Tat weiß, als er uns sagen will, obwohl er sie nicht begangen hat. Solche Tests sind schwierig. Sie dauern länger. Manche Prüflinge legen während des Tests ein Geständnis ab, wenn sie merken, daß sie den Examiner nicht täuschen können. Das Geständnis gegenüber einem Polizeibeamten ist im Gegensatz zum Test gerichtsverwertbar.

Vor dem Test wird bei jedem Prüfling der individuelle Grad der Erregbarkeit ermittelt. Unter anderem mit Fragen, deren Antworten vorhersehbar sind. »Haben Sie jemals in Ihrem Leben etwas gestohlen?« Wer das verneint, lügt vermutlich.

Ein Häuflein Elend sitzt am Gerät. Seit Jahren hat er eine illegale Lotterie, ein »numbers racket«, betrieben und einen Polizisten bestochen, um nicht verhaftet zu werden. Jetzt ist die Mafia hinter ihm her und will das Geld, das er dem Polizisten gegeben hat, und die Polizei ist hinter ihm her, weil er den Polizisten der Korruption beschuldigt. Er will am Detektor beweisen, daß er die Wahrheit sagt.

Sie zittern ja, sagt der Examiner.

Ah shakes alldatime, sagt der Testant. Mich schüttelt's

immer. Er sei ein Siebenmonatskind, sagt er, und schon zitternd auf die Welt gekommen. Er kann kaum lesen und schreiben.

Auf die Vorfrage, ob er jemals in seinem Leben etwas gestohlen habe, kommt ein klares »no«. Am Gerät ist kein Anzeichen einer Täuschung zu erkennen, obwohl er vermutlich sein Leben lang alles gestohlen hat, was nicht niet- und nagelfest war. Weitere Tests ergeben, daß für ihn das Klauen eines Autos oder einer Brieftasche nicht »stehlen« ist, sondern ganz normales Verhalten. Man braucht ein Auto und man braucht Geld, also besorgt man es sich. »Stehlen« fängt bei ihm erst an, wenn man die Auslagen von Tiffany's in New Yorks Fifth Avenue ausräumt oder aus Fort Knox eine Tonne Gold herausholt.

Der Test ergibt, daß der Mann die Wahrheit sagt. Er hat tatsächlich den Polizisten jahrelang bestochen. Unmittelbar nach dem Test wird der Polizist verhaftet.

Dick Sprague rät Chief Profi, mir eine Wette anzubieten, bevor er mich nach meinem wochenlangen Training an der Box vor der Kamera testet. Aussagen, die anderen Lebenslänglich oder den elektrischen Stuhl einbringen, haben für mich keine Bedeutung. Chief Profis Wette soll dafür sorgen, daß es auch mir um etwas geht. Ich lehne die Wette ab, denn ich habe vor, den Lügendetektor zu überlisten. Chief Profi klatscht hinter meinem Rücken in die Hände und zeigt mir meine Reaktion in allen Kurven, die Atmung, elektrische Leitfähigkeit der Haut, Puls, Blutdruck, Bauch- und Brustatmung aufzeichnen.

Sie können nicht so tun, als hätten Sie es nicht gehört. Sie *haben* es gehört. Und man sieht, daß Sie es gehört haben.

Chief Profi ist ein Mann, der ein Berufsleben lang mit Leuten geredet hat, die versucht haben, ihn anzulügen. Beim Kaffee im Coffee-Shop, vor Beginn der Tests, reden wir über das Wetter an der Ostküste, über Querelen in Washington und über den Fall Yablonski. Ich komme gerade noch um ein paar Tretminen herum, die er beiläufig im Gespräch unterbringt. Auch ohne Lügendetektor hätte man bei einer Befragung durch Chief Profi schlechte Karten.

Die zu testende Frage ist, wo ich an einem ganz bestimmten Tag war. Es gibt drei Möglichkeiten: am Pier 4 von Boston beim Mittagessen, in Manhattan bei Brooks Brothers, um eine Krawatte zu kaufen, oder im Zoo von Philadelphia, um mit einem Elefantenbaby zu spielen. Alles habe ich tatsächlich gemacht. Aber nur eine der drei Aktivitäten fällt auf den Tag, um den es geht. Es muß eine unlösbare Aufgabe für Chief Profi sein.

Die ersten Tests engen geographisch ein, wo ich an dem fraglichen Tag gewesen sein könnte. Unter anderem fällt der Name Washington. Heftige Reaktion in allen Kurven. Mir war wieder eingefallen, daß mich das Washingtoner ARD-Büro vor Tagen dringend um Rückruf gebeten hatte, und ich hatte den Rückruf glatt vergessen. Chief Profi macht ein paar Tests zu Washington.

Da ist etwas, sagt er. Aber mit unserer Frage hat es nichts zu tun.

Dann nach einer Reihe von weiteren Tests: Ei, was haben wir denn da? You are playing games with me! Sie treiben Spielchen mit mir. Eine der Kurven vergleicht Bauch- und Brustatmung. Beim Versuch einer Täuschung kommt es in dieser Kurve zu einem »reversed staircase«, also zu einer abwärts führenden dreistufigen Treppe. Ich hatte vor und nach jeder Antwort einen tiefen Atemzug gemacht, um diese Treppe zu verdecken, falls sie bei einer der Antworten sichtbar werden sollte.

Schauen Sie sich das an, lacht Chief Profi, da ist wieder dieser tiefe Atemzug vor und nach der Antwort. Aber bei dieser Antwort, nur bei dieser Antwort, kommt nach dem tiefen Atemzug eine deutliche dreistufige Treppe. Isn't that sweet?

Nach anderthalb Tagen, sagt der Examiner, wenn er jetzt nach einer Meinung gefragt würde, dann könnte er sich festlegen.

Ich sei an dem in Rede stehenden Tag bei Brooks Brothers in Manhattan gewesen und hätte dort eine Krawatte gekauft. Wir schenken ihm die Krawatte als Andenken an seinen vermutlich schwierigsten und besten Test.

Aufnahmen von einem Mordprozeß vor einem Schwurgericht waren damals noch ausgeschlossen. Alle Versuche, eine Genehmigung zu bekommen, schlagen fehl. Als wir uns bei Dick Sprague darüber beklagen, sagt er: Bullshit! Call me back in an hour. Innerhalb der Stunde hatte er uns eine Genehmigung vom amerikanischen Supreme Court besorgt. Als wir unsere Lampen, Kameras und Stative in den Gerichtssaal schleppen, scherzt die schwarze Richterin: You must know the king of America.

Your honor, sage ich, I *do* know the king of America.

Dann verschafft uns Dick die Genehmigung, im Gefängnis zu drehen. Der Kritiker T. Thieringer wird mir nach der Ausstrahlung der Reportage Rassismus vorwerfen, denn alle Kriminellen, die in der Reportage vorkommen, sind Schwarze. Daß auch die Geschworenen, die Anwälte, die Gerichtsdiener, der Stenograph, der Richter und sogar die Putzfrau, die das Richterzimmer säubert, eine schwarze Hautfarbe haben, bleibt im blinden Fleck seiner politisch korrekten Wahrnehmung hängen. Uns war die Hautfarbe gar nicht mehr aufgefallen.

Schließlich brauchen wir noch einen Mord. Zu Richard A. Spragues Stab gehört ein Ermittler, der die Unterwelt von Philadelphia kennt wie die eigene Unterwäsche. Er ist allerdings nicht bereit, Berichte über seine Ermittlungen zu verfassen.

Warum nicht?

Er mag nicht, sagt Dick Sprague. Lieber wechselt er den Beruf.

Sprague gibt ihm eine junge Staatsanwältin mit, die ihm die Berichte schreibt, und setzt durch, daß der Ermittler trotzdem den Rang und die Bezüge eines gehobenen Kriminalbeamten erhält.

Was genau brauchen Sie, will der Ermittler von uns wissen. Revolver, Messer, Baseballschläger, Beziehungstat, Mafia-Exekution, Raubmord? Übermorgen, in der Nacht von Freitag auf Samstag, kriegen wir alles.

Um drei Uhr früh klingelt das Telefon im Hotel. Hi, mister, we got your body, sagt er. Hallo Mister, wir haben Ihre Leiche.

Es ist ein großer Schwarzer um die Dreißig mit dem Körper eines Athleten. Er liegt auf einem Treppenabsatz wie ein Läufer, der sein Ziel nicht mehr erreicht hat. Auf seinem weißen T-Shirt ist nur ein kleiner Blutfleck zu sehen. Im Wohnzimmer auf der Kommode stehen Nippes aus Glas, Fotos in Silberrahmen von Martin Luther King und von adretten Kindern, eine Kommunionskerze, eine Kristallvase mit hübschen künstlichen Blumen. Auf den Polsterstühlen sind Schonbezüge aus durchsichtigem Plastik, die man herunternehmen kann, wenn Besuch kommt. Die Frau hatte ihrem Mann eine Schere in die Brust gestoßen und den Herzbeutel getroffen. Vermutlich Eifersucht.

Sie wollten eigentlich ein Messer, sagt der Detective. Schätze mal, 'ne Schere tut's auch. Für ein Messer hätten wir womöglich noch eine oder zwei Stunden warten müssen.

Die Schere liegt im Spülbecken in der blitzsauberen Küche. Ein rotes Rinnsal mäandert zum Abfluß.

Der *Philadelphia Enquirer* hatte District Attorney Dick Sprague vor Jahren unterstellt, er habe als öffentlicher Ankläger einen jungen Mann, der eines Tötungsdelikts beschuldigt war, laufen lassen, weil er der Sohn des Polizeipräsidenten gewesen sei. Sprague hatte die Zeitung in eigener Sache verklagt. Tatsächlich war der Sohn des Police Commissioner nur dabei gewesen, als sich nach einem Besuch in einem Nachtclub an der Market Street jemand gegen eine Attacke mit einem Faustschlag gewehrt hatte. Der Schlag hatte den Angreifer so unglücklich getroffen, daß er daran gestorben war.

Der Reporter, der Richard A. Sprague im *Philadelphia Enquirer* beschuldigte, hatte seit Jahren auf die Gelegenheit gewartet, dem District Attorney eine Verhaftung heimzuzahlen. Er hatte ein Recherchengespräch geführt und ohne Wissen des Gesprächspartners ein heißes Mikrophon unter der Jacke gehabt. Als das aufkam, hatte Sprague ihn verhaften lassen, weil Tonaufnahmen ohne Wissen des Aufgenommenen in Pennsylvania verboten sind. Sprague war nicht bereit gewesen, sich ausgerechnet von diesem Reporter befragen zu lassen. Mit jedem anderen Reporter der Zeitung hätte er geredet. Die Zeitung wiederum wollte sich das Recht nicht nehmen lassen, selbst zu bestimmen, welchen ihrer Reporter sie schickte. So wird die unzutreffende Geschichte ohne Rücksprache mit Sprague gedruckt, und die Zeitung wird daraufhin von ihm verklagt.

Das Gericht nimmt dem *Philadelphia Enquirer* 2,5 Millionen Dollar für das Verfahren ab und spricht Richard A. Sprague 30 Millionen Dollar »punitive damages« zu, also einen »strafenden Schadenersatz«, dessen Höhe sich stets nach der Finanzkraft der verurteilten Partei richtet. Sie soll die Strafe spüren. Der *Enquirer* geht in Berufung, erreicht aber nur, daß die »punitive damages« auf 21,5 Millionen Dollar reduziert werden. Eine solche Summe zahlt auch eine große Zeitung nicht aus der Portokasse.

Hohe Geldstrafen, die der Beklagte an den Kläger zahlen muß, wenn er den Prozeß verliert, führen in den USA dazu, daß es sich eine Zeitung dreimal überlegt, ob sie trotz einer nahezu grenzenlosen Meinungsfreiheit eine Diffamierung riskiert oder nicht. Ein aussichtsreicher Fall, bei dem mit hohen »punitive damages« zu rechnen ist, wird von erstklassigen Anwälten »pro bono«, also kostenlos, übernommen. Wenn sie den Prozeß gewinnen, teilen sie die »punitive damages« mit dem Mandanten. Das führt dazu, daß auch Leute, die nicht das Geld haben, die enormen Gerichtskosten und teure Anwälte zu bezahlen, es sich leisten können, finanzkräftige Unternehmen oder Publikationen zu verklagen, wenn sie eine berechtigte Klage haben. In Deutschland wäre jeder Kläger schon durch die hohen Anwalts- und Gerichtskosten ruiniert. Selbst wenn er den Prozeß in irgendeiner letzten Instanz gewinnt. Die Schadenersatzsummen sind bei uns so niedrig, daß sie von großen Pressekonzernen als Unkosten abgebucht oder sogar von der Steuer abgesetzt werden. Nur sehr wenige Leute können es sich daher bei uns leisten, sich gegen frei erfundene Diffamierungen zu wehren und ihr Recht gegen finanzkräftige Pressekonzerne durchzusetzen.

Freiheit und Verantwortung der Presse in den USA hängen eng mit der Praxis der »punitive damages« zusammen. Dazu kommt das Rechtsprinzip »no prior restraint«, das in den dreißiger Jahren vom höchsten Gericht der USA festgestellt wurde. Das heißt, eine Zeitung kann veröffentlichen, was immer sie will. Niemand und nichts darf sie daran hindern. Aber *nach* der Veröffentlichung muß sie alle rechtlichen und finanziellen Folgen tragen. Und die letzteren können das Ende der Zeitung bedeuten.

Am Freitag, dem 30. Januar 1931, um die Mittagsstunde wird vom US Supreme Court, also vom höchsten Gericht der Vereinigten Staaten, ein Verfahren eröffnet, das diese nahezu grenzenlose Freiheit, aber auch die volle Verantwortung der Presse für immer definiert. Es geht um das Verbot der *Saturday Press* in Minnesota, die im Volksmund »Minnesota Rag« genannt wird, also Skandalfetzen von Minnesota.[*] Weil die Zeitung alles druckt, was Auflage bringt, gleich ob es frei erfun-

---

[*] Fred und Ruth Friendly, *Minnesota Rag,* New York 1981.

den, ob es üble Nachrede ist oder sich an die niedrigsten Instinkte der Leser wendet, hatte sie auch einen Fall von Korruption in der kommunalen Verwaltung veröffentlicht, über den einer ihrer Skandalreporter eher zufällig gestolpert war. Damit kommt das Blatt zum ersten Mal in ernste Schwierigkeiten, denn ausnahmsweise stimmt der Bericht, und die korrupten Amtsinhaber sind entschlossen, ein Verbot der Zeitung durchzusetzen, um ein Exempel zu statuieren. Nach mehreren Prozessen landet der Fall beim höchsten Gericht der Vereinigten Staaten.

Chief Justice Hughes eröffnete die Verhandlung. Zu seiner Linken sitzen der noch heute in vielen Prozessen zitierte Chief Justice Brandeis und die Richter Butler und Robert, zu seiner Rechten Holmes, Sutherland und Stones. Ein Anwalt begründet das Verbot der Zeitung.

Wir wissen, sagt Chief Justice Louis Brandeis, daß es kriminelle Verflechtungen in der Stadtverwaltung gibt. Was die Zeitungsleute getan haben, halte ich für einen Versuch, diese Verflechtungen aufzudecken, und wenn etwas schützenswert ist, dann ist es ein solcher Versuch ...

Aber die Veröffentlichung ist üble Nachrede, argumentiert der Anwalt der Stadtverwaltung.

Natürlich ist die Veröffentlichung üble Nachrede, sagt Brandeis. Aber wie soll man ein Übel veröffentlichen, ohne die Übeltäter beim Namen zu nennen?

Vorausgesetzt, zischt der Anwalt, die Veröffentlichung trifft zu.

Nein, fährt ihm Chief Justice Brandeis über den Mund, selbst wenn die Vorwürfe nicht zutreffen, darf die Veröffentlichung nicht behindert werden. Keine Zeitung kann warten, bis ein Gerichtsurteil die Sache geklärt und ein Staatsanwalt Anklage erhoben hat. Damit formuliert Brandeis, was eine Mehrheit des höchsten Gerichts denkt, nämlich daß die amerikanische

Verfassung jedem das Recht gibt, zu veröffentlichen, was immer er veröffentlichen will. Sollte es sich um üble Nachrede oder um Verleumdung handeln, hätten er und die Zeitung *nachher* alle rechtlichen und finanziellen Konsequenzen zu tragen, die infolge der hohen »punitive damages« das Ende der Publikation bedeuten können.

Das Prinzip des »no prior restraint«, also keine Einschränkung *vor* der Veröffentlichung, aber volle Verantwortung *danach,* war damit für immer festgeschrieben.

Der Anwalt Weymouth Kirkland faßt später zusammen: Jeder hat das verfassungsmäßige Recht, Bösartiges, Gehässiges und Rufschädigendes, selbst aus niedrigsten Motiven und mit unlauteren Absichten, zu veröffentlichen … Nichts und niemand kann ihm dieses Recht streitig machen. Aber wer immer es wahrnimmt, kann *nachher* zur Verantwortung gezogen und bestraft werden. Mit fünf gegen vier Stimmen erklärte das oberste Gericht jede Behinderung *vor* einer Veröffentlichung für verfassungswidrig.

Das Gericht stellte im Verfahren »Near vs. Minnesota« außerdem fest: Eine bösartige und hartnäckige Presse, die in alles ihre Nase steckt, muß von Amtsinhabern ertragen werden, um Wichtigeres zu schützen, nämlich die Freiheit der Meinungsäußerung und das Recht der Bürger, zu erfahren, was vorgeht. Dabei macht die amerikanische Justiz einen klaren Unterschied zwischen dem investigativen Journalismus, der ermittelt, was die Bürger wissen müssen, zum Beispiel um Wahlentscheidungen zu treffen, und dem Enthüllungsjournalismus, der an die Öffentlichkeit zerrt, was niemanden etwas angeht. So ähnlich sieht es neuerdings auch der Europäische Gerichtshof in Straßburg. Die Veröffentlichung von Fotos sei nur dann zulässig, befindet das Gericht in einem Urteil vom 24. Juni 2004, wenn damit ein »Beitrag zur Debatte mit Allgemeininteresse erbracht wird«. Der Anwalt Prof. Dr. Matthias Prinz hatte Prinzessin Caroline von Hannover vertreten, um die ständige Veröffentlichung von Fotos aus deren privatem Bereich zu verhindern.

Jahrzehnte nachdem ich Dick Sprague getroffen hatte, diffamierte eine schlampige Reporterin des *Spiegel* den amerikanischen Polygraph-Experten Robert Brisentine und mich mit frei erfundenen Unterstellungen. Die *Spiegel*-Schreiberin hatte die Behauptungen einer des Kindesmißbrauchs beschuldigten Frau und eines Psychologen übernommen, der sich selber für den Papst der Polygraphie hielt, aber offenbar von ihrer modernen Entwicklung nicht allzuviel Ahnung hatte. Der *Spiegel* hatte keinen Versuch gemacht, Robert Brisentine oder mich dazu zu hören. Eine journalistische Todsünde, die in Deutschland Usus geworden ist, weil es sich niemand leisten kann, gegen große Publikationen zu klagen. Die des Kindesmißbrauchs beschuldigte Frau hatte sich uns über ihren Anwalt angeboten und sich freiwillig einem von der Johns Hopkins University, Baltimore, entwickelten und sehr zuverlässigen Lügendetektortest unterworfen, um das Sorgerecht für ein Kind zurückzubekommen, das ihr von den Behörden entzogen worden war. Sie bestand den Test nicht, und wir hatten im Fernsehen darüber berichtet. Der *Spiegel* schlug sich daraufhin in einem fahrlässig recherchierten und mit falschen Tatsachenbehauptungen gespickten Artikel auf die Seite der beschuldigten Mutter.

Dick Sprague ließ den »public notary« seiner Kanzlei ein Exemplar des *Spiegel* in Philadelphia kaufen, um die Voraussetzung für eine Klage in den USA zu schaffen. Außerdem ließ er feststellen, ob der *Spiegel* beschlagnahmbaren Besitz in Amerika hatte.

Der *Spiegel* wird deutsch gedruckt, hatte ich eingewandt.

Von mir aus drucken sie ihn chinesisch, hatte Dick Sprague gesagt.

Bei den drei verschiedenen Tests der Frau, der das Kind weggenommen worden war, hatte die Wahrscheinlichkeit einer Täuschung bei über 95 Prozent gelegen. Ein »false-positive«, also ein unzutreffender Hinweis auf eine Täuschung, war mit an Sicherheit grenzender Wahrscheinlichkeit auszuschließen. Der Polygraph-Experte Robert Brisentine war seit Jahrzehnten für FBI und Justiz tätig gewesen, um die Qualität von Polygraph-Examinern und die Zuverlässigkeit ihrer Tests zu prüfen und vor Gericht als »expert witness« zu werten. Der *Spiegel* hatte ihn als einen besseren Verkehrspolizisten hingestellt, um ihn unglaubwürdig zu machen.

Manchmal bedauere ich es, daß wir das Magazin und seine schlampige Reporterin nicht verklagt haben.

Politikern ist egal, ob Millionen
auf dem Bildschirm Wirklichkeit
sehen oder nicht. Solange es Millionen
für Wirklichkeit halten. Nur das zählt.
Reporter David Halberstam,
persönliche Mitteilung

3 DIE HUNDE DES KRIEGES

Im Herbst 1962 wurde in allen Zeitungen über den Krieg zwischen Indien und China berichtet. Die Kämpfe tobten, so hieß es, im Grenzgebiet der Gebirgskette von Ladakh. Einige Kommentatoren befürchteten, daß die UdSSR und die Vereinigten Staaten von Amerika in den Konflikt hineingezogen werden könnten. Manche vermuteten sogar, daß sich auf dem indischen Subkontinent ein dritter Weltkrieg zusammenbraue. Die Befürchtungen waren unbegründet. Unter anderem, weil es den Krieg bloß in der Zeitung gab. Das merkte aber nur, wer sich ins angebliche Kriegsgebiet aufmachte und dort außer Wölfen nichts Berichtenswertes vorfand.

Daß die Welt kurz vor einem Atomkrieg stand, weil Kennedy ungefähr zur selben Zeit die Aufstellung sowjetischer Mittelstreckenraketen auf Kuba mit allen Mitteln zu verhindern bereit war, wußten nur die engsten Berater von Präsident Kennedy und nicht einmal alle Mitglieder des Politbüros in Moskau.

Angeblich war der indisch-chinesische Krieg um den Grenzverlauf zwischen Indien und China entbrannt. Ein paar chinesische Soldaten waren auf indisches Gebiet geraten, in Scharmützel verwickelt worden und wieder abgezogen.

Die Grenze entlang der Bergkette von Ladakh war mehr oder weniger Ansichtssache. Ursprünglich sollte sie entlang der Wasserscheide verlaufen. Als sich später herausstellte, daß die nicht da war, wo man gedacht hatte, wußte niemand so recht, ob nun die vereinbarte Grenze galt oder der tatsächliche Verlauf der Wasserscheide.

Die Amerikaner transportierten für alle Fälle Waffen und Munition in riesigen Cargo-Jets vom Typ C-135 nach Kalkutta, um den Indern zu helfen, sich gegen das zu verteidigen, was sie für einen kommunistisch-chinesischen Angriff hielten. Wir flogen mit, um über den Krieg zu berichten. Auf dem Flug Richtung Osten holten wir die Nacht ein. Die Strecke war langweilig, die Transportmaschine hatte keine Fenster, und im schummrigen Licht des Laderaums zwischen Tonnen von Kriegsmaterial konnte man kaum lesen. Nachdem wir Aserbaidschan und das Kaspische Meer überquert hatten, flogen die amerikanischen Piloten zur Unterhaltung die Maschine ein paarmal bis hart an die Grenze der UdSSR. Auf unserem Radar konnten wir sehen, wie die sowjetischen MIGs »scrambelten«, also mit maximaler Triebwerksleistung aufstiegen, um uns abzufangen, nur um Minuten später wieder abzudrehen, um nicht in iranischen Luftraum zu geraten. Sobald sie gelandet waren, ließen wir sie wieder starten.

Die Maschine der USAF wurde von Gemütsathleten geflogen. Als wir uns auf der Luftstraße, die damals den schönen Namen »Upper Twylight Bombay« hatte, dem indischen Kontinent näherten, gerieten wir in verheerende Tropengewitter, die bis in unsere Höhe reichten. Wir hatten eine »multiple crew«, also zwei Mannschaften. Die eine flog, während die andere schlief. Die schlafende Crew schnallte sich während des Gewittersturms in den festverankerten Kojen an und zog sich Sauerstoffmasken über, damit sie nicht aufstehen mußten, falls in der Maschine durch einen Riß oder eine andere Beschädigung der Innendruck ausfallen würde.

Erst in Indien merkten wir, daß wir für nichts und wieder nichts so weit geflogen waren. Jagdbomber der indischen Luftwaffe standen eingemottet am Flugplatz von Delhi herum. Das Oberkommando der indischen Streitkräfte machte zwar täglich in Neu-Delhi eine Pressekonferenz zum indisch-chinesischen Krieg, aber da war nur vage die Rede von Feindberührungen, Kampfhandlungen und feindlichen Verlusten. Alle Fragen der Reporter nach Ort oder Zeit wurden mit einem »no comment« beantwortet. Bitten um Interviews mit chinesischen Gefangenen oder indischen Verwundeten wurden abgelehnt.

Wir bereiteten uns auf eine Expedition in die endlosen Weiten der Ladakh Range des Himalaya vor. Dann trafen wir zufällig an der Hotelbar in Delhi eine internationale Kommission von Geographen, die erst Stunden zuvor aus Ladakh zurückgekommen war. Die Wissenschaftler hatten versucht, einen Grenzkompromiß zu finden. Sie rieten uns ab hinzufahren. Von einer Front, an der gekämpft würde, hätten sie weder etwas gesehen noch etwas gehört. Der Militärattaché der deutschen Botschaft hatte den Krieg ebenfalls nicht gefunden, aber wohl auch nicht sehr gründlich danach gesucht.

Also flogen wir zurück nach Kalkutta, wo immer noch die amerikanische Transportmaschine herumstand. Die Airforce der Vereinigten Staaten war damals noch ein ziemlich unbürokratischer Laden. Kurz zuvor war ich mit dem »Blue Plate Special« vom Military Air Transport System (MATS) von Washington nach Frankfurt unterwegs gewesen. Ein Major auf dem Platz neben mir erzählte, daß es in der militärischen Post Exchange von Gander auf Neufundland Whiskey für einen Dollar die Flasche gab. Nachdem wir gelandet waren, um aufzutanken, war ich losgerannt, um eine Kiste mitzunehmen. Als ich mit der kostbaren Ladung zurückkam, sah ich die Positionslichter meiner Boeing im Nachthimmel über der Arktis verschwinden. Samt meinem Gepäck, meinem Mantel, meinen Ausweisen und meiner Fluggenehmigung. Die GIs in der

USAF-Base-Operation von Gander auf Neufundland nahmen es gelassen. In zwanzig Minuten komme ein Bomber zum Auftanken herein, der den Militärstützpunkt Ota bei Lissabon anfliegen würde. Das sei doch gleich bei Frankfurt um die Ecke. Sie steckten mich als Bordschützen in die Maschine und wünschten mir »a pleasant flight«.

Nachdem wir den indisch-chinesischen Krieg nicht gefunden hatten, wollten wir mit unserem Stratolifter C-135 wieder nach Hause fliegen. Wenn wir noch etwas einzukaufen hätten, sagten uns die Piloten, wir könnten gut dreißig Tonnen laden. In Frankfurt würden wir um drei Uhr früh landen. Um diese Zeit, sagten sie, schläft der Zoll tief und fest.

Bei den Händlern in Delhi hatten wir zwar die kubikmetergroßen, mit Metallfolie ausgeschlagenen Holzkisten gesehen, in denen sie ihren Tee rund um die Erde verschicken, aber wir kauften nicht tonnenweise Tee. Wir kauften nicht einmal ein Kilo Tee, weil wir gar nicht auf die Idee kamen. Das einzige, was uns einfiel, waren ein paar Gartenstühle aus Rattan. Dafür konnte die ARD dann gegen die US-Airforce über dem Kaspischen Meer auf der leeren Ladefläche Fußball spielen.

Als wir ohne Bilder von Leichen oder ausgebrannten Panzern zurückkamen, gerieten wir in Erklärungsnot. Nicht einen einzigen Toten, nicht einmal Verwundete hatten wir aufgenommen oder wenigstens abgehärmte chinesische Gefangene. Schlimmer noch, wir waren gar nicht in der Ladakh Range gewesen.

Zu feig waren sie, an die Front zu gehen, murmelten die Kantinenhocker im TV-Studio, und bei den Printmedien machten wir uns auch keine Freunde. Hinfahren, ein paar Tage Urlaub machen, sich in feinen Hotels den Tee (Your early morning tea, Sir!) ans Bett bringen lassen und dann auch noch behaupten, da war nichts, obwohl doch alles in der Zeitung stand.

Eine neue Ära war angebrochen. Eine Ära, in der mit Kamera

und Mikro hingefahren und gedreht wurde, vorausgesetzt, es gab etwas zu drehen. Eine Ära, die unsere Kollegen in den Printmedien Böses ahnen ließ. Ihr Monopol brach zusammen. Bisher hatten sie uns nicht ernst genommen. Jetzt begannen sie uns lästig zu finden.

Heute wären Scheinkriege oder nebensächliche Kriege wie der indisch-chinesische, etwa zur Ablenkung von innenpolitischen Problemen, nicht mehr möglich, weil sich sofort ein paar hundert TV-Teams zum Schlachtfeld aufmachen würden.

Bis vor kurzem waren Reporter nur bei der CDU/CSU, bei der SPD, bei der FDP, bei den Grünen »embedded«, das heißt eingebettet oder inkorporiert. Sie waren bei der pharmazeutischen Industrie embedded, bei der Luftfahrtindustrie, bei der Gewerkschaft, bei den Arbeitgebern, beim Fußballbund, bei der katholischen Kirche. Kein Hahn hat danach gekräht.

Neuerdings sind Reporter bei kämpfenden Truppen embedded. Wenn es sich nicht um afrikanische Rebellen oder um afghanische Feldkommandeure handelt, sondern um reguläre amerikanische Verbände, ist die Empörung groß. Dabei geht es diesen eingebetteten Reportern nur wie allen Reportern, die dem Gegenstand ihrer Berichterstattung allzu nahe sind: Sie sehen nur, was sich unmittelbar um sie herum abspielt und was man ihnen zeigt. Für die anderen, die nicht embedded sind, gibt es Pressekonferenzen und sogar ein Poolsystem, um alle mit sendbarem Material zu versorgen. Weil man schlecht ein paar hundert TV-Teams zwischen den Fronten herumlaufen lassen kann, wird abwechselnd je einem Sender Zugang unter der Bedingung gestattet, daß er sein Material allen anderen zur Verfügung stellt. Den Zuschauern wird so suggeriert, daß das, was berichtet wird, erstens zutreffend und zweitens wichtig ist, denn alle Sender strahlen notgedrungen das gleiche aus.

Kamera unter Augenhöhe, mehr Abstand
zwischen Kinn und Manuskript,
oberer Bildrand knapp über der Glatze –
egal, was du machst, auf dem Bildschirm
sind alle gleich groß.
Kameramann zu einem 1,89 m großen Reporter,
dem Zuschauer dauernd sagen, daß sie ihn
für viel kleiner gehalten hätten

4 SCOOP UND HOAX

Ein Scoop (phonetisch: skuup) bedeutet im Jargon von Reportern eine gute Geschichte, an die andere nicht herankom-
men. Wenn Reporter von Hoax (phonetisch: hougs) reden, meinen sie einen Schwindel oder eine Fälschung. Eine Ente ist zwar
eine falsche Nachricht, aber kein Hoax, denn die Ente kann das
Ergebnis von redaktioneller Schlamperei oder Dummheit sein,
während ein Hoax immer Absicht ist. Ein Scoop wird selten
geglaubt, obwohl er Tatsachen berichtet. Ein Hoax wird fast
immer geglaubt, obwohl er ein einziger Schwindel ist.

Zu den Scoops gehört einer meiner ersten Berichte, nämlich
die Begegnung mit einem Buttergangster, der im holländisch-
belgischen Grenzgebiet von einem Bataillon Fahrern mit gepanzerten amerikanischen Straßenkreuzern tonnenweise Butter über die offene Grenze schmuggeln ließ. Der Hoax kam
viele Jahre später. Es war eine von mir fabrizierte Fälschung,
die in einem *Brennpunkt* der ARD ausgestrahlt wurde.

Die Straßenkreuzer des Buttergangsters H. waren mit Stahlplat-
ten ausgekleidet und mit schweren Lastwagenreifen bestückt,
die von den relativ leichten Waffen des Zolls nicht plattgeschos-

sen werden konnten. Neben dem Steuer waren Grabenspiegel montiert, mit deren Hilfe der Fahrer den Wagen zur Not auch lenken konnte, während er sich hinter die Panzerplatten duckte. Der Benzintank war mit einer kugelsicheren Dämmung versehen, und im Boden am Ende des Fahrzeugs war ein Loch, zu dem ein Ofenrohr führte. In das Ofenrohr konnte der Fahrer von seinem Sitz aus Einmachgläser, gefüllt mit geschmiedeten Krähenfüßen, auf die Straße fallen lassen. Die Einmachgläser zerbrachen, und die Krähenfüße zerstachen die Reifen von Polizeifahrzeugen, die den Buttertransportern zu nahe kamen.

Jeder dieser amerikanischen Wagen konnte ungefähr 4000 Kilo Butter laden. Der Preisunterschied pro Kilo betrug knapp eine D-Mark. Das brachte pro Fahrt um die 4000 Mark. Damals eine Menge Geld. Im Einsatz waren Dutzende von umgerüsteten Fahrzeugen.

Die Polizei war seit Jahren hinter dem Paten des Butterschmuggels her. Reporter waren vergebens ausgeschwärmt, um an ihn heranzukommen. Mir ging es nicht besser. Die zuständigen Korrespondenten in Brüssel hatten den Sender gewarnt: Die Anreise eines jungen und unerfahrenen Reporters sei vollkommen sinnlos. Die Reisekosten könne sich der Sender sparen.

Als ich frustriert auf dem kleinen Vorortbahnhof stehe und auf einen Zug warte, um wieder nach Hause zu fahren, komme ich mit einem jungen Mann ins Gespräch.

Der Butterboß H., erzählt der junge Mann, sei ein guter Bekannter von ihm und wohne ganz in der Nähe. Er könne mich gern hinbringen. Ich lasse Zug Zug sein, rechne aber nicht damit, daß ich H. zu Gesicht kriege.

H. macht uns nicht nur die Tür auf. Er bittet uns herein und kocht Tee. In der Diele hält er einen Papagei, der auf holländisch »Guten Tag« sagen kann. An der Wand hängen die Sonnenblumen von van Gogh.

Ob wir Lust hätten, mit ihm eine Fahrt über die Grenze in einem seiner gepanzerten und beladenen Straßenkreuzer zu machen?

Mit Kamera und Mikrophon?

Mit Kamera und Mikrophon.

Hat er den Verstand verloren? Macht er sich lustig über mich? Damals konnte ich mir auf sein Verhalten noch keinen Reim machen. Später habe ich ähnliches wieder und wieder erlebt. Kriminelle, die ihren beachtlichen Status in der Unterwelt dauernd geheimhalten müssen, leiden irgendwann darunter, daß sie niemandem erzählen können, wie bedeutend sie sind. H. tanzt Polizei und Zoll auf der Nase herum. Manchmal wird einer der Fahrer des Buttergangsters erwischt und einer seiner umgerüsteten Wagen beschlagnahmt. Er selbst scheint unangreifbar zu sein. Die Versuchung ist übermächtig, Millionen Fernsehzuschauern klarzumachen, daß er der Größte ist. Vermutlich eine in der Psychiatrie als Kompensationsneurose bekannte Zwangshandlung.

Mir sind seine Gründe egal, und der Buttergangster ist davon überzeugt, daß ihm nichts passieren kann, solange er keine Namen und Daten nennt.

Was er mit dem erschmuggelten Geld mache, frage ich ihn beim Tee.

Investier isch in Baulande und Immobilie.

Und das Finanzamt fragt nicht, woher die Kohle kommt?

Mach isch Vertrag über kleine Summe und zahl isch Verkäufer unter die Tisch.

Und das erzählen Sie mir vor der Kamera, während wir mit Ihrem gepanzerten Wagen über die Grenze fahren?

Warum nischt? sagt H.

Die Panzerung an den Seitentüren der Wagen kommt mir etwas dünn vor. Von hinten sind wir zwar durch die geladene Butter geschützt. Was aber, wenn der Kameramann, der sich nicht ducken kann, durch die Seitenfenster angeschossen wird? Vorsichtshalber telefoniere ich mit Polizei und Zoll, beschreibe unseren Wagen und bitte sie und ihre Kollegen, an dem Tag, an dem wir über die Grenze fahren, von einer Beschießung abzusehen. Sie machen mit. Ein paar Kilometer vor der Grenze beginnt uns aber dann doch ein alter Mercedes zu folgen. Er bleibt beharrlich hinter uns. Gegen Ende des Interviews mache ich H. bei laufender Kamera darauf aufmerksam, daß dauernd derselbe Wagen hinter uns ist.

Polizei?

H. sieht in den Außenspiegel.

Kein Polizei, sagt er erleichtert.

Woher wissen Sie das?

In das Auto sinnen zwei. Polizei sinnen immer zu drei. Ein for ze fahren, ein for ze schießen und ein for ze verhaften.

Am Tag nach der Ausstrahlung fragen Abgeordnete im holländischen Parlament, ob man im Chicago der zwanziger Jahre sei: Die Polizei erwischt den Kerl nicht, und die ARD interviewt ihn.

Ein Haftbefehl wird ausgestellt. Die Polizei holt H. ab.

Er sei nur als Schauspieler im deutschen Fernsehen aufgetreten, behauptet H. Wir hätten ihn dafür bezahlt, daß er den Buttergangster spiele. Ein gefundenes Fressen für die *Bild-Zeitung.* »Betrug am deutschen Fernsehpublikum«, plärrt sie von allen Zeitungsständen.

Ich will sofort noch einmal nach Holland, um die Geschichte mit einem zweiten Bericht zu belegen. Der damalige Intendant meines Senders, ein Herr von Cube, weigert sich, die Dienstreisegenehmigung eines »von der *Bild-Zeitung* inkriminierten Reporters« zu unterschreiben. Der Moderator der Sendung, Helmut Hammerschmidt, später Intendant des SWF, unter dessen Verantwortung mein Bericht ausgestrahlt worden war, läßt den Intendanten wissen, falls er die Dienstreise nicht unterschreibe, müsse er sich nicht nur einen anderen Reporter und einen anderen Redakteur, sondern auch einen neuen Moderator für die Sendung suchen. Der Intendant unterschreibt, und wir drehen eine Geschichte, in der Polizei und Staatsanwaltschaft auftreten und die Identität des Bandenchefs und ihre Observation in einem alten Mercedes während der Fahrt bestätigen. Außerdem führen sie uns die vielen beschlagnahmten gepanzerten Straßenkreuzer vor, die in einer Halle herumstehen.

Nach der Ausstrahlung läßt mir der Intendant ausrichten, daß er mich künftig nicht mehr mit einem offenen Hemd vor der Kamera sehen möchte. Das verletzt mich tief, denn gerade hatte ich gemeint, endlich das einem Reporter gemäße Tenue gefunden zu haben.

Mein Hoax für einen *Brennpunkt* der ARD wurde am 17. Oktober 1977 ausgestrahlt. Glücklicherweise haben damals alle den Schwindel geglaubt. Alle, außer dem Chefredakteur des NDR, Peter Merseburger, der zumindest ahnte, daß er an diesem Abend eine Fälschung verantworten mußte.

Palästinensische Terroristen unter Anführung des 23jährigen »Captain Marty Mahmoud« (Zohair Yousif Akache) hatten fünf Tage zuvor die Lufthansa-Maschine »Landshut« in ihre Gewalt gebracht und mit 86 Passagieren entführt, um inhaftierte RAF-Terroristen und verhaftete Palästinenser freizupressen. Sie drohten, die Maschine zu sprengen und alle Passagiere umzubringen. Bei einer Zwischenlandung in Aden hatten sie bereits den um sein Leben flehenden Flugkapitän Schumann ermordet.

Bundeskanzler Helmut Schmidt hatte die Antiterror-Einheit GSG-9 beauftragt, die Geiseln zu befreien. Beim letzten Gespräch mit dem Kommandeur der Einheit hatte er Ulrich Wegener gesagt, daß es seine, Wegeners, Entscheidung sei, ob die Maschine gestürmt werde oder nicht. Er allein habe zu verantworten, ob, wann und wie eine solche Operation durchgeführt werde. Helmut Schmidt war einer der wenigen Politiker, die wissen, daß eine solche Lage nur jemand beurteilen kann, der die operativen Möglichkeiten im Detail kennt. Sollten bei der Operation Geiseln sterben, hatte Schmidt dem Kommandeur mit auf den Weg gegeben, dann trete er als Bundeskanzler zurück.

Die Lufthansa-Maschine mit der GSG-9 an Bord war in Zypern zwischengelandet und dann über Ankara nach Mogadischu weitergeflogen. Auf dem Flugplatz von Ankara waren einige Mitglieder der GSG-9 gesehen und erkannt worden. Prompt hatte ein israelischer Sender gemeldet, daß die GSG-9 auf dem Weg nach Mogadischu sei, um die Maschine zu stürmen. Die Meldung war auch vom österreichischen ORF übernommen worden. Die Vertretungen der PLO im Nahen Osten und in Mitteleuropa mußten sie kennen. Das konnte den Tod der Geiseln und der Besatzung bedeuten.

Nach meinen Informationen würde die »Landshut« wahrscheinlich in der Nacht zum 18. Oktober gestürmt werden. Am 17. Oktober war vom NDR ein ARD-*Brennpunkt* geplant. Ich bat den Chefredakteur des NDR um Sendezeit. Peter Merseburger und ich saßen uns in seinem Büro im Studio Lokstedt gegenüber. Merseburger wußte, daß ich Informationen hatte, die ich mit niemandem teilen konnte. Er fragte nichts. Ich sagte nichts. Er ließ mir freie Hand.

Die meisten Leute, die bei der Erstürmung der »Landshut« dabei sein würden, kannte ich. Auch den jungen Oberleutnant mit der Figur eines Jockeys, die ihm das Entern einer Maschine durch aufgesprengte oder aufgerissene Türen leichtmachte.

Bis dahin hatte die GSG-9 nur die Panzerwesten der Bundeswehr gehabt. Brust, Bauch und Hals waren zwar damit einigermaßen geschützt, aber die Bewegung der Einsatzkräfte war mit diesen Westen so behindert, daß die Männer bei Einsätzen lieber auf sie verzichteten. Kurz vor dem Abflug waren noch die leichteren Teflonwesten von der britischen SAS eingeflogen worden.

Der tatsächliche oder mögliche Einsatz von Schußwaffen gegen Menschen ist immer und für jeden, der nicht emotional verstümmelt ist, eine kaum erträgliche Belastung. Kaltblütige Schießereien gibt es nur im Kino. Immer ist die Lage unklar, der Gegner ist schwer einzuschätzen, alle Beteiligten haben Angst, egal, ob sie das zugeben oder nicht. Der Adrenalinspiegel im Blut steigt und führt zu schnellen, vielleicht allzu schnellen Reaktionen. Selbstkontrolle war daher eines der vielen Ausbildungsziele bei der GSG-9 gewesen. Um sie zu üben, hatte ich angeregt, das Tontaubenschießen auf einer Skeet-Range in die Ausbildung der GSG-9 zu integrieren. Es gab weiße Tontauben und gelblich-weiße. Die weißen mußten blitzschnell getroffen werden, die gelblich-weißen durften unter gar keinen Umständen beschossen werden. Zwischen Schießen und Nichtschießen lag weniger als eine Zehntelsekunde. Der Schütze, dessen Adrenalinspiegel beim überraschenden Auftauchen der Tontaube hochgeschnellt war, mußte lernen, innerhalb von Sekundenbruchteilen sein Feuer zurückzuhalten. Eine ausgezeichnete Übung für eine reale Situation, in der unerwartet hinter einem bewaffneten Gegner eine Frau mit Kinderwagen oder ein anderer GSG-9-Mann auftauchte oder der Gegner seine Waffe fallen ließ und die Hände hob.

Kurz vor dem Einsatz in Mogadischu hatten die GSG-9-Männer überlegt, wie die Passagiere während des Sturms auf die Maschine daran zu hindern wären, aufzuspringen und ihren Kopf ins Schußfeld zu recken, um zu sehen, was los war, wenn

Türen aufgerissen oder aufgesprengt würden. Einer schlug vor, sofort nach dem Öffnen der Türen zu brüllen: Köpfe runter! Wo sind die Schweine? Das war kurz, wenn auch nicht besonders politisch korrekt, mußte aber den Passagieren sofort klarmachen, daß die Eindringlinge Landsleute waren und daß es besser war, den Kopf einzuziehen.

Verhandeln war mit den palästinensischen Terroristen in Mogadischu nicht mehr möglich. Sie waren bereit, die Passagiere zu ermorden und zu sterben. Die Leiche von Flugkapitän Schumann hatten sie in Mogadischu aus dem Flugzeug geworfen und damit den »point of no return« erreicht.

Wir häkelten seit dem frühen Morgen an einem Stück für den *Brennpunkt* der ARD und sorgten dafür, daß einer palästinensischen Vertretung der Text lange vor der Sendung zugespielt wurde. In dem Bericht erklärten wir den Zuschauern, warum die GSG-9 auf fremdem Hoheitsgebiet unter keinen Umständen eingreifen konnte und auch nicht eingreifen würde. Ein Sturm auf die Maschine verbiete sich selbst dann, so der Bericht, wenn der somalische Präsident Mohammed Siad Barre damit einverstanden wäre, was er aber abgelehnt habe. Die Mitglieder der GSG-9, über deren Anreise israelische und österreichische Sender berichtet hatten, gehörten zum routinemäßigen Personenschutz von Staatsminister Hans-Jürgen Wischnewski, der von Bundeskanzler Helmut Schmidt nach Mogadischu geschickt worden war, um mit den Terroristen erneut zu verhandeln. Die Männer des Begleitschutzes seien außerdem für derartige Einsätze weder ausgerüstet noch ausgebildet.

Wischnewski hatte den Somalis unterdessen längst ein gemeinsames Vorgehen schmackhaft gemacht. Den Sturm auf das Flugzeug würde zwar die GSG-9 machen, aber ein somalisches Ranger-Bataillon sollte bewaffnete Kräfte der PLO in Somalia daran hindern, der GSG-9 auf dem Flugplatz in den Rücken zu fallen. Genau das war mit einem israelischen Kommando in Entebbe geschehen und hatte dort zu einem Blutbad und zum Tod der Geiseln geführt.

Was ihn zu einem so erfolgreichen Unterhändler mache, habe ich Wischnewski viel später einmal gefragt.

Man muß die Interessen der anderen Seite so gut kennen, verstehen und so ernst nehmen, wie die andere Seite sie kennt, versteht und ernst nimmt, habe er gesagt. Der somalische Präsident hatte sich gegen eine demokratisch gewählte Regierung an die Macht geputscht. Er wollte vom Westen anerkannt werden. Deshalb habe er zugestimmt.

Die Lufthansa-Maschine mit der GSG-9 an Bord war durch den Luftraum der kriegführenden Länder Äthiopien und Eritrea geflogen. Der Treibstoff war knapp geworden. Ein eritreischer Abfangjäger hatte der Lufthansa-Maschine Begleitschutz gegeben und sie über der Grenze der beiden Länder einem feindlichen äthiopischen Piloten übergeben. Beide ahnten, worum es ging, und ließen in dieser Nacht für ein paar Stunden den Krieg Krieg sein, um den Deutschen zu helfen.

Die Piloten der Lufthansa nahmen mit dem äthiopischen Piloten Funkkontakt auf, der die eritreische Maschine abgelöst hatte, um die »Landshut« auf die unbeleuchtete Landebahn in Mogadischu zu bringen.

Junge, Junge, hat der eine Stimme, hatte einer von den GSG-9-Leuten gesagt, die den Funkverkehr mithörten.

Wie die Zarah Leander selig, hatte ein anderer gelacht.

Als nach der Landung der Pilot des äthiopischen Abfangjägers seine Kanzel aufmacht, die Sauerstoffmaske und den Helm abnimmt, fallen lange schwarze Haare heraus. Nicht ein Pilot war es, sondern eine Pilotin, die den Abfangjäger geflogen und die deutsche Maschine mit der Präzision eines Uhrwerks auf die stockfinstere Landebahn gebracht hat.

Kurz nachdem wir unseren Bericht zusammengehäkelt und ausgestrahlt hatten, begannen die Männer der GSG-9 in Mogadischu, sich bäuchlings an die weit entfernte Lufthansa-Maschine heranzurobben.

Hast du eine Ahnung, ob es hier Giftschlangen gibt? flüsterte einer von ihnen, als sie ein paar Minuten liegengeblieben waren, um Atem zu holen.

Ich glaube schon, antwortete der andere, aber die schlafen in der Nacht und kriechen nicht im Dreck herum.

Stunden nach der Ausstrahlung des ARD-*Brennpunkts* wurde die »Landshut« gestürmt. Damit der Angriff an mehreren Türen der Maschine zugleich erfolgen konnte, hatten die Leute der GSG-9 miteinander Funkverbindung. In den entscheidenden Minuten kurz vor dem Einsatz waren die Funkgeräte ausgefallen. Sie waren im Frachtraum der Lufthansa-Maschine untergebracht und daher stark wechselnden Temperaturen ausgesetzt gewesen. Kondenswasser hatte sich gebildet. Nur schemenhaft konnten die auf dem Flügel im schwachen Sternenlicht die anderen an der vorderen Tür erkennen. Der Einsatzbefehl mußte per Handzeichen gegeben werden. Jeder mußte sich darauf verlassen, daß die anderen trotz der Panne richtig reagieren würden. Als dann um sieben Minuten nach zwei Uhr morgens Experten der britischen SAS vor dem Cockpit die »stun-grenades«, eine Art betäubender Blendgranaten, zündeten, war die Schießerei nach vier Minuten vorbei, und die Geiseln waren frei.

Der Oberleutnant mit der Figur eines Jockeys war es, der Captain Marty Mahmoud, der an der Cockpittür stand, während der Erstürmung von der hinteren Tür aus erschießen mußte. Der von einem Geschoß eines .357 Magnum-Revolvers getroffene Terrorist konnte aber noch zurückschießen. Das rasante Geschoß aus seiner russischen Makarow, das den Oberleutnant an der Brust traf, hinterließ dank der britischen

Schutzwesten nur einen blauen Fleck. Es blieb in der vierzehnten Keflarlage stecken. Die Weste hatte sechzehn Lagen.

Ein Mitglied der Truppe, die in Mogadischu das Flugzeug gestürmt hatte, erschoß sich später, weil ihn die Frau verließ, die den Helden geliebt hatte, aber dem öden Alltag in Hangelar nicht viel abgewinnen konnte.

Nach der Befreiung der Geiseln berichteten die *Süddeutsche Zeitung* und andere Zeitungen, daß wir uns das Stück im ARD-*Brennpunkt* aus den Fingern gesaugt hätten. Nicht ein einziger Zuschauer hat sich beschwert.

> Wir sind sicher, daß unser Plan klappt.
> Und wenn nicht, dann haben wir das
> vorher gewußt und auch gesagt.
> *James Thurber über die Formulierungskünste*
> *von Verantwortlichen*

5 FALSCHE ZEUGEN

Die Verhaftung der Terroristen Birgit Hogefeld und Wolfgang Grams am 27. Juni 1993 in Bad Kleinen war ein Desaster mit zwei Toten. Ein ebenso großes Desaster, das aber wenigstens keine Menschenleben forderte, blieb Zeitungslesern und Fernsehzuschauern verborgen. Sie erfuhren nicht, daß sich nach der mißglückten Operation in Bad Kleinen eine der schlimmsten Informationskatastrophen des deutschen Journalismus ereignet hatte. Innerhalb von Minuten war auf dem Bahnhof von Bad Kleinen die nach der erfolgreichen Geiselbefreiung von Mogadischu gefeierte Antiterror-Einheit GSG-9 auf Lebensgröße zusammengeschrumpft. Zur klammheimlichen Freude der Länder übrigens, die nach dem Erfolg der GSG-9 in Mogadischu schleunigst Mobile Einsatzkommandos und Sondereinsatzkommandos, MEKs und SEKs, organisiert hatten, um künftigen Ruhm nicht teilen zu müssen, vor allem aber, um zu verhindern, daß der einem Bundesinnenminister unterstehende Grenzschutz seine Nase in Angelegenheiten der Länder stecken konnte, die womöglich von parteipolitischer oder wahltaktischer Brisanz waren.

Als die GSG-9 die beiden Terroristen Hogefeld und Grams auf dem Bahnhof von Bad Kleinen festnehmen will, kann der Terrorist Grams seine Pistole, eine tschechische CT 75 Kal. 9 mm para, aus seinem Rucksack ziehen und vier Schüsse auf den Polizeikommissar Michael Newrzella abgeben. Zwei davon sind tödlich.

Ein GSG-9-Mann, der sich vor den sterbenden Michael Newrzella wirft und zurückschießt, wird von Wolfgang Grams dreimal getroffen, glücklicherweise nicht tödlich. Nach mehreren Körpertreffern fällt Grams auf die Gleise, hält sich den Lauf seiner CT 75 an den Kopf und drückt ab.

Die Tragödie hat viele Ursachen.

Zum Beispiel eine sich um Zuständigkeiten streitende Sicherheitsbürokratie, unter deren Schirmherrschaft sieben verschiedene Behörden weit vom Schuß herumkommandieren und sich Operationen ausdenken, die an Hollywood erinnern. So den Plan, auf den in den inneren Kreis der RAF eingeschleusten V-Mann Klaus, der die Festzunehmenden Hogefeld und Grams begleitet, nur zum Schein zu schießen, um ihm so eine unauffällige Flucht zu ermöglichen und ihn für weitere Einsätze nicht zu enttarnen.

Ein weiterer Grund für den mißglückten Zugriff ist, daß das Sondereinsatzkommando der GSG-9, entgegen dem eigenen taktischen Prinzip, in Bad Kleinen nicht von vorne durch höhere Dienstgrade der Truppe, sondern von hinten durch Bürokraten geführt wird. Also von Leuten, die mit den operativen Möglichkeiten nur bedingt vertraut sind.

Dem Desaster von Bad Kleinen folgt eine publizistische Katastrophe, die typisch ist für Desinformationslawinen, bei denen Verdächtigungen losgetreten werden, die später durch keinerlei Fakten mehr aufzuhalten sind. Vor allem dann nicht, wenn die Urheber der Desinformation zu arrogant sind, ihre Fehler einzugestehen.

Spiegel, Monitor, Süddeutsche Zeitung und andere hatten übereinstimmend verbreitet, der Terrorist sei auf dem Bahnsteig von Bad Kleinen nicht festgenommen, sondern von

Beamten der GSG-9 hingerichtet worden. Die späteren Gutachten des Instituts für Rechtsmedizin der Universität Münster, des Wissenschaftlichen Dienstes der Stadtpolizei Zürich
und des rechtsmedizinischen Instituts von Lübeck, die alle
eine Hinrichtung widerlegen, können an der Berichterstattung
nichts mehr ändern. Die Gutachten werden ignoriert, da sie
den Behauptungen der wichtigsten Presseorgane der Bundesrepublik Deutschland widersprechen. Die hatten sich festgelegt und bestehen fortan auf ihrem Irrtum, obwohl schon auf
den Gleisen von Bad Kleinen erkennbar war, daß sich Grams
selbst erschossen haben mußte. Das Geschoß aus seiner
Pistole war vorne rechts in den Kopf eingedrungen und nach
oben führend hinten links ausgetreten. Der Schußkanal war
typisch für die Selbsttötung eines Rechtshänders. Als ich in
Erich Böhmes TV-Sendung *Talk im Turm* unmittelbar nach
dem Einsatz die Möglichkeit anspreche, daß sich Grams
erschossen haben könnte, werde ich ausgelacht.

Die rechtsmedizinischen Gutachten stützen sich unter anderem auf den nebelartigen Spray von Blut, Serum oder Lymphe,
der entsteht, wenn ein Geschoß schneller als der Schall auf
durchblutetes Gewebe trifft. Millionen von winzigen Tröpf-
chen bilden einen Nebel, der sich auf den Kleidern und auf
der Körperoberfläche niederschlägt. Aus den Schatten dieses
Niederschlags, aus der Form der mikroskopisch kleinen Tröpf-
chen und ihrer meßbaren Ausrichtung, lassen sich Körper-,
Arm- und Handhaltung des Getroffenen im Moment des Auf-
schlags bestimmen. Die Jacken von Wolfgang Grams und des
GSG-9-Manns, der Grams außer Newrzella am nächsten
gekommen war, werden untersucht und bestätigen den Suizid.
Die Jacke von Wolfgang Grams wurde nach der Untersuchung,
vermutlich von einem Mitglied der Sympathisantenszene, aus
einem Schrank des Züricher Instituts für Rechtsmedizin
gestohlen. Möglicherweise um ein Untersuchungsergebnis zu

verhindern, das die GSG-9 vom Vorwurf einer Hinrichtung entlasten würde. Die Jacke wurde zu spät gestohlen.

Ein halbes Dutzend Zeugen, deren Aussagen der Hinrichtungsthese ebenfalls widersprechen, wird in der Berichterstattung unterschlagen. Unter ihnen ein Zugführer, der den Einsatz aus nächster Nähe vom anderen Bahnsteig aus beobachtet hatte. Fast alle Berichte werden von dem sogenannten *Spiegel*-Zeugen bestimmt, der gar nicht gesehen haben konnte, was er gesehen haben wollte, nämlich, daß unten in der Unterführung die Terroristin Birgit Hogefeld verhaftet wurde und dabei um sich schoß (was sie nicht tat), während zur gleichen Zeit oben auf den Gleisen Grams durch einen fast aufgesetzten Schuß hingerichtet wurde. Der Zeuge hatte später gegenüber dem damaligen *Spiegel*-Reporter und heutigen Redakteur der *Süddeutschen Zeitung* Hans Leyendecker zugegeben, gelogen zu haben. Für ebenso unglaubwürdig wie den *Spiegel*-Zeugen hält die Staatsanwaltschaft in Schwerin die Aussage der *Monitor*-Zeugin, einer Kioskverkäuferin, die sich während der Schießerei auf den Boden geworfen hatte und kaum sehen konnte, was vor sich ging.

Weder *Spiegel* noch *Monitor* oder *Süddeutsche Zeitung* sehen nach den übereinstimmenden rechtsmedizinischen und kriminaltechnischen Gutachten einen Anlaß, die eigene Berichterstattung eindeutig zu korrigieren.

Grams hatte sich erschossen, vermutlich als ihm klar wurde, daß seine Lage nach der Ermordung des Bundesgrenzschutzbeamten Michael Newrzella hoffnungslos geworden war. Sicher aber nicht nur aus Angst vor einer langen Strafhaft. Zu seinen Motiven gehörten wahrscheinlich auch die zunehmende Hoffnungslosigkeit innerhalb der RAF und die seit Jahren schwelende Erkenntnis, daß sie dem Staat nicht Herr werden würde. Die meisten RAF-Mitglieder waren weniger von

Haß auf einen imperialistischen Staat oder von Mordlust getrieben, sondern von der fanatischen Hoffnung auf eine gerechtere Gesellschaft, die es nur in ihren Köpfen gab und auch nur dort geben konnte. Sie hatten ihre »revolutionäre Situation« aus der Dritten Welt nach Deutschland importiert. Wie viele politische oder religiöse Heilsbringer hatten sie dabei den Kontakt zur Realität und den Abscheu vor der eigenen Grausamkeit verloren und waren zu Verbrechern geworden.

Es ist gut denkbar, daß Grams eine Selbsttötung schon zuvor in Gedanken durchgespielt hatte, wie andere RAF-Mitglieder auch, die den Freitod wählten, als sie keinen Ausweg mehr sahen. In allen Fällen von RAF-Selbsttötungen hatten die zum Freitod Entschlossenen versucht, Spuren einer Hinrichtung durch Sicherheitskräfte zu hinterlassen. In allen Fällen waren sie dabei von Sympathisanten und einem Teil der Presse unterstützt worden.

Wolfgang Grams, so dessen Bruder zu Reportern, sei weder Mitglied der Roten Armee Fraktion gewesen, noch habe er eine Waffe gehabt, er habe daher auch Newrzella nicht erschießen können. Die Schlußfolgerung dieser Aussage war, daß GSG-9-Beamte den eigenen Kollegen erschossen und dann Grams hingerichtet haben mußten. Sogar das wurde von vielen Leuten geglaubt. Eine Verschwörung, an der nicht nur drei völlig unabhängige und renommierte rechtsmedizinische Institute, sondern Hunderte von Zeugen, Mitglieder der Einsatzkräfte, Verantwortliche aus Politik und Justiz hätten beteiligt sein müssen, wurde von einigen Zeitungslesern, Radiohörern und Fernsehzuschauern durchaus für möglich gehalten. Die Presse fachte diese Desinformationsepidemie durch das beharrliche Unterschlagen der tatsächlichen Fakten weiter an.

Als schließlich der Schweriner Staatsanwalt G. Schwarz nach Einvernahme aller Zeugen und Prüfung aller Gutachten eine Selbsttötung als gesichert erkannt und deshalb am 13. Januar

1994 das Ermittlungsverfahren gegen Mitglieder der GSG-9 einstellt, berichtet der *Spiegel* wahrheitswidrig, das Verfahren sei »aus Mangel an Beweisen« eingestellt worden. Damit unterstellte das Blatt, daß es der GSG-9, den forensischen Instituten, dem ermittelnden BKA und der Schweriner Justiz gelungen sei, das Verbrechen einer Hinrichtung erfolgreich zu vertuschen. Die Fiktion von der eigenen Unfehlbarkeit hat Vorrang.

Bis heute wird der Tod von Wolfgang Grams in Teilen der deutschen Publizistik als »ungeklärt« apostrophiert. Beunruhigend ist, daß solche Desinformationskampagnen nicht von Parteiblättchen oder Boulevardgazetten getragen werden, sondern von hervorragenden Publikationen wie dem *Spiegel, Monitor* oder der *Süddeutschen Zeitung.* In diesem Fall waren es liberale oder linke Veröffentlichungen. Vergleichbares kommt natürlich genauso häufig von der konservativen oder rechten Presse.

Nach dem Fiasko in Bad Kleinen werden die an der Operation beteiligten Kräfte an einem geheimen Ort in den bayerischen Alpen vor der Öffentlichkeit abgeschottet. Die Vermutung ist nicht von der Hand zu weisen, daß sie in der Abgeschiedenheit der bayerischen Berge ihre Aussagen gegenüber der Staatsanwaltschaft in Schwerin abstimmen wollen und vielleicht sogar sollen.

Ich fahre zu der sequestrierten Einheit, die ich seit Jahren kenne. Nach der ebenso sinnlosen wie blutigen Schießerei bei den Olympischen Spielen 1972 in München hatte Bundesinnenminister Hans-Dietrich Genscher seinen Aide de Camp, den damaligen Oberstleutnant im Bundesgrenzschutz Ulrich K. Wegener, mit der Aufstellung der Antiterror-Einheit beauftragt. Wegener hatte sich von überallher nicht nur polizeiliche oder militärische Fachleute, sondern auch ein paar Zivilisten geholt, von denen er annahm, daß sie etwas wußten oder konnten, was der Ausbildung seiner Leute nützen würde. Der

Bundesinnenminister hatte mich im September 1972 wegen meiner Arbeit als Reporter mit amerikanischen Barrikadeneinheiten aus dem Urlaub geholt und eingeladen, beim Aufbau der GSG-9 mitzuwirken. Die amerikanischen »barricade-units« sollten gegen bewaffnete und verbarrikadierte Täter mit oder ohne Geiseln eingesetzt werden. Aus ihnen wurden in den späten Siebzigern dann die S.W.A.T.-Teams (Special Weapons and Tactics) und Einheiten wie DELTA Force.

Die GSG-9 suchte von Anfang an nach Männern, die körperlich fit, möglichst verheiratet waren und Kinder hatten, die also lebend nach Hause kommen wollten. Die Einheit sollte keinesfalls eine Bande von Desperados werden. Da es das oberste Prinzip der GSG-9 war, Blutvergießen wenn irgend möglich zu vermeiden, sah ich keinen Interessenkonflikt.

Von den Amerikanern konnte man damals ein paar taktische Prinzipien übernehmen. Es gab noch keine Selbstmordattentäter, deren Ziel es war, möglichst viele Ungläubige umzubringen und dabei zu sterben, um dann von Allah für den Massenmord mit dem Paradies belohnt zu werden. In Barrikadensituationen wurde jede Operation einschließlich der Lagebeurteilung, der Verhandlungsführung, der Einsatzplanung und des Einsatzbefehls einer dafür geschulten Spezialeinheit überlassen. Der regulären Polizei sollte nur die Aufgabe zufallen, weiträumig abzusperren und den Verkehr umzuleiten. Die Amerikaner versuchten vor allem, die Last des Handelns den verbarrikadierten Tätern aufzubürden, indem sie ihnen klarmachten, daß noch nichts passiert war, was sich nicht bereinigen lassen würde. Zugleich ließ man sie wissen, daß man nicht anders könne, als zu stürmen, wenn Geiseln bedroht oder gar erschossen würden. Alles lief darauf hinaus, den Tätern klarzumachen, daß jede Verletzung oder Tötung von Geiseln gleichbedeutend mit Selbstmord war.

Die GSG-9 wurde von Anfang an nicht nur von hinten geführt, sondern fast immer von vorn. Die höheren Dienstgrade,

die schnell Entscheidungen von großer Tragweite treffen mußten, waren sehr oft auch die Ausführenden. Untere Dienstgrade sorgten für Logistik und Kommunikation. Die Verhandler der GSG-9 wollten ihre verbarrikadierten Gesprächspartner
keinesfalls täuschen. Sie sagten ihnen, daß eine praktisch
unverwundbare Truppe im Keller bereitstand oder mit ge-
räuschlosen Segelfallschirmen auf dem Dach gelandet war
und innerhalb von Sekunden eindringen konnte, sollten die
Geiseln gefährdet werden. Sie versuchten Geiselnehmer davon
zu überzeugen, daß keine Polizei der Welt tatenlos zusehen
könne oder würde, wenn Geiseln ermordet werden. Das begriffen auch die beschränktesten Täter.

Normalerweise merke ich, wer in einer Gruppe das Sagen hat.
Als ich nach einer halben Stunde in die Runde der im bayerischen Hochgebirge versteckten GSG-9-Kräfte frage, wo denn
der Nachfolger von Ulrich Wegener bleibe, also der neue Kommandeur der GSG-9, erfahre ich, daß er die ganze Zeit neben
mir gesessen hat. War diese Unauffälligkeit einer der Gründe,
weshalb sich die Einheit nicht gegen eine ebenso zuständig-
keitsgierige wie ahnungslose Bürokratie unterschiedlicher
Sicherheitsbehörden durchsetzen konnte? Ich weiß es nicht,
aber ich weiß, Ulrich Wegener hätte einen Einsatz, an dem irgendwelche Amateure mitmischen und undurchführbare oder
widersprüchliche Befehle erteilen, gar nicht erst zugelassen.
    Was mir die an der Operation beteiligten GSG-9-Leute in
ihrem Hochgebirgsrefugium erzählen, ist nicht nur schlecht
abgesprochen, sondern auch gelogen. Gelogen, nicht um eine
Hinrichtung zu verschleiern, sondern um den Einsatz besser
aussehen zu lassen, als er war. Ein Reporter, der die GSG-9 seit
langem kennt, soll benutzt werden, um eine geschönte Version
des Einsatzes zu publizieren. Da ist er, der Interessenkonflikt,
den ich nicht für möglich gehalten hatte. Ich komme mir mißbraucht und verladen vor.

In einer Verschlußsache der GSG-9 (Az. 10/40/42 vom 6.7.1993) heißt es: Der »Beobachter läuft [vom Bahnsteig 3, 4 den] Treppenabgang zur Bahnunterführung hinunter, an dem unerwartet auftauchenden GRAMS vorbei, zieht seine Schußwaffe, reißt HOGEFELD zu Boden, stellt sie ohne weitere Zwangsanwendung ruhig und fesselt sie ... Zugrifftrupps stürmen frontal auf GRAMS zu, dieser ... läuft die Treppe [zum] Bahnsteig 3, 4 hoch ... GRAMS dreht am oberen Treppenabsatz nach links ab und feuert unvermittelt auf die Zugriffskräfte. Der vorderste PVB [PK Newrzella] bricht mit vier Körpertreffern zusammen.«

Fest steht, daß Grams Zeit gehabt hat, seine CT-75 mit einem Magazin für 14 Patronen und einer fünfzehnten im Patronenlager mit einem Griff über die Schulter aus dem Rucksack zu ziehen, und Newrzella zweimal tödlich traf, bevor er angeschossen auf Gleis 4 fiel. Fest steht, daß der GSG-9-Beamte Michael Newrzella seine Pistole im Holster hatte, als er starb. Aus ihr war, wie die kriminaltechnische Untersuchung ergab, kein Schuß abgegeben worden. Newrzella hatte versucht, Grams ohne Schußwaffengebrauch festzunehmen, und ihn gerade an der Jacke packen wollen, als er von dessen Kugeln tödlich getroffen wurde.

Fest steht auch, daß sich ein zweiter GSG-9-Beamter vor den am Treppenabsatz liegenden sterbenden Newrzella geworfen und zurückgeschossen hat. Dabei hat der Beamte einen Oberschenkeldurchschuß, einen Steckschuß in der Schulter und einen Treffer auf die Magazintasche am Gürtel erhalten.

Wieso, das hätte ich von den am Einsatz Beteiligten im Refugium in den bayerischen Bergen gern erfahren, kann Grams nicht nur seine CT-75 herausholen, sondern damit auch noch Newrzella umbringen, bevor er selbst getroffen wird?

Schweigen.

Wie soll man verstehen, daß Leute mit der Ausbildung der GSG-9 danebenschießen?

Alles sei so schnell gegangen.

Im ganzen sind angeblich zweiunddreißig Schüsse abgefeuert worden. Zweiunddreißig Schüsse aus diversen Faustfeuerwaffen! Das dauert!

Schweigen.

Wieso hat Grams als erster schießen können? Und wieso hat ihn nicht schon der erste Schuß der GSG-9 oder wenigstens der zweite kampfunfähig gemacht?

Die Lage sei unübersichtlich gewesen, ungünstiger Winkel, Hintergrund, Gefahr von Querschlägern und so weiter und so fort.

Einer der GSG-9-Leute verspricht sich und redet nicht von einem Beobachter, der oben auf dem Bahnsteig das Signal für den Zugriff gegeben habe, sondern von »ihr«, also offenbar von einer Frau. Eine Frau sitzt unter den Männern und zuckt zusammen. Offenbar soll mir aus einem unerfindlichen Grund verheimlicht werden, daß sie dabei war. Schließlich die Bemerkung eines Mitglieds des Teams: Er habe hinter dem Betonfundament des Gitters am Treppenaufgang Deckung nehmen müssen, weil sein Magazin leer gewesen sei.

Deckung? Wozu?

Um nachzuladen.

Um ein Magazin, das Sie griffbereit am Gürtel haben, in die Pistole zu schieben?

Um nachzuladen.

Bei halbautomatischen Pistolen bleibt der Schlitten hinten hängen, wenn das Magazin leer ist. Ein volles Magazin in den Griff zu schieben und mit einem Daumendruck eine Patrone ins Patronenlager zu transportieren dauert keine zwei Sekunden. Das haben die GSG-9-Leute tausendmal geübt.

Waren die GSG-9-Leute nicht nur desorientiert durch Befehle und Gegenbefehle? Nicht nur schlecht geführt und

90

unzureichend ausgebildet? Hatten sie mehr Angst, als sie nach ihrer Ausbildung hätten haben müssen? Wollten sie jetzt, im nachhinein, die Öffentlichkeit auch ihrerseits täuschen, wie es ihnen führende deutsche Medien vorgemacht hatten? Wollten sie verbergen, daß sie nicht die Eisenfresser waren, als die sie gern gesehen werden wollten? Daß sie Angst hatten? Daß sie einfach in die Gegend schossen?

Ich weiß es nicht.

Der beste Reporter, die beste Zeitung und die beste TV-Sendung, sie alle können auf einen falschen Zeugen oder auf eine falsche Information hereinfallen. Es ist ein alter Hut, daß Informanten, die sicher sind, daß der Reporter ihre Identität schützt, hin und wieder unter diesem Schutz das Blaue vom Himmel erzählen.

Hans Leyendecker, der sich auf den *Spiegel*-Zeugen gestützt hat, ist ein Meister des investigativen Journalismus. Einer der Besten seines Metiers. Er war so wenig gegen einen falschen Zeugen gefeit, wie es irgendein anderer Reporter gewesen wäre. Warum nur, das hatte er später den *Spiegel*-Zeugen, Mitglied der GSG-9, eine halbe Nacht lang wieder und wieder gefragt. Wozu, in aller Welt, diese erfundene Hinrichtung? Der Zeuge soll geweint haben. Wenn Leyendecker eine Antwort auf seine Fragen bekommen hat, dann hat er sie für sich behalten.

War die angebliche Hinrichtung Wichtigtuerei eines Nobodys, der nicht ahnt, was er damit anrichtet? Der Wunsch, sich dem allmächtigen *Spiegel* und der Sympathisantenszene anzudienen? War der falsche Zeuge Außenseiter in der GSG-9 geblieben? Hatte er deshalb eine Rechnung mit der Einheit zu begleichen gehabt? Wir werden es vermutlich nicht erfahren. Der Mann, der zum Mittelpunkt einer Desinformationskampagne wurde, ist wieder zum Nobody geworden, und Leyendecker schützt seinen Informanten, wie es sich für einen Reporter gehört.

Mit Datum vom 1. 7. 1993 schickt der Verwaltungsdirektor des Klinikums der »Universität zu Lübeck« an die Antiterroreinheit GSG-9 eine Rechnung in Höhe von 483,35 DM betreffend die »Krankenhauspflegekosten für Wolfgang Grams«, der bei einer »Schießerei von einem Ihrer Polizeibeamten verletzt« wurde und an den Folgen verstorben sei.

>… Mein Sohn geht auf die Vierzig zu.
Mit der Schule hat er Pech gehabt,
und mit einem Beruf hat es
auch nicht so recht geklappt.
Er würde gerne etwas machen wie Sie.
Er reist gern, ist in den meisten Fünf-
Sterne-Hotels zu Hause und macht
immer eine gute Figur …«
Aus dem Brief einer Mutter,
die ihren Sohn beim Fernsehen
unterbringen will

6 UNTERWEGS ZU EINER JACKE

Als ich anfing, glaubte ich zwei Dinge begriffen zu haben:
Erstens, daß ich nicht schreiben konnte. Zweitens, daß es auch
ganz überflüssig war, schreiben zu können. Interviews mit
Mikrophon und Kamera kann jeder, dachte ich. Deshalb wollte
ich zum Fernsehen.

Alle der drei oder vier Dutzend Mitbewerber, die unbedingt
Fernsehen machen wollten, mußten einen Text zu einem
stinklangweiligen Film über ein Jubiläum der Deutschen Bun-
despost verfassen. Der Film bebilderte die Reise Goethes nach
Italien. Goethe kam aber nicht darin vor. Statt dessen eine
Postkutsche von links nach rechts, eine Postkutsche von rechts
nach links, eine Postkutsche auf den Beschauer zukommend,
eine Postkutsche vom Beschauer wegfahrend, und das ge-
schlagene vierzig Minuten lang. Dazu fiel mir nichts ein.
Mein Schulfreund, der spätere TV-Regisseur Dr. Michael Braun,
konnte so etwas. Er ließ mich jede einzelne Szene mit der
Stoppuhr ausmessen und notieren, was zu sehen war. Nach

den Notizen schrieb er einen Text, der den Fernsehleuten so gut gefiel, daß sie mich nahmen. Dumm war nur, daß ich nunmehr als guter Textschreiber galt. Also mußte ich Tag und Nacht üben, damit sie mir nicht auf die Schliche kamen.

Der Vater von Peter Kraus hatte am Odeonsplatz in München ein Café. Dort gab es ein Fernsehgerät. In der Hoffnung, daß einer der Gäste mich auf dem Bildschirm erkennen würde, ging ich hin, um mir mein erstes Interview anzusehen. Dienstgeräte hatten schon damals nur Leute, die das Programm kontrollierten, nicht diejenigen, die es machten. Mein erstes Fernsehgerät war ein Geschenk der Firma Telefunken. Nach einem langwierigen Genehmigungsverfahren gab mir der Intendant die Erlaubnis, das Geschenk anzunehmen. Aber auch das erst, nachdem ihn der Vorstandsvorsitzende von Telefunken angerufen und ihm gesagt hatte, daß ein Fernsehreporter, der sich kein Fernsehgerät kaufen kann, eigentlich ein schlechter Witz sei.

Soldaten der jungen Bundeswehr waren beim Durchqueren der Iller ertrunken. Franz Josef Strauß war Verteidigungsminister und ein gefürchteter Interviewpartner. Man schickte mich zu ihm, weil andere sich nicht für unangenehme Fragen den Zorn des CSU-Granden zuziehen und damit die Karriere für immer versauen wollten.

Der Chefredakteur, Robert Lembke, der damals noch keine Keramikschweinchen für »Was bin ich?« mit Fünfmarkstükken fütterte und von meiner Existenz noch nie etwas gehört hatte, ließ mir nach der Ausstrahlung des Interviews von seiner Sekretärin Garri ausrichten, ich hätte mich wacker geschlagen. Dafür war ich zwei Tage lang in Garri verliebt.

Doch, doch, ich hatte Strauß die Stirn geboten, hatte ihn am Portepee als Minister gepackt, ihn sogar in die Enge getrieben. Im Lauf der Jahre, so kam es mir vor, immer ärger in die Enge. Bis mir dann zwanzig Jahre später im Archiv der verregnete

Schwarzweißfilm wieder in die Hände fiel. Strauß, so mußte ich erkennen, hatte mich damals lediglich am Leben gelassen. Offenbar, weil er sich nicht der Mißhandlung eines Kindes schuldig machen wollte.

Das Interview war aber dennoch viele Jahre für mein Selbstbewußtsein nützlich. Sogar beim Neujahrsempfang der Presse durch die bayerische Staatsregierung im Antiquarium der Münchner Residenz. Am Tag zuvor hatte ich in einem Kommentar den Rücktritt des bayerischen Innenministers angeregt. Warum, weiß ich nicht mehr. Sicher aus gutem Grund.

Der damals noch wichtige und noch nicht von einem Tag auf den anderen in die Namenlosigkeit verschwundene Gerold Tandler übersah beim Defilee meine Hand. Edmund Stoiber kehrte mir den Rücken, sowie er mich erblickte. Nur Strauß kam strahlend auf mich zu: Schön, daß S' da sind. Da können's heut wenigstens nix kommentieren.

Nun ja, habe ich gedacht: Seit dem Iller-Interview ist man schließlich auf gleicher Augenhöhe.

Meinen allerersten Filmbericht hatte die siebzehnjährige Carolin Reiber anzusagen. Verwandte und Freunde sind informiert. Ich halte in der Bildregie den Atem an. Vor meinem inneren Auge liegt die nächtliche Bundesrepublik, die Dächer der Städte und Dörfer mit Hunderttausenden von Fernsehantennen. Und nun, sagt Carolin mit einem bezaubernden Lächeln, ein Bericht von Lindobert Daglau. Auf den Monitoren in der Regie sehe ich, wie sie von einem Weinkrampf geschüttelt wird, und renne ins Studio hinunter, um sie zu trösten.

Interviews auf Film, die man sich zurechtschneiden kann, sind eine Sache, Live-Interviews eine ganz andere. Mein erstes Live-Interview hatte ich dem Umstand zu verdanken, daß niemand aufzutreiben war, der Lust hatte, ein Starlet zu interviewen, das nach Meinung einer Filmgesellschaft sehr bald ein internationaler Star werden würde. Vorbesprechung mit der Künstlerin in der Kantine. Sie redet und redet und redet. Ich werde den Zuschauern ihren Namen sagen und sie reden lassen. Mein erstes Live-Interview schien zu werden, was man im Süden der Republik eine »gemähte Wiese« nennt.

Als das Rotlicht der Kamera aufleuchtet, fällt mir siedendheiß ein, daß ich ihren Namen vergessen habe. Man braucht sie nicht vorzustellen, röchle ich. Jeder kennt sie. Niemand kannte sie, und kein Mensch hat je erfahren, wer sie war. Sie aber, die gerade noch geredet hatte wie ein Wasserfall, ist plötzlich still wie die Nacht finster.

Dürfen unsere Zuschauer etwas über Ihre Pläne erfahren?

Hab keine.

Aber sicher haben Sie ein Hobby?

Eigentlich nicht.

Bestimmt, ganz bestimmt, flehe ich sie an, haben Sie eine Leibspeise.

Ich esse, was kommt.

Aber ein Star möchten Sie werden?

Doch, schon.

So geht das Minuten, die sich zu Stunden dehnen.

Da in der Anfangszeit des Fernsehens kaum jemand zusieht, ist das Fiasko keine bleibende Beschädigung meiner Karriere. Zumal ich sowohl beim Dartwerfen nach der Redaktionskonferenz und beim Kegeln mit Damen eine akzeptable Leistung erbringe. Miss World, Petra Schürmann, ist nicht nur ein guter Kumpel, sie kegelt vorzüglich. Fräulein von Wuthenau, zuständig für Mode in der Münchner *Abendschau,* ist fast so schön wie Miss World, aber ein wenig verhuscht. Um ein Haar wirft sie mit ihrem Hündchen statt mit der Kegelkugel nach den Kegeln.

Meine Schüchternheit, die es mir schwermacht, vor fremden Leuten einen ganzen Satz zu bilden, überwinde ich erst viel später mit Hilfe des Tontaubenschießens. Skeet ist eine olympische Disziplin. Bei den Doubletten (zwei Tontauben sind zur gleichen Zeit in der Luft) muß man lernen, blitzschnell zu vergessen, daß man die erste danebengeschossen hat, denn wenn man sich auch nur den Bruchteil einer Sekunde lang ärgert, entwischt einem todsicher auch die zweite. Auf den Zuschauertribünen sitzen Familien, denen Papi klarmacht, daß er es besser könnte, denn Papi war im Krieg. Da steht man mutterseelenallein auf dem Parcours, hat eine riesige Startnummer auf dem Rücken, eine Flinte in der Hand, macht einen Riesenkrach, und dann segelt die Tontaube unbeschädigt ins Blaue. Auf der Tribüne lacht jemand. Das hört man sogar durch den Gehörschutz. Wenn man das nicht aushält, muß man den Wettkampf vergessen. So ähnlich übersteht man die ersten Live-Sendungen. Zuvor erteilt man sich die Generalabsolution für jede Dummheit, die einem gleich unterlaufen wird. Als der Intendant Reinhold Vöth später einmal schimpft, daß da draußen (in den Fernsehstudios München-Freimann) nur eine eitle und kamerageile Bagage am Werk sei, kann ich ohne Zorn zurückfragen, mit wem denn er, der Herr Intendant, Fernsehen machen wolle. Mit Leuten, die davonlaufen, wenn sie eine Kamera sehen?

An das Gesicht des Starlets, das ein Star werden wollte, kann ich mich nicht mehr erinnern. Vom Gesicht des japanischen Chirurgen Dr. Shima ist mir jede Falte und jede Bartstoppel im Gedächtnis geblieben. Am 2. August 1960 hatten wir ihn vor der Kamera. Fast auf den Tag genau fünfzehn Jahre zuvor war um 8.15 Uhr morgens japanischer Zeit die erste Atombombe über Hiroshima explodiert. Genau über der Klinik von Dr. Shima, der zufällig an diesem Tag außerhalb der Stadt war. Später hatte er unter dem Punkt der Explosion im Hof der Klinik einen Strauch mit weißen Rosen gepflanzt. Eine davon hat er mir nach dem Interview geschenkt. Er verstand meine auf deutsch gestellten Fragen, weil er, wie viele japanische Medizinstudenten, in Berlin studiert hatte.

Er war mit seiner Operationsschwester am Tag zuvor aufs Land gefahren, um Patienten zu operieren, die nicht transportfähig waren. Während einer Operation hörte er den großen Donner. Dann kam die Nachricht von dem Unglück. Dr. Shima gebrauchte den japanischen Ausdruck für »großes Unglück«, weil weder er noch sonst jemand damals wußte, daß es eine Atombombe war, die an diesem Tag Hiroshima vernichtet hatte.

Ich machte mich auf den Weg zurück, erzählt er. Als ich nach Hiroshima kam, begann es zu dämmern. Ich versuchte ins Zentrum zu kommen, wo meine Klinik war. Man konnte nicht unterscheiden, wo Straßen gewesen waren und wo nicht. Hin und wieder waren Straßenbahnschienen zu sehen. An manchen Stellen war die Hitze so groß, daß wir nicht durchkamen. Vor dem Wirtschaftsministerium lagen so viele Menschen am Boden, daß man sie nicht zählen konnte. Ich sagte ihnen meinen Namen, und ein paar erkannten mich. Sie konnten nur ihre Köpfe heben wie Schlangen. Sie baten um Hilfe. Dann wurde es dunkel.

Meine Operationsschwester und ich packten die Instrumente und Medikamente aus, um den Schwerverletzten herzstärkende Mittel und den Sterbenden Morphium zu geben. Uns gingen bald die Medikamente aus, aber wir arbeiteten bis lange nach Mitternacht weiter. Gegen zwei Uhr nachts überwältigte mich der Schlaf, so erschöpft war ich.

Der Sonnenaufgang weckte mich. Ich stand auf. Ich war das einzige aufrechtstehende Wesen auf einer riesengroßen zerstörten Fläche. Alle, die ich in der Nacht behandelt hatte, waren gestorben. Unbegreiflicherweise war mein Hemd weiß geblieben. Oder es kam mir im strahlenden Morgenlicht nur so vor. Die Menschen, die um mich herum auf dem Boden lagen, waren schmutzig und verbrannt, und mein Hemd war sauber. Ich machte es schmutzig, um ihnen gleich zu sein.

In der Helligkeit des Tages habe ich gesehen, daß von meiner

Klinik nichts mehr da war. Auch von den Häusern in der Umgebung war nichts übrig. Im Osten war der Bahnhof Hiroshima zu sehen. Im Süden stand noch die Ruine des Koyo-Bahnhofs. Im Norden war noch etwas vom Yokogawa-Bahnhof stehengeblieben. Zum Meer hin sah man die Udjina-Station und ein paar Häuser. Von meiner Klinik gab es nicht einmal mehr Trümmer.

Kein Reporter hat erlebt, was Dr. Shima und die Bewohner von Hiroshima an diesem Tag und in der darauffolgenden Nacht erlebt haben. Daß sich der Chirurg seines weißen Hemds geschämt hat, kann ihm aber jeder nachfühlen, der wohlgenährt aus den Hungergebieten Afrikas berichtet und weiß, daß mit dem Geld, das der Bericht kostet, Hunderte, wenn nicht Tausende gerettet werden könnten. Ein paar Tage hungert er vor Scham mit. Dann begreift er, wie sinnlos das ist.

Yom-Kippur-Krieg, brennende Panzer im Sinai, Leichen, Verwundete auf den Golanhöhen und abends alten Whiskey im Bridgeclub von Tel Aviv. Nur um am nächsten Tag wieder mit den Israel Defense Forces an die Nordfront auf den Golanhöhen zu fahren. Irgendwann weiß man nicht mehr, ob die da draußen verrückt sind oder die Kartenspieler im Bridgeclub von Tel Aviv. Schließlich ist man sicher, daß man selbst derjenige ist, der den Verstand verloren hat.

Bei der langen nächtlichen Rückfahrt vom Suezkanal durch den Sinai nach Tel Aviv mußten wir ohne Licht fahren. Gefährlich waren vor allem die Bombentrichter auf der Straße. An jedem neuen Trichter ließ man den Kameraassistenten zurück, der die nachfolgenden Fahrzeuge warnte. Der wurde dann vom folgenden Team mitgenommen, das dafür den eigenen Assistenten zurückließ.

In El Arisch hatte ein Israeli im Freien ein Restaurant aufgemacht, das aus ein paar Holzplanken anstelle von Tischen und

Bänken bestand. Es gab über offenem Feuer gebratene Fische, die auf Zeitungspapier serviert wurden. Wenn es eine einigermaßen neue *Jerusalem Post* war, konnte man beim Essen Zeitung lesen. Auf dem Weg zum Golan frühstückten wir in den Kibbuzim, die für die Israel Defense Forces und die Meute der Reporter herrliches Essen bereithielten. Auf den Golanhöhen war scheußliches Wetter. Schneeregen und eiskalter Wind. Wir steckten mit hochgekrempelten Hosen bis zu den Knien im Matsch. Um nicht mit der kämpfenden Truppe verwechselt zu werden, waren wir so zivil wie möglich gekleidet. Die Unart von Reportern, die zünftigen militärischen Parkas der Israel Defense Forces anzuziehen, hatte schon einen Kollegen das Leben gekostet. Hemd, Krawatte, Jacketts und Regenmäntel waren zwar auch keine Garantie, nicht beschossen zu werden, aber wenigstens keine Herausforderung.

Die getarnten israelischen Panzer lagen wie schlafende Urwelttiere unter den tiefen Wolken einer regenverhangenen Landschaft. Bald würden sie aufbrechen und zu einem Panzerangriff rollen. Vor den sich in Bewegung setzenden Panzern wollte ich den Aufsager für die *Tagesschau* machen und bat den Kameramann, meinen Kopf groß zu nehmen, damit mein Regenschirm nicht ins Bild käme, den ich in der Hand hielt, um das Mikro und mich vor dem Schneeregen zu schützen. Die Verlockung für den Kameramann war zu groß, während des Aufsagers mit der Zoomoptik die Brennweite zu verkürzen und das Bild aufzumachen. Da stand ich dann zum Gaudium der Redaktion mit Schirm, Krawatte und hochgekrempelten Hosen zwischen den röhrenden Panzern, die sich hinter mir zum Angriff wälzten.

Wir lernten, daß auch Nonkombattanten verführt werden können, Partei zu ergreifen, obwohl sie sich fest vorgenommen haben, das nicht zu tun. Der kommandierende Offizier in einer vorgeschobenen Stellung ist Tierarzt. An den Wochenenden fährt er in die Etappe und kümmert sich um das Vieh im Kibbuz. Am Montag früh geht er wieder an die Front auf den Golan. Seine Leute kochen uns im Unterstand mit Lötlampen ein Mittagessen und legen sogar Tischdecken auf. Ein Wachhabender kommt herein und meldet, daß die Syrer in der gegenüberliegenden Artilleriestellung die Planen von den Geschützen nehmen. Sieht nach einem Angriff aus, meint er.

Während die ersten Granaten über uns hinwegheulen, geht der Tierarzt hinaus und kontrolliert durch ein Scherenfernrohr die syrischen Stellungen.

Nein, sagt er, kein Angriff. Die meinen nicht uns. Die putzen nur ihre Rohre durch.

Nett von ihnen, sage ich, daß sie uns nicht umbringen, um ihre blöden Rohre durchzuputzen!

Sollen wir ein paar zurückschicken? fragt er.

Ja, bitte, rutscht es mir heraus. Dann beiße ich mir auf die Lippen.

Die meisten unserer Berichte aus Israel wurden via Satellit überspielt. Die amerikanischen Networks ABC, CBS oder NBC hatten die Satellitenzeiten wochenlang durchgehend gebucht. Das hat Unsummen gekostet. Dafür hatten sie jederzeit die Möglichkeit, aktuelles Material nach Hause zu schicken. Zwischendurch pokerten wir mit ihnen. Manchmal waren Bärte, dann waren wieder Einäugige »wild«, also Joker. Das waren Spielkarten mit Königen oder Buben, die Schnurrbärte hatten oder im Profil abgebildet waren und daher nur ein Auge sehen ließen. Dann hagelte es Straight Flushes und Full Houses. Bei den Damen gab es Linke oder Rechte, die »wild« waren, je nachdem, in welcher Hand sie eine Blume hielten.

Die ARD konnte sich eine solche Verschwendung nicht leisten. Wenn die Amerikaner kein Material hatten, überließen sie uns minutenweise Übertragungszeit. Zum Beispiel um ein Interview mit dem späteren Staatspräsidenten Ezer Weizmann zu überspielen, der damals militärischer Analytiker war. Ton läuft, Kamera läuft, das Link zum Satelliten ist offen, ich fange an zu moderieren und habe den Namen vergessen. Laß laufen, sage ich über Satellit in die Kamera zu denen von der Aufzeichnung in Hamburg und schreie nach hinten: Wie heißt der Typ gleich wieder? Ezer Weizmann, schreit ein israelischer Beleuchter zurück. Ich fange die Moderation noch einmal von vorne an.

Am Tag drauf im Hotel ein deutscher Gast, der gerade angekommen ist:

Sie waren komisch gestern abend in der *Tagesschau*.

Ich? Komisch?

Stellt sich heraus, die Kollegen in Hamburg hatten Tomaten auf den Augen gehabt und die Panne eins zu eins gesendet.

Israel ist im Krieg. Deshalb werden unsere Berichte vom Militär zensiert. Den Zensoren ist egal, was wir sagen, aber sie nehmen Aufnahmen heraus, aus denen die Syrer die Lage der israelischen Stellungen für ihre Artillerie orten könnten. Ulrich Kienzle berichtet aus dem Südlibanon von der anderen Seite. Er hat im Gegensatz zu uns keinen Satellitenanschluß. Ein israelischer Stoßtrupp bringt einen seiner Berichte aus dem Südlibanon mit. Bevor ich ihn von der israelischen Satellitenstation Herzliya aus nach Hamburg schicke, muß auch Kienzles Bericht durch die israelische Zensur. Er stellt die Meinung der Gegenseite dar und ist dementsprechend wütend antiisraelisch. Die Zensoren verziehen keine Miene und verabschieden sich mit: »Have a good program.« Meinung geht sie nichts an. Sie sind Militärs. Die zensierte Berichterstattung aus Israel war wesentlich freier als die aus vielen anderen Ländern, in denen es offiziell keine Zensur gab.

Der Sender in München ist politisch tiefschwarz und trotzdem ein schöner Sender. Nicht, weil man zum Abendessen nach Salzburg oder in die Oper nach Verona fahren kann, sondern weil der Balkan gleich hinter Ulm beginnt und die damit verbundene Schlamperei selbst in einer von der CSU beherrschten TV-Anstalt Freiheiten schafft, die im roten Norden oder Westen der Republik undenkbar wären.

Als ein Rundfunkrat seinen Einfluß mißbraucht, um der Redaktion einen Bericht über eine läppische Modenschau aufs Auge zu drücken, liefert der Reporter ein Stück ab, in dem alle Zuschauer mit geschlossenen Augen zu schlafen scheinen, während Klamotten über den Laufsteg getragen werden. Der Reporter hatte die Gesichter der Zuschauer in dem Sekundenbruchteil standkopiert, in dem ihr Lidschlag die Augen schloß. Trotz eines Kontrollsystems von zwei Instanzen war das über den Sender gegangen. Es war ein heißer Tag gewesen, und die eine Hälfte der redaktionellen Aufpasser war zu faul gewesen, sich das Stück anzusehen, die andere Hälfte hatte sich in einen Biergarten begeben. Die Aufpasser blieben im Amt. Der Reporter wurde gefeuert. Insubordinationen dieser und ähnlicher Art haben nicht nur in München die völlige Herausgabe der öffentlich-rechtlichen Sender an Parteien und Verbände wirkungsvoller verhindert als alle Proteste von Journalistenverbänden zusammen.

Leid tut mir, daß ich als Grünschnabel die Briefe der TV-Hierarchen nicht bloß gelesen, sondern auch noch beantwortet habe. Überflüssigerweise, ungestüm und mich ins Unrecht setzend, denn es geht auch bei Fernsehanstalten immer nur um die Form und niemals um den Inhalt. Leider gab es in München keinen ARD-Chefredakteur wie den von uns allen geliebten Günther Müggenburg, der die Schriftsätze, mit denen mein Freund Dieter Gütt, Chefredakteur ARD-*Aktuell,* regelmäßig Intendanten und Direktoren der ARD beleidigte, heimlich wieder aus dem Postauslauf nahm und verschwinden ließ. Dieter Gütt, der davon nichts ahnte, war überglücklich, denen in der obersten Etage wieder einmal tüchtig eingeschenkt zu haben. Mit einer Antwort hatte er ohnehin nicht gerechnet.

Wenn Dieter finster und griesgrämig war, konnte man

sicher sein, daß alles zum Besten stand. Deshalb schwant mir Böses, als ich ihn eines Abends bei bester Laune im Bridgeclub beim Kartenspielen finde.

Was, um Himmels willen, ist passiert, frage ich ihn und lege tröstend meinen Arm um seine Schulter. Am Abend zuvor, so stellt sich heraus, hatte er in einem ARD-Kommentar die deutsche Fußballnationalmannschaft der Korruption bezichtigt, und die Nation war hinter ihm her, um ihn zu lynchen. Das war es, was ihn so glücklich machte.

Bridgespieler werden nicht gern gestört. Mit einem angeekelten Blick auf meinen Arm um Dieters Schulter fragt einer:

Was ist denn mit euch los? Seid ihr schwul?

Igitt! sagt Gütt. Wo doch normal schon so scheußlich ist.

Nachdem sich Dieter mit einem Glas Rotwein und einer Überdosis Schlaftabletten das Leben genommen und sich in einem Brief mit »Das wär's. Gütt« verabschiedet hatte, rief mich seine Frau Inge an, die nun Witwe war. Sie sortiere gerade seine Briefe, schluchzte sie unter Tränen. Da sei einer von mir dabei, den ich Dieter zum Fünfzigsten geschickt hatte. Lieber Dieter, hatte ich ihm geschrieben, da Du Deine ständigen Versprechungen, Dich demnächst umzubringen, immer noch nicht erfüllt hast, bleibt mir gar nichts anderes übrig, als Dir wieder einmal sehr herzlich zu gratulieren.

Irgendwann durfte ich den Pathologen und Rechtsmediziner des Old Bailey in London, Francis E. Camps, für die ARD zu irgendeiner Leichensache befragen. Er hatte den Lehrstuhl für Rechtsmedizin an der London University inne. Seine Pathologie lag neben einem uralten Coroners Court in einem wunderschönen Friedhof aus dem siebzehnten Jahrhundert. Die Leichen von Erschossenen, Erschlagenen oder Strangulierten, die dann womöglich auch noch verbrannt waren oder wochenlang im Wasser gelegen hatten, holte Camps liebevoll aus den Kühlfächern und erläuterte die Ursachen ihres Ablebens mit der

Hingabe eines Rosenzüchters, der Besuchern eine besonders schöne Züchtung präsentiert. Seine Sektionen beendeten Vermutungen oder machten sie zur Gewißheit. Offenbar war nur von Toten Genaues zu erfahren.

Bevor ich Francis E. Camps kennenlernte, hatte ich Leichenöffnungen für eine widerwärtige Beschäftigung gehalten. Je mehr Obduktionen ich sah, desto bewußter wurde mir, daß die forensische Pathologie wahrscheinlich der exakteste Bereich der Medizin ist, eine Enklave von mathematischer Präzision, umgeben von Vermutungen. Francis E. Camps liebte alles Lebendige. Gleich ob es die sorgfältig gehegten Blumen in seinem ländlichen Garten waren, Tiere oder Menschen. Gutes Essen ließ ihn andächtig werden und schweigen. Sonst war er immer voller Geschichten, immer »the life of the party« und abends nicht ins Bett zu kriegen. Sein Mund war vom ständigen Pfeifenrauchen bei der Arbeit etwas schief geworden. Als Kind war er einmal seiner Mutter um den Hals gefallen und hatte zu ihr gesagt: Mammi, Mammi, wenn du einmal stirbst, lasse ich dich nicht begraben. Ich behalte dich für immer bei mir. Sein kleiner Bruder, der realistischer war, hatte gebrummelt: My god! Would she stink!

Sein verträumtes Landhäuschen hatte vor Jahrhunderten einem Scharfrichter gehört. Camps hatte es billig bekommen, weil niemand darin wohnen wollte. Camps glaubte nicht an Gespenster. Auch nicht an wissenschaftliche. Er machte sich über Sachverständige lustig, die vor Gericht von einer Kontusion in der Orbitalhöhle redeten, mit Sugillation und Ekchymosen im umliegenden Weichteilgewebe mit begleitender Intumeszenz, statt einfach zu sagen, daß jemand dem Betreffenden ein blaues Auge gehauen hatte. Ich verstand das als wertvolle Anregung für das Schreiben von Texten.

Obwohl man als junger Reporter selten Geld in der Tasche hat, schlendert es sich gut in der Londoner Savile Row, in der es nicht nur die besten, sondern auch die teuersten Schneider der Welt gibt. In der Auslage von Anderson & Sheppard Ltd liegt ein Tweed: drei Meter davon und dann zu Hause einen billigen Schneider suchen. Es ist der Stoff, von dem ich, ohne es zu wissen, seit Jahren geträumt habe.

Tee oder Kaffee, fragen die Herren von Anderson & Sheppard Ltd, die zu übersehen scheinen, daß ich Jeans und eine alte Windjacke anhabe.

Keine Umstände, bitte ich. Nur drei Meter von dem Stoff da draußen in der Auslage.

Er sei untröstlich, sagt einer der Herren, sie alle seien untröstlich, aber Anderson & Sheppard Ltd verkaufe keine Stoffe. Die würden ausschließlich für Anderson & Sheppard Ltd gewebt und nur von Anderson & Sheppard Ltd verarbeitet.

Ich beiße die Zähne zusammen. Gut, dann eine Jacke.

Den Zuschneider, der Maß nimmt, Mr. Colin Harvey, muß Oscar Wilde erdacht haben. Seine klugen Augen, seine makellos gebundene Krawatte unter einem hohen Hemdkragen und seine distanzierte Freundlichkeit sind Jahrhundertwende pur. Mr. Harvey macht Heimweh nach gestern.

Was mich in die Stadt führe.

Francis E. Camps, der Pathologe vom Old Bailey.

Ah, Professor Camps, a most delightful gentleman, sagt er. Wen kennt Mr. Colin Harvey nicht? Ob der Flug angenehm gewesen sei, will Mr. Harvey wissen. Ob ich meine Autoschlüssel und mein Kleingeld in der Jackentasche hätte oder in der Hosentasche, und wenn ja, rechts oder links. Ob meine Brieftasche in der Innentasche der Jacke sei oder in der Gesäßtasche, ob ich zwei Schlitze auf der Seite oder nur einen in der Mitte haben wolle. In welchem Winkel die Außentaschen angeschrägt sein sollen. Und die Büffelhornknöpfe? Roh oder poliert?

Was würden Sie vorschlagen?

Wenn Sie erlauben, sagt er, ich würde sie roh lassen. Er

lächelt. Poliert sehen sie ein wenig aus wie Kunststoffknöpfe. Bei dem Wort »Kunststoff« umwölkt sich seine schöne Stirn. Hätte ich ihn gebeten, mir einen Smoking aus Damast mit weiß-blauen Rauten zu machen, er hätte kein Wort verloren, sondern mir einen tadellos sitzenden Smoking aus Damast mit weiß-blauen Rauten gemacht.

Nur wenn ich ihn nach seiner Meinung gefragt hätte, aber sicher nur dann, hätte er gesagt, daß es da vielleicht noch andere Stoffe gäbe, die möglicherweise mein Interesse fänden, und er hätte mir wahrscheinlich einen mitternachtsblauen gezeigt, der bei Kunstlicht schwarz wirkt und trotzdem nichts von einem Begräbnis hat. Beim Maßnehmen hätte ich alles erfahren, was wichtig ist, denn er kennt New York, Paris und Tokio. Er weiß, wer der nächste Premierminister sein wird, er weiß, was von dem Stück zu halten ist, das demnächst am Leicester Square Premiere hat, und wer hinter dem Skandal steckt, in den der Geheimdienst Ihrer Majestät verwickelt ist. Mr. Harvey weiß, daß man im Sommer zum Mittagessen in Buckingham Palace ohne weiteres einen rehbraunen Anzug ohne Weste tragen kann, mit einem hellen, lavendelfarbenen Hemd. Und natürlich einen weichen Hut. Braun, gewiß, aber, god forbid, nicht farbidentisch mit dem Anzug. Er weiß, wie der Stoff eines Anzugs gewebt sein muß, mit dem man im Flugzeug über dem Atlantik schlafen kann, ohne daß er nachher Falten wirft. Er weiß, warum der unterste Knopf einer Weste und der oberste einer Jacke immer offen bleiben muß. Er kann erklären, warum die Armlöcher des Fracks eines Dirigenten nicht weit geschnitten sein dürfen, um ihm eine vermeintliche Bewegungsfreiheit zu geben, sondern eher eng, damit der Frack wieder sitzt, wenn er seine Arme senkt und sich zum Publikum umdreht, um sich zu verbeugen. Mr. Harvey weiß es, denn er ist Zuschneider für die bedeutendsten Dirigenten unserer Zeit gewesen.

Während er mir meine alte Windjacke hinhält wie einen

Krönungsmantel, frage ich ihn, wann ich zur Anprobe kommen soll.

Sir, sagt er mit einem Hauch von Stolz, wir haben keine Kunden, die sich von uns Termine geben lassen. Wenn Sie morgen probieren wollen, dann probieren Sie morgen. Wenn Sie in zwei Jahren probieren wollen, dann probieren Sie in zwei Jahren. Das ist der Schneider, denke ich, den ich in jenem Rest meines Lebens brauche, in dem ich mir vielleicht einen Schneider leisten kann.

Mir macht dieser »public breastbeating-contest« angst.
Damit bewältigt man keine Vergangenheit.
*Max Horkheimer über den öffentlichen Wettstreit
im Sich-an-die Brust-Schlagen*

7 BOOTS AND BRACES

Springerstiefel und Hosenträger, Boots and Braces, sind die
Uniform der britischen Neonazis. Weder echte noch organisierte Reue haben verhindert, daß es fünfzig Jahre nach Hitler
in allen europäischen Ländern eine neue Gefolgschaft gab. Die
Vergangenheitsbewältigung war zu einem Monstrum an gutem Willen, Selbsthaß und Verlogenheit geworden. Dadurch
wurde verdeckt, daß der totalitäre Bodensatz einer Gesellschaft weder durch Ächtung noch durch Verbote auszurotten
ist und daß jede Gesellschaft damit leben muß und, wenn sie
intakt ist, auch damit leben kann. Hans-Jürgen Rosenbauer
vom WDR dachte, daß es ein Thema sei, sich den Nährboden
der neuen Nazis in Ländern anzusehen, die sich nicht durch
eine Bande von kriminellen Glatzköpfen gefährdet wähnen.

Sendetermin 26. Oktober 1983. Andere Reporter sollten das
Thema zur gleichen Zeit in anderen Ländern machen. Ich
wählte damals den Titel: »Zwischen Vaterlandsliebe und Frem-
denhaß«. Es blieb die einzige Reportage, die zwar unter meinem Namen gesendet wurde, aber unter falschem Namen
recherchiert und gedreht werden mußte.

Das Blau ihrer Augen ist zu hell, das Rouge auf ihren Wangen
zu stark. Lady Birdwood sieht aus, als hätte sie auf jeder Backe
ein Rosenblatt.

What was your name again? fragt sie mich. Verdammt! Wie war noch gleich mein Name?

Stephanie springt ein: Das ist Mr. Engelbert Bildhauer, von dem ich Your Ladyship am Telefon erzählt habe.

Stephanie ist Amerikanerin und unsere Stringerin. Ein Stringer ist jemand, der Dreharbeiten vorbereitet und Kontakte macht. Als wir uns am Flugplatz treffen und über meinen Decknamen nachdenken, schlägt sie »Engelbert Bildhauer« vor.

Was für ein Blödsinn, sage ich. So heißt doch kein Mensch.

Ich kenne doch deine Schusseligkeit, sagt sie. (Sie kennt mich seit einer Viertelstunde.) Du vergißt, wie du heißt, und stellst dich mit deinem richtigen Namen vor. Engelbert Bildhauer klingt wenigstens so ähnlich. Das kann ich reparieren.

Zum Gaudium der Besatzung erzähle ich im Londoner ARD-Büro, daß ich im United Kingdom ab sofort Engelbert Bildhauer heiße. Ein Student, der sich bei der ARD London Geld verdient, indem er zu nachtschlafender Zeit die Telefonzentrale bemannt, hört zu.

Stephanie hatte die Grand Dame der britischen Rechten kontaktiert, Lady Birdwood. Die Lady ist nicht auf den Kopf gefallen. Kurz nach acht Uhr früh ruft sie im ARD-Büro London an. Zufällig sitze ich seit sieben im Schneideraum und klammere Archivmaterial ab. Ebenso zufällig macht der Student Telefondienst, der am Tag zuvor in der Redaktion meinen Decknamen gehört hatte. Ob sie einen Mr. Engelbert Bildhauer sprechen könne, fragt Lady Birdwood. Certainly, ma'am, sagt der Student. Just one moment, please. I put you through. Gewiß, Madam. Einen Augenblick bitte, ich verbinde Sie. Von da an bin ich für die britischen Neonazis echt.

Stephanie ist Amerikanerin italienischer Herkunft. Schön, elegant, damenhaft, aber mit einem Wortschatz, der einem das Blut in den Adern stocken läßt. Sie gehört zu denen, die es donnern hören, bevor es geblitzt hat. Aufgewachsen ist sie in Brooklyn mit fünf Brüdern. Das prägt.

Sie verpaßt mir eine Legende: Im tiefsten Herzen bin ich Nazi. Deshalb läßt man mich im Deutschen Fernsehen nicht hochkommen, und deshalb kennt diesen Engelbert Bildhauer auch kein Mensch. Unter dem Deckmantel einer Reportage soll unser Gedankengut verbreitet werden. Zur Tarnung werden wir gezwungen sein, auch kritische Fragen zu stellen. Nordische List.

Und das Kamerateam? Wie erklären wir das Team? Der WDR hat mir besonders kompetente Kollegen mitgegeben. Alle mit schulterlangen Haaren. Die spielen mit: Mit solchen Untermenschen muß man als deutscher TV-Reporter heute arbeiten.

Ich mache Lady Birdwood ein Kompliment über ihre grauschwarze Katze, die auf dem Schreibtisch sitzt. Auf einem Brief aus dem deutschen Kornwestheim, der mit dem Namen K-s unterschrieben ist. Ich wüßte gern, was in diesem Brief steht.

Lady Birdwood sympathisiert mit »Self help«, einer Organisation, die im Verdacht steht, rechte Terroristen zu unterstützen, wenn sie untertauchen müssen. Sie gibt *Choice* heraus, eine Kampfzeitung der rassistischen Rechten. Wenn die Ausländer nicht verschwinden, sagt sie, dann gibt es ein Blutbad. Sie will das vermeiden, weil ein solches Blutbad nur der jüdisch-kommunistischen Weltverschwörung nützt. Wenn die Ausländer eines Tages gehen, sagt sie, dann müssen die Juden mit.

Ich bitte Lady Birdwood um das neueste Exemplar von *Choice*. Im Flur sind die Hetzschriften bis unter die Decke gestapelt. Die Lady geht hinaus, um ein Exemplar für mich zu holen. Die Katze bleibt wie festgenagelt auf dem Brief sitzen. Ich nehme sie vorsichtig am Genick und versuche sie hochzuheben. Das trägt mir einen Schmiß auf dem Handrücken ein. Ich stecke die Hand in die Hosentasche.

Lady Birdwood kommt zurück. Sie ist in die Kellerwohnung gezogen und hat ihr Appartement einer Freundin überlassen, sagt sie, um sich für die Enge in ihrem Wohnbüro zu entschuldigen. Die Freundin hat Krebs und wird sterben. Lady Birdwood meint, daß es sich in einem luxuriösen Appartement leichter stirbt. Deshalb hat sie ihr für die letzten Monate ihre Wohnung überlassen.

Warum war die Birdwood mein erster Kontakt, frage ich nachher Stephanie. Because she knows everybody and their uncles, sagt sie. Die kennt alle samt ihren Onkels. Wenn du bei der Eindruck machst, bist du drin.

Your handkiss was far out, sagt Stephanie! Dein Handkuß war toll. Aber du hast geschummelt. Deine Lippen haben ihre Hand gar nicht berührt.

Das war nicht geschummelt. Ein Handkuß deutet nur den Wunsch an, die Hand einer Dame zu küssen. Wenn die Dame das möchte, muß sie von sich aus ihre Hand die letzten Zentimeter an die Lippen des Herrn führen.

I'll drop my teeth! sagt Stephanie. Du kriegst die Tür nicht zu.

Außerdem redet man so jemanden nur dann mit »Your Ladyship« oder »My Lady« an, wenn man ihr auch die Schuhe putzt, für unsereinen reicht »Lady Birdwood«.

Holy cow! sagt Stephanie. Du dickes Ei!

Wir hoffen, daß mein »nom de guerre« wenigstens eine Woche hält. Dann sollten wir das Wichtigste im Kasten haben. Wenn auch nur einer meiner Gesprächspartner einen Personalausweis sehen will, bin ich geliefert. In Deutschland wird es nach der Ausstrahlung ein anderes Problem geben. Ein Reporter, der über Neonazis Fakten berichtet, statt sich auf Entrüstung zu beschränken, setzt sich zwischen alle Stühle.

Mrs. Mason liebt Chopin, Charles Dickens und vor allem Blumen. Blumen sind ihr Leben, sagt sie. In der biblischen Geschichte sei die Erschaffung des Menschen zweimal erwähnt. Das eine Mal sind die Herrenmenschen gemeint, das zweite Mal die Untermenschen. Die Herren, das sind die Waliser, Iren, Schotten und Engländer. Dementsprechend nennt Mrs. Mason ihre Organisation W.I.S.E.

Mrs. Mason nimmt mich beiseite und fragt mich, ob ich mit Stephanie etwas hätte. Sie hat gemerkt, daß wir uns mit dem Vornamen anreden. Stephanie hat schwarze Haare und grüne Augen. So muß für Mrs. Mason ein Untermensch aussehen. Ich kann den Verdacht entkräften.

Mrs. Page managt einen Verein für Hausbesitzer. Von Beruf ist sie Krankenschwester. Zu Hause pflegt sie rund um die Uhr einen schwerkranken Mann. Jahrzehntelang hat sie sich, vermutlich mit gleicher Hingabe, um kranke Eingeborene in der Karibik gekümmert. Die starke Einwanderung nach England hält sie für ein kommunistisches Komplott, um die britische Wirtschaft zu zerstören. In den fünfziger Jahren, sagt sie, seien sehr elegante und sehr höfliche Herren in Westindien herumgereist und hätten die Einwanderung systematisch angezettelt. Kommunistische Verschwörer, gebe ich zu bedenken, seien selten elegant und noch seltener höflich. Ja, sagt sie, dann sind es wahrscheinlich doch Juden gewesen.

Rechtsradikale Briten, so lerne ich, spielen Whist oder Cricket, sie lieben Beethoven und Marschmusik, sie sind vernarrt in Blumen, Tiere und Kinder, sie sind pflichtbewußt, opferbereit, haßerfüllt, zynisch und borniert.

Neonazis scheinen es in Großbritannien leicht zu haben. Disziplin und Nationalismus sind in diesem Land kaum belastete Begriffe. Vaterlandsliebe war nie identisch mit der Verteidigung einer Verbrecherbande. Disziplin galt keinem Führer, sondern war zweckmäßig im Kampf gegen Hitler. Die britische Heimat war nie eine Heimat der Gaskammern.

Der Mann, der in Soho vor einer Auslage mit Nazi-Requisiten steht, scheint Brite und Gentleman zu sein. Tweedjacke, rotblonder Schnurrbart. Er pfeift »Die Fahne hoch, die Reihen fest geschlossen ...«. Das sei sein liebstes Lied, sagt er, holt seine Brieftasche aus der Tweedjacke und zeigt uns ein abgegriffenes Foto. SS-Offiziere vor einem Kübelwagen der Wehrmacht. Er deutet auf einen der Offiziere. Das könnte er sein. Jünger, ein ähnliches Gesicht, der gleiche Schnurrbart. Er nimmt Haltung an, wie der auf dem Foto. Weiß der Schinder, woher er das Foto hat und wann er sich den Schnurrbart hat wachsen lassen, wann er begonnen hat, dieser Mann auf dem Foto zu sein. Vermutlich zeigt er das Foto in Kneipen herum.

Er merkt, daß ich nicht darauf hereinfalle, ist aber nicht böse. Jeder Mann braucht ein Vorbild, sagt er, und schlägt die Hacken zusammen.

»Titties«, Tittenkind, nennt Donald Mudy zärtlich seine Tochter. Sie ist sein ein und alles, wirklich noch ein Kind, aber sie hat schon einen Busen. Zur Freude des Vaters fährt sie schwere Motorräder. 1976 war Donald Mudy operativer Chef der »Column 88«. Der achte Buchstabe des Alphabets ist das »H«. »Column 88« steht für »Kolonne Heil Hitler«. Damals lief er in einer schwarzen SS-Uniform herum, die Haare auf Streichholzlänge geschnitten, ein Monokel am schwarzen Band. Sein Zimmer war voll Hitlerbüsten und Hakenkreuzfahnen. Seinen Besuchern spielte er Naziplatten vor. »Es zittern die morschen Knochen der Welt vor dem großen Krieg ...« oder war es »Sieg«?

Jetzt sind seine Haare lang. Auf dem Plattenteller liegt eine Sinfonie von Beethoven. Er ist bei den Tories und kämpft für Europa. Ob es ein weiter Weg war von der »Column 88« bis zu den Tories und nach Europa? Nein, gar nicht. Ich bin immer konservativ gewesen. Ob ihm Maggie Thatcher den Weg erleichtert hat? Sicher, von der werden wir zum ersten Mal wieder regiert. Bei den britischen Ultrarechten ist er unten durch, seit er Hitlers Geburtstag öffentlich mit viel Marschmusik gefeiert hat. Es war ein Schützenfest für die Presse. Seine eigenen Leute hetzen ihn danach von Wohnung zu Wohnung. Er hat Angst vor »SS Wotan Adolf Hitler«, einer Gruppe, die angeblich rechte Terroristen an der Waffe und im Umgang mit Sprengstoff ausbildet. Er hat keine Arbeit mehr, hat sich in ein winziges Nest an der Ostküste verkrochen und lebt am Rande des Existenzminimums. Seine Hand zittert, als er mir Kaffee einschenkt. Die Tasse ist angeschlagen. Im Schlafzimmer zeigt er mir den Odin geweihten Familienschrein und ein Feuerzeug, das ihm ein verwundeter deutscher Landser mit blauen Augen geschenkt hat. Tränen laufen ihm übers Gesicht. Als wir gehen, hält er lange meine Hand fest. Ich bin Deutscher, sagt er, und Sie sind Brite. Wir müssen weitermarschieren. Mit ruhig festem Schritt. Der Mann ist krank. Darf man Kranke zur Schau stellen? Ist man wie sie, wenn man tut, was ich tue?

Michael Woodbridge war »european liaison officer«, also eine Art Außenminister der »League of Saint George«. Die Liga des Schutzheiligen der Briten organisiert die militärische Ausbildung von rechtsradikalen Gruppen und hält Kontakt mit Gleichgesinnten im Ausland. Woodbridge ist Lehrer von Beruf. Er glaubt nicht, sagt er, daß auch nur ein einziger Jude in Deutschland vergast worden ist. Als »european liaison officer« haben sie ihn geschaßt, weil er einem Reporter von der BBC auf den Leim gegangen ist. Jetzt geht er mir auf den Leim.

An der Rezeption hinterlege ich eine Banknote, damit niemand vergißt, daß ich es bin, wenn jemand nach Mr. Bildhauer fragt.

Der Mann, der in einem Polstersessel der Lobby sitzt, muß Woodbridge sein. Ich begrüße ihn mit einer Andeutung von Deutschem Gruß, mit einem festen Händedruck und Augenkontakt. Seine Hand ist patschnaß. Man kann seine Angst riechen. Vergeblich suche ich nach nachgewachsenen dunklen

Haaren. Er ist wirklich blond, unter den Achseln seines Anzugs zeigen sich feuchte Flecken. Es ist doch kein Verbrechen, sagt er, sein Land zu lieben. Natürlich nicht, sage ich. Und es gegen Fremde zu verteidigen, fügt er hinzu.

Während des Gesprächs sieht mir Stephanie ein wenig zu starr in die Augen. Fragt sie mich, ob ich wirklich den Nerv habe, den Lehrer zu linken? Stephanies Blick muß etwas anderes bedeuten. Ihre Augen wandern von mir weg zu den Sesseln hinter mir. Aus dem Augenwinkel sehe ich, daß sich dort zwei Typen niedergelassen haben, die sich ungeniert zurückbeugen, um zu hören, was wir reden. Das kann MI5 sein, der britische Inlandsgeheimdienst. Oder es sind seine eigenen Leute, die ihn bespitzeln. Grauenvoll, daß beides möglich ist. Ich stehe auf, angeblich um mir Zigaretten zu holen. Sicher sind das seine Leute. Ich verabschiede Woodbridge. Wir werden ihn woanders kontaktieren. Ein paar Tage später wird er mir vorschlagen, sein Nachfolger als »european liaison officer« für die »League of Saint George« zu werden.

Der Führer der »National Front«, Martin Webster, schäumt, als er uns sieht. Ist das Imponiergehabe, sind das Drohgebärden? Oder ahnt er etwas? Seine Partei verfügt über einen Apparat, durch den er erfahren haben könnte, mit wem wir bisher geredet haben. Vermutlich ist er gerissen genug, um sich darauf einen Reim zu machen. In seinem Schlupfloch, dem »National Front« Bookstore, flankiert von zwei Schlägern der Skinheads, geht er brüllend mit Fragen auf uns los. In seinen Mundwinkeln ist Speichel. Fast bin ich erleichtert. Langsam wäre mir eine Konfrontation lieber als das Versteckspiel. Ein Gespräch kommt in Gang. Dann brüllt er wieder herum. Ich erwarte, daß seine Gorillas zuschlagen.

Just go ahead, sagt Stephanie zu Webster, der mit einem Wink tausend Schläger der »National Front« auf die Straße schicken kann, just go ahead and you'll get yourself a mouth full of bloody chicklets. Daß sie Webster einen Mund voll blutiger Zähne verspricht, bringt sogar die mit den schwarzen Springerstiefeln und den roten Hosenträgern aus der Fassung. Webster bleibt buchstäblich die Spucke weg. Noch draußen auf der Straße hören wir ihn brüllen. He really is in a fucking mood, sagt Stephanie. Der hat ziemlich beschissene Laune.

Stephanie leidet. Sie liebt einen Mimen der Royal Shakespeare Company, der ihr auf der Seele herumtrampelt.
Was ist denn so toll an dem Kerl? frage ich.
He is so nice, sagt sie.
Ein aufgeblasener Wicht, sage ich.
I want him, sagt sie.
Wozu? frage ich.
I love him, sagt sie.
Wie ist er denn im Bett? frage ich.
Terrible, sagt sie.
Na und?
I love him, sagt sie.
Wie kannst du um so einen Trottel vom Theater weinen, wo du doch mich haben könntest?
Stephanie hat keinen Sinn für meine Witze. Sie schnäuzt sich geräuschvoll. Ich gebe ihr einen Klaps auf ihren damenhaften Podex.
You're cruising for a bruising, sagt sie. Du fängst dir gleich 'ne Schramme ein.

Unter schattigen Bäumen liegt ein Landgasthaus, daneben rauscht ein Bach durch eine blumenübersäte Wiese. In der niedrigen Gaststube wirkt John Tyndall, die graue Eminenz der rechten Ultras, größer, als er ist. Offenes weißes Hemd, blond, stämmig, breitbeinig. Bei den Nazis nannte man das eine Führerfigur. Vor Jahren soll er noch im Braunhemd herumgelaufen sein. Jetzt ist er Staatsmann geworden und Chef der »British National Party«. Womöglich sei ich einer von dem linken Pack im Fernsehen, blafft er mich an. Ich sage ihm, daß ich schon ein Braunhemd getragen hätte, als er noch in die Windeln gemacht habe. Das wirkt.

Ich mag sie ja, die Deutschen, sagt er besänftigt. Das heißt, die alten und die neuen deutschen Nazis. Eure Antifaschisten finde ich zum Kotzen. Die Kamera ist schon gelaufen. Er verlangt, daß diese Sätze nicht verwendet werden. Jeder Politiker hat das Recht, eine Aussage zurückzuziehen, die er nicht für die Öffentlichkeit machen will. Ich verwende die Passage daher nicht in unserer Reportage. Dann kommt das für die Öffentlichkeit bestimmte Parteiprogramm. Abtreibung und Homosexualität müssen verboten werden, die Todesstrafe muß her, und die Ausländer müssen verschwinden. Uneuropäische Musik hat im United Kingdom nichts verloren, und die Juden müssen sich entscheiden, ob ihre Loyalität dem Zionismus gilt oder Großbritannien. Tyndall mag keine langen Haare, trinkt sein Lagerbier mit dem Saft von Limonen und spielt, wie es heißt, ganz gut Cricket. Früher war er Führer von Websters »National Front«. Ich erzähle ihm, daß ihn Webster mir gegenüber einen Nazi-Hanswurst genannt hat. Daraufhin erfahren wir, was, laut Tyndall, zum Bruch zwischen ihm und Webster, also zur Abspaltung der »National Front« von der »British National Party«, geführt hat. Webster hatte angeblich Skinheads nackt bei sich zu Hause exerzieren lassen. Und er, Tyndall, habe einen unmißverständlichen Brief zugespielt bekommen, den Webster einem Jungen geschrieben hatte. Mir gegenüber hatte Webster diese Gerüchte entschieden bestritten. Tyndall habe, so sagt er, die Entbindung Websters von allen Parteiämtern verlangt. Der Vorstand habe das abgelehnt, weil damals Webster der einzige starke Mann der Ultrarechten gewesen sei. Offenbar nahm man lieber Gerüchte in Kauf, als auf sein Organisationstalent zu verzichten.

118

Boots and braces. An der Farbe der Schnürsenkel erkennt man den politischen Flügel. Rot steht für »National Front«, gelb für »British Movement« und weiß für die »British National Party«. Tätowierungen auf dem kahl geschorenen Schädel oder an den Armen zeigen Präferenzen oder besondere Aufgaben. Die mit der Tätowierung »Luitgart« (Volksschutz) sind Sicherheitsleute, die mit den Ziffern »666«, der Zahl des Tieres, sympathisieren; sie bekennen sich als Satanisten. Ihre Schlägereien bei Fußballspielen, so sagen sie, sind Manöver für den Tag, an dem es ernst wird. Wir schreiben das Jahr 1983. Bald darauf beginnt die Randale der Hooligans in Brüssel.

Stephanie versucht im »Agricultural Pub« an eine Leitfigur der Skins, Ian Stuart, heranzukommen. Sie geht allein und in einem ihrer dezenten Dior-Kostüme mitten in ein Gebiet hinein, das die Skins kontrollieren. Sie bleibt zu lange weg für meinen Geschmack.

Und? frage ich sie, als sie endlich wieder da ist. Bist du an ihn rangekommen?

I was on him like a cheap suit. So eng wie ein billiger Anzug, sagt sie.

Welche Musikgruppe den militantesten Rassismus vertritt, hatte sie Ian Stuart erst nach dem dritten Bier fragen können. Das sei seine Band, die »Screwdrivers«, die Schraubenzieher. Die mache die härteste Haßmusik, die sogenannte »Oi-music«.

Ian Stuart haust in einem billigen Hotel. Er ist groß, ein athletischer Typ, sieht gut aus. Die Texte seiner Haßmusik schreibt er selbst. »White Power«:

Ich sehe, wie mein Land verkommt.
Sie nehmen es fort.
Wir lassen sie rein.
Früher ein Empire.

Heute ein Slum.
Bringt sie raus und erschießt sie.
Entweder wir siegen, oder wir sehen uns
in der Hölle.

Stuart lebt von der Fürsorge. Er hat Auftrittsverbot. An den Wänden seiner billigen Bleibe hängen Nazifahnen. Auf dem Nachttisch ein Parteiabzeichen und Hitlers *Mein Kampf.* Wahrscheinlich uns zu Ehren hingelegt. Er ist 26 Jahre alt und will für eine große Sache kämpfen. Notfalls auch für sie sterben. Neger und Juden mag er nicht. Es wird Blut fließen, sagt er, wenn es zum letzten Kampf kommt. Er glaubt nicht, daß es den Holocaust wirklich gegeben hat.

Würde es für ihn etwas ändern, wenn es ihn gegeben hätte?

Eigentlich nicht. Aber mir wäre es lieber, wenn es nicht wahr wäre, weil sie das immer gegen uns benutzen.

Würde es ihn belasten, wenn es ihn doch gegeben hätte?

Ja, sagt er, das schon. Er sei dagegen, Leute massenhaft in den Tod zu schicken. Aber er könne verstehen, daß Hitler die Juden gehaßt hat. Die hätten vielen Ländern Schlimmes angetan.

Der Vater eines Kameraden sei Metallarbeiter gewesen, behauptet er. Der habe ein Leben lang Shilling auf Shilling gelegt und sich dann ein winziges Grundstück gekauft, wertlosen Grund unter einer Fernstraßenkreuzung. Darauf habe er sich ein kleines Häuschen zusammengezimmert. Oben das Donnern der Lastzüge. Unten zwei Rosenbäumchen vor dem Haus. Es sei sein Paradies gewesen, sagt Stuart. Dann seien »squatters« aus Westindien gekommen, hätten die Rosenbäumchen ausgerissen und die Gegend samt Häuschen und Garten in eine Müllkippe verwandelt. Der Mann habe es nicht einmal mehr verkaufen können, er sei in ein Obdachlosenheim gegangen.

Die Leute von der BBC, die uns sagen, daß wir uns über die aus Westindien freuen müssen, die wohnen in Chelsea, sagt Stuart.

Ohne die rassistischen Texte wären seine Songs wahrscheinlich in den Top Ten. Ian Stuart ist bereit, unsere Sicherheit in dem von den Skinheads kontrollierten Gebiet zu garantieren.

Wo wir auftauchen, werden wir mit deutschem Gruß und mit Hackenschlagen empfangen. Auf der Straße sind ein paar hundert Skinheads. Wir drehen. Am Eingang der Straße taucht ein gepanzertes Polizeifahrzeug auf. Die Skins machen sich bereit, uns zu verteidigen, sollte die Polizei etwas gegen Filmaufnahmen haben.

Der Polizeiwagen kommt mit Schrittgeschwindigkeit näher und bleibt vor uns stehen, langsam wird das kugelsichere Fenster an der Fahrerseite heruntergelassen. Ich beuge mich so weit wie möglich hinein. Hinter mir machen Skins lange Hälse. Bitte, sage ich leise, verlangen Sie jetzt von mir keinen Ausweis. Die britischen Beamten kapieren.

Aber Vorsicht, sagt der am Steuer, das kann umschlagen. Langsam schleicht sich der Polizeiwagen wieder aus der Straße hinaus.

At ease, rühren, sage ich zu meiner Leibgarde.

Wir drehen. Dann taucht ein junger Mann auf. Vermutlich ein deutscher Student, der in London studiert. Das sind Nazis, flüstert er mir zu. Sie filmen Nazis! Merken Sie das denn nicht?

Bitte, gehen Sie einfach weiter, sage ich.

Mit meinen Fernsehgebühren, empört er sich. Egal was ich sage, er geht mir nicht von der Pelle. Sie kenne ich doch, sagt er. Sie sind doch dieser Fuzzi von der ARD …

Bitte, gehen Sie jetzt, sage ich durch zusammengebissene Zähne.

Medienfaschist, sagt er.

Ein paar Skins werden unruhig. Sie sehen, daß mich der Typ nervt. Er spielt mit seiner Gesundheit.

Fuck off! sagt Stephanie mit einer Endgültigkeit in der Stimme, die keinen Widerspruch duldet. Wie immer findet sie das rechte Wort zur rechten Zeit.

Der Intendant sieht einen Reporter,
der sein Reisegepäck einlädt.
Intendant (leutselig):
Na, junger Mann? Wohin soll's denn gehen?
Reporter: Amerika.
Intendant (gedehnt): Wozu denn Amerika?
Reporter: Rundfunkgebühren auf den
Kopf hauen!

8 FATA MORGANA

Special Agent John E. Carpenter und Special Agent Theodore J. Bowler, FBI Los Angeles, haben dreiteilige Anzüge an, dezente Krawatten am Hals und abgebrühte Gesichter. Die fragt der Schneider nicht, ob sie Links- oder Rechtsträger sind, sondern wo sie ihre Kanonen unterbringen. Sie machen Gesichter wie im Kino, fahren Auto wie im Kino und reden wie im Kino. Vielleicht wissen die in Hollywood von der Realität dieser Welt doch mehr, als man glaubt. Bowler hat seinen kurznasigen Achtunddreißiger formlos unter der Weste im Hosenbund, weil er ihn da spürt und nicht danebengreift, wenn er ihn schnell braucht. Carpenter kann mit einem einzigen Ruck den Deckel seines Zippo-Feuerzeugs aufschleudern, dabei das Zündrad mit dem Daumen streifen und sich die Flamme an die Zigarette halten. So etwas muß man monatelang üben. Vermutlich beim Warten in Autos mit falschen Nummernschildern. Seine S & W .357 Combat Magnum wiegt 1200 Gramm. Er trägt sie seit einer Schießerei im Schulterholster, weil er sie noch den Rest seiner Dienstjahre herumschleppen muß und hofft, daß er sie nie mehr braucht.

Luftspiegelungen verkaufen sich gut. Das FBI ermittelt in einem Landschwindel, der von Castrop-Rauxel bis Honolulu, von Island bis Australien astronomische Summen von Anlegern schluckt, die ihr Schwarzgeld in fernen Orangenplantagen investieren und dabei reich werden wollen. Die Liste der Anleger aus der Bundesrepublik Deutschland wird von Zahnärzten und Zuhältern angeführt. Ein paar Filmstars sind auch dabei, Bürgermeister und Parteifunktionäre. Sogar ein Pfarrer, der das, was sich im Klingelbeutel seiner Kirche zusammenläppert, für seine Armen vermehren will.

Eine junge Frau gibt uns den Tip. Sie hat 13 750 US-Dollar in kalifornische Orangenplantagen gesteckt. Die gesamte Hinterlassenschaft ihrer verstorbenen Mutter. Eigentlich, sagt sie, sei sie Schauspielerin. Aber sie hat kein Engagement und schlägt sich als Hilfskraft in einer Druckerei durch. Sie hatte geglaubt, was in der G.U.B./Analyse vom 15. 10. 1979 steht, nämlich, daß Zinsen und Tilgung »bequem ... aus den Ergebnissen der Plantage zu bedienen« seien. Zumal es im Angebot der Cal-Fruit Inc. heißt: »Nehmen Sie die Chance wahr, selbst ein erfolgreicher Orangenpflanzer zu werden«, und die California Immobilien GmbH in Deutschland dazu mitteilt: »Berücksichtigt man den Bodenpreis plus Kosten der Bewirtschaftung und die 50%ige Finanzierung der Plantage, ergibt sich im Schnitt eine Kapitalverzinsung von 15%, ohne Berücksichtigung der Amortisationsgutschrift und der Bodenwertsteigerung, die 1979 in Californien 23% betrug.« Cal-Fruit Inc., für die sogar die Frau eines prominenten deutschen Strafverteidigers arbeitet, ist, wie es sich für Schwarzgeld gehört, »A Cayman Island Corporation«.

Einer der beiden amerikanischen Drahtzieher, ein gewisser James McGowan aus Newport Beach, residiert ein paar Tage im Münchener Hotel »Arabella«. Wir wissen nur von einer Verurteilung wegen Betrugs im Jahr 1955 durch ein New Yorker Gericht. Sonst ist er ein unbeschriebenes Blatt. Er gibt an, daß er von Beruf Schauspieler sei. Wir schlagen ihm vor, der jungen Frau einen Scheck über 13 750 US-Dollar auszustellen. Wenn der Scheck gedeckt ist, werden wir die Geschichte fallen lassen, die ohnehin unser redaktionelles Budget übersteigt, weil sie in Kalifornien spielt und allein die Flugtickets für das Aufnahmeteam fast den Etat einer ganzen Sendung verschlingen würden. Die Mittel für TV-Programme sind ziemlich asymmetrisch verteilt. Für das Geld, das eine einzige Stunde *Tatort* kostet, machen wir ein ganzes Jahr lang den *Weltspiegel*.

You can kiss my ass, sagt McGowan, denn er weiß, daß der erwähnte prominente Strafverteidiger die Hand über ihn hält.

Das regionale Büro des FBI residiert am Wilshire Boulevard 11 000 in Los Angeles. Neben dem Schreibtisch des Chefs steht zu seiner Linken die Fahne des Staates Kalifornien und zu seiner Rechten die mit den Stars and Stripes. Im Sinne der Prävention, sagt der FBI-Chef, läge der Behörde sehr daran, auch während laufender Ermittlungen mit Reportern zusammenzuarbeiten, aber leider … Er deutet mit seinen Daumen auf die beiden Fahnen. Gesetze, Gefährdung Dritter, kriminaltaktische Zwänge, Unschuldsvermutung und dergleichen. Aber, sagt er, Deutschland. Ziemlich weit weg. Weite Reise. Special Agent Bowler und Special Agent Carpenter werden wenigstens mit Ihnen mexikanisch essen gehen.

Auf den Schultern haben die beiden ihre Pokergesichter, unter dem Arm die Akten. Sie nehmen an, daß wir ihnen nach dem Essen ein paar Fragen beantworten werden. Fragen sind erlaubt. Fragen nach der »german connection«, die über München läuft, nach dem deutschen Ableger, der mit Hochglanzkatalogen für Orangenplantagen wirbt. Sie halten uns Zitate aus Dokumenten vor, fragen nach Namen und Adressen. Wir machen uns Notizen.

Anleger aus den Vereinigten Staaten, dem Fernen Osten und Europa werden in Fünf-Sterne-Hotels untergebracht, zu Cruisingtours im Pazifik und zum Essen am Sunset Strip eingeladen. Ins »Le Dôme«, ins »Marquis«, in die besseren Tränken am Sunset Strip. Nicht nur die Schauspielerin ohne Engagement war davon beeindruckt. Das sind auch erfahrene Geschäftsleute. Sie glauben den Landverkäufern, daß sie im Antelope Valley ihr Geld in drei bis fünf Jahren verdoppeln können. Die Kunden werden durch endlose Orange Groves gekarrt, durch unübersehbare Reihen von Orangenbäumen, deren Äste sich unter der Last reifer Früchte biegen. Die Plantagen gehören allen möglichen Leuten, nur nicht Anlegern aus Ingolstadt oder Castrop-Rauxel. Schließlich kriegen alle Investoren Verträge mit Stempeln, amtlichen Beglaubigungen, Banderolen und offiziellen Siegeln in die Hand gedrückt, die nach dem kalifornischen Immobilienrecht aber nur bestätigen, daß es die Papiere gibt, und die nichts über deren Inhalt oder gar deren Rechtsgültigkeit aussagen. Geklärt werden muß schließlich nur noch, wohin das Geld für die Orangen geschickt werden soll. Obwohl es natürlich am besten wäre, es zunächst ein paar Jahre in weiteren Plantagen zu investieren, damit es sich irgendwann wirklich lohnt.

Der Vorsitzende der Exeter Citrus Association, eines Verbandes der Orangenpflanzer, Francis J. Stetson, fährt uns mit dem Jeep durch endlose Orange Groves. Vorbei an mexikanischen Landarbeitern, die mit winzigen Spezialmessern im Akkord Orangenbäumchen pfropfen: ein Kreuzschnitt in die Rinde, das Reis schräg angeschnitten hineingeschoben und mit Baumwachs und Bast verbunden. Hin und wieder müssen wir auf der Fahrt die Köpfe einziehen, um nicht von den pfundschweren Früchten getroffen zu werden. Große Blechöfen stehen zwischen den Baumreihen. Die Ernte ist zu wertvoll, um sie dem Frost auszusetzen. Wenn es kalt wird, heizen sie im San Joaquin Valley und im Antelope Valley sogar den Wind.

Holen Sie sich Orangen vom Baum, sagt Francis Stetson,

damit Sie wissen, wie Orangen schmecken, wenn sie an der Sonne reif geworden sind. Die verschickten sind halbreif. Wenn Sie schlau sind, kaufen Sie keine Früchte und kein Konzentrat, sondern reinen Saft. Der wird aus reifen Orangen gepreßt, die wir so lange wie möglich am Baum lassen, damit sie schwer und süß werden. Und, sagt er, wenn es irgendwo in Kalifornien auch nur einen Quadratfuß brauchbaren Bodens für Orangenbäume gibt, glauben Sie mir, den kaufen unsere Leute. Er hat, sagt er, noch nie erlebt, daß guter Boden in den Handel gekommen wäre, und er kann nicht glauben, daß jemand aus Köln-Nippes oder aus Oberammergau mit Orangenplantagen in Kalifornien Geld verdient. Das klappt nur, sagt er, wenn man von Sonnenaufgang bis Sonnenuntergang selbst draußen in den Plantagen ist. Wenn es kalt wird, muß man auch nachts draußen sein.

Was den Investoren angedreht wird, ist Land, das mit Arsen verseucht oder durch Schlammlawinen gefährdet ist oder aus anderen Gründen nach den Gesetzen Kaliforniens nicht für den Weiterverkauf aufgeteilt werden darf und daher für einen nominellen Dollarbetrag pro Acre vom kalifornischen Schatzamt versteigert wird. Der ersteigerte Grund wird dann trotz der Verbote aufgeteilt und Anlegern aus aller Welt für teures Geld verkauft. Bowler und Carpenter nennen das »illegal fourfouring«, also kriminelles Vierteln, jedenfalls ein Aufteilen von Land, das nicht zum Verkauf aufgeteilt werden darf. Da sich die Steuern nach dem Kaufpreis richten, merken die Anleger irgendwann, daß sie zwar zahlen, aber nie Geld sehen. Die meisten hören dann auf zu zahlen und buchen ihr Schwarzgeld als Verlust ab. Zur Polizei können sie nicht gehen. Das Land fällt irgendwann an das Schatzamt von Kalifornien zurück und wird bei der nächsten Versteigerung wieder von denselben Leuten ersteigert, die es schon ein paarmal für wenige Dollars ersteigert haben.

Die Akquisiteure des Unternehmens wissen auch Rat, wenn

ein Anleger aufsässig werden sollte. Sie seien genauso betrogen worden, sagen sie ihm, und seien nicht weniger empört. Man habe eine Interessengemeinschaft der Geschädigten gegründet, vertreten durch erstklassige, wenn auch nicht ganz billige Anwälte. Wenn man noch ein wenig Geld nachschösse, habe man gute Chancen, alles zurückzukriegen. Natürlich ist die Interessengemeinschaft nur die andere Abteilung desselben Schwindels, um die Anleger ein weiteres Mal zu schröpfen.

Jessas-Maria-und-Joseph, jubelt Karl Lohleitner, der uns in der Super-de-Luxe-Lobby des Fünf-Sterne-Hotels »Beverly Wilshire« über den Weg läuft. »Chuck« nennt er sich jetzt.

Wannst mir was gesagt hättest, dann hättet's ihr jetzt net in der Bruchbude da schlafen müssen, sondern in einem Bungalow von mir, zu demst du Sie sagen mußt. Whirlpool, Weiber, alles da.

Und einen seiner Ami-Schlitten hätte er uns auch gepumpt. Lincoln, Cadillac, was in der Art.

Zum letzten Mal war ich »Chuck« Lohleitner auf dem Filmgelände in München-Geiselgasteig begegnet. Er war Schauspieler, aber wenn er irgendein Talent hatte, die Schauspielerei war es vermutlich nicht. Er war immer freundlich, immer liebenswert, immer braungebrannt, hatte immer einen Wiener Schmäh auf den Lippen, war nie beleidigt, hatte eine Rolex am Handgelenk und ein bis zum Nabel offenes Hemd. Seine Berufung war: ständiger Begleiter. Die alternden amerikanischen Filmstars waren nur unter Vertrag zu kriegen, wenn der Produzent Lohleitner für irgendeine Nebenrolle mit einkaufte. Er spielte damals bei Princess Pictures, einem Paramount-Ableger, einen Artisten in einem Zirkusfilm. Die Rolle verlangte, daß er sich an einem Seil in die Zirkuskuppel hochzuhangeln hatte. Aber die Kraft hatte er nicht. Bin schließlich Künstler und nicht Akrobat, hatte er gesagt. Also wurde hinter ihm ein Prospekt mit gemalten Zuschauern langsam heruntergelassen, und von der Beleuchterbrücke aus ließ ein Beleuchter Zentimeter um Zentimeter das Seil nach, an dem Lohleitner mit vor Anstrengung verzerrtem Gesicht hinaufzuklettern schien.

Was wird aus so einem, wenn er einmal alt und impotent ist?

Was machst du denn jetzt so?

Weißt, sagt er, ich hab umgesattelt. Was Seriöses. Die Schauspielerei, die bringt doch nichts. Ich verkauf jetzt Orangenplantagen.

Inzwischen hatte sich im »Beverly Wilshire« eine halbe Flugzeugladung deutscher Anleger eingefunden. Die hatten von den Recherchen der ARD Wind bekommen und wollten retten, was zu retten war. Natürlich ist auch der Statthalter aus München eingeflogen und weint gemeinsam mit seinen Opfern an der Bar im Untergeschoß des »Beverly Wilshire« dem Geld nach, an dessen Verschwinden er nicht unbeteiligt war. Die Münchner Justiz wird verhindern, daß die ARD bei der Ausstrahlung des Berichts seinen Namen nennt. Er droht, den ausstrahlenden Sender wegen Geschäftsschädigung zu belangen. Justiz und Rechtsabteilung gehen wie zu erwarten in die Knie. Die Justiz nimmt ihm sogar ab, daß selbst er nur ein Geschädigter ist. Organisiertes Verbrechen? Keine abgesägten Schrotflinten? Keine einbetonierten Leichen? Orangenplantagen! Hirngespinste von Reportern, die in Luxushotels das Geld der Gebührenzahler verjubeln. Die Amerikaner sind es, die später die Bande aus dem Verkehr ziehen, weil die Reporter Victor Merina und Dan Morain von der *Los Angeles Times* nicht mehr lockerlassen.

Am 4. Oktober 1982 teilt der United States Attorney Stephen S. Scott mit, daß die Grand Jury im Zusammenhang mit dem »größten Landschwindel im Staate Kalifornien« James McGowan und James Farrara wegen »conspiracy« und »mail fraud«

angeklagt hat, weil McGowan und sein Partner Farrara Tausende von Anlegern auf der ganzen Welt über das Investment-Potential von Land im Antelope Valley getäuscht und sich 15 Millionen Dollar erschwindelt haben. Diese Summe ist nur ein Bruchteil der tatsächlichen kriminellen Profite. Dazu muß man wissen, daß amerikanische Staatsanwälte ihre Anklagen oft auf wenige Seiten beschränken und aus den Ermittlungen nur die ganz eindeutigen Fälle herausgreifen, bei denen sie einer Verurteilung sicher sind. Alles andere kostet nur Zeit. Am 9. September 1983 erklären nach einem Tag Beratung die Geschworenen McGowan für schuldig. Das Verfahren gegen Farrara stellt der Vorsitzende, US District Judge David W. Williams, wegen Unzurechnungsfähigkeit ein.

Noch aber schluchzen Betrüger und Betrogene gemeinsam an der Bar im Souterrain des »Beverly Wilshire« über ihre Verluste. Der deutsche Statthalter der Orangenoperation ist, sagt er, überglücklich, einen Reporter der ARD in Los Angeles zu sehen. Morgen früh werde er, flüstert er mir zu, vom FBI vernommen. Ich sei herzlich eingeladen, bei der Vernehmung anwesend zu sein, damit meine letzten Zweifel an seiner Integrität endlich verschwänden. Er verläßt sich darauf, daß das FBI niemals Reporter an Einvernahmen teilnehmen läßt.

Wer vom FBI?, frage ich. Er zieht einen Zettel der Telefonzentrale des Hotels aus der Jackentasche. Ein Mr. Theodore J. Bowler und ein Mr. John E. Carpenter.

Es ist kurz nach zwei Uhr früh. Die Dame vom Dauerdienst des FBI Los Angeles gibt keine Nummern von Agenten heraus, ist aber bereit, einen der beiden zu wecken und zu bitten, im Hotel anzurufen. Der Rückruf von Carpenter kommt sofort. Damals standen die Buchstaben FBI noch für Federal Bureau of Investigation und noch nicht für Fumbling Bunch of Idiots, also für einen herumtappenden Haufen Idioten. So nannte man sie erst nach dem Anschlag auf das World Trade

Center, der vom FBI nicht verhindert worden war, obwohl es einschlägige Informationen gab.*

Special Agent Carpenter lacht, als ich ihm erzähle, was los ist.

Also, was ist? Kennen wir uns morgen früh, oder kennen wir uns nicht?

Ich höre sein Zippo.

Kennen? Wir? Woher denn? Ich kann mich an niemanden erinnern, der Leute mitten in der Nacht aus dem Bett holt.

Er hustet und legt auf.

Who's this? fragt Special Agent Carpenter, als mich der Statthalter zu der Einvernahme schleppt.

German TV, strahlt er, ARD, first channel. Reportage über die Opfer des großen Landschwindels. Und da er doch das größte Opfer sei …

We can't have a reporter sitting in, wir wollen keinen Reporter dabei haben, unterbricht ihn Special Agent Bowler.

It's against the law, sagt Carpenter. Das ist gesetzwidrig.

Get the guy outahere, sagt Bowler. Schmeiß den Kerl raus.

Der Statthalter bekniet die FBI-Agenten, bittet sie, fleht sie an. Zu seiner Verblüffung lassen sich die beiden breitschlagen und verlangen meinen Presseausweis. Dem Statthalter fällt nicht auf, wie ungewöhnlich es ist, daß sie sogar einen Revers dabeihaben, auf dem er durch Unterschrift bestätigen darf, daß auf seinen Wunsch ein Reporter bei der Einvernahme zugegen ist und daß er das FBI von allen Folgen freistellt, die sich daraus ergeben könnten.

---

* FBI-Agent Harry Samit hatte lange vor dem 11. September 2001 die bereits existierende Soko Bin Laden und seine Vorgesetzten im Washingtoner FBI-Hauptquartier über eine mögliche Beteiligung Moussaouis an der Vorbereitung der späteren Anschläge informiert, die 3000 Menschenleben fordern sollten. Seine Warnung wurde ignoriert (SZ 22. 3. 2006).

Damit sich keine Fehler einschleichen, stelle ich auch ein paar Fragen. Von Frage zu Frage wird der Statthalter unruhiger. Das kann ich Ihnen doch alles nachher erklären, flüstert er mir auf deutsch zu. Sie bringen die nur auf dumme Ideen. Als wir aufstehen, fragt mich Bowler, ob ich vielleicht später noch Zeit für einen Kaffee im Coffee Shop des FBI hätte. Dem Statthalter dämmert, daß etwas an ihm vorbeigelaufen ist.

Wenn das FBI schon nicht mit der Presse kooperiere, sagen die beiden beim Kaffee in der Kantine am Wilshire Boulevard 11000, sie hätten da den Auditor vom Justizministerium des Staates Kalifornien, Glenn Kaufmann. Fleißiger Mann, Ankläger, deutsche Abstammung. Sicher, auch der könne nichts über seine Ermittlungen sagen, aber uns vielleicht das ungemein komplizierte Immobilienrecht Kaliforniens ein wenig erläutern.

Glenn Kaufmann gibt uns einen Sack voll Dokumente mit. Minutiös aufgearbeitet, jeder Kauf und jeder Käufer in Deutschland penibel registriert, alle Beträge aufgelistet. Zuviel Material für eine Reportage. Ich liefere den Sack nach unserer Rückkehr beim ermittelnden Dezernat des Bayerischen Landeskriminalamts ab und erhoffe mir dafür irgendwann eine kleine Gegenleistung.

Nach der Ausstrahlung des Berichts meldet sich ein Ehepaar aus Nürnberg. Der Mann hat seinen mittelständischen Betrieb verkauft und den Erlös in Orangenplantagen investiert. Die ARD müsse sich irren, sagt er. Er habe gerade mit Kalifornien telefoniert. Gerade hat er mit Kalifornien telefoniert, bestätigt seine Frau. Die Plantagen seien jetzt schon das Doppelte des Kaufpreises wert. Mehr als das Doppelte, bestätigt seine Frau. Ich biete ihm an, von meinem Büro aus zu telefonieren und den Geschäftspartnern in Kalifornien den Rückerwerb der Plantagen zum halben Kaufpreis anzubieten, und prophezeie ihm, daß sie nicht darauf eingehen werden. Auch nicht zu einem Fünftel oder Zehntel des Einkaufspreises werden sie die Plantagen zurücknehmen, an denen sie ein paar tausend Prozent verdient haben. Er sei Geschäftsmann, verstehe etwas von Geschäften, sagt er. In Geschäften mache ihrem Mann keiner etwas vor, bestätigt seine Frau.

Beim Texten des Berichts suche ich dann vergeblich nach der Schreibweise eines Ortsnamens und rufe beim Landeskriminalamt an. Ob ich noch einmal einen Blick in mein Material aus dem kalifornischen Schatzamt werfen könne? Keinesfalls, erfahre ich. Das Material sei ein amtseigenes Dokument, das man Außenstehenden nicht zugänglich machen könne. Es ist für lange Zeit das letzte Mal, daß ich der Polizei einen Gefallen tue. Nicht nur, weil die mir mein eigenes Material vorenthalten wollen, sondern weil die Polizei allzuoft mafiosen Korpsgeist an den Tag legt, weil Polizisten schweigen, wenn sie nicht schweigen sollten, und reden, wenn sie nicht reden sollten, und hie und da wenig Hemmungen vor falschen Zeugenaussagen haben. Die Polizei gehört für erfahrene Reporter eher zu den weniger verläßlichen Quellen. In Pressekonferenzen über Fälle, in die Polizei und Justiz verwickelt sind, gehen erfahrene Reporter eigentlich nur, um zu hören, wie es ganz sicher *nicht* war.

»Sehr geehrter Herr Intendant,
im Konstruktionsbüro des Flugzeugbauers
Lockheed hängt ein großes Plakat. Darauf steht:
Die Flügelfläche einer Hummel ist
im Verhältnis zu ihrem Gewicht viel zu klein.
Sie kann daher nicht fliegen.
Da sie das aber nicht weiß, fliegt sie doch.«
*Aus meiner Absage an einen vom Sender
organisierten Kurs, in dem uns beigebracht
werden sollte, wie man eine Live-Sendung
moderiert*

9 SCHALLMAUER

Beim Durchbrechen der Schallmauer wünscht man, die F-100 Super Sabre, gebaut von North American, möge ein Spielzeug sein und keine Bomben und Raketen transportieren. Die Erde rollt unter einem weg und verliert ihre Farben an ein freundliches Blau. Das Wetter bleibt unten.

Im Sinai hatten wir gesehen, was so eine Maschine anrichtet. Eine MIG der Ägypter war in einen israelischen Kessel eingeflogen. Die Abfangjäger der Israel Defense Forces waren unterwegs. Der Pilot hatte keine Chance mehr gesehen, lebend herauszukommen, und hatte alles verfeuert, was er verfeuern konnte. Von den israelischen LKWs und den Stellungen gab es kein Stück mehr, das größer als eine Faust gewesen wäre.

Von der Seite sieht die F-100 Super Sabre mit ihrem hohen Rücken wie ein silberner Wal aus. Es ist das erste serienmäßig gebaute Flugzeug, das im Horizontalflug schneller als der Schall ist. Warum muß man so schnell sein? Kriege scheint man nicht langsam führen zu können.

Hohe Geschwindigkeiten werden in Mach gemessen, benannt nach dem österreichischen Physiker Ernst Mach, der sich um die Jahrhundertwende mit extrem schnellen Strömungen befaßt hat. Mach-1, also Schallgeschwindigkeit, das sind bei normalem Luftdruck und mittlerer Temperatur ungefähr 1 200 Kilometer pro Stunde. Eine Nachfahrin des Physikers hat bis zu ihrem Tod in einem Vorort von München gewohnt. In ihrem verwilderten Garten war mit den Jahren das Labor verfallen. Nach ihrem Tod kaufte Haus, Garten und Labor ein Autohändler und motzte alles zu einem Landsitz auf.

Frau Mach hatte noch nie ein Machmeter im Cockpit eines Flugzeugs gesehen. Sie war noch nie geflogen.

Wir bitten die Lufthansa, sie im Cockpit einer Boeing 737 mitzunehmen. Die Verkehrsmaschine schafft nicht ganz Mach-1, denn die Strömung an den Flügelvorderkanten und an der Nase des Flugzeugs erreicht lange vor der Maschine Schallgeschwindigkeit. Für mehr ist eine Verkehrsmaschine nicht gebaut. Nach dem Flug läßt uns die alte Dame in ihrer Bibliothek stöbern. Aus einer verblichenen Ausgabe von Shakespeares Dramen fällt eine alte Ansichtskarte mit einer amerikanischen Briefmarke heraus. Lieber Ernst, steht darauf. Mit gleicher Post schicke ich Dir meine spezielle Relativitätstheorie. Ich hoffe, sie macht Dir Spaß. Herzliche Grüße, Dein Albert [Einstein].

Von Kopf bis Fuß im Kokon des Cockpits der F-100 eingesponnen, verpuppt in einem Druckanzug, gefesselt mit Nylongurten und Stahlseilen, hockt man auf einer feuerspeienden Turbine, an der ein Fahrwerk und ein paar Flügel hängen, die man aber nicht sieht, so kurz sind sie und so weit hinter einem. Im Kopfhörer des Helms Fetzen von Botschaften, die an Jean Cocteaus *Orphée* erinnern. Airborne ten-four-niner zulu. Read five by five. Roger willco. Wind one six knots. Cleared to land two-seven. Bravo-bravo one-one-eight cleared for take-off. Der eigene Atem klingt, als wäre es der Atem eines Fremden. Die Turbine heult auf. Der Pilot gibt die Bremsen frei. Die Maschine drängt sich gegen den Rücken, der Nachbrenner zündet. Von hinten kommt ein starker Schubs. In die glühenden Abgase der Turbine wird Kerosin gespritzt und erzeugt eine kontrollierte Explosion, die uns mit knapp neuntausend Kilopond Schub über die Startbahn treibt.

Beim Formationsstart atmet man reinen Sauerstoff, weil die giftigen Abgase der anderen Maschinen ins Cockpit gesaugt werden könnten. Später wird das Luft-Sauerstoff-Gemisch automatisch der Flughöhe angepaßt. In großer Höhe, wo der Sauerstoffanteil der Luft viel zu niedrig zum Überleben wäre, bekommt man wieder reinen Sauerstoff.

Normalerweise braucht man Muskelkraft, um den Brustkorb und damit die Lungen zum Einatmen auszudehnen. Beim Ausatmen entspannt man die Muskeln, und der Brustkorb sinkt in sich zusammen. In einer Überschallmaschine ist das umgekehrt. Das Luft-Sauerstoff-Gemisch kommt unter Druck in die Sauerstoffmaske und bläht die Lungen auf. Man braucht Kraft beim Ausatmen. An das paradoxe Atmen gewöhnt man sich schnell. Man kann aber keine langen und komplizierten Sätze von sich geben, sondern nur kurze Wortfolgen in der Phase des Ausatmens. Reiner Sauerstoff in der Lunge macht außerdem die Stimme hell. Für Toningenieure, die ein feines Ohr haben, klingt sie dann wie die Stimme eines Kastraten. Nach dem Flug wird sie tontechnisch nachgedunkelt, sonst kann man sie nicht ohne Tonsprünge mit Passagen aus geringerer Höhe zusammenschneiden.

Airborne ist ein schönes Wort, obwohl es nicht »luftgeboren« heißt, wie manche Leute meinen, sondern »von Luft getragen«, weil »to bear« ein unregelmäßiges Verb ist. Bald wird der Himmel schwarzblau werden. So dünn ist die Luft in großen Höhen.

Wir erreichen maximale Höhe. Captain Mathews zündet sich eine Chesterfield an. Bei jedem Zug muß er die Sauerstoffmaske ein wenig vom Gesicht heben. Die Glimmzone seiner Zigarette wird dann von reinem Sauerstoff umspült und zu einem kleinen Flammenwerfer. Wie sagt man dem Piloten einer Überschallmaschine, daß es nicht gesund sein kann zu rauchen, wenn aus der Maske reiner Sauerstoff kommt. Der Mann hat Luftkämpfe über Korea hinter sich. Vor dem Einsteigen hatte er dem kommandierenden Offizier der Fuersty Airbase (später Fliegerhorst Fürstenfeldbruck) gesagt, daß er die Maschine auch vom hinteren Sitz aus fliegen und den Reporter vorne sitzen lassen könnte, weil da die Aussicht schöner sei. Schöne Aussicht. Danach hat mein Großvater Biergärten ausgesucht: Eine schöne Aussicht und ein gutes Bier müssen sie haben, war seine Bedingung. Kartoffelsalat, angemachten Käse und Wurst brachte man von zu Hause mit. Da ging man lieber kein Risiko ein.

Der kommandierende Offizier hat Captain Mathews gefragt, ob er noch alle Tassen im Schrank habe, und ist gegangen. Die Aussicht war auch vom hinteren Sitz aus schön.

Am 12. April 1958 haben wir zum ersten Mal das physiologische Training nach der Richtlinie USAF AFR 50-27 absolviert. In der Druckkammer wurden wir mit den Symptomen eines beginnenden Sauerstoffmangels bekanntgemacht. Angeblich sind sie individuell verschieden. Bei mir schien es ein Jucken am Rücken zu sein. Dann zeigten sie uns ein paar »rapide Dekompressionen«. Das sind implosionsartige Druckverluste, etwa weil ein Cockpit plötzlich undicht wird. Es knallt, die Feuchtigkeit der Luft kondensiert zu einem weißen Nebel, die Luft in den Lungen dehnt sich ruckartig aus und bläst einem die Sauerstoffmaske vom Gesicht. Natürlich sinkt auch der Sauerstoffanteil der Luft. Man atmet weiter und merkt nicht, daß man zuwenig Sauerstoff bekommt. Verschieden große Kugeln sind in passende Löcher zu drücken. Bei längerem Sauerstoff-mangel gelingt das irgendwann nicht mehr. Es ist einem egal. Man ist nicht mehr handlungsfähig, aber bei bester Laune. Das Gehirn hat zuwenig Sauerstoff und wird sich der Gefahr nicht bewußt. Um nicht in diesen euphorischen Zustand zu geraten, sollte man die ersten Symptome frühzeitig erkennen.

Gleich nach dem Start juckt es mich am Rücken. Ich ziehe, wie gelernt, einen der hauchdünnen Lederhandschuhe aus und schaue nach, ob meine Fingernägel blau sind. Sie sind rosa. Alle Lebensfunktionen sind unter Kontrolle. Es ist einem pudelwohl in einem Bereich, in dem die Temperatur zu nied-rig, die Luft zu dünn und die Geschwindigkeit zu hoch ist, um zu überleben. Eine Libelle am Instrumentenbrett zeigt, ob man hyperventiliert, also vor Aufregung zu schnell atmet und dadurch zuviel Stickstoff verliert, der das Atemzentrum reizen muß, damit man nicht irgendwann vergißt zu atmen. Fre-quenz und Volumen sind im grünen Bereich.

Und was ist mit der Schallmauer?

Wir gehen gerade durch, sagt Captain Mathews und legt die Maschine so gegen die Sonne, daß der Lichtreflex der Schall-mauer auf dem Flügel der Maschine sichtbar wird. Das Son-nenlicht wird durch das dichtere Medium der Druckwelle ge-brochen. Das erzeugt einen Reflex auf dem Metall.

Schallwellen sind Druckwellen. Wenn ein Flugzeug Schall-geschwindigkeit erreicht, können diese Druckwellen ihr nicht mehr vorauseilen und stapeln sich zu einer riesigen Schleppe verdichteter Luft auf, die bis zum Boden reicht und dort von einem stehenden Beobachter als Knall, als »supersonic boom«, wahrgenommen wird. Da das sowohl beim Überschreiten wie beim Unterschreiten der Schallgeschwindigkeit passiert, lau-fen zwei Schallschleppen hintereinander her und verursachen am Boden den typischen Doppelknall. Wenn eine Maschine in geringer Höhe die Schallmauer durchbricht, gehen Fensterscheiben und Dachziegel zu Bruch. Auf Feldern mit reifem Korn sieht man die Druckwelle der Maschine hinterherlaufen.

Uns ist jeder Vorwand recht, mit schnellen Maschinen zu fliegen. Wir drehen Luftakrobatik mit den Thunderbirds und den Skyblazers über der Wüste von Nevada. Wir fliegen mit den Testpiloten von Lockheed, von McDonnell/Douglas und der US-Airforce, die uns die maximale Leistung und die maximale Belastbarkeit von Überschallmaschinen demonstrieren. Mit der F-4 Phantom, die nicht nur extrem schnell, sondern auch extrem langsam fliegen kann, begleiten wir über dem Mississippidelta einen Schof Enten.

Einer der Filme, den Kameramann Manfred Feichtner und ich machen, hat den Titel »Feuerwarnung für Triebwerk eins«. Wenn es nach mir gegangen wäre, hätte ich die Reportage »Captain Zim« genannt. Aber die Redaktion hatte gemeint, das sei kein guter Titel.

Captain Zimmermanns Schädel ist glattrasiert und breiter als lang. Er ist ein empfindsamer Mann, auch wenn er nicht so aussieht. Wir drehen mit ihm auf der McGuire Airforce Base. Sein Job sind tägliche Check-out-Flüge, unter anderem, um die emotionale Stabilität von Piloten zu prüfen. Dazu bringt er die riesige C-135, von der Größe einer Boeing 707 mit ein paar zigtausend Kilopond stärkeren Triebwerken, in gefährliche Flugsituationen. Einer der Piloten, die er prüft, fällt durch. Er nimmt vor laufender Kamera seine Hände vom Steuer und hält sie vor die Augen, als ihm Captain Zim während eines Touch-and-go (Landen und Durchstarten) das Triebwerk links außen abschaltet und die Maschine langsam anfängt, sich auf der Startbahn zu drehen. Zim übernimmt und ist kurz vor dem Ende der Startbahn wieder »airborne«. In größerer Höhe zeigt Zim seinen Probanden das Abreißen der Strömung und den »initial buffet«, also das erste Rütteln der Maschine, das die früheste und manchmal auch die letzte

Warnung ist, wenn der Pilot nicht sofort beschleunigt und die Nase der Maschine nach unten nimmt. Dann bringt Captain Zim den fliegenden Koloß in eine »dutch roll«, bei der ein Flügel vor den anderen kommen will, was sich, wenn der Pilot nicht das Richtige tut, so weit aufschaukeln kann, daß das Flugzeug auseinanderbricht.

Gerade zuvor hat Captain Zim einen jungen Piloten im Blindflug getestet. Um dem Prüfling die Sicht zu nehmen, wird das Cockpit hinten mit schwarzem Segeltuch dichtgemacht. Captain Zim will wissen, wie sein Schüler auf eine Feuerwarnung reagiert, und hat den Alarm ausgelöst. Kaum hat er die Sicherung aktiviert, hört er hinter sich die Raketen des Schleudersitzes. Der Schüler hat sich nicht auf lange Diskussionen eingelassen. Captain Zim muß allein nach Hause fliegen. Der Flugschüler kommt erst ein paar Stunden später mit seinem zusammengerafften Fallschirm auf dem Pick-up eines Farmers zur Basis.

Die Leute von der McGuire Airforce-Base sperren den Flugplatz für uns. Manfred dreht von einer T-33 aus einen Touchand-go neben der riesigen Cargomaschine, aus der ich erzähle, was vorgeht. Die C-135 macht ihren Touch-and-go etwas zu schnell, die T-33 fliegt etwas zu langsam mit eingezogenem Fahrwerk über dem Gras neben der Landebahn und neben der C-135 her. Es ist eine von Manfreds schönsten Aufnahmen.

Nach dem Ausscheiden aus der Airforce fliegt Captain Zim Touristen für eine Chartergesellschaft von New York nach Salzburg zum Jedermann und zum Skifahren. Er verunglückt tödlich in einem gemieteten VW auf einer unerwartet vereisten Straße bei Köln.

Alle Testpiloten sind vorsichtige Autofahrer. Ihr Bedarf an Risiko ist gedeckt, ihr Hunger nach Adrenalin ist gestillt. Alle, Joe Walker, Tony LeVier oder Scott Crossfield, der den fliegenden Vulkan, die legendäre X-15, flog, waren extrem vorsichtige und außerordentlich höfliche Autofahrer. Geschwindigkeit war für sie eine Sache, mit der man besser vernünftig umgeht. Man überlebt nur, wenn man nie aufhört, mit den Fehlern anderer Leute zu rechnen, und selbst keine macht.

Wir hatten eine Menge Flüge mit schnellen Maschinen und erfahrenen Piloten hinter uns, als wir vom Bonner Verteidigungsministerium auf der Hardthöhe eine Genehmigung bekommen, in den Alpen zu drehen.

Beim Anblick der jungen Piloten am Flugplatz Fürstenfeldbruck weiß ich, daß es Ärger geben wird. Sie haben knallrote Halstücher an und erzählen, daß man die letzten Reporter nach dem Flug aus ihren Maschinen hatte herausheben müssen, so krank seien sie danach gewesen. Schon kurz nach den ersten Sturzrollen hätten sie ihre Sauerstoffmasken vollgekotzt.

Du, sagt Manfred leise zu mir, wenn ich etwas nicht leiden kann, dann sind es Machos mit Eierschalen hinter den Ohren.

Damals gab es einen »zero release«. Das war eine Leine, die man zum Start und in geringer Flughöhe einhakte, damit der Fallschirm im Notfall schnell aufgezogen wurde, falls man aussteigen mußte und es bis zum Boden nicht besonders weit war. Über einer bestimmten Höhe sagte man zum Piloten »zero release out« und hakte das Ding aus. Vor der Landung hakte man es wieder ein.

Ich sage, »zero release out«.

Nein, sagt der Junge vorne, das lassen wir heute dran.

Knapp über die Roseninsel im Starnberger See. Instinktiv ziehe ich die Füße hoch, so dicht sind die Baumwipfel. Nahe der Schallgeschwindigkeit und im Tiefflug ein paar Alpentäler entlang. Die armen Kühe. Dann ist das Tal zu Ende. Vor uns eine Felswand. Die Piloten geben Gas und ziehen die Nasen der Maschinen nach oben. Ich nehme den Abzug des Schleudersitzes in die Hand, denn ich habe vor, mich im letzten Moment von dem Unternehmen zu trennen, sollten unsere Flugkünstler die Bergkimme nicht schaffen.

Sie schaffen es. Knapp. Oben auf dem Bergrücken ist ein Ausflugslokal. An den Tischen draußen sitzen Leute. Ich sehe, wie unser »blast« die Tischdecken von den Tischen reißt. Vermutlich passieren wir den Berggasthof nicht unterhalb der Dachtraufe. Aber sicher auch nicht viel darüber. Eine Maschine rechts vorbei. Eine links vorbei. Manfred dreht ungerührt. Okay, sage ich, jetzt brauchen wir noch ein paar Aufnahmen vom Chiemsee. Ich will so schnell wie möglich in eine flache Gegend. Nachdem wir auf dem Chiemsee ein Segelboot umgeworfen haben, verlange ich die Rückkehr zum Flugplatz. Ich weiß, daß wir noch Kerosin haben. Mir ist egal, wofür uns die mit den knallroten Schals halten. Ich kenne nicht einen einzigen Testpiloten, der ähnliches riskiert hätte.

Halbirre, sagt Manfred, nachdem wir unsere Anzüge, Fallschirme und Helme abgeliefert haben. Ich dachte, die Arschlöcher bringen uns um.

Flugtag. Ein paar Meter neben meiner T-33 dreht der Kameramann aus einer zweiten T-33. Unter uns hunderttausend Zuschauer, darunter sicher auch ein paar Schaulustige, die insgeheim hoffen, daß wir zusammenstoßen und dann in einem herrlichen Feuerball vom Himmel fallen werden. Die Maschine liegt gerade auf dem Rücken. Die Zuschauermassen sind über mir. Tom Lehrers Lied über die Leute fällt mir ein, die sich mit Stierkämpfen Zeit vertreiben:

And death will brighten up soon
An otherwise dull afternoon.

Und bald wird der Tod
Einen faden Nachmittag verklären.

TV-Reporter machen sich keine Illusionen über das, was manche Leute gern sehen. Und sie erleben immer wieder, daß nach Flugzeugabstürzen, Erdbeben oder Flutkatastrophen die Plünderer fast immer schneller da sind als die Helfer und daß sie nicht zögern, Sterbenden oder Toten ihre Ringe, Uhren und Brieftaschen abzunehmen.

Wir werden einige von denen da unten enttäuschen, denn unsere Kapriolen sind ungefährlich. Es ist riskanter, in der Rush-hour den Münchner Stachus zu überqueren. Auch die Piloten haben abends noch etwas vor.

Manfred in der Maschine ein paar Meter nebenan hat aufgehört zu drehen. Das Visier seines Helms ist offen. Ich kann sehen, daß er die Augen geschlossen hat.

Was ist? frage ich über das Intercom. Ist dir schlecht?

Kann jetzt nicht, kommt es gepreßt zurück.

Die Maschine setzt zum nächsten Looping an. Jetzt hat Manfred wieder die Kamera vor den Augen und dreht. Nach der Landung stellt sich heraus, daß sich das Akku-Kabel seiner Arriflex um den Griff zwischen seinen Knien geschlungen hatte, der den Schleudersitz auslöst. Das Kabel hatte den Griff schon ein Stück weit herausgezogen. Vorsichtig, sehr vorsichtig, hatte er den Griff wieder zurückschoben und versucht, dabei möglichst aufrecht zu sitzen. Wenn man den Schleudersitz auslöst, vervielfältigt sich das eigene Gewicht mit einem Schlag auf das Sechzehnfache. Das übersteht die Wirbelsäule nur, wenn sie einigermaßen senkrecht steht.

Damals gab es noch keine Martin-Baker-Sitze mit den Parametern »Zero-Zero«, bei denen man auch über den Helm greifen konnte, um von hinten oben den gelb-schwarzen Griff mit der schwarzen Leinenabdeckung über Helm und Gesichtsvisier zu ziehen. Alles weitere lief dann automatisch ab. Das »Zero-Zero« solcher Sitze stand für null Geschwindigkeit und null

Höhe. Die Raketen im Schleudersitz waren angeblich stark genug, um dem Schirm selbst auf der Startbahn und bei stehender Maschine noch Zeit zum Öffnen zu geben. Man hatte bei Flügen mit der F-104 Sporne mit Haken an den Stiefeln, die man in Drahtseile einklinkte, um die Beine zu arretieren. Die Arme wurden mit einem Netz gefangen, damit die Strömung im Überschallbereich nicht abreißen konnte. Kleine Sprengladungen sollten dann alle Fesseln abscheren und die Gurte straffen, die einen aus dem schweren Sitz werfen, so daß der Pilotfallschirm den Hauptschirm herausziehen kann.

Bei den Amerikanern mußten wir zur Bedienung der alten Schleudersitze noch Verse über eine Comicfigur namens »McGripe« auswendig lernen. Das Canopy, also die Kanzel, war eigenhändig abzuwerfen, und auch die meisten anderen Griffe waren Handarbeit. Die Reihenfolge mußte man herunterbeten können: Throttle, bottle, visor, disconnect ... Also Gas weg, Sauerstoffflasche im Fallschirm aktivieren, Visier herunter, Bordsauerstoff trennen und hoffen, daß alles klappt. Und ja, ein Barometer blockierte den Hauptfallschirm, hatten sie uns erzählt, bis zu einer Höhe, unterhalb der die Fallgeschwindigkeit durch den Widerstand der dichteren Luftschichten auf ungefähr 250 Kilometer pro Stunde abgebremst wäre. Falls der Fallschirm dann nicht aufging, sollte man ihn von Hand auslösen. Aber erst wenn man unten auf der Erde bewegte Gegenstände und Farben erkennen konnte. Wie denn erkennen, hatten wir gefragt, denn das Visier hüllte die Welt unter uns in ein dunkles Graugrün.

Während eines Kunstflugprogramms sehe ich auf dem Flügel meiner Maschine einen Schraubenschlüssel. Wir machen Rollen und Loopings. Der Schraubenschlüssel kann einem Zuschauer auf den Kopf fallen und ihm den Schädel einschlagen.

Da ist ein Schraubenschlüssel draußen, sage ich über das Mikro in der Sauerstoffmaske zum Piloten.

Was für ein Schraubenschlüssel?

Na, ja, so ein Ding, das aussieht wie ein Schraubenschlüssel. Wie ein ziemlich großer Schraubenschlüssel. Der kann runterfallen. Da unten sind Leute.

Ich sehe keinen Schraubenschlüssel, der runterfallen kann.

Natürlich kann er das, ächze ich, weil der Pilot gerade die Maschine abfängt.

Wo denn? Ich sehe keinen Schraubenschlüssel.

Na, da draußen, auf dem Flügel.

Ach, der Vierkantschlüssel! Den haben wir am Tankdeckel angeschweißt, damit das Tanken schneller geht.

Nach der Landung fragt mich wer: Also, was war los mit dem Schraubenschlüssel?

Die Luftwaffe hatte meine über Funk heruntergesprochene Reportage samt unserer Schraubenschlüsseldebatte angezapft und per Lautsprecher über den ganzen Platz gedröhnt.

Leutnant Kübarth verunglückte tödlich mit einem Starfighter, als er bei einem Flugtag als letzter einer Rautenformation nach einem Looping nicht mehr genug Höhe hat. Kurz zuvor hatten wir mit ihm auf der Fuersty Airbase gedreht.

Eine automatische Kamera steht am Rand der Startbahn, um den Start seiner F-104 aufzunehmen. Es ist eine F-104 der G-Version mit zwei Sitzen und einer geteilten Kanzel. Hinter Kübarth sitzt ein belgischer Pilot.

Die Maschine rollt. Unsere Kamera läuft. Der Nachbrenner kommt. Kurz nachdem Kübarths Starfighter »rotiert«, das heißt, sein Bugrad von der Startbahn hebt, sehen wir vom Tower aus, wie ein paar Papierblätter und ein weißer Seidenschal durch die Luft wirbeln und über die Startbahn flattern. Solche Schals trugen die Piloten unterhalb der Sauerstoffmasken eng um den Hals geschlungen. Das war schick und schützte die Halsregion wenigstens ein paar Sekunden lang vor Kälte oder Feuer. Die Maschine hebt ab. Andere Maschinen sind im Endanflug. Ich höre: cleared to land two-seven, wind two-niner degrees, eight knots, und fange an zu schreien. Die Maschine hat ihre Kanzel verloren! Die Leute im Tower lachen. Ich bringe sie mit meinem Geschrei dazu, die hereinkommenden Maschinen durchstarten und eine Runde drehen zu lassen. Die Kanzel muß irgendwo auf der Landebahn liegen. Der Pilot, sagen sie, hätte sich längst gemeldet, wenn da etwas schiefgegangen wäre. Aber damit ich aufhöre herumzuschreien, werden sie einen Follow-Me hinausschicken, um die Landebahn zu kontrollieren.

Noch während sie dem Follow-Me Bescheid sagen, meldet sich Kübarth. Die hintere Kanzel sei auf der Scharnierseite rechts ausgerissen, hänge aber noch in der Verriegelung links. Später sah man es auf dem Film der automatischen Kamera. Der Belgier auf dem zweiten Sitz hatte den Mund gehalten, bis die Maschine vom Boden weg war. Dann erst hatte er Kübarth gebeten, nicht weiter zu beschleunigen, weil er praktisch im Freien saß.

Die anderen Maschinen werden hereingeholt. Kübarth will landen. Sein Starfighter hat volle Tiptanks (Flügeltanks), ist also etwas schwer für Reifen und Fahrgestell. Deshalb wird das Flugzeug von den Radarleuten über eine »dumping area« geführt, über der er die vollen Flügeltanks absprengen und abwerfen kann.

Endlich kommt das Kommando von den Radarleuten: Jettison now! Jetzt abwerfen! Nichts löst sich von der Maschine. Offenbar ein Defekt. Da die offene Kanzel nur noch in der Verriegelung hängt, leicht abreißen und ins Leitwerk der F-104 gehen kann, kommt Kübarth mit den vollen Tiptanks zur Landung herein. Es wird eine perfekte Landung. Wir jubeln.

Nachher im Kasino frage ich den Offizier, was los war. Ach, sagt er. Da schaue ich raus aus der Mühle, und da hängt am rechten Flügel ein nagelneuer Volkswagen und am linken Flügel ein nagelneuer Volkswagen. (Ein Tiptank hat damals soviel gekostet wie ein neuer Volkswagen.) Ich habe, sagt er, einfach nicht das Herz gehabt, zwei nagelneue Volkswagen fallen zu lassen. Damals wußten Piloten noch, was das Gerät kostet, mit dem sie fliegen. Damals gab es allerdings auch einen bösen Witz: Wie kommt man zu einem Starfighter? Man kauft sich ein Grundstück und wartet.

Kelly Johnson war der Konstrukteur der F-104. Er hatte den Starfighter für Lockheed entwickelt. Manfred und ich treffen ihn auf dem Werksflugplatz von Lockheed in Burbank, Kalifornien. Den Piloten im Koreakrieg, sagt er, war egal, ob die Maschine Fehler verzeiht oder nicht. Die wollten Gas geben, abhauen und schneller sein, wenn eine MIG hinter ihnen war. Die wollten nicht abgeschossen werden. Natürlich verzeiht der Starfighter keinen Fehler. Das tut ein überzüchtetes Rennpferd auch nicht. Hunderte von unerfahrenen Piloten unter schlechten Wetterbedingungen auszubilden war offenbar keine besonders gute Idee. Fragen Sie Tony LeVier, sagt Kelly Johnson.

Die NATO veranstaltete damals Wettbewerbe, bei denen Luftkämpfe simuliert wurden. Der Testpilot Tony LeVier war mit seinem Starfighter ein paarmal unter den Besten gewesen. Weil die Maschine schwer oder überhaupt nicht unter Kontrolle zu bringen war, wenn die Strömung abriß, hatte man eine »pitch-up-control« installiert. Wenn die Nase zu hoch und die Geschwindigkeit zu gering war, dann wurde der Pilot durch ein Vibrieren des Steuerknüppels gewarnt. Schenkte er der Warnung keine Beachtung, dann nahm die Maschine automatisch die Nase herunter und beschleunigte. Tony LeVier schaltete bei den simulierten Luftkämpfen stets diese »pitch-up-control« ab. Das dauernde Vibrieren mache ihn nervös, sagt er uns.

Nachher zeigt uns Kelly Johnson eine andere seiner Maschinen. Die Kamera müssen wir im Auto lassen. Wir stehen an der Startbahn von Burbank. Aus den Hitzeschwaden am Ende taucht ein schwarzes Flugzeug mit sehr langen Flügeln und leichten zusätzlichen Fahrgestellen nahe den Flügelspitzen auf. Als die Maschine an uns vorbeirast, fallen die äußeren Fahrgestelle ab und rollen ins Gelände. Sie haben die mit Treibstoff gefüllten Flügel nur gestützt, solange der Auftrieb zu gering war, um sie zu tragen. Johnson sagt uns, die Maschine, eine U-2, sei auf dem Weg nach Kuba. Der Pilot dieser Maschine muß einer von denen gewesen sein, die Aufnahmen von Abschußrampen der sowjetischen Mittelstreckenraketen auf Kuba gemacht haben, die Kennedy Mitte Oktober 1962 dann zwangen, eine Blockade gegen Schiffe der UdSSR zu verhängen, was um ein Haar den dritten Weltkrieg ausgelöst hatte. Ich weiß nicht, ob Kelly Johnson das damals wußte. Sicher konnte er zu diesem Zeitpunkt noch nicht ahnen, daß Kennedy den Sowjets zusagen mußte, die alten Jupiter-Raketen in der Türkei abzuziehen, um Chruschtschow das Gesicht wahren zu lassen und die Aufrüstung in Kuba und einen dritten Weltkrieg zu verhindern.

Die U-2 konnte so hoch fliegen und so lange in der Luft bleiben, daß man sie für unverwundbar hielt. Bis Gary Powers dann mit ihr über der UdSSR abgeschossen wurde und Chruschtschow vor der UN-Vollversammlung in New York seinen Triumph bekräftigte, indem er einen Schuh auszog und damit auf dem Rednerpult herumtrommelte, und der Westen einem Schauprozeß gegen Powers zusehen mußte.

Und was, wenn die Turbine einer F-104 stehenbleibt? Die Maschine hat kaum Flügel. Der Höhenmesser wird sich dann ziemlich schnell abspulen, sagt der Pilot. Er wird die »ram-air-turbine« ausfahren, eine kleine Turbine, die aus dem Luftstau unter der Maschine die Kraft nehmen soll, um die große Turbine wieder anzuwerfen. Er wird mit der Flugsicherung reden, damit sie den Flugverkehr unter der Maschine wegschickt. Wenn unter uns eine Dunstschicht wäre, müßte man vor dem

Aussteigen noch durch sie hindurch, denn die Maschine hätte volle Tanks, und er würde sehen wollen, wo sie hinfällt, um sie notfalls von bewohntem Gelände abzulenken.

Bei einem »flame out« bleiben Sie drin, bis ich Ihnen sage, daß Sie aussteigen sollen. Ich warte dann, bis ich Ihre Raketen höre. But if I tell you: bail out! You bail out! Don't hang around too long! Wenn ich sage, raus, dann raus! Nicht lange rumhängen?

Im Casino fällt mir am Revers des dunklen Abendanzugs des Piloten ein goldenes Abzeichen auf.

Hübsch, sage ich.

Seidenraupe, sagt er.

Seidenraupe?

18 Karat Gold, sagt er.

18 Karat Gold?

Von den Leuten, die Fallschirme machen und sie der Airforce verkaufen. Kriegt man nach dem dritten Ausstieg.

Nach dem *dritten*?!

Abgeschossen über Korea, lacht er.

Ich weiß nicht, ob der Herr vom Verfassungsschutz oder vom militärischen Abschirmdienst MAD ist, der mich zu einem vertraulichen Gespräch ins Münchner Hotel »Regina« bittet. Er habe Pläne über die Klappenfunktionen des Starfighters und Berichte aus den Entwicklungslabors der Airforce zur »boundary layer control«. Interesse? Für ein paar tausend Dollar sei beides zu haben.

Kelly Johnson hatte uns in Burbank das Problem mit der »boundary layer control« erklärt. Es ging um die Luftschicht an der Außenhaut einer Maschine. Wenn sie bei voll ausgefahrenen Klappen im Landeanflug abriß, konnte es zum Absturz kommen. Alles mögliche wurde probiert. Nicht einmal feine Schlitze, durch die zusätzlich Luft über die Flächen geblasen wurde, hatten etwas gebracht.

148

Ich lache den Herrn im Hotel »Regina« aus, der offenbar gern einen Spion gefangen hätte, den die Amerikaner übersehen hatten.

Was war das Problem mit dem Starfighter? Unerfahrene Piloten? Schlechtes Wetter in Mitteleuropa? Zuviel Elektronik in der deutschen Version? Vielleicht. Ich meine, daß die meisten Abstürze psychologische Gründe hatten. Wenn wir in den USA flogen, dann wurden wir wochenlang auf unsere Flüge vorbereitet. Handgriffe wurden geübt, bis wir sie im Schlaf konnten. Sie versuchen die Kanzel abzuwerfen. Funktioniert nicht. Was machen Sie? Die Kanzel ist weg, aber die Raketen im Sitz zünden nicht. Was machen Sie? Wie kommen Sie aus der Maschine heraus, obwohl hinter Ihnen ein hohes Leitwerk ist? Und so weiter und so fort. Tag für Tag, von früh bis spät. In Deutschland gab es ärztliche Untersuchungen und Dutzende von Druckkammertests, aber wenn wir kurz vor dem Flug noch Fragen hatten, dann bekamen wir zu hören, da passiert schon nichts. Fragen schienen Angst zu signalisieren. Also hörten wir auf zu fragen. In Überschallmaschinen gibt es einen G-Messer mit einem Schleppzeiger, der zentrifugale oder auch zentripetale Kräfte mißt und auf dem höchsten Punkt stehenbleibt. Wenn die Maschine sehr mißhandelt wird, kann es zu Verwindungen kommen. Das Flugzeug muß dann vermessen und repariert werden. Das kostet Geld.

Ich habe erlebt, wie auf einem deutschen Militärflugplatz ein Pilot gefeiert wurde, weil der Schleppzeiger bewies, daß er die Maschine kaputtgeflogen hatte. Bei den Amerikanern galt es als unprofessionell, ein Flugzeug ohne Not zu beschädigen. Bei uns lag der Geist Udets noch in der Luft, als der Starfighter eingeführt wurde. Ernst Udet war ein berühmter Flieger des Ersten Weltkriegs, der sich später den Nazis angedient hat. Ich glaube, dieser Geist hatte mehr mit den Abstürzen der F-104 zu tun als alles andere.

Wenn du meinst, daß du schon den längsten Scherben (Objektiv) drin hast, nimm ruhig noch einen längeren.
Schalte nicht aus.
Nicht, wenn du stolperst,
nicht, wenn dir die Schärfe wegrutscht oder wenn jemand auf dich schießt.
Alles, bloß nicht ausschalten!
Ich bin es, der abschneidet!
Aber erst am Schneidetisch.
Reporter zu einem Kameramann, mit dem er noch nie gearbeitet hat

10 COLONNELLO TINTO

Februar 1962. Ein Jagdflugzeug des Warschauer Pakts soll bei Bari in Süditalien abgestürzt sein. Nahe einer amerikanischen Raketenbasis. In den Zeitungen steht nichts. Da Printmedien keine Filmaufnahmen beschaffen müssen, geben sie sich oft mit dem zufrieden, was verlautbart oder eben nicht verlautbart wird.

Das ARD-Büro in Rom kommt auch nicht weiter. Wir rufen Volmet an, den italienischen Flugwetterdienst. Keine Auskunft über das Wetter in Bari am Tag des Absturzes. In Bari halten sie das Wetter geheim. Das spricht Bände.

Dann kriegen wir aus Brüssel einen Tip: Ein bulgarischer Pilot sei in den italienischen Luftraum eingedrungen und habe Aufnahmen von der Raketenbasis der Amerikaner bei Gioia del Colle gemacht. Die Italiener hätten das Eindringen der Maschine in den italienischen Luftraum verschlafen und seien erst aufgewacht, als sie in einem Olivenhain das Wrack einer MIG mit einem roten Stern am Leitwerk gefunden hätten.

Vielleicht, so unsere Quelle aus dem Dunstkreis der NATO, sei die MIG zu schwer gewesen und hätte nicht schnell genug steigen können, um dann durch die italienische ADIZ (Air Defense Identification Zone) in den internationalen Luftraum hinauszufliegen und die italienischen Abfangjäger hinter sich zu lassen. Vielleicht habe der Pilot versucht, im Tiefflug Kerosin zu verbrennen, um die Maschine leichter zu machen. Seine Maschine sei wie durch ein Wunder nicht explodiert, sondern in Olivenbäumen hängengeblieben. Der Pilot habe überlebt. Er werde im Gefängnis von Bari festgehalten.

Eine MIG, die, wenn sie nicht von der jugoslawischen Küste aus gestartet sein sollte, nach mindestens 600 Kilometer Flug zu schwer ist? Ein Pilot, der das Gewicht seiner Maschine nicht vorher berechnet?

Es gibt investigative Reporter, die bei einer möglicherweise brisanten Information zuerst klären, *warum* die Information weitergegeben worden ist und warum an einen *ganz bestimmten* Adressaten. Erst dann versuchen sie herauszukriegen, ob die Information stimmt. Wahrscheinlich soll die Indiskretion Schlamperei bei der italienischen Luftüberwachung anprangern. Weshalb sie an uns adressiert ist, wissen wir nicht.

In Italien war die Arbeit für ausländische Fernsehteams manchmal schwieriger als in einigen Ländern hinter dem Eisernen Vorhang. Selbst bei harmlosen Filmaufnahmen schreitet sofort die Polizei ein und versucht das Material zu beschlagnahmen. Kamerastative sind verboten. Erlaubt ist eigentlich nur, was dem Fremdenverkehr dient. Unsere Rollen sind eingeübt. Ich weigere mich, den Film herauszurücken. Der Kameramann scheint einzuknicken. Während ich protestiere, herumschreie und den Kameramann beschimpfe, nimmt der eingeschüchtert eine Filmrolle aus seiner Auricon und händigt sie den Polizisten aus. Es ist der Teil des Films, der noch nicht belichtet ist. Damit sind sie happy. Nach dem Entwickeln werden sie merken, daß nichts drauf ist. Dann sind wir längst über alle Berge.

Da dieser Fall die nationale Sicherheit Italiens betrifft, rät uns die Korrespondentin der ARD, Franca Magnani, eine offizielle Drehgenehmigung einzuholen. Sie bringt uns zum Leiter der Pressestelle des italienischen Verteidigungsministeriums in Rom, einem Oberst Caroli. Ihrer sanften Beharrlichkeit ist kein militärbürokratischer Widerstand gewachsen. Man gibt uns eine Drehgenehmigung und eine Erklärung des Vorfalls, die jedem Italiener sofort einleuchtet. Es handle sich um einen jungen bulgarischen Offizier namens Solakow, der in Italien Urlaub gemacht und sich dabei Hals über Kopf in eine Italienerin verliebt habe. Er sei mit einer MIG-17 nach Italien geflogen, um über das Haus seiner Angebeteten zu donnern, ihr zu imponieren und wieder nach Hause zu fliegen. Dabei sei er in einem Olivenhain hängengeblieben. Eigentlich keine Story für seriöse TV-Reporter. Im Grunde könnten wir wieder nach Hause fahren.

Aber warum Gefängnis?

Nun ja, solche Husarenstücke sind nicht erlaubt. Man wird Solakow laufenlassen, wenn er gesund ist.

Der Tip aus Brüssel kommt uns immer glaubwürdiger vor.

Oberst Caroli und seine Bürokraten scheinen sicher zu sein, daß wir nicht dahinterkommen, was wirklich passiert ist. Als sich herausstellt, daß er sich getäuscht hat, wird er dem Gericht (Corte di Assise di Appello di Lecce) mitteilen, daß er uns die Aufnahmen untersagt hat.

In Bari und Umgebung sind offenbar alle Zeugen des Absturzes verdonnert worden, den Mund zu halten. Keiner hat etwas gesehen. Niemand hat etwas gehört. Wir drehen Olivenhaine, wieder Olivenhaine und noch mal Olivenhaine und dann das

Gefängnis von Bari, ohne zu ahnen, daß wir bald dort ebenso einsitzen würden wie der bulgarische Offizier.

Ein Tankwart in Bari beschreibt uns endlich den Weg zur Absturzstelle. Wir fahren Richtung Acquavia delle Fonti und weiter nach Gioia del Colle und stehen bald vor einer amerikanischen Raketenbasis. Die Maschine ist keine 1000 Meter vom Stützpunkt entfernt abgestürzt. Die Spuren an der Absturzstelle lassen vermuten, warum der Pilot überlebt haben könnte. Die Flügel müssen zugleich auf zwei Olivenbäume getroffen und abgerissen worden sein. Das Cockpit ist vermutlich unbeschädigt geblieben. Waren die Tanks doch leer? Es wird dunkel.

Am nächsten Morgen drehen wir das Gefängnis. Eine Gesamtansicht ist von der Straße aus nicht zu kriegen. Wir läuten in der obersten Etage des Mietshauses gegenüber. Zwei entzückende alte Damen machen uns auf.

Si accomodi!

Gern dürfen wir von ihrem Balkon aus drehen, denn sie haben einen Neffen, der für die RAI in Rom arbeitet. Nachher laden sie uns zu Kaffee und Kuchen ein. Wir schicken den Damen zum Dank einen großen Strauß roter Rosen.

Recherchen mit einem TV-Team lassen sich nicht verbergen. Im Hotel taucht ein Herr auf und bietet uns für eine Menge Geld ein Dutzend Fotos vom Flugzeugwrack an. Nachdem wir gezahlt haben, stellt sich heraus, daß die Fotos von United Press International weltweit verbreitet, aber in Deutschland nicht gedruckt worden waren. Es ist eine MIG-17 mit unverwechselbaren Hoheitsabzeichen. Es sieht so aus, als wären die Landeklappen ausgefahren gewesen. Man erkennt, daß der Schleudersitz, mit dem sich Piloten sonst bei einem Absturz retten, nicht aktiviert wurde. Vermutlich nicht, weil er defekt gewesen wäre, sondern weil der Pilot nicht mehr dazu gekommen ist. Wahrscheinlich war die Maschine zu tief. Knapp über dem Boden kann man natürlich auch keine brauchbaren Aufnahmen von einer Raketenbasis machen.

Ein Unbekannter ruft an. Angeblich ein Herr vom Verteidigungsministerium in Rom. Grüße von Oberst Caroli. Man habe uns leider nicht vollständig informiert. Die Sache sei doch eher keine Liebesgeschichte. Solakow habe sich mit der MIG-17 nach Italien absetzen wollen und sei mangels Treibstoff bei der Notlandung verunglückt. Die Notlandung kommt uns noch unwahrscheinlicher vor als die Liebesgeschichte. Ganz in der Nähe der Absturzstelle und der Raketenbasis liegen neben der Bahnlinie Bari–Taranto zwei 4000 Meter lange militärische Landepisten. Der Flugplatz hat zwar TACAN, ein militärisches Richtfunkfeuer, aber auch ein NDB, also ein ungerichtetes Funkfeuer, das zivile Flugzeuge einwählen. Normalerweise ist beides nicht auf den Karten der Piloten des Warschauer Pakts vermerkt. Vermutlich, um ihnen eine Flucht nicht allzuleicht zu machen. Es ist aber gut denkbar, daß Solakow für diese spezielle Aufgabe eine der überall im Westen erhältlichen Flugkarten und einen für die entsprechenden Frequenzen geeigneten Empfänger hatte, mit dem er Flugplatz und Landebahn hätte finden müssen, wenn er sie schon nicht gesehen hat.

Wir fahren wieder zur Absturzstelle. Es ist Februar und früh dunkel. Für alle Fälle leihen wir uns beim örtlichen Reporter der RAI ein paar Batterielampen aus. Noch ist es hell genug für Aufnahmen. Nur ein paar Cacciatori stolpern frierend auf der Jagd nach Tordi (Wacholderdrosseln) über die verwaisten Felder in der Nähe der Basis. Es ist eine militärische Zone. Fotografieren verboten. Wir brauchen das Material.

Der Zugriff erfolgt, als wir einpacken. Eine Kompanie Bewaffneter stürzt aus dem Straßengraben. Sie halten uns Maschinenpistolen ins Gesicht. Bis Verstärkung aus Bari kommt, bringen sie uns zum diensthabenden Offizier in die amerikanische Raketenbasis. Zufällig ist der Offizier ein alter Bekannter. Vor vielen Jahren sind wir auf der Wright-Patterson Airforce Base in den USA miteinander geflogen. Er stellt eine Flasche Jack Daniels, Wasser und Eis auf den Tisch. Die Italiener haben keinen Durst. Von mir aus, sagt der amerikanische Offizier, könnt ihr die Basis samt Raketen von vorne bis hinten drehen. Wir haben hier nichts, was die Sowjets nicht längst wüßten. Er vermutet, daß der Bulgare nur testen sollte, ob die Raketenbasis auch mit konventionellen Mitteln zu erreichen sein würde, wenn man knapp über dem Meer das italienische Radar unterflöge und bis zur Basis knapp über dem Boden bliebe. Nicht um Treibstoff zu verbrennen, sondern um nicht vom Radar erfaßt zu werden, sei Solakow wahrscheinlich in viel zu geringer Höhe geflogen.

Aber Vorsicht, sagt er. Wir können euch nicht hierbehalten. Wir sind auf italienischem Staatsgebiet.

Inzwischen ist es Nacht, und Verstärkung ist aus Bari eingetroffen. Der Kameramann muß unseren Mietwagen fahren. Neben ihm sitzt ein 110 Kilo schwerer Carabiniere. Der Kameraassistent und ich hocken hinten. Zwischen uns ein zweiter Carabiniere. Hinter uns zwei offene Jeeps mit montierten Maschinengewehren. Dann folgt der Rest der Truppe. Zu meinen Füßen steht der Materialkoffer. Die letzte 30-Meter-Rolle Film ist problematisch. Wir haben sie in der »zona militare« gedreht.

Du weißt ja, warum Carabinieri immer zu zweit sind? fragt Manfred nach hinten. Einer kann lesen. Der andere kann schreiben. Manfred fährt in seiner Freizeit Autorallyes. Bitte, tu mir den Gefallen, sage ich, und gib Gas, damit es denen da hinten in ihren offenen Jeeps wenigstens ein bißchen zieht. Es hat fünf Grad unter Null. Ich kann mir nicht vorstellen, daß die Machos uns bitten werden, langsam zu fahren. Während Manfred durch die Kurven radiert, beißen sie tapfer die Zähne zusammen.

Die Scheinwerfer einiger Autos wurden damals schon mit einem Hebel an der Lenksäule bedient. In einer Kurve will Manfred aufblenden und schaltet irrtümlich ab. Wir rasen in die Finsternis. Der Wagen schleudert, die Carabinieri ziehen ihre Pistolen, dann sind die Scheinwerfer wieder an, und ich habe die problematische Filmrolle in der Hosentasche.

In Bari durchsuchen sie unsere Hotelzimmer und unser Gepäck. Sie schneiden Zahnpastatuben und Rasiercremetuben auf, zerlegen den Wagen, nehmen die Polster heraus und montieren die Reifen ab. Im Gefängnis nimmt mir einer der Beamten Armbanduhr, Brieftasche, Kleingeld, Schlüssel und die problematische Filmrolle ab und versiegelt alles ordentlich in einem Umschlag. Wir müssen uns ausziehen. Alle Körperöffnungen werden inspiziert. In Manfreds Gepäck finden sie einen Belichtungsmesser. Sie halten ihn für ein Funkgerät, drehen daran herum und versuchen Sofia zu kriegen. Manfred hält den Belichtungsmesser an eine Glühbirne. Der Zeiger schlägt aus. Das Gerät wird als Thermometer registriert. Viel später, nach der Entlassung, wird uns der Inhalt des Kuverts samt der problematischen Filmrolle vorschriftsmäßig wieder ausgehändigt. Die Aufnahmen werden im Gemeinschaftsprogramm der ARD ausgestrahlt. Ein paar hundert Meter Olivenhaine bleiben für immer beschlagnahmt.

Die Verhöre führt Colonnello Tinto von der italienischen Spionageabwehr. Er hat mitten in der Nacht eine Sonnenbrille vor den Augen und einen Hut auf dem Kopf. Eine starke Lampe leuchtet dem zu Vernehmenden ins Gesicht. Das scheint der Colonnello im Kino gesehen zu haben. Der Dolmetscher, der möglicherweise italienisch, aber kaum deutsch kann, trägt ebenfalls eine Sonnenbrille. Ich protestiere gegen die Verhaftung, berufe mich auf den deutsch-italienischen Freundschaftsvertrag, der uns einen Kontakt zur deutschen Botschaft zusichert, und verlange einen Anwalt. Er vertrete die militärische Spionageabwehr, läßt Colonnello Tinto wissen, da gebe es keine solchen Artigkeiten. Ungefähr zwanzig Mal fragt er mich, ob ich Bulgarisch spräche. Zwanzig Mal sage ich nein. Aber jeder Deutsche verstehe doch automatisch Bulgarisch, läßt er mir sagen. Zwischen beiden Sprachen gebe es nicht die geringste Ähnlichkeit, sage ich. Woher wissen Sie das, triumphiert er. Wenn Sie doch angeblich nicht Bulgarisch sprechen.

Auf dem Weg in die Zelle wird Manfred an mir vorbeigeführt. Von meiner Familie ist noch nie jemand im Gefängnis gewesen, flüstert er mir zu. Deine Sorgen möchte ich haben, flüstere ich zurück.

Die Zelle ist schmutzig, feucht und eiskalt. Trotzdem schlafe ich unter einer Decke ein, die vor Dreck starrt. Ich lege mein Gesicht in meine Handfläche, um nicht mit dem Strohsack in Berührung zu kommen. Ein Aufseher weckt mich, indem er mit einem Eisenprügel gegen die Gitter vor den Fensterluken schlägt, um zu hören, ob sie angesägt sind. Keine Ahnung, wieviel Uhr es sein könnte. In der Ferne höre ich die Rolls-Royce-Triebwerke einer Viscount. Das muß die Maschine Brindisi–Rom sein. Demnach ist es acht Uhr früh.

Colonnello Tinto legt mir das Protokoll meiner Vernehmung in italienischer Sprache vor. Ich will nicht unterschreiben, weil ich das Wenigste verstehe. No? lacht er. Allora, non vuoi é? Dann läßt er den Dolmetscher sagen: Sie können unterschreiben, wann Sie wollen, in einer Woche, in einem Monat, in einem Jahr. Wir haben Zeit. Wir werden Sie wegen Spionage nach Codice penale 256 anklagen, sagt er. Da sei im Krieg mit der Todesstrafe und im Frieden mit zehn Jahren Haft zu rechnen. Sie werden viel Zeit haben, sagt er.

Ich unterschreibe, wage aber nicht, der Unterschrift ein c.f. (contra fidem; entspricht nicht der Wahrheit) anzufügen. Das könnten sie verstehen. Da die Italiener nur lateinische Buchstaben lesen können, unterschreibe ich in der deutschen Sütterlinschrift und ziehe meinen Vornamen zu einem schlecht leserlichen »Giltnicht« zusammen.

Die Häftlinge mit langen Haftstrafen sind im obersten Stock untergebracht. Beim Hofgang werfen sie uns Orangen zu, die in Zeitungspapier eingewickelt sind. Auf einer Titelseite der örtlichen Gazette heißt es: »Deutsche Spione verhaftet«. Darunter sind unsere Fotos. Man glaubt gar nicht, wie schnell man eine Sprache lernt, wenn man muß. Aus dem Artikel geht unter anderem hervor, daß die entzückenden alten Damen in ihrer panischen Angst, wegen Beihilfe zur Spionage eingesperrt zu werden, bei der Polizei ausgesagt haben, wir hätten uns mit Gewalt Zugang zu ihrem Balkon verschafft. Und natürlich: Die polizeiliche Eingreiftruppe hat uns nur mit vorgehaltenen Waffen festnehmen können.

Der Reporter der RAI, von dem wir uns die Batterielampen ausgeliehen haben, gehört zu den Ausgeschlafenen. Er sitzt am nächsten Tag in seinem Büro und wartet auf seine Lampen. Als wir nicht kommen, ruft er im Hotel an. Man wisse nichts von Gästen aus Deutschland. Aber er habe uns doch die Scheinwerfer ins Hotel gebracht und dort mit uns einen Espresso getrunken. Nein, er müsse sich irren. Dann fragt er beim Autoverleih nach. Alle Wagen seien da. Man habe auch keinen an ein deutsches Fernsehteam vermietet. Es wird Nacht. Immer noch keine Lampen. Eine Freundin des Reporters arbeitet bei der Alitalia. Er holt sie aus dem Bett. Sie soll nachsehen, wann unser Rückflug gebucht ist. Sie stellt fest, daß unsere Flüge Bari–Rom abgesagt worden sind. Von wem abgesagt? Von der Militärkommandantur. Mehr muß er nicht wissen. Noch in der Nacht informiert er die RAI, die deutsche Botschaft in Rom und die Chefredaktion der *Tagesschau* in Hamburg.

Am nächsten Tag endlich erfolgt aufgrund einer massiven Intervention durch die Direktion der RAI, die sofort für die

ARD und uns auf die Barrikaden geht, die erste Vernehmung durch einen Untersuchungsrichter. Offenbar ein kultivierter und gebildeter Mann. Warum, in Gottes Namen, läßt er den Dolmetscher fragen, haben Sie dieses verheerende Geständnis unterschrieben. Ich bitte den Dolmetscher, sich meinen Vornamen etwas genauer anzusehen. Der Untersuchungsrichter fällt vor Lachen beinahe vom Stuhl. Das, sagt er, ist unsere Spionageabwehr. Verschlafen ein Spionageflugzeug und sperren statt dessen die Reporter eines befreundeten Landes ein. Cretini. Bis zur Entlassung wird es allerdings noch etwas dauern. Burocratismo, erläutert er und zuckt die Achseln. Er beendet aber wenigstens die Einzelhaft.

Um uns zu beschäftigen, spielen wir mit Streichhölzern das Spiel aus dem Film *Letztes Jahr in Marienbad,* das kein Herausforderer gewinnen kann. Statt Spielkarten legen wir vier Reihen aus Streichhölzern: sieben, fünf, drei und eines. Man kann abwechselnd so viele oder so wenige Streichhölzer wegnehmen, wie man will. Aber immer nur aus derselben Reihe. Wer das letzte Streichholz nehmen muß, hat verloren. Wer als erster zieht, hat aber von Anfang an verloren, denn egal, was für einen Zug er macht, jeder Zug ist ein Fehler. Der andere Spieler aber hat viele Möglichkeiten zu ziehen. Darunter ist immer ein Zug, der die ausweglose Situation für den Herausforderer wiederherstellt. Das Spiel ist einfach, aber im Kopf nur im Zweizahlensystem berechenbar. Die ganze Wachmannschaft spielt gegen uns. Die ganze Wachmannschaft verliert ein Spiel nach dem anderen. Sie holen den Gefängnisdirektor. Der sei ein »furbo«, ein Gerissener. Der »furbo« verliert wie alle anderen.

Nach Mitternacht rasseln Schlüssel in der Türe meiner Zelle. Ein Aufseher geht mir voran in die Privatwohnung des Direktors. Kaffee? Dolce? Oder vielleicht lieber einen Teller Spaghetti und einen Schluck Wein? Dauert nur zwei Minuten.

Ein Interview mit Solakow, sage ich.

Ahh, stöhnt er, zieht die Schultern hoch und zeigt mir seine beiden Handflächen. Der ist auf der Krankenstation. Außerdem würde ihn das seinen Job kosten. Aber bitte, machen Sie es sich bequem. Hier vielleicht? Da sitzen Sie am besten. Wollen Sie ein Kissen für den Rücken?

Er muß das »segreto«, das Geheimnis des Spiels erfahren, sagt er. Ich müsse das verstehen. Seine Autorität stehe auf dem Spiel.

Am nächsten Morgen gespannte Aufmerksamkeit in unserem Zellentrakt. Alle Zellentüren sind offen. Personal, Häftlinge, Gefängniswärter stehen dicht bei dicht. Il direttore! Man macht Platz. Die ganze Nacht habe er nachgedacht, sagt er. Als der Himmel »plumbeo« (bleiern) wurde und schließlich der Morgen über Bari heraufdämmerte, habe er alles durchschaut.

Es ist nicht leicht, gegen ihn zu verlieren, aber ich schaffe es. Dafür können wir uns ab sofort unser Essen aus dem Hotel kommen lassen. Die ersten Tage hatten sie uns nicht einmal Wasser gegeben. Wir hatten es uns mit der hohlen Hand aus der Klospülung holen müssen.

Der Sender will uns später die Reisekosten für die Tage der Haft in Bari streichen, da wir doch gut versorgt gewesen seien. Dann prozessiert unsere Rechtsabteilung viele Jahre, um den Status der »persona non grata« und das damit verbundene Einreiseverbot nach Italien wieder loszuwerden. Den Anwalt, ein Dottore Cuttica, den der Sender für ein Heidengeld engagiert, halte ich nicht für einen Freund. Wenn ich trotz Einreiseverbot im ARD-Studio Rom auftauche, muß ich mich vor ihm verstecken, damit er mich nicht verhaften läßt.

Aber das andere Italien bleibt glücklicherweise, wie es ist. In einem abgelegenen Dorf auf dem toskanischen Archipel gehe ich seit vielen Jahren mit den Bauern auf die Jagd.

Du bist Kommunist, hatte ich meinen Freund Lido gefragt,

und du gehst mit Fabro auf die Jagd, der ein strammer Faschist ist?

Jagd ist Jagd, hatte er gesagt. Und Politik ist doch bloß Politik.

Bei diesen Jagden wird so gut wie nie etwas geschossen, aber man schleppt immer wieder Flinten durch die Macchia hinauf in die Berge. Noch bei Nacht beginnt der Aufstieg durch taunasses Gewirr von Zistrosenbüschen, Pistazien-, Mastix-, Erikasträuchern und durch Steineichenwälder. Bei Sonnenaufgang ist man patschnaß dann endlich oben. Meine Freunde haben hölzerne Röhren auf dem Rücken, in denen »piccioni« (Haustauben) transportiert werden. Man setzt sie in den Büschen und Bäumen auf kleine Holzpodestchen, die mit langen Schnüren von einem Stand aus bewegt werden können. Wenn man an den Schnüren ruckelt, verlieren die Tauben das Gleichgewicht und schlagen mit den Flügeln. Das soll »colombi« (Wildtauben) anlocken. Wenn es gelingt, einen »branco« (Schwarm) anzulokken, wird zusätzlich eine zahme und dressierte Taube in die Luft geschickt. Sie setzt sich an die Spitze des »branco« und zieht ihn immer wieder an den Schützenständen in den Bäumen vorbei. Damit man nicht auf die zahme Taube schießt, hat sie ein weißes Bändchen an einem Bein. Wer sie trotzdem trifft, sollte sich besser am nächsten Baum aufhängen. Soweit die Theorie der Taubenjagd. Die Praxis sieht anders aus. Für die Praxis haben die Jäger Wein, Brot, Käse und frische Sardinen dabei. Der spannendste Moment der Jagd ist das Rösten von Sardinen über offenem Feuer. Sie machen aus den grünen Zweigen eines aromatisch duftenden Strauchs ein Gitter zum Grillen, das gerade so lange dem Feuer widersteht, bis die Sardinen gar sind. Dann wird gegessen und getrunken und nach einem kurzen Schläfchen wieder ins Tal hinuntergestiegen, wo man dem ganzen Dorf klarmachen muß, warum man wieder einmal nichts geschossen hat.

Immerhin hat man geladene Gewehre den Berg hinauf- und wieder heruntergeschleppt. Nach der Verhängung eines Einreiseverbots als »persona non grata« frage ich den Dorfcarabiniere, der auch dabei ist, wie ich zu einem Waffenschein komme, denn solange gegen mich vor einem Gericht in Lecce verhandelt wird, würde ich lieber legal mit einer Flinte in die Berge gehen.

Einen »porto d'armi« will er, sagt der Carabiniere zu den anderen. Einen »tesserino di caccia« will er! Er sollte nicht einmal hier sein! Und jetzt will er auch noch einen Waffenschein!

Was sonst soll ich machen?

Was er sonst machen soll? fragt der Carabiniere die anderen. Von mir will er wissen, was er machen soll! Hat man so etwas schon gehört?

Geh zum Jagen!, schreit er. Porca miseria! Wir alle halten das Maul.

Im letzten der zahllosen Prozesse in Bari sagt der Richter schließlich, daß er uns wegen der Filmaufnahmen in einer »zona militare« verurteilen müsse. Zugleich erläßt er uns die Strafe. Zu Franca Magnani, die den Prozeß für die ARD beobachtet, sagt er nach der Verhandlung, daß er keine Spione einsperrt, die alten Damen rote Rosen schenken. Exzellenz, das hätte ich von Ihnen auch niemals erwartet, sagt Franca Magnani, die wieder einmal stolz darauf ist, Italienerin zu sein.

Jetzt, da ich ihn nicht mehr brauche, kriege ich endlich meinen italienischen »porto d'armi«. Für einen Waffenschein muß man in Italien unter anderem nachweisen, daß man nicht geisteskrank ist. Dazu geht man zur dörflichen Gesundheitsbehörde, der Sanitaria. Die diensthabende Ärztin bietet einem Zigaretten an. Dann fragt sie: Sind Sie verrückt? Man sagt, nein, und die Ärztin schreibt in das Gutachten: »psychiatrisch unauffällig«.

Von Solakow hören wir nichts mehr. Nach einer unauffälligen Anhörung ist er verschwunden. Alle Versuche, ihn in Bulgarien zu kontaktieren, schlagen fehl.

Franca Magnani war nicht nur eine wunderbare Frau. Für ihre Recherchen hätte die Bank von England gebürgt. Schön, intelligent und aufgeklärt. Vor allem aufgeklärt. Deshalb bin ich etwas überrascht, als sie in Cagliari plötzlich in wilder Flucht auf die andere Straßenseite stürzt, nur weil uns ein Leichenwagen entgegenkommt. *Sie,* ausgerechnet *Sie* sind abergläubisch? Natürlich nicht, sagt sie. Aber man weiß nie.

Franca Magnani ist auch eine durch und durch moderne Frau. Wir machen eine Geschichte über die sardischen Brandstifter, die von der Mafia wegen ihrer besonderen Zuverlässigkeit beim Abfackeln hochversicherter italienischer Gaststätten in Deutschland angeheuert werden. Wir drehen am nördlichen Ende von Sardinien. Aus irgendeinem Grund muß Franca jeden Tag nach Cagliari am südlichen Ende der Insel zurück, um sich in der dortigen Sanitaria eine Spritze geben zu lassen. Wir hören daher am späten Nachmittag auf zu arbeiten, fahren nach Cagliari und die halbe Nacht dann wieder zurück.

Franca, sage ich, wohin kriegen Sie denn Ihre Spritze?

Na, wohin kriegt man schon eine Spritze. Das Wort geht ihr nicht über die Lippen. Franca, flehe ich sie an, warum darf nicht ich Ihnen die Spritze in ihren keuschen und ohne Zweifel blütenweißen Hintern geben. Ich schwöre bei allen Heiligen, daß ich mir dabei nicht den geringsten unzüchtigen Gedanken erlauben werde. Nichts zu machen. Wir fahren weiter zur Sanitaria in Cagliari.

Du bist seit Tagen nicht aus den Kleidern gekommen.
Du lebst von getrockneten Zwetschgen. Du quälst dir
auf einem Bett in einem verwanzten Hotelzimmer in
Albanien Eine-Minute-dreißig für die *Tagesschau*
ab, und der Akku ist gleich abgesoffen. Juble denen
die Einsdreißig rüber und verschwinde! Sei unauffindbar!
Wenn die dich am Telefon erwischen und dir erklären,
wie man Fernsehen macht, holst du dir bloß ein Magengeschwür.
Reporter Friedhelm Brebeck

11 DIE DÖRFER STEHEN NOCH

Als wir in den sechziger und siebziger Jahren ein investigatives Magazin machten, hatten wir uns eine Hypothese gebastelt: Wenn alle Welt glaubt, daß etwas ist, wie in den Zeitungen berichtet, dann kann man seinen Kopf verwetten, daß es in Wirklichkeit ganz anders ist. Wie anders, das versuchten wir herauszukriegen. Wenn wir das nicht schafften, ließen wir die Geschichte fallen. Was war, wie alle schon gelesen hatten, war uns keine Sendezeit wert. Ein Ergebnis dieser Hypothese war eine Geschichte, die mich zu dem Entschluß bringen sollte, meinen Beruf hinzuschmeißen und die Arbeit als Reporter für immer aufzugeben.

Zeitungen, Radio- und TV-Sender hatten monatelang und weltweit über ein Ereignis berichtet, das es nicht gab, nämlich die Bulldozerpolitik Ceauşescus, die, so hieß es, dabei war, alle Dörfer Rumäniens zu zerstören. Die Berichte täuschten Millionen von Zeitungslesern und Fernsehzuschauern und veranlaßten rumänische Bauern, ihre Höfe zu verlassen und zu fliehen.

Die Arbeit beginnt als Posse.

Der Sohn Ceauşescus hatte um seine Bukarester Residenz herum ein Potemkinsches Dorf mit vollen Auslagen und zur Nachtzeit gut beleuchteten Straßen aufbauen lassen, um seinen Besuchern eine Hauptstadt vorzutäuschen, die es nicht gab. Der Rest der Stadt lag im Dunkeln, weil Strom kostbar war. Die Umgebung der Residenz war für ausländische Reporter eine verbotene Zone. Die Schnüffler der rumänischen Securitate lungerten rund um die Uhr in der Lobby des Hotels »Bucureşti« herum, wo die meisten Reporter wohnten. Selbst wenn sie ihre Ledermäntel abgelegt hatten, waren sie leicht zu erkennen, denn sie waren die einzigen, die in Rumänien neue Schuhe an den Füßen hatten und auffallend desinteressierte Gesichter machten. Die Gesichter schien man ihnen in irgendeiner Schule für Geheimpolizisten beigebracht zu haben.

Den Stadtplan im Kopf, mache ich mich nach Einbruch der Dunkelheit allein auf den Weg zur Residenz von Ceauşescus Sohn. Die Ledermäntel mit den neuen Schuhen halten Abstand. Ich nehme einen Umweg. Im Hotel »Opatija« gibt es »einarmige Banditen« und andere Glücksspielautomaten, an denen man mit Devisen spielen kann. Es riecht nach kaltem Rauch, verschüttetem Bier und nach dem Schweiß von Verlierern. Ich tausche für hundert Dollar Jetons ein. Die Ledermäntel ziehen sich an die Bar nebenan zurück. Nach ihrer Rechnung muß es eine Stunde dauern, bis ich die hundert Dollar verspielt habe. Ich lasse die Jetons in einem Abfalleimer verschwinden und gehe. Ceauşescus Kulisse erinnert an die tote Pracht der ausgestorbenen, aber hell erleuchteten Fifth Avenue von New York in den frühen Morgenstunden. Die Straßen sind menschenleer wie die Kulissen eines Theaters nach Schluß der Vorstellung.

Später im Hotel spucken die Ledermäntel Gift und Galle. Jetzt sprechen sie deutsch miteinander und tun, als würden sie sich nicht einig, ob sie mich gleich verprügeln und dann erst zur Abschiebung zum Flugplatz fahren oder zunächst einmal einsperren und dann erst verprügeln sollen.

Was, gebe ich zu bedenken, wenn einer ihrer Vorgesetzten, zum Beispiel Oberst Gheorghe Ratiu von der Direktion 1 der Securitate oder gar der Chef der Securitate, General Julian Vlad, erfährt, daß seine Agenten samt ihren neuen Schuhen es nicht einmal schaffen, hinter einem Reporter herzulatschen, der fremd in der Stadt ist?

Über die »Bulldozerpolitik« Ceauşescus, die 8000 Dörfer dem Erdboden gleichmachen sollte oder nach einigen Meldungen längst gleichgemacht hatte, war seit Monaten berichtet worden. Die Berichterstattung war zu einer gigantischen Woge der Empörung aufgelaufen. Was ihr diente, wurde gedruckt und gesendet, was nicht, wurde unterschlagen.

Wie so oft, gab es auch hier einen wahren Kern, der allerdings keine Ähnlichkeit mit den von den westlichen Medien verbreiteten Horrormeldungen hatte.

Aus dem Diktator Nicolae Ceauşescu, den das dänische Königshaus ebenso wie König Juan Carlos von Spanien, wie Richard von Weizsäcker, Johannes Rau, die Kaiserin von Japan und andere Berühmtheiten, zum Ritter des höchsten Ordens Dänemarks* geschlagen hatte, aus diesem auch in konservativen deutschen Zeitungen gefeierten Conducator hatten rumänische Dissidenten, die nach Deutschland geflohen waren, über Nacht einen »Dracula« gemacht und einen Despoten, »schlimmer als Hitler«. Was den radikalen Stimmungswandel ver-

---

* Riddere af Elefantordenen, Elefantenorden, gestiftet 1693 von König Christian V. Ceauşescu bekam den Ritterschlag im November 1980 anläßlich eines Staatsbesuchs in Dänemark. Am 23. Dezember 1989 wurde ihm der Orden durch die dänische Königin entzogen, und die Insignien wurden kassiert.

ursachte, war ein Gesetz zur Dorfsystematisierung. Ceaușescu hatte das Gesetz 1974, also sechs Jahre vor der Ordensverleihung, unter dem Beifall seiner Gesinnungsfreunde bekanntgegeben. Der Verehrung des Westens für den rumänischen Diktator hat es nicht geschadet. Viele westliche Zeitungen begrüßten sogar den Versuch, die zunehmende Landflucht, die dem Land die Lebensbasis entzog, durch den Aufbau »agro-industrieller Zentren« aufzuhalten. Der Terror der rumänischen Apparatschiks und Ceaușescus petrochemische Abenteuer hatten nicht nur die rumänische Gesellschaft korrumpiert, sondern auch die Agrarstruktur des Landes ruiniert. In der ehemaligen Kornkammer des Balkans mußten Menschen hungern. Die Systematisierung war eine brutale Raumordnung, mit der die Lebensbedingungen in den Dörfern verbessert werden sollte. Und ein verzweifelter Versuch des maroden Ceaușescu-Regimes, Rumänien vor den Folgen totalitärer Mißwirtschaft zu retten. Ungarn hatte eine Chance für seine Begehrlichkeiten in bezug auf Siebenbürgen gewittert, das Gesetz über die »Systematisierung« aber erst 14 Jahre nach dessen Inkrafttreten hochgespielt und ausgebeutet. Und die gesamte westliche Presse fiel darauf herein. Nicht eine einzige Zeitung in Deutschland sah sich veranlaßt, wenigstens im nachhinein die Berichterstattung zu korrigieren. Die Unfähigkeit, eigene Fehler einzugestehen, unterscheidet die gehobene deutsche Presse von der gehobenen angelsächsischen, die eigene Fehler nicht nur korrigiert, sondern ihren Lesern immer wieder erklärt, wie und warum es zu einer falschen Berichterstattung gekommen ist.

Noch mit Datum vom 3. September 1987, also knapp ein Jahr vor der weltweiten Empörung über Ceaușescus »Bulldozerpolitik« und 13 Jahre nach Inkrafttreten des Gesetzes zur Systematisierung der Dörfer, war der deutschen Botschaft in Bukarest vom Auswärtigen Amt in Bonn ein geheimes Richtlinienpapier übermittelt worden, in dem aufgelistet war, warum der rumänische Despot als Freund des Westens zu gelten habe. In dem Papier hieß es: Die letzten sowjetischen Truppenkontingente seien schon 1958 auf Drängen von Ceaușescus Vorgänger Gheorghe Gheorghiu-Dej aus Rumänien abgezogen worden. 1967 habe das Mitglied des Warschauer Pakts noch vor Jugoslawien diplomatische Beziehungen zur Bundesrepublik Deutschland aufgenommen. 1968 habe sich Ceaușescu geweigert, seine Truppen an der militärischen Intervention der fünf anderen Staaten des Warschauer Pakts gegen den Prager Frühling zu beteiligen. Als erstes Land des Ostblocks habe Rumänien 1973 einen Wirtschaftsvertrag mit der Bundesrepublik Deutschland abgeschlossen und 1979 der Eröffnung eines deutschen Kulturinstituts zugestimmt. Schon 1980 sei die Unterzeichnung erster Verträge mit der Europäischen Wirtschaftsgemeinschaft erfolgt, und vier Jahre später habe Rumänien dann sogar an den Olympischen Spielen teilgenommen, obwohl die Gerontokraten in Moskau deswegen im Dreieck gesprungen waren. Ceaușescu war im Westen zum leuchtenden Vorbild für die anderen Staaten hinter dem Eisernen Vorhang geworden. Eine Redaktion der ARD mußte sich vor dem Richtlinienausschuß eines Rundfunkrats verantworten, weil sie Ceaușescus Spitzelsystem und seinen Terror in einem Kommentar angeprangert hatte.

Dann schlug die Stimmung um. Als hätte jemand einen Schalter umgelegt. Die Linke und die Rechte in Deutschland wurden sich über Nacht einig, daß der rumänische Regierungschef ab sofort als der blutrünstigste Tyrann des Ostblocks zu gelten habe. Und die Presse machte wie auf Kommando mit.

Nach dem, was wir in Rumänien sahen und hörten, schien Ceaușescu zu einem »zweiten Hitler« eine ganze Menge zu fehlen. Sein Terror war nicht mit dem Hitlers zu vergleichen, wenn man den Opfern der Nazis nicht ins Grab spucken wollte. In Tîrgu Mureș waren bei Ausschreitungen der Miliz vier Menschen ermordet worden. Vier Tragödien. In der deutschen Dissidentenszene war danach von einem »rumänischen Auschwitz« die Rede gewesen.

Während sich in der westlichen Presse die Berichte über die angebliche Bulldozerpolitik Ceaușescus überschlagen, bekommen wir zu unserer Überraschung von der Presseabteilung des Zentralkomitees der Partei die Genehmigung, Bukarest zu verlassen und uns im Land umzusehen, wo immer wir wollen, um mit Kamera und Mikrophon über die Systematisierung zu berichten. Das hatte es noch nie gegeben. Schon gar nicht für kritische Regionen wie um das Dorf mit dem deutschen Namen Gottlob, das angeblich bereits dem Erdboden gleichgemacht war. Wir lassen einen Aufpasser, den sie uns mitgegeben haben, damit er uns die Türen der lokalen Parteibonzen öffnet, vor den Dörfern stehen, denn wir wollen ungestört mit den Bewohnern reden und finden in Gottlob einen Bauern, der Deutsch kann. Viele sind weg, sagt er, weil sie westliche Sender gehört haben. Sie hätten zwar gewußt, daß das angeblich dem Erdboden gleichgemachte Dorf noch steht, waren aber aufgrund westlicher Nachrichten sicher, daß es demnächst dem Erdboden gleichgemacht werden würde. Die westliche Desinformationskampagne war zu einer sich selbst erfüllenden Prophezeiung geworden.

Erst Jahre später, nach dem Sturz Ceaușescus, gibt es für die Drehgenehmigung eine Erklärung. Gerhard Boeden, der ehemalige BKA-Vizepräsident und von 1987 bis 1991 Chef des Bundesamtes für Verfassungsschutz, erzählt mir am Rande eines Telefonats, in Wien sei ein hoher Offizier der Securitate übergelaufen und von der CIA »debriefed«, also vernommen worden. Im Vernehmungsprotokoll käme mein Name ein paarmal vor. Der Offizier war gefragt worden, aufgrund welcher Beziehungen zur rumänischen Führung und aufgrund welcher Gegenleistungen ein Reporter der ARD die Erlaubnis bekommen habe, sich frei und unbehindert im Land zu bewegen. Da gebe es weder Beziehungen noch Gegenleistungen, habe der Offizier gesagt. Da aber die rumänische Regierung in der Propagandaschlacht um die »Bulldozerpolitik« ausnahmsweise ein besseres Gewissen gehabt habe, als die westliche Propaganda vermuten lasse, und da man ziemlich sicher gewesen sei, daß wir einfach berichten würden, was wir sähen, habe man uns ohne Einschränkung im Land herumfahren lassen.

Alle der angeblich zernierten Dörfer, die wir besuchten, standen noch. In Bukarest zurück, fand ich im Hotel eine Nachricht des deutschen Botschafters Dr. Matthias vor. Ob wir vor dem Abflug nach Deutschland noch auf einen Bissen in der Residenz vorbeikommen könnten. Der Botschafter wollte von uns wissen, was wir gesehen hatten. Nach der Rundreise waren wir davon überzeugt, daß die Rumänen weder das Geld noch das Personal, geschweige denn die Organisation hatten, um gegen den Willen eines großen Teils der Bevölkerung eine Systematisierung in dem von der westlichen Presse geschilderten Ausmaß durchzusetzen. Außerdem, erzählten wir dem Botschafter, stünden die Dörfer noch, die angeblich längst zerstört waren. Er fand damit seine eigenen Beobachtungen bestätigt.

Aber schnallen Sie sich fest an, gab er uns mit auf den Weg, wenn Sie das berichten. Das hört in Deutschland jetzt keiner gern.

Die Spezialisten, die beim BND in Pullach auswerten, was ihre Beschaffer aus Rumänien berichten, bestätigten, was wir gesehen hatten. Aber auch der Präsident des BND Hans-Georg Wieck prophezeite uns nach einem Recherchengespräch, daß uns der Bericht um die Ohren fliegen werde.

Warum denn der BND nicht wenigstens das Auswärtige Amt und damit den Außenminister korrekt informiert habe, will ich von Wieck wissen.

Da gebe es Transportprobleme, sagt Wieck.

Was für Transportprobleme?

Auch die im Auswärtigen Amt lesen lieber die *Bild-Zeitung* als unsere Berichte.

Fritz Pleitgen ist bereit, die Reportage zu senden, die der gesamten Berichterstattung widerspricht. Sie wird im *Weltspiegel* des WDR am 20. November 1988 unter dem Titel »Die Dörfer stehen noch« ausgestrahlt.

Danach sind wir vogelfrei. Die Hatz geht auf. Im Sender werden Gerüchte gestreut, Ceaușescu habe uns für den Bericht bezahlt. Ich sei mit Elena Ceaușescu ins Bett gegangen, um eine Drehgenehmigung zu bekommen. Mein Sender macht in der Hauptsendezeit zwei Stunden frei, um seinen eigenen Reporter von einer Dissidentenriege, verstärkt durch den SZ-Korrespondenten Olaf Ihlau, schlachten zu lassen. In der Maskenbildnerei begegne ich Ihlau beim Schminken. Na, sagt er zu mir, heute werden Sie zur Sau gemacht. Ein rumänischer Experte wird ausgeladen, damit er in der Sendung keine echten Daten und Zahlen vorlegen kann. Der bayerische Verfassungsschutz schnüffelt in meiner Umgebung herum, ein Geheimdienst, der vor allem durch den Ministerialdirigenten und Chef der Staatsschutzabteilung im Bayerischen Innenministerium, Dr. Hans Langemann, in die Schlagzeilen gekommen ist. Langemann hatte sich als Handlanger der CSU aufgespielt und als Provinz-James-Bond geheime Akten verhökert. Meine Telefonate werden abgehört, Briefe geöffnet. Der TV-Hanswurst Karl Dall distanziert sich unter dem Beifall seines Publikums von unserem Bericht, den er vermutlich gar nicht gesehen hat. Die Redaktion von *III nach 9* in Bremen lädt mich unter einem Vorwand in die Talkshow ein, wo mich Giovanni di Lorenzo wegen meiner vermeintlichen Unterstützung des Ceaușescu-Regimes zur Rechenschaft zieht. In der Redaktionskonferenz meines Senders behauptet ein Kollege, die BBC habe Filmmaterial, das mich als Begleiter Ceaușescus auf der Bärenjagd in den Karpaten zeige. Er nimmt das erst zurück, als ich drohe, die Namen von deutschen Politikern zu nennen, die wirklich in Rumänien Klinken geputzt hatten, um mit Ceaușescu auf Bärenjagd gehen zu dürfen und um nachher in seinen Jagddatschen mit Saufgelagen ihre Jagderfolge zu feiern.

Nach ein paar Monaten bin ich reif, will aufgeben und meinen Beruf an den Nagel hängen. Wenn Reporter nicht mehr berichten dürfen, was sie mit eigenen Augen gesehen und mit eigenen Ohren gehört haben, sollten sie etwas anderes machen. Ich verhandle mit einem amerikanischen Unternehmen, das mir die Leitung einer Presseabteilung anbietet, damit ich meinen Kollegen künftig für das dreifache Gehalt erzähle, was ich selbst nicht glaube.

Ich war und bin überzeugt, daß Frauen klüger sind als Männer, vor allem wenn es um die Bewältigung von Krisen geht. Männer gefallen sich zu gut in der Rolle des Ratgebers, statt sich in denjenigen hineinzuversetzen, der einen Rat braucht. Die Frau, der ich sage, daß ich hinschmeißen werde, lacht mich aus und verlangt von mir, gefälligst die Zähne zusammenzubeißen und meine Wehleidigkeit zu vergessen.

Deutsche Politiker waren zu einer Zeit hofierte Gäste Ceaușescus, als unter dem Druck seines irrationalen Personenkults immer weniger Rumänen es wagen, den Conducator nicht wie einen Gott zu verehren. Man besingt ihn als »Demiurgen«, als Weltenschöpfer. Und wehe dem Rumänen, der darüber lacht.

Schon vor meiner Übernahme der Leitung des ARD-Büros in Bukarest war es üblich gewesen, nicht vom Büro aus mit Informanten zu telefonieren und vom Schreibtisch aus keinen Kontakt mit Dissidenten aufzunehmen. Im Büro wurde nie über geplante Berichte oder über Filmtexte geredet. Das Telefon war angezapft, das Büro wahrscheinlich verwanzt. Zum Reden ging man im Freien spazieren wie in drittklassigen Spionagefilmen.

Wir praktizierten eine andere Methode und meldeten jedes Projekt bei der Presseabteilung des Zentralkomitees der Partei an, die in Wahrheit eine Zensurbehörde war. Wie zu erwarten, untersagten sie fast alle der von uns beantragten Filmaufnahmen und Interviews. In der Tasche hatten wir zwar die Akkreditierung des rumänischen Innenministers und eine vom rumänischen Außenminister unterschriebene KSZE-Vereinbarung, die eine freie Berichterstattung aus Rumänien garantierte, aber beides war das Papier nicht wert, auf dem es stand. Also fingen wir an zu drehen, ließen uns von der Miliz festnehmen und durch die Intervention der deutschen Botschaft wieder befreien, nur um weiter zu drehen und erneut festgenommen zu werden. Das wiederholte sich, bis denen in der Zensurbehörde die Lust verging und sie sich mit einem Verbot zufriedengaben, das wir zur Kenntnis nahmen und meistens ignorierten.

In Bukarest gab es Ereignisse, die auf politische Veränderungen schließen ließen, auch wenn dazu keine besonders aufregenden Bilder gedreht werden konnten. Von einem Tag auf den anderen waren zum Beispiel die langen Schlangen vor den Brot- und Milchläden verschwunden. Entweder wurde hoher Besuch erwartet, dem man eine gute Versorgungslage vorführen wollte, oder Ceaușescu war durch die Stadt gefahren, hatte durch die getönten Scheiben seines kugelsicheren Wagens Schlangen vor Lebensmittelläden gesehen und angeordnet, daß sie zu verschwinden hätten. Möglich war natürlich auch, daß es aus irgendeinem Grund plötzlich genug Milch und Brot gab. Vielleicht weil die Miliz die Schwarzhändler aus dem Verkehr gezogen hatte, die alle Grundnahrungsmittel teuer und knapp gemacht hatten. Läden ohne Schlangen zu drehen konnte uns von den rumänischen Dissidenten in Deutschland als Unterstützung eines totalitären Regimes angekreidet werden. Bei diesen Leuten geriet man schnell in den Verdacht, ein Sympathisant Ceaușescus zu sein. Selbst ein Nebensatz über das herrliche Herbstwetter in Rumänien stieß auf Kritik. Im Lande Ceaușescus hatte es zu regnen. Auch gute Zeitungen wie die *Süddeutsche* beugten sich dem Trend. Die SZ berichtete, daß in Rumänien nur 20-Watt-Birnen erlaubt seien, um Strom zu sparen. Tatsächlich konnte man so viel Strom verbrauchen, wie man wollte, wenn man bereit war, die progressiv ansteigenden und daher aberwitzigen Kosten zu bezahlen. Außerdem gab es weder in Rumänien noch sonstwo 20-Watt-Haushaltsbirnen, sondern nur 25 Watt starke. Fünf Watt Abzug à conto Trend.

Gleich nach der Übernahme des ARD-Büros in Bukarest hatten wir versucht, einen Interviewtermin mit Ceaușescu zu kriegen. Das war so, als würde jemand versuchen, den Papst zu *Wetten daß ...* einzuladen. Also kontaktierten wir Leute, die Ceaușescu persönlich kannten. Ein mit Ehren und Würden überhäufter Hofmaler schien uns eine gute Adresse zu sein, weil er gerade das Dutzendste Porträt des Staatschefs mit Ölfarben auf Leinwand kreiert hatte.

Auf dem Gemälde war Ceaușescu als kraftstrotzender Jüngling zu sehen.

Wann er das gemalt habe?

Gerade fertig geworden.

Das Bild zeigt einen jungen Mann? Ceaușescu muß auf die Siebzig zugehen.

So sehe ich ihn, sagt der Künstler. In Rumänien ist die Kunst frei.

Hat Ceaușescu ihm denn nicht Modell gesessen?

Wo denken Sie hin?

Der Künstler, so stellt sich heraus, hatte Ceaușescu nie gesehen. Er hatte ihn nach seinem »inneren« Bild gemalt.

Ob die ARD an einem exklusiven Interview mit Ceaușescu interessiert sei, hatte uns dann zu unserer Überraschung Monate später ein Funktionär des Außenministeriums, Con-

stantin Gîrbea, im Bukarester Devisenhotel »Interconti«
gefragt. Klar, hatten wir gesagt, sofort, los, gehen wir, bevor
der Weltenschöpfer es sich anders überlegt. Es gebe da allerdings eine Bedingung, hatte Gîrbea hinzugefügt. Man würde
für uns die Fragen formulieren und nach dem Interview
bestimmen, was von den Antworten ausgestrahlt werden
könne und was nicht.

Schade.

Also kein exklusives Interview mit Ceauşescu?

Nicht zu diesen Bedingungen.

Ob das ZDF das auch so eng sähe, wenn er es denen anbieten
würde?

Das müssen wir riskieren.

Wie sich später herausstellt, hat das ZDF es genauso eng
gesehen wie die ARD.

Constantin Gîrbea war offiziell Berater des Außenministeriums in Presseangelegenheiten. Tatsächlich muß er Beziehungen bis in den innersten Kreis Ceauşescus gehabt haben, sonst
hätte er kein Interview mit dem Staatschef anbieten können.
Nach Auskunft eines Securitate-Offiziers hat Gîrbea für den
rumänischen Geheimdienst gearbeitet. Nach der Revolution
wurde er als Botschafter nach Moskau entsandt, blieb aber angeblich weiter geheimdienstlich tätig und wurde, vermutlich
weil die Russen davon nicht begeistert waren, bis zu seiner
Pensionierung als Botschafter nach Tiflis geschickt.[*]

Schon beim Vorgericht hatte ich von Constantin Gîrbea wissen
wollen, wie er, intelligenter Mensch, der er sei, mit der Ver-

[*] Constantin Gîrbea hat in einem Recherchengespräch am 15. März
    2006 bestritten, jemals für den rumänischen Geheimdienst gear-
    beitet zu haben. Seine Kontakte mit dem rumänischen Geheim-
    dienst seien auf das für einen Diplomaten Unvermeidliche be-
    schränkt gewesen.

logenheit und Repression dieses Regimes zu Rande käme. Ich bin frei, hatte er gesagt, denn »mein Herz schlägt im gleichen Takt wie das von Ceaușescu«. Vermutlich war das nicht für mich, sondern für die Wanze unter seiner Weste bestimmt.

Ein paar Monate später fragt mich Gîrbea beim einzigen Chinesen von Bukarest, der noch Lebensmittel hat, zum zweiten Mal, ob die ARD an einem exklusiven Interview mit Ceaușescu interessiert sei.

Das hatten wir doch schon.

Sie können fragen, was Sie wollen, und senden, was Sie wollen.

Und was ist mit der rumänischen Botschaft in Bonn? Ceaușescu erfährt doch, was wir ausstrahlen.

Er erfährt es nicht, sagt Gîrbea.

Das kann nur heißen, daß Ceaușescu stürzt und daß der bevorstehende 14. Parteitag sein letzter sein wird.

Nachdem uns die Securitate gefilzt hat, werden wir in den Thronsaal des Palastes von Carolus II. geführt, für den ganze Stadtteile von Bukarest abgerissen und Hunderte von Familien auf die Straße gesetzt worden waren.

Der schmächtige Herr im dunkelblauen Anzug, der auf der anderen Seite des riesigen Thronsaales an einem Kaminsims lehnt, muß Ceaușescu sein. Ich mache Miene, den Saal zu durchqueren, um mich vorzustellen. Die Prätorianergarde des Conducators fängt mich auf halbem Weg ab. Erst zum Interview lassen sie uns Auge in Auge gegenübersitzen.

Wüßte man nicht, wer er ist, man würde ihn für ein rumänisches Bäuerlein halten, das irgendwie zu einem guten Anzug gekommen ist. Er hat braune Augen. Auch beim BND in Pullach hatten sie nicht recht viel mehr über ihn gewußt oder jedenfalls gesagt. Nachrichtendienste sind für Reporter eine Quelle wie jede andere. Man muß nicht alles glauben, was sie einem erzählen, und sicher erzählen sie einem nicht alles, was sie wis-

Jeder fängt irgendwann an

Moderator mit Hund: ΛRD-Weltspiegel

Menschen, denen man glaubt: Graham Greene

Max Horkheimer

Willy Brandt

Helmut Schmidt

Aufreibende Recherchen:
... Rita Hayworths Tochter Yasmin

... Bridgeclub Washington D.C.

Was sich eine Antiterror-
einheit unter einem
stimmungsvollen Weih-
nachtsgruß vorstellt

Frohe
Weihnachten
und für 1982
eine sichere Land

GSG-9, Combat-
Schießtraining

Chief Profi, Polizei-
präsidium
Philadelphia:
Reporter am
Lügendetektor.

Mein ältester
Freund: Dick
Sprague

Lisa Sliwa,
Kommandeurin
der Guardian
Angels, U-Bahn
Manhattan.

Schön, daß
Sie unser Gast
waren: Entlas-
sung aus dem
Gefängnis von
Bari, Süditalien.

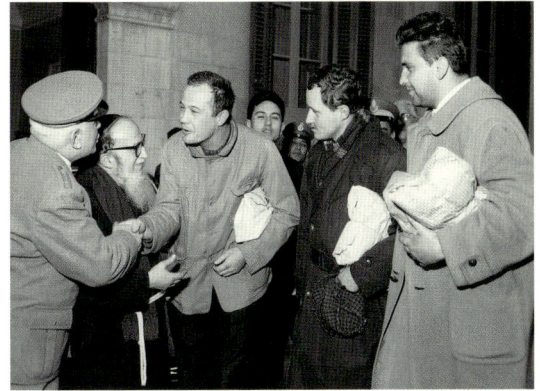

Allahu akbar,
Khomeini
rahbar: US-
Botschaft in
Teheran

In einem
rumänischen
Dorf, das
angeblich
zerstört war.

Strato-Lab-High, US Navy,
Filmausschnitt

Erste serienmässig gebaute Überschallmaschine der USAF,
F-100 Super Sabre

Vor der Hitzemauer: 2400 kmh.

Nach der Hitzemauer. Abzeichnen der Dienstreisegenehmigung.

Fasane für
das ARD-Studio
Washington D.C.

Gerupft für
einen Quarter
(25 Cent)

Tontauben
sind doppelt
so schnell

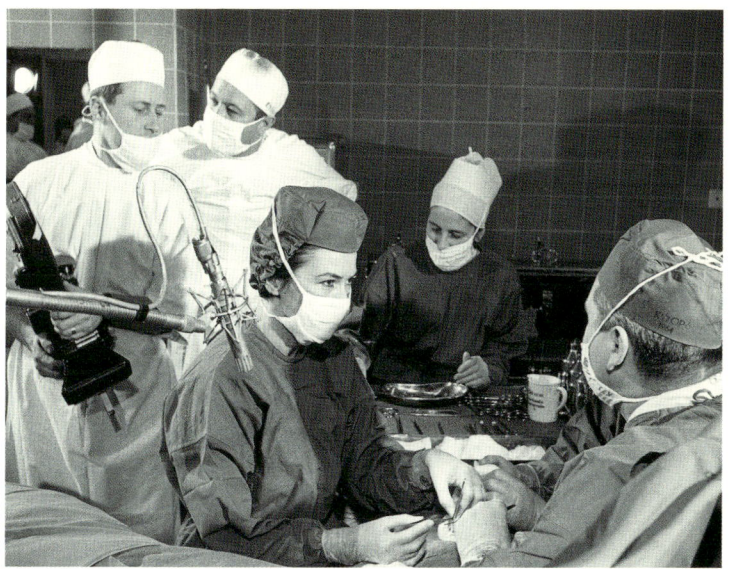

Prof. Dr. med. Ursula Schmidt-Tintemann, Chirurgin,
Manfred Feichtner, Kameramann, D.L., TU München.

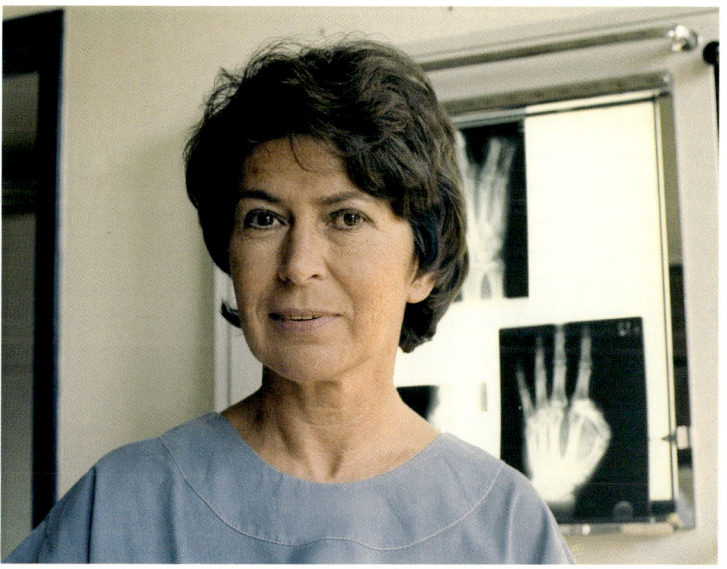

Ursula

MINNESOTA RAG

FOR DAGOBERT LINDLAU
WHO HELPS KEEP
FREEDOM OF THE
PRESS (INCLUDING TELEVISON)
ALIVE IN HIS COUNTRY.
REGARDS,
JULY 94
1981

Fred W. Friendly, Präsident von CBS News, machte die legendäre TV-Sendung See It Now, in der Edward R. Murrow am 9. März 1954 den Gesinnungsterror und die Hexenjagd von Senator Joseph McCarthy beendet hat.

sen. Aber das haben alle Quellen so an sich. Im Vergleich mit den Pressekonferenzen von Politikern, den Verlautbarungen der Polizei oder der pharmazeutischen Industrie sind Informationen von Nachrichtendiensten relativ zuverlässig. Man vermutet in Pullach, daß Ceauşescu ein neurotischer Nagelbeißer ist, womöglich Morphinist, kränklich, blaß und daher geschminkt. Als ich ihm das Mikrophon umhänge, kann ich keine Schminke erkennen. Hinter den Ohren ist seine Haut zwar etwas heller, aber auch sonnengebräunt. Der Mann ist viel im Freien. Seine Fingernägel sind kurz geschnitten wie die eines Handwerkers. Wenn der krank sein soll, dann sind wir alle dem Tode nahe. Rumänische Dissidenten werden mir nach der Ausstrahlung des Interviews vorwerfen, daß ich die einmalige Gelegenheit, Ceauşescu zu ermorden, nicht genutzt hätte.

Nach dem Interview will Ceauşescu noch ein wenig plaudern. Ich verstehe ein paar Wörter Rumänisch, und er versteht mein Küchenitalienisch. Wenn es hakt, dolmetscht Gîrbea. Aber als Ceauşescu beginnt, nach den Gründen für den Stimmungsumschwung im Westen zu fragen, zerrt uns seine Prätorianergarde auseinander. Sie scheint zu finden, daß er schon genug geredet hat. Es ist klar, wer hier anschafft. Der Weltenschöpfer ist es nicht mehr.

Wenige Wochen danach wird die Flintenjustiz eines Schnellgerichts Ceauşescu und seine Frau Elena zum Tode verurteilen, von Schergen in einen Hinterhof zerren und dort wie Vieh über den Haufen schießen lassen. Vermutlich damit der Conducator und seine Frau nicht mehr vor einem ordentlichen Gericht über ihre Helfer reden können. Die Leichen, unter denen sich Blutlachen sammeln, lassen sie für Filmaufnahmen liegen.

Nach dem Interview mit Ceauşescu geht Gîrbea neben mir durch die langen Gänge des Palastes hinaus. Denken Sie daran, daß mein Kopf in der Schlinge ist, wenn Sie das Material sendefertig machen, raunt er mir zu. Hat ihn jetzt doch noch, kurz vor Toresschluß, die Angst gepackt?

Wenn sich Reporter widerspruchslos der redaktionellen Aufbereitung fügen, dann haben sie ein schlechtes Gewissen. Tun sie es nicht, dann wird das, was sie beschreiben, entweder nicht oder nur ungern gedruckt oder gesendet. Am ehesten noch in publizistischen Nischen, wie zum Beispiel *Transatlantik* eine war. Nur da oder in der *International Herald Tribune* war es möglich, nach dem Sturz Ceaușescus den Schwindel mit den angeblichen Folterleichen der Securitate auffliegen zu lassen. Tatsächlich waren diese Folterleichen ein Mann, der unter Alkoholeinfluß in ein stillgelegtes Abflußrohr gekrochen und darin erstickt war. Man hatte die stark verweste Leiche mit Drähten herausgezogen. Die Drähte wurden in den Bildunterschriften der westlichen Medien zu Fesseln der Folterer. Außerdem zeigte man, an den Situationsnähten deutlich erkennbar, die kunstgerecht sezierte Leiche einer Frau, die im Krankenhaus an Alkoholabusus gestorben war. Man hatte ihr zum Fototermin einen ebenfalls obduzierten Säugling auf die Brust gelegt, der nichts mit ihr zu tun hatte. Der Säugling war ein Opfer des SIDS-Syndroms (sudden infant death syndrome) gewesen. Der Nachweis der Fälschungen machte die Verelendungsdiktatur des Conducators Ceaușescu nicht besser, aber eine Fälschung ist eine Fälschung.

Am 29. Dezember 1989 macht die *International Herald Tribune* mit der Nachricht auf, daß die Revolution nicht – wie von allen Medien verbreitet – 80 000 Tote, sondern 766 Tote gefordert habe. Auch 766 Tote sind 766 Tote zuviel. Selbst dann, wenn Menschen, die an Krankheiten oder durch Verkehrsunfälle gestorben sind, mitgerechnet werden, wie der französische Reporter, der von einem Panzer überfahren worden war. Aber 79 234 Totgesagte, die von der Dissidentenszene zu Propagandaleichen gemacht worden waren, lebten noch. In der deutschen Presse wird die Nachricht unterschlagen.

Am 23. Januar 1990 lassen die *International Herald Tribune* und der TV-Sender RTL die Fälschung endgültig platzen. Drei rumänische Ärzte treten bei RTL auf und bestätigen dem Reporter Ullrich Meyer, daß die angeblichen Folteropfer der Securitate eines natürlichen Todes gestorben sind und von ihnen routinemäßig obduziert wurden, um die Todesursachen zu klären. Am Tag danach meldet die Nachrichtenagentur APA: »Die Toten waren keine Revolutionsopfer, sondern Menschen, die eines natürlichen Todes gestorben sind, die bei Verkehrsunfällen ums Leben gekommen sind oder ertranken.« Die Meldung bestätigt, daß der Säugling auf der Brust einer an Alkoholabusus verstorbenen Frau von Fotografen dorthin gelegt wurde und mit der Frau nichts zu tun hat. Der Trend hält sich trotzdem. Fast alle Medien verbreiten die Bilder von den Leichen nach wie vor im Folterkontext.

Am 7. Februar 1990 beschwert sich ein deutscher Fußballfunktionär darüber, daß die Bilder von den Folterleichen vom Fernsehen viel zu selten ausgestrahlt würden. Deshalb seien zu einem Benefizspiel zwischen dem FC Bayern München und der rumänischen Nationalmannschaft nur 4000 Zuschauer ins Stadion gekommen. Das Fernsehen sei schuld daran, daß die Einnahmen nicht den Erwartungen entsprochen hätten, weil es die Folterleichen der Securitate nicht oft genug gezeigt habe.

In Timişoara (Temeswar) hatte es einen Aufstand und viele Tote gegeben. Auf dem Hauptplatz sollen sogar 50 Kinder von der Securitate zusammengetrieben und mit automatischen Waffen erschossen worden sein. Wir fahren hin. Wann genau? Niemand kann sich erinnern. Wo genau? Keine Einschüsse in den Mauern. Die Hauswände sind seit Jahrzehnten nicht mehr renoviert worden. Zeugen, Eltern oder Angehörige sind nicht zu finden. Endlich treiben wir einen Mann auf, der behauptet, dabeigewesen zu sein. Nach längerer Befragung verwickelt er sich in Widersprüche. Dann gibt er zu, daß es ihm ein Bekannter erzählt hat. Der aber sei wirklich dabeigewesen. Wir finden den Bekannten. Er gibt sofort zu, daß er auch nicht dabei war, sondern es nur von einem Mitglied der USLA (Unitatea Specială de Luptă Antiteroristă) gehört hat. An den Namen könne er sich nicht mehr erinnern. Der Mann sei nicht aus Timișoara, sondern aus Brașov (Kronstadt) gewesen.

Wir recherchieren in der Pathologie am Stadtrand von Timișoara. Leichengeruch verpestet das Haus. Nein, sagt der leitende Pathologe, Dr. Dressler, alle Leichensachen seien fotografisch dokumentiert, dabei seien auch zwei oder drei bei Unfällen oder im Krankenhaus verstorbene Kinder. Wir schauen die Eingänge Bild für Bild durch.

Man kann keine 50 Kinder mitten in Timișoara umbringen, ohne daß es Zeugen oder Angehörige gibt, sagt Dr. Dressler, und man kann auch keine 50 Kinderleichen spurlos verschwinden lassen. Das sei schon bei einer einzigen Leiche schwierig. Nachdem der Versuch, die Revolution in Timișoara niederzuschlagen, über hundert Erwachsene umgebracht hatte, hat Elena Ceaușescu dem Stellvertreter des Innenministers, Constantin Nuta, den Befehl gegeben, 40 Leichen unter dem Vorwand einer rechtsmedizinischen Untersuchung nach Bukarest zu bringen und dort unter strengster Geheimhaltung in Krematorien verbrennen zu lassen. Selbst das war aufgeflogen.

Unsere Dolmetscherin erzählt, man habe ihren vor sechs Jahren an Krebs verstorbenen Großvater exhumiert und seine sterblichen Überreste als Opfer der Securitate zur Schau gestellt. Eine Bewohnerin von Timișoara berichtet, man habe ihren toten Hund, den sie heimlich und nächtens in einer Grünanlage vergraben hatte, wieder ausgebuddelt.

Im siebzehnten Jahrhundert hat der Dekan der Pariser Universität das Phänomen beschrieben: Hexen findet nur jemand, der an Hexen glaubt. Und er hatte hinzugefügt: Es gebe Krankheiten der Phantasie, die ansteckend sind. Die Scham, mitgemacht zu haben, der Wunsch, sich reinzuwaschen, und die

Wut auf ein verhaßtes Regime hatten zu den klassischen Symptomen einer Massenpsychose geführt: Realitätsverlust, Wahnvorstellungen und Aggression.

Redaktionen, die Berichte gegen den Trend zulassen, gibt es in vielen guten Zeitungen und TV-Sendern. Aber sie sind selten. Was nicht von allen Medien wiedergekäut wird, gerät leicht in den Verdacht, nicht wahr zu sein. Nur was viele glauben, ist wahr.

Eine Schlüsselfunktion haben bei solchen Desinformationskatastrophen sehr oft Dissidenten, die bestenfalls daran interessiert sind, sich an einem Unrechtsregime zu rächen, das sie vertrieben hat, und die schlimmstenfalls einen Umsturz zu ihren Gunsten herbeiführen wollen, der ihnen nicht nur die Rückkehr ermöglicht, sondern auch andere Vorteile verschafft. Was rumänische Dissidenten in Ungarn, Österreich und Deutschland an Zweckpropaganda in die Welt gesetzt haben, hat zwar nicht zu einer vergleichbaren außenpolitischen Katastrophe geführt wie später die frei erfundenen Informationen von Dissidenten über die Massenvernichtungswaffen Saddam Husseins, aber die Dramaturgie ist die gleiche. Dissidenten sind unbrauchbare Quellen. Wenn Nachrichtendienste zögern, eigene Spione loszuschicken, weil sie an die Wand gestellt oder zu Tode gefoltert werden, wenn man sie erwischt, und sich statt dessen auf Dissidenten verlassen, werden sie irregeführt.

Die 80 000 Opfer der Revolution hat es also nie gegeben. Mehr noch: Einiges spricht sogar dafür, daß es die verhaßte Securitate war, die verhindert hat, daß Zehntausende sterben mußten. Wer das damals publiziert hätte, wäre geteert und gefedert worden.

Die Revolution zwischen dem 16. und 22. Dezember 1989 hätte auch in Bukarest, Iași Cluj (Klausenburg), Kronstadt,

Ploieşti, Piteşti, Constanţa oder Galaţi beginnen können. Sie war kein Umsturzversuch von Aufrührern, sondern eine echte Volkserhebung gegen das Regime Ceauşescu. Daß sie in Timişoara begann, war mehr oder weniger Zufall. Sie hatte sich dort am Protest gegen die Ausweisung eines ungarischen Dissidenten, des Pastors László Tökes, entzündet. Zunächst hatte es so ausgesehen, als würden Miliz und Militär mit den Unruhen fertig. Nachdem die Miliz Aufständische verhaftet hatte, geriet die Lage aber schnell außer Kontrolle.

Ceauşescu tobte und schickte leitende Funktionäre der Partei und der Armee mit einem Sonderflugzeug und einem Sonderzug nach Timişoara. Schon am Abend des 17. Dezember gab es in Timişoara über 50 Tote, weil militärische Einheiten eingriffen, als Aufständische versuchten, die verhafteten Demonstranten zu befreien. Auch in anderen Städten kam es zu blutigen Konfrontationen mit Todesopfern unter den Demonstranten und bei den Kräften von Miliz und Militär.

Ceauşescu hat nach der Tragödie in Timişoara und anderen Städten eine außerordentliche Sitzung des Politischen Exekutivkomitees einberufen, die Anwesenden brüllend beschimpft und ihnen gesagt, sie seien nach Timişoara gegangen wie Jesus Christus, seien dort geohrfeigt worden und hätten dem aufständischen Gesindel dann auch noch die andere Wange hingehalten. In seiner Wut hat er den Chef der Securitate, Generalleutnant Julian Vlad, entlassen, die Entlassung dann aber doch wieder aufgehoben, um ihm Gelegenheit zu geben, die Scharte auszuwetzen und in Timişoara Ruhe zu schaffen.

Am 18. Dezember, als die Revolution schon in vollem Gang war, flog Ceauşescu, der die Lage völlig verkannte, zu einem Staatsbesuch in den Iran und überließ die Regierung seiner Frau Elena, einem stellvertretenden Vorsitzenden des Staatsrats und einem ZK-Sekretär.

Der Chef der Securitate, Generalleutnant Julian Vlad,

brachte den Regierungschef zum Flugplatz, kam niedergeschlagen und deprimiert zurück und befahl Oberst Gheorghe
Ratiu, mit allen Einheiten der Securitate im Land Verbindung
aufzunehmen, um ihnen zu sagen, daß sie keinesfalls in die
Menge der Demonstranten schießen sollten.

Die Securitate galt als Inbegriff von Ceaușescus Regime und
war es vermutlich auch. Sie hatte aber vor allem eine nachrich-
tendienstliche Aufgabe, das heißt, sie überzog das Land mit
Spitzeln. Proteste auf der Straße sollten von den Truppen der
Miliz und von der CTS (Commando Trupelor de Securitate)
niedergeschlagen werden. Im Apparat dieser Kreuzung aus
Nachrichtendienst und Geheimpolizei gab es neben Oberst Ra-
tius Direktion 1 fünf weitere Direktionen. Die Direktion 2 sollte
die Wirtschaft schützen. Die Direktion 3 befaßte sich mit Spionageabwehr und die Direktion 4 mit der militärischen Gegen-
spionage. Aus der Direktion 5 rekrutierte sich die Leibgarde
Ceaușescus. Die Direktion 6 beschäftigte sich nur mit Strafver-
folgung.

Eine Sondereinheit war die USLA, ausgebildet für den Einsatz gegen terroristische Attacken. Sie schützte Botschaften,
kontrollierte Flughäfen, wurde aber nicht gegen Demonstranten eingesetzt wie die regulären Truppen der Securitate, die
CTS-Miliz. Bei Schießereien waren Militär und Securitate leicht
zu unterscheiden. Die einen hatten rote, die anderen blaue
Kragenspiegel. In der deutschen Presse wurde jeder, der schoß
und eine Uniform anhatte, zum Mitglied der Securitate.

Als Ceaușescu am 20. Dezember aus dem Iran zurück-
kommt, beruft er zunächst das politische Exekutivkomitee ein
und läßt dort seinen Zorn über die Unfähigkeit der Leute aus,
die es nicht geschafft hatten, die Lage zu beruhigen. Dann geht
er vor die Fernsehkameras und hält eine Rede an das rumänische Volk. Immer noch glaubt er an die eigene Popularität,
denn seine Ohrenbläser reden ihm ein, das Volk stehe hinter

ihm. Der Selbstbetrug geht so weit, daß er am nächsten Tag noch eine große Volksversammlung einberufen und ganz Rumänien auffordern will, ihn und sein Regime vor den Umstürzlern zu schützen. Er hofft auf eine Konterrevolution.

In Hermannstadt (Sibiu) hatte die Miliz denselben Fehler gemacht wie in Timișoara und die Anführer der Rebellion verhaftet, die eine Ablösung Ceaușescus und den Rücktritt der Regierung forderten. Auch hier und in anderen Städten war Blut geflossen, und eine wütende Menge hatte die Freilassung der Verhafteten verlangt.

Oberst Ratiu war der einzige Chef einer Direktion der Securitate, der von Ceaușescu nicht zum General befördert worden war. Möglicherweise weil seine Berichte über die Stimmung im Land nicht das waren, was der Despot hören wollte. Ratiu gab den Befehl, die Verhafteten laufen zu lassen und auf keinen Fall zu schießen, zunächst einmal weiter an den Chef der Securitate und des Inspektorats in Hermannstadt. Dann aber auch an die Kommandeure der Securitate in den anderen Städten. Außerdem ordnete er an, die Munition in Depots zu verschließen und sie zu versiegeln. Der Befehl konnte zwar ein Massaker mit Tausenden von Toten verhindern, nicht aber Hunderte von Todesopfern auf beiden Seiten, weil Miliz und Militär auf Aufständische schossen und die Aufständischen Waffen erbeutet hatten und sich wehrten.

Nach der Revolution treffen wir Gheorghe Ratiu beim Angeln am Snagovsee.

Ja, das stimmt, sagt er auf unsere Frage. Ich habe den Befehl von Generalleutnant Vlad »Nicht schießen!« an alle Einheiten weitergeleitet.

War das die Rückversicherung eines gerissenen Nachrichtendienstlers, der genau weiß, daß das Regime auf dem letzten Loch pfeift? Oder war es für den Chef der ersten Direktion der

Securitate eine Sache, subversive Aktivisten zu bespitzeln, und eine ganz andere, auf Landsleute schießen zu lassen?

Was wäre Ihnen passiert, wenn die Revolution nicht gesiegt hätte?

Dann könnte ich jetzt nicht mehr mit Ihnen reden.

Wie kann er damit leben, daß er Ceauşescu gedient hat?

Es gehört zur Aufgabe aller Sicherheitsdienste der Welt, zu wissen, was die Leute denken. Solange man dabei im Namen des Volkes handelt, sehe ich darin nichts Böses. Wenn wir damit Ceauşescu genützt haben, dann müssen wir uns das vorwerfen lassen.

Hält er es denn für legitim, die Gedanken der Bürger zu kontrollieren?

Nein, kategorisch nein.

Aber wenn es doch dem Vaterland nützt?

Wenn die Situation es erfordert …, sagt er. Er vollendet den Satz nicht.

12 GARSTIG LIED

Zwei Reporter in einem Heißluftballon. Sie haben keine Ahnung, wo sie sind. Sagt der eine Reporter zum anderen, da unten steht ein Typ. Den könnten wir fragen. Der Reporter schreit hinunter:

Wo sind wir!?

Der Typ schreit herauf:

In einem Heißluftballon!

Sagt der eine Reporter zum anderen: Der muß Redakteur sein. Alles richtig, was er sagt, aber du kannst nichts damit anfangen.

Reporter machen sich seit Olims Zeiten über Redakteure lustig. Sie wissen, daß selbst Regierungschefs nach einer langen Rede aufs Klo müssen. Redakteure wissen das auch, aber sie kennen kein Erbarmen. Reporter wissen, daß Politikern sogar die eigene Partei hin und wieder zum Halse heraushängt. Redakteure wissen das auch, aber wehe dem Politiker, der sich das anmerken läßt. Reporter wissen, daß selbst Minister manchmal einfach nur Belangloses reden wollen. Redakteure wissen das nicht. Die analysieren in Leitartikeln Reden von Politikern, die irgendwelche Redenschreiber verfaßt haben, sie kommentieren Erklärungen von Politikern, die bis zum letzten Komma von Parteivorständen auf Vermittelbarkeit durchgehechelt worden sind, sie lachen sich krumm über Pointen von Politikern, die sich bezahlte Witzbolde in nächtlichen Brainstormings ausgedacht haben. Sie halten den Mann oder die Frau, die ihnen auf Pressekonferenzen oder bei Redaktionsbesuchen vorgeführt wird, für das Original.

Reporter gehen mit Politikern um wie mit Artgenossen, die keine Lehrer, Schreiner oder Rennfahrer sind, sondern Politiker.

So oder so ähnlich sehen das Reporter.

Reporter dagegen kennen Politiker nur aus der Froschperspektive. So sehen das Redakteure.

Der Historiker Golo Mann hat starke Schmerzen beim Treppensteigen. Seine Hüftgelenke sind arthrotisch. Aufzüge mag er nicht, denn er leidet an Klaustrophobie. Bundeskanzler Willy Brandt springt von seinem Schreibtisch im ersten Stock des Palais Schaumburg auf, als ich ihm das sage, und eilt hinunter, um Golo Mann Treppe und Aufzug zu ersparen.

Der Historiker sah damals in der Außenpolitik Brandts eine Gefahr für Deutschland und für Europa. Er war überzeugt, daß die These vom »Wandel durch Annäherung« die Illusion eines Traumtänzers war, und er war sicher, daß jede Annäherung an den Ostblock nur dem kommunistischen Herrschaftsanspruch in die Hände spielen würde. Deshalb hat Golo Mann mit Franz Josef Strauß und dessen CSU zu flirten begonnen. Zugleich aber hat er immer das Gespräch mit Willy Brandt gesucht, der ihm als Mann sympathisch war und den er gern ermahnt und zur Einsicht gebracht hätte.

Am 23. März 1972 kommt das Gespräch zustande. Weder der Kanzler noch der Historiker will ein Vier-Augen-Gespräch, in das hinterher alles mögliche hineininterpretiert werden kann. Andererseits will keiner von beiden einen Gedankenaustausch, der nachher in der Zeitung steht. Außer dem persönlichen

Referenten, Reinhard Wilke, soll deshalb ein Außenstehender dabei sein, der für sich behält, was er hört. Man einigt sich auf einen Reporter als Anstandsdame. Als Gattung sind Redakteure eher geschwätzig. Reporter leben davon, daß sie notfalls auch den Mund halten. Brandt wußte das, denn er war früher selbst Reporter.

Golo Mann hinkt mit dem Kanzler quer durch den Park an der Rheinseite des Palais Schaumburg über den Rasen zum Teehaus. Ein Herr der Sicherungsgruppe Bonn läßt den Regierungschef wissen, daß man den Schlüssel zum Teehaus nicht finden könne, obwohl man überall danach gesucht habe. Ob man nicht woanders …?

Sie werden wohl noch eine Tür aufkriegen, raunzt der Bundeskanzler.

Ich frage Brandt, ob er etwas dagegen hat, wenn ich ein Tonband mitlaufen lasse.

Nein, lacht er. Wenn Sie es bis zu meinem Tod unter Verschluß halten.

Die Tür zum Teehaus ist offen, als wir hinkommen.

Golo Mann kommt bald zu der Frage, die ihm schlaflose Nächte bereitet:

Glauben Sie, Herr Bundeskanzler, daß der sogenannte Ostblock in einer absehbaren Zeit noch als das bestehen wird, was er heute ist?

Nein, sagt Brandt zum Entsetzen von Golo Mann. Vom Gesicht des Historikers kann man ablesen, daß dieses »Nein« des deutschen Bundeskanzlers seine schlimmsten Befürchtungen bestätigt. Der glaubt offenbar allen Ernstes, daß sich der Ostblock innerhalb einer erlebbaren Zeit verändern könnte.

Nein, fährt Brandt dann auf das entsetzte Schweigen von Golo Mann fort, aber es ist schwierig, dazu anders als in einem solchen Gespräch zu sagen, was man denkt …

Die Erfahrung der zurückliegenden Jahre zeigt, sagt Brandt, daß es in den Staaten, die zwischen Deutschland und Rußland liegen, einen ganz starken Drang zur Unabhängigkeit gibt – und zur Bewahrung der nationalen Identitäten. Und ich glaube, es gehört zu den interessanten Folgen der tschechoslowakischen Krise im Jahr 1968, daß die sowjetischen Führer sich entschlossen haben, zwei Dinge auf einen Nenner zu bringen: Sie haben sich vorgenommen, die politische Disziplinierung in ihrem Block zu koppeln mit der Erlaubnis für ihre Blockpartner, auch mit nichtkommunistischen Staaten mehr Austausch als früher zu haben. Ich zweifle daran, daß diese Rechnung aufgeht. Vieles spricht eher dafür, daß sich ähnliches wie in der Tschechoslowakei in anderen Ländern wiederholen wird. Auch in der Sowjetunion selbst, vermute ich. Und man steht dem als Westeuropäer mit einigem Bangen gegenüber. Denn wir können den Osteuropäern nicht helfen; keiner kann ihnen machtmäßig helfen. Deshalb hofft man, daß das Unabhängigkeitsstreben einerseits nicht nachläßt und daß es andererseits möglichst in Grenzen gehalten wird und Anschluß findet an eine Zeit, in der auch in der Sowjetunion selbst die starren, verkrusteten Formen aufgelockert werden können.

Mann (nur mit Anstrengung seine Fassungslosigkeit verbergend): Sie meinen, daß die andere Seite als Machtsystem aufrechterhalten bleiben muß?

Brandt sieht Golo Mann an, als wolle er ihn fragen: Was denn sonst? Dritter Weltkrieg?

Mann: Vor einigen Jahren ging das Schlagwort vom »Wandel durch Annäherung« um ...

Brandt: Aus dem veränderten Verhältnis zwischen der Sowjetunion und uns leiten sich heute schon Wirkungen ab. Nehmen Sie die Aufhebung des Visumzwangs zwischen der DDR, Polen und der Tschechoslowakei ... Jetzt sagen uns die polnischen Führer, es sei für sie eine ganz wichtige Erfahrung, daß an den Wochenenden Zehntausende von Deutschen und Polen zusammentreffen. So können sich die Befürchtungen der Herrschenden wandeln …

Mann : … das könnte man sich auch mit George Orwell erklären, wenn Sie sich an 1984« erinnern …

Brandt : … die Umorientierung …?

Mann : … daß der Feind von gestern plötzlich der Freund wird? Das kann man auch schnell wieder anders machen.

Brandt : Das ist ein partieller Abbau der alten Vorurteile, und ich glaub' eben nicht, daß dies sich willkürlich hin und her bewegen läßt …

Mann : Glauben Sie, daß man mit den Mächtigen im Osten menschlich und moralisch ungefähr so umgehen könnte wie mit denen im Westen?

Brandt : … Die Begegnungen mit Männern aus Warschau, aus Prag, aus Budapest, Belgrad oder Bukarest, alle zeigen, daß Europa eben nicht an der Elbe aufhört. Daß die Diskussion zwischen einem westlich-demokratischen Politiker und einem kommunistischen Partei- und Staatsführer sich wesentlich unterscheidet von Diskussionen in der westlichen Gemeinschaft, ist klar. Trotzdem glaub' ich eben: Gemeinsame Interessen sind ein guter Kitt. Und es gibt im Kommunismus, auch dort, wo er einem als harter Widersacher begegnet, einen rationalen Kern, der die Diskussionen leichter macht als die Diskussionen mit andersgearteten diktatorischen Regimen. Bei sauberer Abgrenzung dessen, worüber man sich nicht einig ist, gibt es eine Vielzahl von Dingen, über die man mit denen reden kann.

Mann : Ja, das leuchtet mir ein. Interessen sind ein starker Kitt.

Dann geht es um die Frage, ob diese »Annäherung« an den Ostblock innenpolitisch nicht zu einer Ermunterung der antidemokratischen Kräfte in Deutschland führen könne. Golo Mann meint natürlich die Unruhen an den Hochschulen.

Brandt weist darauf hin, daß diese Unruhen unter der vorherigen Regierung größer gewesen seien. Er sähe darin aber auch keine direkte Verbindung der linken radikalen Kräfte, die sich an unseren Universitäten tummeln, mit der kommunistischen Partei in Deutschland und nennt sie linkskommunistisch, anarchosyndikalistisch, rätekommunistisch, wie auch immer.

Eine halbe Stunde später kommt Golo Mann auf das zweite ihm wichtige Thema zu sprechen, nämlich die Freiheit deutscher Unternehmer unter einem sozialdemokratischen Bundeskanzler.

Mann: Man spricht ja sehr viel von den verunsicherten Unternehmern.

Brandt (gedehnt): Ja?

Mann: Ich könnte verstehen, daß eine Anzahl von ihnen sich ehrlich Sorgen macht angesichts dessen, was sogar in den liberalen Feuilletons geschrieben wird gegen die Industrie, gegen die Leistungsgesellschaft, gegen den Kapitalismus. Könnten Sie nicht persönlich etwas gegensteuern, einfach dadurch, daß Sie einmal sagen, ob es Ihrer Meinung nach in zehn Jahren noch unabhängige Unternehmer geben wird?

Brandt: Wir sehen in diesem Land, daß die Begabung, die ein Unternehmer oder ein tüchtiger Manager haben muß, nur selten parallel geht mit politischem Verstand. Wobei man das auch umgekehrt sagen kann; ich wüßte auch nicht, ob ich tüchtig wär' in der Leitung eines großen Unternehmens. Aber daß es in Deutschland unter hervorragenden Unternehmern auch besonders große politische Schafsköpfe gibt, das ist nicht nur ein historischer Tatbestand, sondern das erlebt man immer wieder. Es spielt wohl mit eine Rolle, daß die Herren zum großen Teil zu arrogant sind, Zeitung zu lesen, und sich statt dessen für viel mehr Geld Informationsdienste halten. In denen werden dann Aussagen von Jugendgruppen so dargestellt, als handle es sich um vorweggenommene Regierungserklärungen.

Da kommt zu mir eines Abends der neugewählte Bremer SPD-Vorsitzende, der Dr. Henning Scherf, sauber gewaschen, gute Manieren, auch nicht mal besonders radikal eingestellt. Halt ein Vertreter einer jungen Generation, die nun in die Verantwortung rein muß. Und da frage ich die Unternehmer: Was wollt ihr eigentlich? Woher soll ich mir denn den Nachwuchs holen? Doch nicht aus'm Altersheim …

Nun kommt aber noch das andere hinzu, und davor haben die Herren in Wirklichkeit viel mehr Angst als davor, daß man ihnen die Betriebe wegnimmt. Is' ja grotesk, wir hätten ja gar nicht das Geld, um ihnen die Betriebe abzukaufen. Also, das ist gar nicht der Punkt, sondern der Punkt ist, ob der Staat bei den immer mehr zunehmenden Anforderungen die Belastung so hoch setzt, daß von daher die Rentabilität in Frage gestellt wird … Jeder muß wissen, daß – wenn man mal übers nächste Jahrzehnt hinaussieht – man die zunehmenden Aufgaben der öffentlichen Hände nicht mit der heute geltenden Steuerquote bewältigen kann. Die zunehmenden Aufgaben – Bildung, Städtebau, Verkehr, Umweltschutz und die auf manchen Gebieten noch auszubauende soziale Sicherheit und Umstrukturierung der Landwirtschaft – sind nicht allein zu finanzieren aus dem Steueraufkommen, das man automatisch dadurch kriegt, daß die Wirtschaft expandiert. Der Staat muß mehr Mittel bekommen. Das ist nicht ein Selbstbedienungsladen, bei dem man rausgeht und sich an der Kasse vorbeischwindelt. Das beginnen die Bürger auch zu begreifen. Allerdings besser, wenn man es abstrakt erörtert. Sobald hingegen klar wird, es betrifft auch sie selbst, zögern sie.

Auf dem Weg zurück vom Teehaus zum Palais Schaumburg sehen wir Egon Bahr und Michael Kohl, Verhandler der DDR, mit Gläsern in der Hand auf der Veranda des Kanzlerbungalows stehen. Sie reden seit Wochen über die Ostverträge und haben offenbar gerade eine Pause gemacht.

Na, kommt ihr irgendwann zu Stuhle, oder trinkt ihr nur meine Flaschen leer? ruft ihnen Brandt zu. Golo Mann zupft mich am Ärmel. Staatstragend, wie er ist, hält er das zufällige Treffen des Bundeskanzlers mit dem DDR-Beauftragten für eine historische Begegnung, die keinesfalls durch uns gestört werden darf. Deshalb will er mich zurückhalten. Das ist vermutlich genau das Gegenteil dessen, was Brandt will. Sollte jemand den Zufall dieser Begegnung in ein geheimes Treffen des deutschen Bundeskanzlers mit einem Beauftragten Honeckers umdeuten, kann sein Pressereferent darauf verweisen, daß bei diesem angeblichen Geheimtreffen ein der CSU freundlich gesinnter Besucher und ein Reporter der ARD dabeiwaren. Brandt plaudert mit Bahr und Kohl über einige der strittigen Punkte. Nichts Neues.

Vor der Wahl 1972 lassen die Wahlkampfmanager Willy Brandt in einem niederbayerischen Bach Forellen angeln, um im Süden der Republik ein paar Wählerstimmen zu holen. Man hat ihm eine Joppe angezogen. An ihm wirkt sie fremd und uniformesk. Neben Brandt trottet eine Hundertschaft von Presse- und Sicherheitsleuten her. Er angelt nicht mit einer Fliege, sondern versucht einen Wurm an den Haken zu kriegen. Kamera läuft. Er ist ungeschickt, hat Hemmungen, den Wurm aufzuspießen. Der Wurm fällt ihm hinunter und ist im Gras nicht mehr aufzufinden.

Nun hat sich auch noch mein Wurm davongemacht, raspelt er.

Nach dem Rücktritt von Willy Brandt will *Panorama* Hamburg ein Stück über seine Frauenaffären. Brandt nennt sie seine »Begegnungen mit Frauen«. Ohne große Begeisterung fliege ich nach Bonn. Stunden vor dem Rücktritt hatte Brandt seinen Anhängern in Berlin zugerufen: »Ihr habt es alle gewußt, daß ich kein Säulenheiliger bin!«, und damit tosenden Beifall geerntet.

Brandt finde ich heiter und entspannt vor, als sei ihm durch den Rücktritt am Tag zuvor eine große Last von den Schultern genommen worden. Er erzählt, daß ihm der DDR-Spion Günter Guillaume kurz nach seiner Enttarnung und Verhaftung einen Brief geschrieben habe, mit den letzten Reisekostenabrechnungen und pedantischen Hinweisen, in welcher Schublade welche Unterlagen zu finden seien. Außerdem habe er sein Bedauern ausgedrückt, daß die Zusammenarbeit nun zu Ende sei, für die er sich bedanke.

Können Sie sich das vorstellen? Brandt kann es offenbar nicht.

Ein paar vergebliche Anläufe, um auf den Zweck des Besuches zu kommen, dann kommt er selber darauf zu sprechen.

Und was sagt Rut?

Ach, sagt er mit seiner Reibeisenstimme, da gab's schon Qualm in der Küche. Aber als die dann gesagt haben, wir hätten mit dem Guillaume trioliert, da hat sie gewußt, daß die auch ein bißchen lügen.

Wochen nach dem Rücktritt ruft der persönliche Referent an. Brandt sei vom mexikanischen Präsidenten Luis Echeverría Álvarez eingeladen worden. Ob der *Weltspiegel* interessiert sei.

Sicher, wenn wir in Mexiko Zeit zum Angeln haben.

In Mexiko wird von morgens bis abends geangelt, sagt der Persönliche.

Unter Echeverría waren im Juni 1971 bei einer Demonstration 30 Studenten von der Polizei erschossen worden. Der Präsident hatte Brandt eingeladen, weil er Generalsekretär der Vereinten Nationen werden wollte, sich dazu Hilfe von Brandt erhoffte, und weil er nach dem Massaker durch den Besuch eines wichtigen sozialdemokratischen Politikers sein Image aufpolieren wollte. Brandt hatte die Einladung angenommen, um der bedrängten und zum Teil inhaftierten studentischen Linken den Rücken zu stärken. Vermutlich dachte er nicht im

Traum daran, Echeverría beim Aufstieg an die Spitze der UNO zu unterstützen.

In Puerto Vallarta ist Brandt der einzige, der gut schläft, obwohl die ganze Nacht die Brecher des Pazifiks gegen die Küste donnern.

Brandt lacht gern. Am liebsten über die eigenen Witze. In einem geht es um den Säufer, der gierig Methylalkohol in sich hineinschüttet. Jemand, der das sieht, schreit ihn an, Mann, hören Sie auf! Sonst werden Sie blind! Macht nichts, sagt der Säufer. Ich habe alles gesehen.

Und? fragt jemand Brandt. Haben *Sie* alles gesehen. Lange, sehr lange Pause. Dann: Ich fürchte, ja.

Die mexikanische Regierung weiß von ihrem Nachrichtendienst, daß Brandt kein Kind von Traurigkeit ist. Am Abend versammelt man daher die Dorfschönen in unserem Palazzo am Meer. Wahrscheinlich hat man ihnen gesagt, daß sie sich für alle Fälle ein wenig herrichten und frisch machen sollen. Brandt stiert mit ausdruckslosem Gesicht in die Damenrunde.

Na dann, knurrt er, dann kommen wir heute alle mal wieder früh ins Bett, steht auf und geht schlafen.

Wir bitten Präsident Echeverría für den *Weltspiegel* um ein Interview. Über die angespannte innenpolitische Lage, seinen Gegenspieler, die akuten Probleme mit den USA und auch über die 30 toten Studenten.

Das Interview wird zugesagt. Wir warten einen Vormittag vor der Residenz des Präsidenten, den ganzen Nachmittag und den ganzen Abend. Am nächsten Vormittag rührt sich immer noch nichts. Also rufen wir den Führer der Opposition an, der Echeverría abzulösen droht und daher dessen Erzfeind ist. Minuten später ist eine Autokavalkade da, um uns auf dem schnellsten Weg von der Residenz Echeverrías fort und zu dessen Kontrahenten zu bringen. Polizei auf Motorrädern begleitet uns, damit das deutsche Fernsehen dem Kandidaten der Opposition nur ja nicht verloren geht. Wutschnaubend beschwert sich Echeverría bei Brandt. Nach Auskunft der Dolmetscher, die dabeiwaren, sagt ihm Brandt, daß er die Berichterstattung der ARD weder beeinflussen könne noch wolle.

Beim Mittagessen in der Residenz erklärt Echeverría dann Willy Brandt in der Tischrede die Grundbegriffe des Regierens, als hätte er sie einem Klippschüler beizubringen. Brandt hört aufmerksam und höflich zu, räuspert sich vernehmlich und klopft schließlich an sein Glas. Mit großer Verbindlichkeit sagt er dem Präsidenten, daß er sich das, was Echeverría gerade erzählt hat, schon als Regierender Bürgermeister von Berlin »an den Schuhsohlen abgelaufen« habe. Wir kriegen nicht heraus, ob der Dolmetscher Brandts Formulierung wörtlich ins Spanische übersetzt.

Das nächste Mittagessen ist auf einer dem Festland vorgelagerten Insel arrangiert. Es gibt über offenem Feuer geröstete Krebse, die dort gefangen werden. Präsident Echeverría ist verhindert.

Jetzt werden wir bestimmt angeln, sagt der persönliche Referent, der eine Menge von moderner Kunst versteht, aber eine Angel nicht von einem Loch im Boden unterscheiden kann. Auf der Jacht des Präsidenten, die uns zur Insel gebracht hat, waren nicht nur zwei Dutzend Sicherheitsbeamte mitgekommen, sondern auch ein Dutzend Musiker einer mexikanischen Blaskapelle.

Nach dem Mittagessen überläßt Brandt die Organisation dem Kameramann, weil der mit dem Exkanzler ein paar Einstellungen an Bord drehen will. Als wir auf dem Schiff sind, bittet der Kameramann den Kapitän im Auftrag Brandts abzulegen. Die Musiker waten in heller Panik hinter dem davongleitenden Schiff her ins Meer und halten ihre Instrumente über den Kopf. Sie bleiben erst zurück, als ihnen das Wasser bis zum Kinn geht.

Brandt macht es sich auf einem Stuhl im Heck bequem, setzt sich einen Strohhut auf und wirft die Angel aus. Schon nach Minuten schläft er tief und fest. Der Kameramann nimmt ihm vorsichtig die Angel aus der Hand. Brandt wacht erst auf, als wir zwei Stunden später im Hafen von Puerto Vallarta anlegen.

Dann kommt über die gesicherte Frequenz der deutschen Botschaft eine Nachricht von Präsident Peres in Venezuela. Er habe gehört, daß Brandt in der Gegend sei, und stelle ihm seine Privatmaschine, ein fliegendes Luxusappartement, auf dem Flugplatz von Mexiko City bereit für den Fall, daß Brandt Lust habe, in Caracas vorbeizukommen. Der Kollege Echeverría habe doch nicht einmal nennenswertes Öl. Was könne einer wie der einem deutschen Politiker schon bieten?

Ich muß erst den (Bundeskanzler) Helmut fragen, ob ihm das recht ist, sagt Brandt. Er respektiert die Kleiderordnung. Es ist Helmut Schmidt recht.

Während wir uns in Caracas amüsieren, sperren sie Brandt aus Sicherheitsgründen in einem militärischen Areal ein. Am nächsten Tag wird er bei 40 Grad im Schatten und im dunklen Anzug von einer Gedenkstätte Simon Bolívars zur anderen geschleppt. Es gibt viele Gedenkstätten Simon Bolívars in und um Caracas herum. Wir verbringen den Tag auf dem Meer beim Hochseeangeln. Mit einem Sonnenbrand kommen wir am Abend zurück und erzählen dem Kanzler, wie schön es draußen war, und berichten ihm Wunderdinge aus dem Nachtleben von Caracas. Brandt wird in sein Sicherheitsareal gekarrt. Er ist sauer. Die Verärgerung legt sich aber auf dem Rückflug.

In Zeitungstexten sieht man keine Striche, und Anführungszeichen kosten nichts. Man sieht weder die Eingriffe des Redakteurs, der den Text umgeschrieben hat, noch die Kürzungen des Schlußredakteurs, die Bedenken des Chefredakteurs, der Rechtsabteilung des Verlags oder der Anzeigenabteilung. Ein Interview mit Kamera und Mikrophon kann ebenfalls geschnitten, gekürzt und aus dem Zusammenhang gerissen werden. Wenn auch nicht ganz so einfach wie ein Zeitungsbericht. Bei einem Filmbericht sieht man jeden Schnitt. Außerdem müssen Fernsehleute ihre Interviewpartner wenigstens vor der Kamera gehabt haben. Zeitungen und Zeitschriften müssen das nicht.

Gipfelgespräch in London zwischen Bundeskanzler Helmut Schmidt und US-Präsident Jimmy Carter. Mit einiger Verspätung ist schließlich auch der Chefreporter einer überregionalen süddeutschen Zeitung eingeflogen. Klaus Bölling war nach seiner Zeit als ARD-Korrespondent in Washington Regierungssprecher geworden. Das hatten einige von uns für eine bemerkenswerte Karriere, andere für einen bedauerlichen Abstieg gehalten. Bölling schimpft im Kollegenkreis, da habe doch der Chefreporter dieser überregionalen süddeutschen Zeitung einen Termin mit Helmut Schmidt gehabt und den deutschen Bundeskanzler einfach sitzen lassen. Für wen der sich halte. Der könne sich jeden weiteren Termin mit dem Kanzler in die Haare schmieren.

Beim Frühstück anderntags bohre ich den Chefreporter an. An den Tischen verstummt das morgendliche Geplauder der Reporter. Was der Kanzler ihm denn gesagt habe. Ach, man habe über dieses und jenes, mehr oder weniger über alles geredet. Ob er mir nicht wenigstens ein Zitat für die *Tagesschau* überlassen könne. Ein ganz kleines Zitat nur. Nein, es sei doch um sehr komplizierte Dinge gegangen, die sich nicht für den Fernsehkonsum verkürzen ließen.

Am nächsten Tag erscheint dann sein vielspaltiger Bericht. Nirgends behauptet er, daß er mit dem Kanzler gesprochen habe. Und doch: Jeder Leser würde nach der Lektüre einen heiligen Eid schwören, daß der Verfasser nicht nur viele Stunden im Gespräch mit dem Regierungschef verbracht hat, nein, daß ihn der Kanzler um Rat gefragt und daß dieser Meinungsaustausch mit ihm, dem Chefreporter einer überregionalen süddeutschen Zeitung, mit Sicherheit die deutsche Außenpolitik zum Guten wenden werde.

Bei der Pressekonferenz in der deutschen Botschaft in London redet Helmut Schmidt gouvernemental wie immer über die Köpfe der versammelten Journalisten hinweg. Jemand zupft an meiner Jacke. Günther Müggenburg, Chefredakteur *ARD aktuell,* ist, gedeckt durch die Stuhlreihen, nach vorne gerobbt.

Junge, uns kommt Geld weg, flüstert er mir zu. Die vom *Spiegel* säßen seit Stunden in seinem Hotelzimmer und mischten Karten. Mit ihnen zu pokern ist immer eine Freude, denn sie spielen hoch und nicht besonders gut. Diesmal wird eine Kollektion Reisegepäck aus feinstem englischen Sattelleder herausspringen. Das Leder wird ein paarmal um die Erde reisen.

Am Abend dreht der Kameramann rückwärtsgehend den deutschen Bundeskanzler bei einem Empfang und knallt mit dem Rücken in eine offenstehende Tür.

Das gönne ich Ihnen von ganzem Herzen, zischt ein übelgelaunter Schmidt.

Haben wir das? will ich vom Toningenieur wissen.

Haben wir, sagt der Toningenieur.

Heute abend in der *Tagesschau.*

Daran kann auch Klaus Bölling nichts ändern.

Vermutlich gibt es keinen zweiten Politiker, dem trotz seiner bei jeder Gelegenheit bekundeten Verachtung für die »Journaille« von ebendieser so viel Respekt und Hochachtung, ja sogar Sympathie entgegengebracht wird wie Helmut Schmidt. Seine Integrität, seine Kompetenz und seine Führungsstärke stellt spätestens seit der Hamburger Flutkatastrophe niemand mehr in Frage, der bei klarem Verstand ist. Die manchmal verletzend scharfen Kanten stehen ihm zu, finden die Journalisten. Manche Reporter scheinen sogar stolz darauf zu sein, von ihm auf die Hörner genommen zu werden.

Die Maschine der Bundeswehr holt Helmut Schmidt montags sehr früh gegen 7 Uhr in Hamburg ab, um ihn nach Bonn zu fliegen.

Wo sitzt er denn normalerweise?

Auf dem ersten Sitz links am Fenster, sagt der Offizier der Luftwaffe, der die Maschine fliegt.

Das geht nicht. Das Fenster überstrahlt das schwache Innenlicht. Da hat er ein schwarzes Gesicht, sagt der Kameramann. Der muß sich auf die andere Seite auf den Sitz am Gang setzen.

Tun Sie mir einen Gefallen, sagt der Pilot, teilen Sie das dem Herrn Bundeskanzler mit, wenn ich wieder im Cockpit bin und die Tür hinter mir zu ist. Da bin ich lieber nicht dabei.

Wir bitten den Offizier, so langsam wie möglich, also knapp über dem Abreißen der Luftströmung, zu fliegen, weil wir jede Minute zum Drehen brauchen.

Grußlos feuert Schmidt seine Aktentasche in die Ecke, setzt sich auf seinen Platz und starrt zum Fenster hinaus. Er ist, was Soziologen eine »autoritäre Persönlichkeit« nennen. Wenn er Angst wittert, beißt er. Wer regieren will, hat er uns einmal gesagt, der muß die Primadonnen im Kabinett im Zaum halten. Außerdem muß er jeden Tag alle, die ihm das Regieren abnehmen wollen, mit der Peitsche in ihre Löcher zurückjagen: Arbeitgeber, Gewerkschaften, Verbände, Kirchen und Parteiflügel.

Wir warten, bis die Maschine vom Boden weg ist. Einmal in der Luft, kann er uns schlecht aussteigen lassen. Wir stellen uns vor und bitten ihn, sich umzusetzen. Er mustert uns, als hätte uns die Katze hereingebracht.

Wie Sie wollen, Herr Bundeskanzler, sagt Kameramann Manfred Feichtner, mein Gesicht ist es ja nicht.

Schmidt holt tief Luft und setzt sich auf den Platz, den wir ihm zeigen.

Manfred dreht, wie meist, ohne Kunstlicht und ohne Stativ. Die laufende Kamera liegt auf dem Tisch zwischen uns.

Die Jusos protestieren landauf, landab gegen den Schah von Persien und seine prügelnden Jubelperser.

Die können über den Kerl sagen, was sie wollen, sagt Schmidt. Aber sie können nicht von mir verlangen, daß *ich* es sage. Ich brauche sein Öl. Ich habe dafür zu sorgen, daß in Deutschland der Kamin raucht.

Sagt mal, fragt er mit einem Blick auf die Kamera. Läuft das Ding da?

Klar läuft es, sagt Manfred.

Das könnt ihr nicht senden, sagt er. Das habe ich zu euch gesagt, nicht zur Kamera. Bei Helmut Schmidt gibt es kein Herausnehmen des belichteten Films, keinen Anruf beim Chefredakteur und keine Forderung nach Autorisierung der geschnittenen Fassung wie bei anderen Politikern. Schmidt weiß, daß geschieht, was er sagt.

Den Vorwurf, daß Politiker nur an Machtfragen, nicht aber an Sachfragen interessiert seien, wischt er vom Tisch. Das glaube man nur, wenn man nicht ganz richtig im Kopfe sei. Alle Sachfragen, sagt er, sind Machtfragen. Sie können die besten Lösungen für die schwierigsten Sachfragen haben. Wenn Sie nicht eine Mehrheit haben und damit die Macht, diese Lösungen durchzusetzen, passiert gar nichts.

Tutzing, Akademie für politische Bildung. Es hatte keine passende Maschine für den Exbundeskanzler Helmut Schmidt gegeben, der nach seiner Abwahl wieder Lufthansa fliegen muß. Viel zu früh sitzt er deshalb allein mit Kaffee und Zigaretten versorgt in einem Zimmer und wirkt, wie man in Oberbayern sagt, ziemlich angefressen. Ängstlich schleichen die Organisatoren draußen herum. Jeder wird von Schmidt vergrault, der hineingeht und Konversation machen will, um ihm die Zeit zu vertreiben. Wenn sich seine Laune nicht bessert, könnte die Veranstaltung darunter leiden.

Sie schicken mich mit einer leeren Tasse hinein. Guten Tag, sage ich. Wortlos schenkt er mir die Tasse voll. Blöde Warterei, grummelt er.

Es gibt Politiker, stammle ich etwas zusammenhanglos, die fürchten den Niedergang der politischen Kultur.

Eine Generationenfrage, sagt er. Wir haben die ganze Scheiße durchgemacht. Nazis, Krieg, Tod, Hunger. Jetzt kommen Leute, bei denen alles von selber immer besser und besser geworden ist. Und ihr, ihr sendet den Mist auch noch, den die euch über den Verfall der politischen Kultur erzählen.

Im Tresor der *Tagesschau* Hamburg lag – und liegt vielleicht noch heute – eine streng geheime und ziemlich große Rolle Film, die von Eingeweihten »Giftrolle« genannt wird. Das sind Aufnahmen von Gesprächen mit Politikern, die man im Interesse ebendieser Politiker lieber nicht ausgestrahlt hat. Eine der schönsten Passagen zeigt Bundeskanzler Helmut Schmidt. Der Reporter fragt etwas. Schmidt sieht erst durch ihn hindurch und dann über ihn hinweg und beginnt eine Antwort, die dem Reporter klarmachen soll, was für ein Idiot er ist, eine solche Frage zu stellen. Nach einer halben Minute merkt man, daß Schmidt die Frage vergessen hat und danach sein Gedächtnis zermartert, nach einer weiteren halben Minute wird klar, daß der Regierungschef inzwischen auch vergessen hat, was er dem Reporter statt einer Antwort sagen wollte, und nach Beginn der zweiten Minute ringt Schmidt nur noch darum, seinen Bandwurmsatz auf irgendeine halbwegs sinnvolle Weise zu Ende zu bringen. Alles mit der staatstragenden Miene eines Regierungschefs. Dazwischen hatte die Cutterin jeweils ein paar Takte des Froschs aus der *Muppet-Show* montiert: Schmidt-Trallalla-Schmidt-Trallalla-Schmidt-Trallalla! Die Giftrolle ist bei weitem das komischste Produkt des Deutschen Fernsehens. Sie bringt aber auch zum Grübeln, denn alle, die darin auftreten, sind unfreiwillig komisch. Keiner hat die verbissene Komik professioneller Spaßmacher. Die Betroffenen müßten vermutlich selber darüber lachen. Auch viele Reporter sind auf der Giftrolle, die sich mit wichtiger Miene im eigenen Blödsinn verheddern.

Rainer Barzel, »Vertreter einer Angestelltenkultur« (Alexander Mitscherlich), der 1972 mit einem konstruktiven Mißtrauensvotum Bundeskanzler hatte werden wollen, gilt als kleinlich und nachtragend. Offenbar fällt niemandem die Wertschätzung auf, die ihm Helmut Schmidt entgegenbringt. Die ist nicht leicht zu haben. Schmidt sieht Barzel offenbar anders.

Barzels Abneigung gegen Brandts Ostpolitik ist so echt wie seine Sorge um Deutschland. Melodramatisch ist sie auch: »Denkt er an Deutschland in der Nacht, ist er um den Schlaf gebracht«, spottet Brandt im vertrauten Kreis. Aber auch der kannte die Redlichkeit Barzels. Er hätte nichts dagegen, sagt er uns nach einer Aufnahme auf dem Höhepunkt des erbitterten Streits um die Ostverträge, »den Barzel einfach zu mir zu bitten und ihm die ganzen Verhandlungen offenzulegen. Aber der hat dann ja immer diesen Strauß dabei.«

Um vor der Wahl 1972 den gegen Brandt antretenden Kanzlerkandidaten Rainer Barzel einzuführen, hatte die CDU die internationale Presse an die portugiesische Ostalgarve geladen und ein Schiff gemietet, um auf einer Insel einen am Spieß gebratenen Hammel zu verzehren und portugiesischen Vinho tinto zu trinken.

Barzels Referent Ackermann, genannt Ackermännchen, ist blind wie ein Maulwurf und trägt zentimeterdicke Brillengläser. Nach dem Ablegen des Schiffs kommt er zu mir.

Können Sie schwimmen?

Klar kann ich schwimmen.

Ich nicht, sagt Ackermann.

Und?

Ich habe die Parteikasse bei mir, um nachher das Schiff, die Besatzung, die Insel und das Essen für 200 Leute zu bezahlen. Würden Sie das für mich aufbewahren. Für den Fall, daß etwas passiert?

So sind sie. Das Schiff kann untergehen, aber sie wollen keinem etwas schuldig bleiben. Man kann das für Pedanterie halten, wünscht sich aber, es gäbe mehr davon in Bonn.

Gern, sage ich. Geben Sie her.

Ackermann war gelegentlich ein Problem für unseren Sender gewesen. Was Termine anging, hatte er uns ein paarmal am ausgestreckten Arm verhungern lassen.

Insel, Sonne, blaues Meer, Hammel am Spieß, Vinho tinto in Strömen. Kamera läuft. Barzel schreitet in Badehose mit geschwellter Brust zum Feuer, um dort als Gastgeber und künftiger Kanzler nachzusehen, ob der Hammel gar ist. Er tritt auf ein Stück glühender Holzkohle, steigt wie eine Rakete, humpelt zum Wasser und taucht seinen Fuß ins Meer. Ich kann es mir nicht verkneifen, später unter die Aufnahme von der Kühlung der Zehen ein dezentes Zischen aus dem Schallarchiv zu montieren.

Nach dem Ende der Festivitäten nähert sich unser Schiff wieder dem Festland.

Könnte ich jetzt bitte das Geld wiederhaben, sagt Ackermann zu mir.

Was für Geld?

Na, die Parteikasse, die ich Ihnen vorhin gegeben habe.

Mir? Die müssen Sie irgendeinem Portugiesen gegeben haben.

Leichenblaß geht Ackermann an der Reeling auf und ab und fragt sich vermutlich, ob er sich sofort ins Meer stürzen soll oder erst später, wenn sich herausstellt, daß die CDU und ihr Kanzlerkandidat großartig einladen und dann zahlungsunfähig sind. Die Taue werden ans Ufer geworfen.

Der Kameramann klopft Ackermann auf die Schulter.

Übrigens, Sie haben mir da vorhin Geld gegeben …

Ackermann ist nahe daran, ihm um den Hals zu fallen. Der Sender hat ab sofort einige Termine mit Barzel gut.

Meine Reportage über den Kanzlerkandidaten Rainer Barzel beginnt mit einer langen Einstellung. In der Mitte ein senkrechter Strich, die schnurgerade Strandlinie, die das Meer vom Land trennt und bis zum fernen Horizont reicht. Genau auf der Linie schreitet ein Mann in Badehose aus weiter Ferne auf die Kamera zu. Noch ist nicht zu erkennen, um wen es sich handelt. Darüber liegen die Schrifttitel. Nach dem letzten Titel erkennt man, daß der Mann Rainer Barzel ist. Er kommt näher, bis seine sonnengebräunte Figur bildfüllend wird.

Im engen Schneideraum hocken dichtgedrängt Barzels Berater, um zusammen mit dem Chefredakteur den Bericht vor der Ausstrahlung anzusehen und Einwände zu debattieren. Dr. Rehlinger räuspert sich, offenbar um etwas zu sagen. Wir stoppen den Film, der doch noch gar nicht angefangen hat.

Toll, nicht? Die Einstellung, sagt der Chefredakteur.

Schon, sagt Dr. Rehlinger.

Stört Sie etwas? frage ich.

Na ja, sagt Dr. Rehlinger. Er sucht nach Worten.

Können wir das noch mal sehen? fragt ein Parteischluffe aus dem Hintergrund.

Gerne. Die Cutterin fährt den Film zurück und startet wieder.

Da, sagt Dr. Rehlinger.

Die Cutterin stoppt den Film.

Mir fällt nichts auf.

Rehlinger ringt mit sich.

Das Geschlechtsteil, haucht er.

Was für ein Geschlechtsteil? will der Chefredakteur wissen.

Na, das Geschlechtsteil des Kanzlerkandidaten. Man sieht es so deutlich unter der Badehose.

Hah! jubelt der Chefredakteur. Endlich ein Bundeskanzler, der was in der Hose hat! Die Wählerinnen werden begeistert sein!

Damit ist die harmloseste Unstimmigkeit beigelegt. Bei anderen ist es nicht so einfach. Zum Beispiel bei einem Gespräch vor der Kamera, in dem ich Dollfuß zitiere, um zu charakterisieren, wie es mit der von Barzel beteuerten Absage an den rechten wie den linken Extremismus bestellt ist: »Der Kampf gegen die Rechte ist uns aufgezwungen. Der Kampf gegen die Linke ist uns Herzenssache«, hatte Dollfuß gesagt. Dollfuß hatte die parlamentarische Republik Österreich abgeschafft, für politische Gegner Internierungslager eingerichtet und Parteien verboten. Barzel war bei laufender Kamera empört aufgesprungen und weggerannt. Ich hatte seine Reaktion im Film gelassen, nehme sie aber jetzt heraus, denn der Einwand seiner Berater ist berechtigt. Es war unzulässig, dem konservativen Demokraten Barzel ausgerechnet das Zitat von Dollfuß vorzuhalten.

War der CDU-Abgeordnete Julius Steiner bestochen, als er mit seiner Stimme Rainer Barzels konstruktives Mißtrauensvotum gegen Willy Brandt zu Fall brachte? Wollte er Rainer Barzel als Bundeskanzler verhindern oder die Ostverträge ratifiziert sehen? Das war im Frühjahr 1972 die Frage.

Da sich Steiner krank fühlt und in einem Sanatorium am Tegernsee untergebracht ist, muß der parlamentarische Untersuchungsausschuß von Bonn an den Tegernsee umziehen. Hotel »Überfahrt«. Ein Herr kommt ins Restaurant, schaut sich um, sucht offenbar jemanden. Es ist Herr Schülke vom Verfassungsschutz Baden-Württemberg. Da er in den Fall verstrickt ist, den der Untersuchungsausschuß zu klären versucht, sollte er in diesen Tagen überall sein, bloß nicht am Tegernsee und in der Nähe dieses Untersuchungsausschusses. Der Geheimdienstler kommt an meinen Tisch.

Ei, ei, ei, sage ich. Der Verfassungsschutz! Auch am schönen Tegernsee?!

Schülke beugt sich zu mir herunter.

Wissen Sie, wo ich Herrn Löwenthal finde, raunt er, und wo ich mit ihm reden kann, ohne daß die Schweine von der SPD etwas merken?

In der Gerüchteküche wird gemunkelt, daß Gerhard Löwenthal, das schwarze ZDF-Orakel vom Mittwoch, die Christdemokraten im Ausschuß berät. Manche meinen, daß er sogar hin und wieder brisante Informationen transportiert.[*]

Humor haben die Brüder vom Verfassungsschutz, denke ich. Nicht nur, daß der Geheimdienstler am Tegernsee ist, wo er keinesfalls sein sollte. Jetzt will er auch noch mit Löwenthal reden.

Dann geht mir ein Licht auf: Der meint es ernst. Der hat mich offenbar mit einem Mitarbeiter Löwenthals verwechselt.

Keine Sorge, sage ich, ich bringe Sie hin. Auf keinen Fall soll er sich verlaufen.

Gerhard Löwenthal ist einem Herzinfarkt nahe, als ich ihn anrufe und ihm sage, daß ich gleich mit Herrn Schülke vom Verfassungsschutz zu ihm komme, ohne daß die Schweine von der SPD etwas merken.

Wir machen uns auf den Weg. Kennen Sie sich denn hier aus am Tegernsee?

---

[*] Löwenthal sagte mir gegenüber, es habe sich um für einen Journalisten legitime Kontakte gehandelt. Er bestritt seine Rolle als Zwischenträger.

Doch, doch, sagt der Geheimdienstler. Bin ja schon ein paar Tage hier.

Hier? Wo denn?

Im Ausschuß.

Im Untersuchungsausschuß?!

Sie haben mich bestimmt gesehen. Perücke. Lange Haare. Rote Jacke. Dame. Sitze bei der Presse.

Ich bringe ihn bis vor Löwenthals Hotelzimmer. Das Hotel ist voll von Reportern. Es wird Nacht. Herr Schülke muß aus Löwenthals Fenster klettern und sich am Spalier in den Hotelgarten hinunterlassen, um der Meute zu entgehen.

Am Tag danach steht mein Aufsager für die *Tagesschau* an. Telefonische Vorbesprechung. Der Übertragungswagen am Tegernsee macht die Leitungen klar.

Sie nehmen mich auf den Arm, sagt der Chefredakteur der *Tagesschau,* Hartwig von Moulliard, als ich ihm die Geschichte erzähle. Bei dpa steht nichts. Was bei dpa nicht steht, gibt es nicht für Nachrichtenredakteure.

Dann warten Sie ein paar Minuten, sage ich zu Moulliard. Ich erzähle denen von dpa die Geschichte, dann finden Sie es ein paar Minuten später unter »dpa-inland« auf dem Fernschreiber.

Mensch, stöhnt Moulliard, wenn das nicht stimmt, dann müssen wir beide auswandern!

Meinen Kopf auf einem silbernen Tablett, sage ich. Wir haben die Zwischenschnitte aus dem Archiv geholt und durchgesehen.

Der Schülke sitzt im Ausschuß. Als Dame. Mit einer roten Jacke. Und mit langen Haaren.

Wenige Stunden nach der Ausstrahlung läßt der Verfassungsschutz Baden-Württemberg den Verfassungsschützer fallen wie eine heiße Kartoffel.

> Student (1968): Karl Marx hat gesagt,
> daß Theorie und Praxis identisch sind.
> Horkheimer: Das stimmt ja auch.
> Aber eben nur in der Theorie.
> *Aus einem Disput in der Akademie*
> *für Arbeit in Frankfurt*

13 ZWEI MARXISTEN

Kaum ein Politiker schreibt seine Reden selbst. Das weiß jeder, und niemand beschwert sich darüber. Der Reporter Dr. Berwanger und ich hatten daher nicht die geringsten Skrupel, für den Foto-Unternehmer Hannsheinz Porst im Herbst 1966 als Ghostwriter eine politische Beichte zu verfassen. Die Ära der 68ger stand bevor, die Amerikaner führten in Vietnam einen Krieg, der nicht zu gewinnen war, und im Bundeskanzleramt von Bonn saß noch Ludwig Erhard.

Wir arbeiten in einem abgelegenen Zimmer der Porst-Villa. Ein paar Zimmer weiter warten ahnungslose Redakteure vom *Spiegel* auf den Text, den sie exklusiv unter dem Titel »Marxist und Millionär« im nächsten Heft veröffentlichen wollen.

Zuvor hatten wir den des Landesverrats beschuldigten Hannsheinz Porst tagelang ausgefragt. Nach seinen Motiven, nach seinem Hang zum Konspirativen, seinen Hoffnungen und seinen Schuldgefühlen. Wir waren überzeugt, daß er in dem, was er getan hatte, eine Wiedergutmachung sah. Nach dem Krieg hat es ihn belastet, Hitler gedient zu haben. Er hat uns die Scharade einer Ordensverleihung in Ost-Berlin geschildert. Nach der Verleihung hat er den Orden des kommunistischen Arbeiter- und Bauernstaats natürlich nicht mit in den kapitalistischen Westen nehmen können. Die Stasi-Offiziere haben die Auszeichnung deshalb für ihn in einem Tresor in Ost-Berlin aufbewahrt. Die haben mir allen Ernstes angeboten, lachte Porst, bei jedem Besuch in der DDR den Tresor aufzumachen, damit ich meinen Orden anschauen kann.

Porst mußte an unserem Text nicht viel ändern. So kraus seine politischen Vorstellungen auf den ersten Blick sein mochten, waren sie doch der Traum von einer besseren Realität. Weltfern vielleicht, aber alles andere als der Traum eines Landesverräters. Was sich Porst vorstellte, hatte nichts von der kläglichen Berechnung politischer Profis.

Die Affäre Porst zeigte die Ratlosigkeit der Bundesrepublik gegenüber den Brüdern und Schwestern in der DDR. Sie warf ein bezeichnendes Licht auf die Verwirrung einer liberalen demokratischen Partei gegenüber der Spaltung Deutschlands.

Die öffentliche Meinung im Westen Deutschlands war erst vor kurzem zum Kapitalismus bekehrt worden und daher vom sprichwörtlichen Eifer der Konvertiten geprägt. Sie konnte sich deshalb auf das Handeln von Hannsheinz Porst keinen Reim machen. War Porst in Geldschwierigkeiten? Wurde er erpreßt? Hatte er eine Profilneurose? Auf die Idee, daß Porst auch aus Überzeugung gehandelt haben konnte, kam niemand. Der Mann hat schließlich eine Kette von 52 Fotoläden, ein Fernsehmagazin mit einer Millionenauflage, ein EDV-Zentrum und eine der größten Druckereien Deutschlands. Was kann so jemandem denn noch fehlen?

Porst hatte die damals noch nicht dottergelben und himmelblauen, sondern noch schwarz-weiß-roten Freien Demokraten nicht nur mit Geld, sondern auch mit Kontakten nach drüben versorgt. Thomas Dehler, der Gründer der FDP und Vizepräsident des Deutschen Bundestags, hatte erklärt: »Wir haben begonnen, den Eisernen Vorhang zu durchdringen, und wir glauben an den Erfolg dieser Aktion.« Dehler meinte vermutlich auch Kontakte außerhalb der offiziellen Politik, die eine Anerkennung der DDR und eine friedliche Koexistenz der beiden deutschen Staaten ermöglichen sollten. Vielleicht hat Thomas Dehler, als er das sagte, sogar an jemanden wie Hannsheinz Porst gedacht.

Porst ist 46 Jahre alt, als wir ihn ausfragen. Meist antwortet er konkret. Wenn er ins Allgemeine ausweicht, sind seine Gedanken nicht zu Ende gedacht. Porst denkt nicht immer zu Ende, denn er ist ein Praktiker. Hannsheinz Porst handelt zu Ende.

Als er am 8. November 1922 geboren wird, ist ein entfernter Verwandter von ihm, ein gewisser Karl Böhm, zwölf Jahre alt. Er wird den jüngeren Porst später nicht nur beeinflussen, sondern auch benutzen. 1933 wird Karl Böhm von der Gestapo verhaftet, weil man bei ihm zu Hause in Rückersdorf kommunistische Propagandaschriften findet. Böhm gibt zu, Kommunist zu sein, und wird ins Konzentrationslager Dachau gebracht. Porst ist damals elf Jahre alt, erfährt das aber erst viel später.

Das hat dann großen Eindruck auf mich gemacht, sagt Porst. Sein Vater, seit 1933 Mitglied der NSDAP, schafft es, daß man Karl Böhm aus dem Konzentrationslager entläßt. Er verspricht, dafür zu sorgen, daß aus dem Kommunisten ein anständiger Mensch, das heißt ein Nazi, wird. Zwischen Hannsheinz Porst und seinem Vater, der ein treuer Gefolgsmann Hitlers ist, kommt es nie zum Bruch, weil, so sagt er, wir beide einen starken Familieninstinkt gehabt haben.

Hannsheinz Porst ist sechzehn, als Böhm aus dem Konzentrationslager Dachau entlassen wird. Nicht halbverhungert und krank, sondern wohlgenährt und schweigsam. Die Bewunderung des Jüngeren für den Älteren leidet nicht darunter, daß es Dinge gibt, über die Böhm nicht redet. Ganz im Gegenteil. Böhm ist nicht nur der Ältere, der Intelligentere, sondern auch der Geheimnisumwitterte. Karl Böhm imponiert Hannsheinz Porst aber auch sonst: Der hat an Mädchen mitgenommen, was mitzunehmen war.

1941 wird Hannsheinz Porst eingezogen. Zuerst zum Arbeitsdienst. Dann kommt er zur Flak. Er geht als Gefreiter in die Kriegsschule, schreibt die schlechteste Prüfungsarbeit, verläßt die Schule aber trotzdem als Leutnant, um schließlich in seiner Heimatstadt Nürnberg zwei Batterien mit sechzehn 8,8-cm-Geschützen zu befehligen. Die militärischen Vorgesetzten legen keinen Wert auf Theorie. Sie wissen, was sie an dem Praktiker Porst haben.

Am 7. Januar 1945 sind vom Süden und Westen her alliierte Bomberpulks im Anflug auf Nürnberg. Als sie über der Stadt sind, dürfen Porsts sechzehn Geschütze nicht schießen, weil Munition knapp ist. Unter den Bombenschächten der Fliegenden Festungen liegt an diesem Tag Porsts Vaterstadt, und er soll zusehen, wie sie in Grund und Boden bombardiert wird. Er ruft den Kommandeur an. Aber der wiederholt den Befehl: Nicht schießen! Als Porst die Maschinen in seinen Zielgeräten hat, telefoniert er noch einmal mit dem Kommandeur. Kein Schuß darf abgegeben werden. Lecken Sie mich am Arsch, schreit Porst, knallt den Hörer auf die Gabel und gibt seinen Batterien Feuer frei. Gleichwohl fällt alles, was seine Familie besitzt, den Bomben zum Opfer. Nach der Befehlsverweigerung hat er die Wahl: Kriegsgericht oder Endkampf an der Ostfront. Porst entscheidet sich für die Ostfront. Stunden vor Kriegsende trifft ihn ein Granatsplitter am Kopf. Das linke Auge ist verloren.

Ich war bis zum letzten Augenblick sicher, daß Hitler den Krieg mit seinen Geheimwaffen gewinnen würde, sagt er. Und ich habe mir das auch bis zuletzt gewünscht. Nach dem Krieg beginnt Porst nachzudenken.

Er habe es unendlich bereut, nicht bei Stauffenberg gewesen zu sein, nicht im Widerstand gekämpft zu haben: Ich wäre wahnsinnig gern dabeigewesen.

Er begreift, daß er etwas versäumt hat, und nimmt sich vor, daß ihm das nicht noch einmal passiert.

Karl Böhm war desertiert und noch vor Porst zu Hause. Ich habe ihn gefragt, sagt Porst, warum er nichts gegen die Nazis unternommen hat. Er wußte doch Bescheid, und ich war ahnungslos.

Es entgeht Porst nicht, daß die Menschen im Westen freier sind als in der sowjetisch besetzten Zone. Aber auch westliche Freiheit hat ihre Bedingungen. Als er mit Karl Böhm einen Verlag gründen will, erhalten sie keine Lizenz, weil Böhm Kommunist ist. Das und die Gespräche mit Böhm beginnen in Porst zu arbeiten. In endlosen Diskussionen geht es immer wieder um die wirtschaftlichen und politischen Voraussetzungen einer freien und gerechten Gesellschaft, wie sie Karl Marx erdacht hatte. Nach einer Revolution sollte der Fortschritt dem einzelnen seinen Kampf um den Lebensunterhalt abnehmen und ihm eine freie Entfaltung ermöglichen. Wenn die Rede auf die kommunistischen Länder kommt, die so gar nicht dieser Vorstellung entsprechen, kommt es zum Streit zwischen Porst und Böhm. Daß es dem Westen Deutschlands besser gehe, hänge nur vom amerikanischen Kapital ab, behauptet Böhm. Der Streit bringt sie aber nicht auseinander. Es ist ein Streit unter Brüdern.

Unsere menschliche Beziehung war uns wichtiger, sagt Porst, und: wir haben, wenn es Streit gab, dann eben von etwas anderem geredet. Er habe immer gewußt, daß der Osten viel weiter von der Utopie einer gerechten Gesellschaft entfernt gewesen sei als der Westen, aber im Osten habe man die Utopie wenigstens zum Ziel erklärt und nicht die Raffgier des Kapitalismus.

Im Jahr 1947 geht Böhm für immer in die Ostzone. Die Stimmung ist gereizt, wenn sie sich danach wiedertreffen. Der Kontakt wird schwierig. Porst macht Böhm Vorwürfe. Man habe in der DDR die Chance vergeben, dem Westen zu zeigen, daß eine gerechte Gesellschaft möglich sei. Trotzdem ist er bereit, seinerseits alles für deren Verwirklichung zu tun.

Zumindest eine friedliche Koexistenz der beiden deutschen Staaten muß möglich sein. Porst will mithelfen, daß die Differenzen zwischen Deutschland-West und Deutschland-Ost nicht wirtschaftlich, geschweige denn militärisch ausgetragen werden oder mit einer Propaganda, die beide Teile des Landes für immer zu Feinden machen muß. Porst kritisiert die Rundfunksendungen der DDR. Da greift sich doch bei uns jeder an den Kopf, sagt er, schreibt aber deren unbeholfene Produkte nur der Unfähigkeit kommunistischer Holzköpfe in der SED zu.

Um Kontakt zu halten, so Porst, hat der Karl mir dann den Pilni geschickt. Pilni ist ein kleiner Agent des SED-Regimes, mit dem Porst nicht recht warm wird, weil dem, wie er sagt, jedes Interesse am Geistigen gefehlt hat.

Im Westen gibt es niemanden, mit dem er über den Marxismus hätte reden können. Nicht nur, weil er als Unternehmer noch viel westlicher ist als die meisten anderen Menschen im Westen. Karl Marx, der die Welt fast so gründlich verändert hat wie Mohammed oder Jesus von Nazareth, wird in westdeutschen Schulbüchern nicht einmal erwähnt.

1953 bringt Karl Böhm Hannsheinz Porst dazu, Mitglied der FDP zu werden: Wenn du uns über die politischen Möglichkeiten (einer Anerkennung der DDR und einer Koexistenz) informieren willst, dann mußt du dir Zugang zu Kreisen verschaffen, von denen du etwas erfährst. Um Geheimnisverrat sollte es nicht gehen, behauptet Porst. Dafür hatten die andere Leute. Zwei Jahre nach seinem Eintritt in die FDP wird er in der DDR Mitglied der kommunistischen SED. Der Generalmajor Markus Wolf, genannt Mischa, Chef der Hauptverwaltung Aufklärung und somit Herr aller DDR-Spione, liegt ihm nicht besonders. Das feine Getue und die englischen Anzüge beeindrucken Porst nicht. Das kann man sich alles zulegen, wenn man will. Im gleichen Jahr 1959, in dem ihm Generalmajor Wolf in Böhms Ost-Berliner Wohnung feierlich den hohen Orden der

DDR verleiht, wird er in der Bundesrepublik Bezirksvorsitzender der FDP.

Die haben mich (zuerst) nur als Geldgeber gebraucht, sagt Porst. Als das dann in die Hunderttausende ging, die sie von mir wollten, haben sie es für nötig gehalten, daß auch mal der Herr (Erich) Mende vorbeikommt und sagt: Sie sind uns sehr sympathisch. Wir sind stolz auf Sie, und können Sie nicht noch ein bißchen mehr zahlen?

Der ehemalige Vizekanzler der Bundesrepublik Deutschland und Parteivorsitzende der FDP, Erich Mende, bietet Porst das Du an, und Porst sagt zu Pilni: Jetzt kannst du denen drüben erzählen, daß ich mit dem Mende per Du bin. Da werden die sich freuen.

Bei der Anklage gegen Porst durch den Generalbundesanwalt geht es um geheime Akten Mendes, die Porst in die Hand bekommen hat. Darin ist die politische Strategie der FDP gegenüber der DDR beschrieben. Porst sagt, daß er nie mit Mende über eine Weitergabe gesprochen habe. Das kann geflunkert sein oder auch Nibelungentreue. Andererseits kann Erich Mende es für legitime Geheimdiplomatie gehalten haben, den brisanten Inhalt der Gegenseite auf diesem Weg zuzuspielen. Es ist denkbar, daß er sogar glaubte, damit im Sinne von Thomas Dehler zu handeln. Mendes Versicherung, er habe nicht gewußt, was Porst mit den Akten macht, ist nicht ganz überzeugend. In einer Vorstandssitzung der FDP verteidigt sich Mende damit, er habe die sensiblen Papiere in einer Aktentasche auf Porsts Schreibtisch liegenlassen. Während er in Porsts Swimmingpool gewesen sei, müsse Porst sie ihm geklaut haben. Mende hat offenbar vergessen, daß ihm Porst das Konvolut ein paar Tage später durch einen Boten ins Hotel bringen ließ. Was Mende sicher nicht wußte: Bei dem Geld, das Porst nach und nach der FDP gespendet hat, waren auch 75 000 DM aus Pankow. Geldscheinen sieht man die Herkunft nicht an. Aber den Fragen, die Porst dem FDP-Politiker und

Duzbruder beharrlich und immer wieder stellt, hätte ein gerissener Politiker wie Mende die Herkunft eigentlich anmerken müssen.

Im November 1967 treffen wir Jean-Paul Sartre in Kopenhagen, wo das Bertrand-Russell-Tribunal über den Vietnamkrieg fortgesetzt wird, das im Mai in Stockholm begonnen hatte. Wir erzählen Sartre von Porst, der im Gefängnis sitzt, nachdem man ihn auf offener Straße wegen Landesverrats festgenommen hat. Sartre gibt uns Grüße und ein Buch mit einer Widmung für den Häftling mit. Genaueres muß der französische Intellektuelle nicht wissen. Ihm genügt es, daß die Polizei jemanden eingesperrt hat, um Partei für ihn zu ergreifen. Später wird er sich im Fall Andreas Baader ähnlich verhalten und das RAF-Mitglied in Stammheim besuchen.

Was hat der Nürnberger Fotounternehmer Porst mit dem Philosophen Sartre zu tun? Beide sind auf einem Auge blind. Porst auf dem linken und Sartre auf dem rechten. Beide halten sich für Marxisten.

Hans Heigert, damals Chefredakteur des Münchner ARD-Senders und noch Mitglied der CSU, später Chefredakteur der *Süddeutschen Zeitung,* ist einverstanden, daß wir einen in Hanoi produzierten Propagandafilm Nordvietnams im Gemeinschaftsprogramm der ARD ausstrahlen. Die Zuschauer sollten nicht nur die Propaganda des Westens sehen, die das amerikanische Engagement in Südostasien als heroischen Kampf gegen den Kommunismus darstellt, sondern auch die kommunistische Propaganda, die den Krieg als Verbrechen an einem wehrlosen Volk anprangert. Den Film aus Hanoi hatten uns Leute aus dem Umfeld von Sartre besorgt. Sartre hatte sich bis dahin stets gegen TV-Interviews gesträubt. Als er von der Ausstrahlung erfuhr, war er zu einem Gespräch bereit.

Von Sartres Existentialismus kannte ich nur den Namen, obwohl der nicht nur das Denken junger Franzosen beeinflußt, sondern sogar deren Frisuren und Kleidung geprägt hatte. Zwei seiner Sätze waren damals in aller Munde: »Die Hölle, das sind die anderen.« Und: »Wir sind zur Freiheit verdammt.« Jeder Mensch war nach Sartre in eine gottlose Freiheit geworfen. Da es keinen Gott gibt, ist jeder für sich verantwortlich. Schicksal existiert nicht. Jeder hat es in der Hand, so oder auch anders zu sein. Es gibt daher keine Entschuldigung für das, was man ist.[*] Ich war beeindruckt von Sartres Wortgewalt, aber auch überrascht, daß man Selbstverständlichkeiten zu einer Philosophie machen konnte, die viele Menschen bewegte.

Irgendwo hatte ich gelesen, daß Sartre 1964 den Nobelpreis zurückgewiesen hatte, und glaubte in einer Szene aus einem seiner Theaterstücke dafür eine Erklärung zu finden: Ein Demagoge will sich beim Volk anbiedern. Er holt sich einen Aussätzigen, um ihn demonstrativ vor der Menge zu küssen. Der Aussätzige hebt abwehrend die Hand und sagt: Nicht auf den Mund! Sein Eintreten für den Kommunismus und seine Nachsicht gegenüber dem stalinistischen Terror hatten Sartre die Freundschaft mit André Malraux und Albert Camus gekostet. Aber er hatte entschieden und laut gegen die brutale Intervention der Sowjets 1956 in Ungarn und 1968 in der Tschechoslowakei protestiert und die Sowjets »Kriegsverbrecher« genannt.

Im Lexikon stand, daß Sartre ein Großneffe von Albert Schweitzer sei und Deutsch verstehe. Er hatte vom Herbst 1933 bis zum Sommer 1934 in Berlin studiert, ohne den beginnenden Hitlerismus ernst zu nehmen. Hakenkreuzfahnen wehen von Balkonen, uniformierte Nazis marschieren gröhlend auf den Straßen, und Adolf Hitler ist Kanzler. Sartre war angeekelt, hielt alles aber nur für einen vorübergehenden Irrweg.[**] Später war er dann in deutsche Kriegsgefangenschaft

---

[*]   Sartre am 29. Oktober 1945 im »Club Maintenant«, Paris.
[**] Hazel Rowley, *Tête à tête*, London 2005.

217

geraten, 1941 zurückgekehrt. Sartre würde somit die von uns in deutscher Sprache gestellten Fragen verstehen, ließ uns aber ausrichten, daß er lieber französisch antworten würde.

Sartre ist nicht fotogen. Er ist ungewöhnlich klein. Deshalb sind wir überrascht, daß der große Raum, in dem wir die Kamera aufgebaut haben, in dem Augenblick voll ist, in dem Sartre ihn betritt.

Den ganzen Tag hatte er im Vietnamtribunal den Vorsitz geführt. Er ist blaß und scheint noch immer geblendet von den Scheinwerfern zu sein, obwohl die längst ausgeschaltet worden sind. Seinen Alkoholabusus und seine Abhängigkeit von Barbituraten und Amphetaminen merkt man ihm nicht an.

Er kommt ohne Mantel und mit Simone de Beauvoir, die uns kurz inspiziert, ein paar Worte mit uns wechselt, offenbar für harmlos hält und dann wieder geht. Auf der rechten Wange hat Sartre eine Häufung von kleinen Hauttumoren. Sein rechtes Auge weicht seitlich aus. Er schielt und trägt eine Brille aus dunklem Horn. Beim Rauchen hält er seine Zigarette nicht vorne zwischen den Endgelenken von Zeige- und Mittelfinger wie die meisten Zigarettenraucher, sondern wie ein Kartenspieler ganz hinten in der Falte zwischen den Fingern. Jedes Haar seines militärisch strengen Haarschnitts liegt richtig. Der Philosoph, der angeblich sein Äußeres vernachlässigt, trägt einen tadellos sitzenden schwarz und dunkelgrau gestreiften Anzug. Er sieht nicht aus wie der geile alte Mann, der nichts anbrennen läßt und seine angeblich unstillbaren sexuellen Bedürfnisse zum Bestandteil einer Philosophie gemacht hat.

Wegen seiner Abneigung gegen Filmaufnahmen gab es damals noch kaum Material von Sartre, das wir hätten studieren können.* Dafür gab es Theorien, die erklären sollten,

---

* Der Dokumentarfilm *Sartre par lui-même* von Michel Contat und Alexandre Astruc wurde erst 1972 gedreht.

warum Sartre nur ungern vor eine Kamera ging. Einige nannten politische Gründe. Ich vermutete, daß es eher das Bewußtsein der eigenen Häßlichkeit war und die wenn auch unzutreffende Überzeugung, daß Geschriebenes seiner Wirkung zuträglicher sei als Gesprochenes.

Sein Bewußtsein der eigenen Häßlichkeit und seine intellektuelle Sicherheit geben ihm – zögernd wendet man das Wort auf ihn an – so etwas wie Charme. Aus seinem Gesicht verschwindet jede Häßlichkeit, wenn er nachdenkt. Vor allem aber, wenn es vom Anflug eines Lächelns überzogen wird. Also immer dann, wenn er nicht über etwas redet, das weit außerhalb eines Gesprächs liegt, sondern wenn er sich direkt an denjenigen wendet, mit dem er redet. Man kann sich gut vorstellen, daß seine unablässigen Versuche, Frauen zu gewinnen, trotz seiner Häßlichkeit erfolgreich sind. Er selbst dazu: Ich war eher jemand, der mit Frauen masturbiert hat, als ein Kopulierender … Ich war glücklich, nackt mit einer nackten Frau im Bett zu liegen, um sie zu liebkosen und zu küssen, ohne zum Sexualakt zu kommen.* Simone de Beauvoir, deren uneingeschränkte Liebe für Sartre nie darunter gelitten hat, stillte ihren sexuellen Hunger auch bei anderen Männern und Frauen, aber zu Sartres Bedingung, ihm ehrlich darüber zu berichten.

Ich sage Sartre, daß ich irgendwo gelesen hätte, er habe behauptet, je mehr Zeit vergehe, desto mehr werde er zu einem Marxisten.

Er sei sicher, erwidert er, daß er das nie gesagt habe, denn: Wenn man von einem sagt, daß er immer kommunistischer wird, dann heißt das, er ist kein eingeschriebenes Mitglied der

---

* In einem auf Band festgehaltenen Gespräch von Simone de Beauvoir mit dem 69jährigen Sartre, aus *Die Zeremonie des Abschieds*, Reinbek 1996.

kommunistischen Partei. Sonst ist er einfach Kommunist und damit fertig. Ich bin nicht Kommunist. Und ich bin folglich auch nicht mehr oder weniger Kommunist. Aber ich bin Marxist. Ich bin auch nicht mehr oder weniger Marxist, sondern Marxist. 1945 oder auch 1950 war ich es noch nicht. Später haben mich die Ereignisse dazu gemacht. Ich will damit nicht sagen, daß mich alle dafür halten. Er lächelt. Aber das ist etwas anderes.

Ob denn der Marxismus, so wie er ihn verstehe, ein Humanismus sei wie der Existentialismus?

Prinzipiell sei das umstritten, sagt er. Die einen glauben, daß Humanismus ein bürgerlicher Begriff ist und der Marxismus nichts anderes als eine Technik, mit der eine Gesellschaft hervorgebracht werden soll, in der jeder eine Chance hat. Eine Technik also, kein Humanismus. Ich aber glaube, daß der Marxismus nicht nur eine Wirtschaftslehre ist, nicht nur eine Theorie oder nur eine revolutionäre Praxis. So wie Marx den Marxismus aufgefaßt hat, ist er ein Konzept vom Menschen. Und zwar vom Menschen, wie er sein sollte, um sich frei entfalten zu können. Also eben doch ein Humanismus.

Es war noch gar nicht lange her vor unseren Aufnahmen in Stockholm, daß Bundeskanzler Ludwig Erhard kritische Intellektuelle als Pinscher beschimpft hatte. In Deutschland, sage ich, hätten kritische Intellektuelle einen anderen Status als in Frankreich. Warum?

Sartre steht auf und streckt sich, weil er offenbar vom Sitzen im Tribunal steife Glieder hat. Es gibt, sagt er, tatsächlich in Frankreich eine Tradition, nach der sich der Intellektuelle aufgerufen fühlt, seine Meinung über die Gesellschaft zu äußern, sein Land zu kritisieren, wenn es seiner Meinung nach nicht so ist, wie es sein sollte.

Er stellt sich hinter seinen Stuhl und faßt die Lehne, als wäre es das Pult in einem Hörsaal.

Diese Tradition geht auf die Französische Revolution und

die Autoren des achtzehnten Jahrhunderts zurück. Damals hat sich unsere Bourgeoisie ihre Intellektuellen geschaffen, Voltaire, Diderot, d'Alembert, die Enzyklopädisten. Die haben eine wichtige Rolle gespielt, eben weil sie zur Bourgeoisie gehörten. Sie kamen aus dieser Schicht und kämpften gegen die Aristokratie. Daher diese Tradition. Sie ist erhalten geblieben, weil Frankreich bis heute ein bürgerliches Land ist. Heute werden wir Intellektuelle geduldet, weil unsere Vorfahren Bourgeois waren. Aber das soll nicht heißen, daß wir besonders geliebt werden. Wenn wir die Meinung der Linken vertreten, dann nennt man uns auch in Frankreich Zersetzer.

Sartre setzt sich wieder hin, zündet sich eine neue Zigarette an und beobachtet die Glimmzone.

Es gab für uns eine sehr schmerzliche Erfahrung. Das war der Algerienkrieg. Die meisten Intellektuellen hielten damals den Krieg in Algerien für ebenso abscheulich wie heute den in Vietnam – deshalb dürfen sie auch heute gegen den Krieg in Vietnam protestieren, weil sie damals im eigenen Land gegen den Krieg in Algerien gekämpft haben. Sie standen lange auf verlorenem Posten. Genauso allein wie jetzt die Amerikaner, die in ihrem Land gegen den Krieg in Vietnam protestieren.

Aus irgendeinem Grund fällt ein Kameramagazin aus. Der Assistent muß im Dunkelsack vorsichtig den Film aus- und nur mit den Händen fühlend eine neue Rolle einlegen. Um Sartre die Zeit zu vertreiben, erzählen wir ihm von unseren Aufnahmen mit dem französischen Essayisten Jean-François Revel. Die Kamera hat Revel zeitunglesend in einem Straßencafé an den Champs-Élysées aufgenommen. Die Zeitung, die er las, war die ultrakonservative *La Nation*. Revel blickte auf, schaute in die Kamera und sprach einen Text über Präsident Charles de Gaulle. Darin machte er sich über die Neigung des Generals lustig, bei jeder Gelegenheit die *Marseillaise* zu singen, kritisierte seine Politik und beschrieb sein tantenhaftes Auftreten auf eine Weise, aus der man eine Anspielung auf eine latente Homosexualität des Generals heraushören konnte.

Man wird Sie einsperren, wenn de Gaulle erfährt, was Sie über ihn gesagt haben, warnten wir Revel.

Da irren Sie, widersprach Revel. Charles de Gaulle ist Franzose. Der erkennt einen guten Text, wenn er ihn hört.

Während wir mit Revel drehen, kommt ein Polizist, unterbricht die Aufnahme und will wissen, was wir da machen. Gar nichts, sagte Revel. Ich lese *La Nation,* und die filmen mich beim Lesen.

Der war ein Schlaukopf, erklärte Revel, als der Polizist dann wieder weg war. Der wußte genau, daß etwas faul sein muß, wenn jemand mit einem halbwegs intelligenten Gesicht *La Nation* liest.

Darüber hat Sartre herzlich gelacht. Daß er selbst während des Kampfs gegen den Krieg in Algerien nicht verhaftet wurde, hatte er de Gaulle zu verdanken. Als die Behörden dem General sagten, daß sie Sartre wegen Landesverrats verhaften würden, hat der ihnen das strikt untersagt und ihnen klargemacht: On n'arrête pas Voltaire! Einen Voltaire sperrt man nicht ein.

Was Sartre, als die Kamera wieder läuft, über den Krieg der Amerikaner in Vietnam sagt, hat jetzt, nach zwei amerikanischen Irakkriegen, beklemmende Parallelen. Aber es macht auch krasse Unterschiede sichtbar. Zum Beispiel, daß während des Vietnamkriegs zwar das amerikanische Volk gespalten war, aber der weitaus größere Teil der amerikanischen Presse hinter der Regierung stand und den Vietnamkrieg verteidigte. Heute üben Zeitungen wie die *Washington Post,* die *New York Times* oder die *Los Angeles Times* harte Kritik am Krieg in Irak und an einer Regierung, die Wähler täuscht und sich auf den hirnlosen Patriotismus einer desinformierten Mehrheit verläßt, vergleichbar dem ebenso hirnlosen Antiamerikanismus einer desinformierten Mehrheit in Europa. Sogar Provinzblätter in Florida, also in einem Staat, der vom Bruder des Präsidenten verwaltet wird, greifen die Politik von George W. Bush wegen des Irakkriegs mit einer Härte an, vor der selbst die Berliner *taz* zurückschrecken würde.

Viele Amerikaner, sage ich zu Sartre im Frühjahr 1967, sind fest davon überzeugt, daß der Vietnamkrieg genauso notwendig ist, wie es der Krieg gegen Hitler war, um gegen die totalitären Mächte zu kämpfen, die hinter Nordvietnam stehen.

Es ist ein großer Unterschied zwischen den Amerikanern, die auf fremdem Boden gegen die Japaner oder Hitler gekämpft haben, erwidert Sartre, und den Amerikanern, die heute an den Sinn des Krieges in Vietnam glauben. Ich muß doch daran erinnern, daß es damals die Japaner waren, die Pearl Harbor angegriffen haben. Niemand kann behaupten, daß die Vietnamesen die Amerikaner überfallen haben. Das ist schon ein erster großer Unterschied.

Der zweite offensichtliche Unterschied ist: Die Deutschen waren gefährliche Gegner, bis an die Zähne bewaffnet, mit ebenso gefährlichen Alliierten. Und sie hatten schon Europa erobert. Für die Vietnamesen gilt das alles nicht.

Der Krieg in Südostasien sei also überhaupt keine Auseinandersetzung zwischen verfeindeten Systemen?

Ich glaube, sagt Sartre, daß uns eine historische Analyse Klarheit verschafft. Es gab ein vietnamesisches Volk, das seine Einheit besaß, bevor es unter französische Kolonialherrschaft geriet. Das war Indochina. Es gab ein vietnamesisches Volk, dem die französischen Kolonialherren trotz aller Brutalität klugerweise seine Einheit gelassen haben. Das war immer noch Indochina. Es gab ein Volk, das 1945 als Ganzes gegenüber den Japanern und Franzosen seine Souveränität erklärt hat und das anschließend als Ganzes den Kampf gegen die Franzosen aufgenommen hat. Auch das war Indochina. Dann kam es 1954 in Genf zu einem Abkommen, das diesem Volk seine Einheit zugesichert hat.

Dann aber hat ein Mann der Amerikaner, Diem, die Macht in Vietnam an sich gerissen. Kaiser Bao Dai wurde abgesetzt. Diem rief den Staat Südvietnam aus und erklärte die provisorischen Grenzen, entgegen dem Genfer Abkommen, für endgültig. Obwohl dieses Abkommen jede Wiederbewaffnung ausdrücklich verbot, begann Diem mit Hilfe der Amerikaner aufzurüsten. Dann folgte die Tyrannei Diems. Der Norden schlug freie Wahlen vor, aber Diem wollte nichts davon wissen. Die Tyrannei Diems wurde immer brutaler und zwang einen großen Teil des südvietnamesischen Volkes in die Revolte.[*]

Wo sehen Sie da eine Auseinandersetzung der Großmächte? Ich sehe darin etwas ganz anderes. Nämlich, daß die pazifische Verteidigungslinie der Amerikaner erhalten werden sollte. Vor ihren Augen wurde China zu einer kommunistischen Macht. Darauf waren die Amerikaner nicht gefaßt. Das hätten sie nicht zulassen dürfen, sagten sie sich, als es zu spät war.

Sie bauten eine Verteidigungs- und Einkreisungslinie auf. Deshalb kämpfen sie dort. Nein, das ist keine Auseinandersetzung der Großmächte. Wenn es das wäre, dann müßten die Russen den gleichen Bombenteppich über Südvietnam legen, wie das die Amerikaner im Norden tun.

Wenn man in Amerika, also in einem Land, das sich im Krieg befindet, gegen den Vietnamkrieg sei, dann richte man sich gegen die politische Rechte, gegen die Falken, gegen die Militaristen. Wenn man in Europa gegen diesen Krieg sei und von

[*] 1967 war noch nicht bekannt, daß es der korrupte Diktator Diem war, der schon vor 1964 mit Präsident Ho Chi Minh und Premier Pham Van Dong Kontakt gesucht hatte, um den Kampf zu beenden und die Amerikaner loszuwerden. Es war John F. Kennedy, der sich keine Nachgiebigkeit gegenüber dem Kommunismus in Südostasien vorwerfen lassen wollte, um seine Wiederwahl 1964 nicht zu gefährden. »… John F. Kennedy war die Wiederwahl wichtiger als das Leben von Soldaten und Zivilisten …« Seymour Hersh, *The Dark Side of Camelot,* New York 1997, S. 420 ff.

einer verbrecherischen amerikanischen Politik rede, dann rede man der extremen Rechten und deren notorischem Antiamerikanismus nach dem Mund.

Der Unterschied ist doch ganz einfach, sagt Sartre. Er heißt Vietnam. Ich bin nicht gegen die Amerikaner. Ich bin für Vietnam. Ich bin dafür, daß die Amerikaner Vietnam verlassen, weil es um die Unabhängigkeit eines Volkes geht und weil hier ein kleines Volk von einem großen abgeschlachtet wird. Ich bin für die Unabhängigkeit Vietnams, weil das im Genfer Abkommen steht. Und weil ich Franzose bin. Schließlich haben wir 1945 mit diesem Krieg angefangen. Die Amerikaner haben uns nur abgelöst.

In dem Moment, fügt Sartre hinzu, in dem Sie erkennen, daß es hier nicht darum geht, für oder gegen die Amerikaner zu sein, sondern um die Beendigung des Kriegs zugunsten der Unabhängigkeit und Einheit Vietnams, in diesem Moment gehören Sie nicht mehr zur Rechten, sondern zur Linken.

Für eine sieggewohnte Nation sei es schwierig, eine militärische Niederlage einzustecken, selbst wenn es sich um einen moralischen Sieg handeln würde. Vielleicht seien auch deshalb sechzig Prozent der Amerikaner für die Fortführung des Vietnamkriegs.

Ich habe Ihnen schon gesagt, daß ich diese Leute (die in den USA gegen den Krieg in Vietnam kämpfen) sehr bewundere. Es sind kleine Gruppen, die sich nicht manipulieren lassen. Aber es sind nicht viele. Sie sind keine Mehrheit. Wie Sie sagen, sind sechzig Prozent der Amerikaner für die Fortführung des Kriegs. Ich habe heute vor dem Tribunal einen Satz von General Westmoreland zitiert: Wir führen Krieg, um zu beweisen, daß sich ein Guerillakrieg nicht lohnt. Das ist ein toller Satz.

Er besagt, wenn es in einem fremden und armen Land zu einem Volksaufstand kommt, also zu einem Guerillakrieg, dann maßen wir Amerikaner uns das Recht an zu intervenieren, dann kämpfen wir den Volksaufstand nieder und beweisen damit, daß sich ein Guerillakrieg nicht lohnt. Mit anderen Worten, Lateinamerika soll sich (gegenüber den dort herrschenden rechten Diktaturen) gefälligst still verhalten.

Wenn es uns gelänge, die amerikanische Öffentlichkeit einmal mit unseren Augen sehen zu lassen, was ihre Söhne tun, welche Verbrechen (in Vietnam) geschehen, dann könnte man sie aufrütteln. Um das zu erreichen, braucht man Zugang zur amerikanischen Presse und zum Fernsehen. Beides haben wir nicht. Amerika wird die Zeugenaussagen von drei jungen Amerikanern (die vor dem Tribunal von Folterungen in Vietnam berichten) nicht kennenlernen. Der Kampf ist schwer. Trotzdem, Sie sehen, ich bin hier bei diesem Tribunal, ich glaube wie Sie, daß man etwas bewirken kann.

Wir wollen vor der Ausstrahlung der deutschen Fassung sichergehen, daß die Übersetzung stimmt, und wenden uns an das französische Kulturinstitut. Der Text, den sie uns schicken, klingt nach allem, nur nicht nach Sartre. Angeblich sagt er zum Beispiel: Das amerikanische Fernsehen bringt Kriegsberichte. Aber die Amerikaner schauen sich nur den nächsten Film an.

Kann Sartre das gesagt haben? Redet Sartre so? Die Stoppuhr zeigt, daß die französische Passage dreimal so lang ist. Wir fliegen einen Kollegen aus dem Pariser ARD-Studio ein. Der tatsächliche Text lautet: »Im Fernsehen zeigen die Amerikaner den Krieg. Total und direkt. Unerträgliche Szenen. Aber sie ertragen sie. Sie springen nicht auf, schlagen ihre Fernsehgeräte kaputt und laufen schreiend auf die Straße. Nein, sie bleiben ruhig sitzen und sehen sich danach eine läppische Komödie an.«

Um die Übersetzung durch Sartre autorisieren zu lassen, treffen wir ihn noch einmal im ARD-Studio in Paris. Peter Scholl-Latour, vermutlich kein Verehrer von Sartre, kümmert sich um ihn mit der ausgesuchten Höflichkeit, wie sie Franzosen einem Intellektuellen entgegenbringen, egal ob sie mit ihm einer Meinung sind oder nicht.

Nachher gehen wir in Saint-Germain-des-Prés zum Essen, das damals noch nicht vom Exhibitionismus des Reichtums entstellt war. Dabei spricht Sartre deutsch. Ein Satz, den er nebenbei sagt: Unsereiner weiß immer, daß er sich auch irren kann. Unsere Kritiker wissen das nicht.

Damals ahnte noch niemand, daß Sartre am Ende seines Lebens verarmen würde und das Nobel-Komitee um das Preisgeld bitten mußte, das er Jahre zuvor ausgeschlagen hatte. Seine beträchtlichen Einnahmen für Theaterstücke, Bücher und Essays hatte er für alle möglichen politischen und karitativen Zwecke gestiftet und für den lebenslangen Unterhalt von Frauen verschleudert, mit denen er irgendwann eine sexuelle Beziehung gehabt hatte. Er bekam das Geld nicht.

Wenn es in hundert Jahren noch Historiker gibt,
dann sollte man ihnen Aufzeichnungen
der Sendungen aller TV-Systeme zeigen,
damit sie die Dekadenz, den Eskapismus und
den Realitätsverlust der Welt sehen, in der wir
gelebt haben.
Der Reporter Ed Murrow, Vater der TV-Dokumentation,
der mit einer einzigen TV-Sendung die Hexenjagd
McCarthys beendete

14 AMERIKANER

Der Copilot bestimmt die Position unserer Maschine über dem Atlantik, indem er einen Sextanten durch die dafür vorgesehene Öffnung im Cockpit in die Eiseskälte der Außenluft schiebt. In der Maschine der US-Navy, die uns 1956 zum Experiment »Strato-Lab-High« in die USA mitnimmt, ist der Autopilot »out of commission«, das heißt, er ist kaputt. Da sich der Commander auf dem linken Sitz dauernd nach hinten dreht, um mit uns zu quatschen, fliegt die viermotorige Maschine mit dem linken Flügel stundenlang zu tief und an den Azoren vorbei, auf denen wir tanken und übernachten wollen. Außerdem ist schlechtes Wetter. Wir mogeln uns wieder an die portugiesischen Inseln heran und gehen vorsichtig durch die tiefhängenden Wolken. Mit dem Instrument-Landing-System ILS sind die Piloten anscheinend auch nicht recht glücklich. Nach zwei abgebrochenen Anflügen fragt der Pilot dann doch den Radarcontroller am Boden: Uniform Sierra November one-niner-niner, do you have me in sight? Hier US-Navy 199 – können Sie mich sehen?

Kann ich, US-Navy 199, sagt der Controller, der die ganze

Zeit unsere Anflugversuche verfolgt hat, Sie sollten sich rasieren lassen.

Dann spricht er uns auf die Landebahn herunter. Im Officers Club – jacket and tie – gibt es Maine-Lobster mit Erbsen, Reis und Pommery. Die US-Streitkräfte hatten damals noch nicht ihr Selbstbewußtsein in Vietnam verloren.

Bei dem Experiment »Strato-Lab-High« sollen zwei Astronauten mit einem Ballon in die Stratosphäre. Bis alles klar ist, werden wir im BOQ (Bachelor Officers Quarters) des Naval Center der US-Marine in Bethesta einquartiert. Im PX-Shop gibt es Dinge, die wir nur vom Hörensagen kennen. Als ich meinen Einkauf zahlen will, verlangt die Navy-Rekrutin an der Kasse meine PX-Berechtigungskarte. Ich habe keine. Sorry, sagt sie, aber das muß ich melden. Lassen Sie mal, sagt hinter mir ein baumlanger grauhaariger Herr zu ihr, ich nehme ihn gleich mit. Wir fahren mit dem Aufzug zwanzig Stockwerke nach oben und gehen durch eine Tür neben einem Bronzeschild, auf dem steht: »Admiral's Office«. Der Grauhaarige fragt mich, woher ich komme und was ich vorhabe. Dann läßt er seine Sekretärin eine PX-Karte für mich ausstellen und wünscht mir »a pleasant stay with the US-Navy«. Er verlangt nicht einmal einen Ausweis.

Chester Huntley, genannt Chet, moderiert damals die TV-Nachrichten von NBC. Er gilt als zweiter Ed Murrow und ist der einzige Broadcaster, der zusammen mit David Brinkley einer von Tag zu Tag zunehmenden Popularität von Walter Cronkite von CBS die Stirn bieten kann. Sein Status im amerikanischen Fernsehen ist mit dem eines Papstes in der katholischen Kirche vergleichbar.

Abends in einem billigen Hotelzimmer, der Dollar kostet 4,20 DM, sehe ich Chet Huntley zum ersten Mal live auf dem Bildschirm. Nach dem Frühstück rufe ich bei NBC an und arbeite mich bis zu seiner Sekretärin vor.

Just hang on, sagt sie. Ich werde Sie mit der Zuschauer-betreuung verbinden.

Ich bin kein Zuschauer, sage ich. Ich will mit Chet Huntley reden, und wir haben eine Kamera dabei.

Whats your racket?

Reporter.

What paper?

German TV ARD.

East or west?

West.

Das ist etwas anderes, sagt sie. Chet liegt noch im Bett. Der hat die Spätsendung gemacht und ist erst um zwei Uhr früh aus dem Laden rausgekommen. Schauen Sie nach dem Mittag-essen bei uns rein. Bis dahin kriege ich ihn wach.

Chet Huntley schreit zu den Redakteuren hinaus, daß er einen zweiten Stuhl in seinem Büro-Kubikel braucht. Da steht nur einer, und auf dem sitzt er selbst. Er will keine Konferen-zen in seinem Büro, sagt er. Woanders kann er verschwinden, wenn es langweilig wird. Im eigenen Büro nicht.

Ob ich Mankiewicz getroffen hätte, will Chet Huntley wis-sen. Nach dem Einmarsch in Deutschland hatten die Amerika-ner Frank Mankiewicz in ihrer Besatzungszone als Radio- und Presseoffizier installiert. Er sollte für den Aufbau eines unab-hängigen Rundfunks sorgen.

Offenbar muß man erst einen Krieg verlieren, um ein gutes System zu kriegen, lacht Huntley. Er scheint anzunehmen, daß wir das in der BRD haben.

Frank Mankiewicz ist der Sohn von Herman J. Mankiewicz, der das Drehbuch zu *Citizen Kane* geschrieben hat. Er ist ein renommierter Journalist. Als Press secretary von Robert Ken-nedy mußte er später im Hotel »Ambassador« von Los Angeles weinend der Presse dessen Tod verkünden, nachdem der in Palästina geborene Sirhan Sirhan den Senator erschossen hatte. In Deutschland ging es Mankiewicz darum, den öffentlich-rechtlichen Rundfunk vor dem Einfluß der Regierung und der Werbekunden auf das Programm zu schützen und den Redaktionen Unabhängigkeit zu sichern. An den Würgegriff der politischen Parteien in Deutschland hatten die Amerikaner nicht gedacht. Das hatte historische Gründe. Die Gründer der Union hatten eine so tiefe Abneigung gegen politische Parteien gehabt, daß sie in Philadelphia eine Verfassung niederschrieben, in der politische Parteien mit keinem Wort erwähnt werden.

Wenn Sie nach Washington kommen, sagt Chet Huntley, dann müssen Sie Frank erzählen, wie es da drüben weitergegangen ist. Das Treffen kommt aber nicht zustande, weil Mankiewicz Mumps hat und ich keine Zeit, mich anstecken zu lassen. Außerdem hätte ich Frank Mankiewicz erklären müssen, daß es weder der Einfluß der Regierung noch der der Inserenten war, der den elektronischen Journalismus bei uns bedrohte, sondern die Büchsenspanner der politischen Parteien, und das war einem Amerikaner kaum zu erklären. Bill Paley, Chef von CBS, stand lange in dem schrecklichen Verdacht, manchmal mit dem Präsidenten der Vereinigten Staaten zu telefonieren.* Bei uns brüsten sich die Herren der Sender unverfroren ihrer Nähe zu den politisch Mächtigen.

Chet Huntley will nicht wissen, was ich ihn fragen werde. Wenn mir keine vernünftige Antwort einfällt, sagt er, dann schmeißen Sie's einfach raus. Sein Schreibtisch ist aus Blech und feldgrau gestrichen. Die Farbe ist zerkratzt, die Kanten und Ecken sind abgescheuert. Irgendwann muß das Stück eine Inventarnummer der US-Army gehabt haben und ausgemustert worden sein. Nach meinem Blick auf das schäbige Möbel sagt er: Mit dem habe ich angefangen. Daran denke ich später oft beim Anblick der furchterregenden Kolosse in den

---

* David Halberstam, *The Powers that Be*, New York 1979.

Büros belangloser Abteilungsleiter. Beiläufig gibt er mir einen guten Rat: Die TV-Kamera läßt sich nicht täuschen. Man kann nichts an sich korrigieren. Entweder man kommt rüber, wie man ist, oder man kommt nicht rüber. Am besten, man sieht sich nie Aufzeichnungen von den eigenen Livesendungen an. Daran habe ich mich gehalten.

Später, als die Proteste gegen den Vietnamkrieg in den USA zu Straßenschlachten mit Toten und Verletzten ausarten, treffe ich Frank Mankiewicz in Washington, DC. Amerikanische Kriegsgegner verbrennen wieder einmal ihre Gestellungsbefehle und Uniformen wie im mexikanischen Annexionskrieg im Frühjahr 1846 und während der philippinischen Expedition.

Darf man die eigene Meinung durchsetzen und dabei Gesetze brechen? frage ich ihn.

Das ist eine unglaublich deutsche Frage, sagt Mankiewicz.

Wieso unglaublich deutsch?

Geltende Gesetze sind geltende Gesetze. Mehr nicht. Die scheußlichsten Verbrechen der Geschichte sind aufgrund geltender Gesetze begangen worden.

Man darf also Gesetze brechen?

Was soll das heißen, man darf? Wenn einem die Sache wichtig genug ist, bricht man ein Gesetz und bezahlt dafür. Mit Gefängnis oder indem man sich von der Polizei verprügeln läßt. Mit Dürfen hat das nichts zu tun.

Eric Sevareid ist Starkommentator von CBS. Nach einer Aufnahme zum Vietnamkrieg hatte er in meinem Hotelzimmer in Washington, DC noch einen Whiskey getrunken. Dann war er gegangen. Kaum ist er aus der Tür, läutet das Telefon. CBS ist dran. Martin Luther King sei erschossen worden. Eric Sevareid werde gebraucht. Ich laufe in die Lobby hinunter und erwische Eric gerade noch beim Einsteigen in ein Taxi.

Fahren Sie mit, sagt er. Dann sehen Sie, wie sich so etwas bei uns abspielt.

Sevareid hatte zwei Sondersendungen zum Krieg in Vietnam gemacht, in den sich die Amerikaner verrannt hatten. Präsident Lyndon B. Johnson war gezwungen gewesen, auf die in den Sendungen aufgeworfenen Fragen mit einer Rede zu antworten. Johnson hatte das Amt übernommen, nachdem John F. Kennedy in Dallas erschossen worden war. Damit hatten die Vereinigten Staaten einen Präsidenten bekommen, der innenpolitisch wichtige Gesetze zur Sicherung freiheitlicher Bürgerrechte durchgesetzt hatte, der aber außenpolitisch kein großes Licht war. Auf den Straßen sangen die Protestierenden: Hey, hey, hey! L B J. How many children will you burn today?!

Nach der Nachricht vom Tod Martin Luther Kings brannte es in den Vorstädten, und der Führer der Black Panthers, Stokeley Carmichael, hatte seine schwarzen Brüder aufgefordert, sich Waffen zu besorgen. Die Taxis weigerten sich, uns zum Drehen in schwarze Gebiete zu fahren. Wir mußten, die Geräte auf den Schultern, zu Fuß gehen.

Während Sevareid geschminkt wird, überfliegt er die Meldungen der Agenturen, dann geht er ins Studio und spricht frei und auf die Sekunde genau einen Kommentar, der klar ist, unmißverständlich, glänzend formuliert und der die Gefühle von Millionen Amerikanern auf den Punkt bringt.

»Good evening, I'm Eric Sevareid. Again we are a nation of killers …« Wieder sind wir eine Nation von Killern … Mir wird klar, wofür Leute wie Eric Sevareid bezahlt werden. Daß die Unruhen nicht mehr Todesopfer gefordert haben, ist wahrscheinlich auch den Kommentaren von Eric Sevareid zu verdanken. Bestechend ist nicht nur seine Courage, sich mit dem Weißen Haus oder dem Pentagon anzulegen, sondern seine Fähigkeit, komplizierte Ereignisse mit wenigen Sätzen auf das Wesentliche zu bringen und so zu erklären, daß es nicht nur jeder

Klippschüler versteht, sondern auch das intellektuelle Amerika begeistert.

Als später Präsident Richard Nixon in Peking Tischtennis spielt und nicht nur damit die Entfremdung zwischen den Vereinigten Staaten und der Volksrepublik China überwindet, hatten sich die wichtigsten amerikanischen Sender zu einer Sondersendung zusammengeschaltet und ihre besten Reporter nach Peking geschickt – unter ihnen sind Eric Sevareid und der junge Dan Rather. Sie sollten live für ein paar hundert Millionen Zuschauer weltweit berichten, denn um den Globus herum hatten viele Sender die Berichterstattung übernommen. Die Reporter sondern ein paar Minuten lang Herumgerede ab. Dann reißt Eric Sevareid die Geduld: Die Nixon-Leute sagen uns nichts, sagt er. Und die Chinesen sagen uns noch weniger. Die Wahrheit ist, wir haben keine Ahnung, was hier los ist. Ich gebe zurück nach New York. Da sitzen ein paar Eierköpfe, die Ihnen das bestimmt erklären können.

So viel Ehrlichkeit habe ich nur noch bei Gerd Ruge und bei Egon Bahr erlebt. Ich glaube, es war in Litauen, wo es irgendwelche Unruhen gegeben hatte. Ruge war zur *Tagesschau* geschaltet, wo ihn ein Redakteur mit der Frage überfiel: Was, Gerd Ruge, empfindet Litauen an diesem Abend?

Ich habe keine Ahnung, was Litauen an diesem Abend empfindet, hatte Ruge gesagt.

Egon Bahr war mit Willy Brandt mit einer Bundeswehrmaschine nach Erfurt geflogen. Es ist das Ende der Eiszeit und der Beginn einer Normalisierung zwischen den beiden deutschen Staaten. Nach der Landung hält ein Reporter Egon Bahr das Mikrophon vors Gesicht: Der Bundeskanzler ist mit einer deutschen Militärmaschine auf einem Flugplatz der DDR gelandet. Was geht da in den Bürgern der DDR vor?

ICH – WEISS – ES – NICHT! sagt Egon Bahr und läßt den Reporter stehen.

234

Der Amerikaner Kenneth S. Uston redet wie ein Amerikaner und sieht aus wie ein Amerikaner. Es hätte mich aber gar nicht gewundert, wenn sich in seinem Körper ein Alien von einem anderen Stern verborgen hätte. In einer Zeitung lese ich Jahre nach unserem ersten Treffen in einem Spielcasino von Atlantic City, daß ihn jemand in einem Pariser Hotel ermordet haben soll. Auch das hatte mich nicht gewundert, sowenig es mich gewundert hätte, ihn nach seiner Ermordung wieder in irgendeinem Spielcasino zu treffen. Zum zweiten Mal hatte ich ihn in Nassau auf den Bahamas an einem Blackjack-Tisch gesehen. Blackjack ist ein Hasardspiel, ähnlich wie Siebzehn-und-vier. Alle Bildkarten zählen zehn Punkte, die Asse entweder einen Punkt oder elf Punkte und die übrigen, was auf den Karten steht. Durch Hinzukaufen von Karten versuchen die Spieler so nahe wie möglich an 21 Punkte heranzukommen, ohne sie zu überschreiten.

In Nassau hatte Ken Uston einen breitkrempigen Stetson auf dem Kopf und Bündel von Dollarnoten in den Taschen seiner Jeans. Er schien sturzbetrunken zu sein. Dauernd fielen ihm 100-Dollar-Jetons unter den Tisch. An diesem Tag war er der Sohn eines texanischen Viehzüchters, der mit dem Geld seines Vaters um sich wirft. Ein Zocker, wie ihn sich alle Spielcasinos der Welt wünschen. Das Glas mit der Bloody Mary, das ihm eine Hosteß reicht, stellt er zu weit an den Rand des Tisches, weil er ihr ungeniert ins Dekolleté starrt. Der Inhalt geht seinem Tischnachbarn über die Hose. Trotz einer lallenden Entschuldigung flüchtet der Nachbar, und Ken Uston setzt von da an seine Jetons auf dem eigenen Platz und zusätzlich auf dem Platz des geflüchteten Spielers.

Das dritte Mal sehe ich ihn im Casino von Freeport, auch auf den Bahamas. Er trägt ein blondes Toupet und hat einen Schnurrbart. Diesmal ist er ein junger Herr aus gutem Hause, der sein Erbteil verzockt. Seinen texanischen Drawl hat er abgelegt und redet, als käme er aus New England. Die abgebrühten Hostessen spricht er mit »Ma'am« an. Wenn er gewinnt, küßt er den Brillantring an seinem Ringfinger.

Ken Uston ist in den meisten Spielcasinos der Vereinigten Staaten und vielen anderen Ländern der Welt gesperrt. Wenn er erkannt wird, überreicht ihm jemand vom Sicherheitsdienst ein Kärtchen, auf dem steht: »Das Management dieses Casinos ist überzeugt, daß Sie ein ›card counter‹ sind. Wir bitten Sie, unsere Räume zu verlassen und nicht wiederzukommen.« Schlimmstenfalls lauern ihm auf dem Nachhauseweg Schläger der Glücksspielmafia auf, um ihn krankenhausreif zu prügeln. Das letzte Mal in Reno, wo sie ihm trotz Verkleidung als Araber den Kiefer und die Knochen des Orbitalbogens über dem rechten Auge gebrochen haben.

Die Augen seien sein Problem, sagt er. An denen werde er erkannt. Er trage daher gern Sonnenbrillen oder Brillen aus Fensterglas. Angeblich war sein Vater Japaner und seine Mutter Österreicherin. Ein Chirurg habe ihm die asiatische Lidfalte weggemacht, sagt er. Sein Alter gibt er mit 33 Jahren an. Wenn das stimmt, dann müßte er seinen Abschluß an der Harvard University mit 14 Jahren gemacht haben und zwischendurch mit einer Stewardeß verheiratet gewesen sein und Kinder gezeugt haben.

So viel ist sicher: Früher lief Ken Uston in Anzügen aus der Madison Avenue herum, trug die Button-down-Hemden aus hellblauem Oxford der US-Airforce und gestreifte Fraternity-Krawatten. Nachdem er einen Abschluß für Wirtschaftswissenschaften in Yale und einen M.B.A. in Harvard gemacht hatte, wurde er Senior Vice-President der Pacific Stock-Exchange in San Francisco. Dann zog er in Chicago mit einem Computer und einem Dutzend anderer Counter ein Syndikat auf, um weltweit den Spielcasinos beim Blackjack Millionen abzunehmen. Auf seiner Steuererklärung gab er als Beruf an: angewandte Statistik.

Counter betrügen nicht. Sie beherrschen eine fehlerlose

Spieltechnik und rechnen beim Blackjack einen ganzen Schlitten, das ist meist ein Stapel von 208 Spielkarten, im Kopf mit und kalkulieren dementsprechend ihre Gewinnchancen. Wenn die Chancen gut sind, setzen sie Tausende von Dollars, wenn sie schlecht sind, nur das Minimum von ein paar Dollars, um den Platz am Spieltisch zu halten. Die Gewinnchancen für die Bank sind um so besser, je mehr niedrige Karten im Rest des Schlittens sind. Wenn der Schlitten reich an hohen Karten ist, dann ist das ein minimaler Vorteil für den Spieler. Aber nur, wenn er keinen Fehler macht. Je nach Regelvariante bringt das bis zu 0,9 Prozent vom Umsatz.

Bei einem einzigen Fehler pro Schlitten, sagt Ken Uston, sinke der Gewinn auf Null. Beim zweiten Fehler beginne er zu verlieren. Die Leute am Computer in Chicago rechnen die möglichen positiven und negativen »swings« aus, die Regelvarianten des jeweiligen Casinos, und ermitteln den Ruinfaktor, also die Wahrscheinlichkeit, mit der das gesamte eingesetzte Kapital verlorengeht. Meist steht der Ruinfaktor bei 1 zu 33. Das heißt, mit einer Chance von 33 zu 1 wird das Kapital verdoppelt, und mit einer Wahrscheinlichkeit von 1 zu 33 geht es verloren. Nach solchen Gewinnchancen würden sich Börsenspekulanten alle zehn Finger lecken. Wenn der Ruinfaktor durch besondere Regeln des jeweiligen Casinos unter 1 zu 25 sinkt, spielen die Card-Counter des Syndikats nicht.

Die Spielcasinos tun sich schwer, einen Card-Counter zu identifizieren, denn um einen Counter zu erkennen, muß man selbst einer sein. Die meisten Casinos haben über jedem Blackjacktisch eine Kamera angebracht, die den Spieltisch, die Karten und die Hände von Spielern und Dealern zeigt. In einem dunklen Raum über den Spielhallen gibt es eine riesige Wand von Monitoren, auf denen die Aktionen an den diversen Spieltischen zu sehen sind. Vor den Bildschirmen sitzt Tag und Nacht ein hochbezahlter Angestellter, der selbst ein Counter ist. Das wissen natürlich auch die Counter, die draußen an den

Tischen spielen. Sie bauen daher zur Tarnung in ihre Spieltechnik hin und wieder Fehler ein, die einem Counter keinesfalls unterlaufen. Aber nur dann, wenn der Fehler nicht zuviel kostet.

Ken Uston hat die Spielcasinos wegen Diskriminierung verklagt, und die amerikanische »Civil Liberties Union« ist für ihn auf die Barrikaden gegangen. Sie argumentiert, daß die Casinos niemanden vom Spielen ausschließen dürfen, nur weil er gut spielt und gewinnt. Es kann nicht sein, sagt Ken Uston, daß die Spielbanken Betrunkene, kompulsive Zocker oder Schwachsinnige spielen lassen, aber jeden rausschmeißen, der besser ist als die Bank. Es ist schließlich nicht verfassungswidrig, in einem Spielcasino Geld zu gewinnen. Die Casinos argumentieren, daß sie nur ein Glücksspiel anbieten, das Ken Uston mit seiner Spieltechnik unzulässigerweise zu einem Geschicklichkeitsspiel mache. Tatsächlich sind es die Spielcasinos, die ihre Kunden betrügen. Was sie »Glücksspiel« nennen, ist in Wahrheit ein Pechspiel, nämlich eine Methode, den Spielern einen genau errechenbaren Teil des eingesetzten Geldes abzunehmen. Seit Jahrhunderten ist der mathematische Beweis erbracht, daß es zum Beispiel beim Roulette kein System gibt und auch nicht geben kann, mit dem ein Spieler auf lange Sicht und mit Sicherheit gewinnt. Die Zero sorgt dafür, daß er 2,7 Prozent vom Umsatz verliert. Selbst wenn er unbegrenztes Kapital hätte, würde er wegen des vorgegebenen Höchsteinsatzes verlieren. Roulette wird in der mathematischen Disziplin der Spieltheorie zu den Spielen mit »independent choices« (unabhängigen Spielzügen) gerechnet.

Das heißt: Auch wenn zehntausendmal hintereinander rot gekommen ist, bleibt die Chance, daß beim nächsten Wurf schwarz kommt, so gering wie beim allerersten Wurf, nämlich 19 zu 18, denn der zehntausendunderste Wurf ist vollkommen unabhängig von den zehntausend Würfen zuvor. Bei jedem neuen Wurf hält der Zufall quasi wieder dieselben 18 roten und dieselben 19 schwarzen Zahlen im Roulettekessel bereit.

Und warum kann man beim Blackjack gegen die Bank gewinnen?

Weil Blackjack mathematisch gesehen ein Spiel mit »dependent choices«, also mit abhängigen Spielzügen ist, sagt Ken Uston. Karten, die gefallen sind, können nicht noch einmal fallen. Ein Schlitten mit vier Kartenspielen wird verbraucht. Deshalb sind beim Blackjack die späteren Spielzüge abhängig von den früheren Spielzügen. Wenn ein Schlitten mit 208 Karten zum Beispiel 16 Asse enthält und 16 Asse gefallen sind, dann kann – Zufall hin oder her – kein As mehr fallen.

Und warum bieten die Casinos ein Spiel an, bei dem der Spieler gewinnen kann?

Weil die eine Hälfte der Blackjack-Spieler spielt wie die ersten Menschen und die andere Hälfte nicht weiß, daß man oft besser kauft und ein Überkaufen riskiert, statt auf schlechten Karten stehenzubleiben und zu hoffen, daß sich die Bank überkauft. Und weil beide nicht in der Lage sind, mit der Präzision und Geschwindigkeit eines Computers die Zusammensetzung der Restkarten mitzurechnen und danach ihre Einsätze auf ein Zehntel Prozent genau zu variieren.

Eine »session« am Spieltisch dauert 40 Minuten. Länger, sagt Uston, kann man sich nicht konzentrieren. Dazwischen legt er sich aufs Hotelbett und macht eine Viertelstunde die Augen zu.

Counter müssen nicht nur den eigenen Einsatz verändern, sondern auch die Karten aller anderen Spieler am Tisch mitrechnen. Um jederzeit alle optimalen Spielzüge präsent zu haben – sie nennen das »instant recall« –, haben sie Flashcards in der Tasche, mit deren Hilfe sie Spielzüge memorieren, wenn sie auf ein Taxi oder ein Flugzeug warten.

Die Asse spielen beim Blackjack eine besondere Rolle, weil sie einen Punkt oder aber auch elf Punkte wert sein können. Mit einer Bildkarte ergibt ein As also 21 Punkte oder »Blackjack« und damit sofortigen Gewinn. Die Asse werden mit den

Füßen gezählt. Counter machen das subkortikal, das heißt, sie verändern ihre Fußstellung unbewußt nach der Anzahl der verbrauchten Asse, so wie man unbewußt beim Autofahren kuppelt.

Ken Uston fliegt von New York nach Hamburg. Wir spielen im Hotel »Interconti«. Da ich kein Counter bin, muß ich auf die linke Hand von Ken Uston achten. Sind seine Finger gestreckt, kaufe ich eine Karte, sind sie es nicht, bleibe ich stehen.

Interessant, Ihr System, sagt der Spieler neben mir. Aber meines ist mir lieber.

Er hat trotz einer hirnverbrannten Spielerei in einer Stunde Jetons für über 2000 Mark gewonnen.

Just wait, sagt Uston leise zu mir. Es gibt keine Wunder.

Eine weitere Stunde später ist der Herr knappe 5000 Mark im Keller und pleite. Eine Dame nimmt seinen Platz ein. Sie scheint entschlossen zu sein, das Geld ihres Mannes loszuwerden, der hinter ihr steht und nervös eine Zigarette an der anderen anzündet.

Der Dealer gibt ihr zwei Asse, die sie nicht splittet, also teilt, um auf beide zu setzen. Damit verschenkt sie die Chance auf einen ziemlich sicheren und hohen Gewinn, denn der Schlitten ist reich an Bildkarten, die jeweils zehn Punkte zählen. Sie bleibt mit zwei Punkten stehen und hofft, daß sich die Bank überkauft. Ihre zwei Asse sind entweder 2 Punkte wert, also zuwenig, oder 22 Punkte, also zuviel. Offenbar hat sie weder eine Ahnung von den Regeln noch von den Chancen. Die Bank hat 16 Punkte, muß kaufen, überkauft sich und platzt. Die Spielerin hat ihren Einsatz nur verdoppelt statt vervierfacht. Für den Rest ihres Lebens wird sie sich für eine gute Spielerin halten.

Mit Ken Uston gibt es kein Gespräch, in dem es nicht um Blackjack geht. Wenn er träumt, dann träumt er sicher von dem Spiel, das seinen Namen der schwarzen Flagge von Piraten verdankt.

Wenn eine Frau neben ihm liegt, redet er vermutlich auch mit ihr nur über Blackjack. Wie hält man das aus?

Ich brauche das, sagt er. Immer auf Achse. Keine feste Beziehung. Das ist herrlich. Leichtes Gepäck, um schnell verschwinden zu können. Er reist mit einer kleinen Tasche, einer Hose und einem Hemd zum Wechseln an einem Drahtbügel über dem Arm, schnell vor dem Abflug noch aus der Reinigung geholt.

Und was ist mit einer Familie?

Callgirls sind billiger und nicht so zeitraubend wie Ehefrauen oder Freundinnen, sagt er.

Und Freeda, die in seinem Hotel-Condominium des Jockey-Clubs von Las Vegas zu Hause zu sein scheint und die sich mit einem Bikinioberteil für angekleidet hält?

Eitel, sagt Uston. Ziemlich eitel. Tolle lange Beine, aber sie meint, daß ihr Busen hängt.

Der Blick gilt dem gefährlichen Rand der Dinge
Dem braven Dieb, dem sanften Mörder
Dem frommen Atheisten
Der Frau von zweifelhaftem Ruf
Wir sehen zu, wie sie versuchen
Gleichgewicht zu halten
Auf schmalem Grat
Gedicht von Robert Browning, das mir
Graham Greene in sein Buch J'accuse *gelegt hat*

15 GREENES RELIGION

There is an evil man, da ist ein übler Mann, sagt Graham Greene, nachdem er sich im Restaurant umgesehen hat und sich dem Zerlegen seines gebratenen Fisches zuwendet. He's got too much white in his eyes. Der hat zuviel Weiß in seinen Augen.

Obwohl in dem Restaurant am Hafen von Antibes weit über hundert Leute sitzen, weiß ich sofort, wen er meint. Es macht ihm Spaß, Gesichter mit einem Satz so genau zu beschreiben, daß man sie unter Tausenden finden würde.

Greene »is a man's man«, ein Mann für Männer, sage ich zu meiner Begleiterin.

Irrtum, sagt sie. Greene ist ein Mann für Frauen. Er schenkt nach, wenn das Glas leer ist, schiebt einem unauffällig das Salz hin, wenn man danach sucht, hebt einem die hinuntergefallene Serviette auf, ohne daß es jemand merkt, gibt dem Ober einen heimlichen Wink, den leeren Teller wegzuräumen. Die meisten Männer sind beim Essen immer nur mit sich beschäftigt.

Ritterlich? spotte ich.

Ja, ritterlich, sagt sie.

Als ich ein paar Tage später in München eine Pistole für Graham Greene zerlege und die einzelnen Teile mit Silberpapier deformiere, um sie durch die Kontrollen am Flugplatz und ins Flugzeug nach Nizza zu kriegen, fragt sie mich, was das werden soll.

Man kann nicht zulassen, daß irgendwelche Ganoven von der Côte d'Azur Graham Greene abknallen, nur weil er sie in seinem Buch *J'accuse* beim Namen nennt.

Greene ist bald achtzig.

Und?

Das ist, als würde man einem Kind eine Pistole geben.

Ritterlich, sage ich. Aber zu alt für eine Pistole?

Ja, sagt sie.

Also fliege ich ohne Pistole und rate Greene, sich eine »Pumpgun« zu besorgen. In Nizza konnte man Vorderschaftrepetierer damals noch ohne Erwerbsberechtigung kaufen, weil sie als Jagdwaffen galten. Mit »oo-buck-shot« im Magazin hätte Greene sich damit gegen eine ganze Bande zur Wehr setzen können.

I dont want a defensive weapon, protestiert Greene. I want an offensive weapon. Er will keine Verteidigungswaffe. Er will eine offensive Waffe, denn er habe vor, den Kerl umzulegen, der angeblich die Tochter seiner Freundin, Madame Cloetta, bedroht. Er schenkt mir eines seiner Bücher, legt das Gedicht von Robert Browning hinein und schreibt als Widmung: To Dago whose interest in crime I share.

Ach, der Greene, sagt der Bürgermeister von Nizza. Der geht doch mit der Mutter und mit der Tochter ins Bett.

Wie denn, fragt Greene, als wir es ihm erzählen, macht seine Hose auf und zieht das Hemd hoch. Quer über seinen Unterbauch zieht sich eine schlimme Operationsnarbe.

Damit er nicht meint, ich wüßte nicht, daß er Bücher schreibt, hatte ich mir vor dem ersten Besuch in der Avenue Pasteur in

Antibes eine Frage zurechtgelegt, die nicht allzu aufdringlich, aber auch nicht allzu dumm sein sollte.

Um welche Tageszeit schreiben Sie?

Frühmorgens, sehr früh morgens, sagt er, dann stehe er unter Druck und schreibe so an die 500 Wörter.

Then, sagt er, I go to the bathroom, take a shit, und den Tag über korrigiere ich. Auf dem Schreibtisch liegen Blätter mit seiner winzigen und etwas zittrigen Schrift in blauer Tinte.

Wir drehen, wie er durch die Gassen in einem Bergdorf der Seealpen schlendert. Wozu? will er wissen. Es ist das erste Mal, daß er freiwillig vor eine Kamera geht.

Um Ihre »personality« zu entwickeln.

Ich hatte immer gedacht, meine »personality« sei schon entwickelt, murrt er.

Er haßt TV-Jargon, und er mag Kameras nicht.

Warum nicht?

Meine Freundin, Madame Cloetta, findet, daß ich eine rote Nase habe. Ich denke aber, fügt er hinzu, daß Sie und Ihr Team nicht von der Sorte sind, die jetzt hingehen und irgendwo schreiben: Ich puderte Graham Greenes Nase.

Der wahre Grund ist ein anderer. Vor der Kamera verliert man seine Identität, sagt er später. Und wichtiger noch: In front of cameras or microphones I always look like an ass. Er wirke bei solchen Interviews immer wie ein Esel.

Die schicken mir dauernd Leute, die mehr vom Schreiben verstehen als ich, sagt er. Die stellen dann Fragen, auf die mir keine Antwort einfällt. Warum sagt Herr X zu Fräulein Y auf Seite 298, daß es draußen kalt ist? Ich kann mich nicht einmal mehr an den Roman erinnern, den ich vor dreißig Jahren geschrieben habe. Wie soll ich wissen, warum Herr X zu Fräulein Y auf Seite 298 sagt, daß es draußen kalt ist? Außerdem bin ich scheu. Ich bin am liebsten allein.

Kann er sich als Mitglied einer Partei vorstellen?

Er sei kein Parteimensch, lacht er. Er habe nur ein einziges Mal gewählt – die Kommunisten. Und das in Westminster, wo die nicht die geringste Chance haben. Vielleicht Sozialdemokrat, linker Sozialdemokrat, aber nicht einmal das in allen Fragen. Vielleicht doch eher ein Liberaler. Mit einem kleinen »l«, nicht mit einem großen.

»Greeneland« nennen manche Kritiker die Landschaften und Städte, in denen seine Romane spielen. Sie halten Greeneland für gut erfunden, aber eben nur für erfunden. Das ärgert ihn. Kritiker kennen Greeneland nicht. Kritiker fahren da nicht hin.

Graham Greene scheint das riesige Hotel aus Holz am Strand von Poneloya in Nicaragua, von dem wir ihm erzählen, zu kennen. Die Farbe blättert von den hölzernen Säulen. Auf der großen Holzveranda stehen Schaukelstühle. Die Moskitonetze sind geflickt. Wir sind die einzigen Gäste.

Ja, sagt Greene, und die Holzwände des Hotels haben Risse, durch die nachts Licht fällt. Man hört es, wenn sich ein paar Zimmer weiter jemand im Bett umdreht.

Kaum zu glauben, daß sich Damen aus León da mit ihren Liebhabern treffen.

Wo sollen sie sich denn sonst treffen?

Am Strand, wo die Brandung des Pazifiks aufläuft, sind alle paar Schritte verrostete Schilder mit Totenschädeln an Pfähle genagelt.

Manchmal werden Liebhaber, die ihren Damen imponieren wollen und trotzdem schwimmen gehen, von der Strömung auf Nimmerwiedersehen mitgenommen, sagt Greene.

Wenn die Sonne den Horizont berührt und rot wird, erzählen wir, hüllt eine Herde von ein paar hundert Rindern alles in Wolken von leuchtend rotem Staub, aus dem Gauchos auf ihren Pferden auftauchen und lange Schatten werfen.

Hören Sie auf, lacht Greene, dafür werden die doch vom Ministerium für Tourismus bezahlt.

Wir hatten während des Kriegs der Contra gegen die Sandinisten in Ocotal an der honduranischen Grenze gedreht. Karl-Heinz Goderski, ein niedersächsischer Förster, der für die Entwicklungshilfe die Aufforstung in Nicaragua mit der Hilfe von politischen Gefangenen organisiert, kennt den Urwald wie seine Hosentasche. Er weiß, wo die Contra operiert und wo man durchkommt, ohne beschossen zu werden.

Ocotal? fragt Greene. Ist das nicht von Somoza bombardiert worden? Ocotal und Esteli?

Bombentrichter haben wir nicht gesehen, aber auf dem Dorfplatz lagen massenhaft Patronenhülsen herum. Die Contra hatte kurz zuvor ihren Mut an den Campesinos gekühlt, weil die auf der Seite der Sandinisten waren. Auf den Gräbern in Esteli lagen Blumen aus Kunststoff. Einige der Gräber sahen neu aus.

Der Weg nach Ocotal war schlecht. Manchmal brauchten Kameramann Peter Carstiuk und sein Assi den Wagenheber, um den Jeep weiterzuwuchten. Ständig lief eine Leitung neben uns her. Stellenweise wußten wir nicht, ob die Leitung an den Masten hing oder die Masten an der Leitung. Einmal verschwanden die Drähte in einem Wasserlauf.

Was für Drähte? will Greene wissen.

Vermutlich die Telefonleitung nach Managua.

Wo habt ihr in Ocotal übernachtet?

Es nannte sich Hotel. Wir haben auf dem Boden geschlafen.

Auf dem Boden? In einem Hotel?

Die Zimmer waren ebenerdige, betonierte Vierecke mit einem Dach aus Wellblech. Keine Türen. Am Morgen haben uns Schweine geweckt, die über uns hinweggetrampelt sind.

Was habt ihr gegessen?

Ananas.

Ananas?

Für einen Dollar laden einem die Campesinos den ganzen Jeep voll.

Für einen Dollar?

Für einen Dollar kriegt man eine Menge Cordobas.

Wie viele Cordobas?

Der offizielle Wechselkurs war damals sechs Cordobas für einen Dollar. Auf dem Schwarzmarkt bekam man für einen Dollar achtzig Cordobas. An einem Kiefernstamm haben die Nicas nicht einmal einen halben Dollar verdient.

Kiefernstämme in Nicaragua?

Der südlichste Kiefernwald der Erde. Ein an die Hitze angepaßter Baum, »pinus o'ocarpa«.

Greene notiert sich den Namen.

Kiefern und Ananas?

Weißkraut und Ananas gedeihen besonders gut in den schwefelsauren Abgasen der Vulkane. Die Bäume sterben. Wenn ein Vulkan nach einer Ruhezeit von Jahrhunderten wieder aktiv wird, dann bleiben von den Urwaldriesen im Abwind nur weiße Gerippe stehen. Weißkraut und Ananas wachsen in dem Schwefeldunst besonders gut. Wir haben alle paar Stunden ein paar Ananas auf dem Kotflügel des Jeeps zerlegt und gegessen.

Und die Drähte? Wohin sind die Drähte gegangen?

In Ocotal haben wir ein Haus gefunden. Da war das Ende der Leitung. Der Verputz war abgefallen. Ein paar Buchstaben waren zu sehen. Vielleicht das Wort »Correo«. Drinnen lagen ein paar Typen auf Matratzen und schliefen.

Soldaten?

Keine Uniform. Vermutlich keine Soldaten. Aber sie hatten Maschinenpistolen.

Was für Maschinenpistolen?

Chinesische Kalaschnikows.

Que quieren Ustédes? Was wollen Sie?

Telefonieren, haben wir gesagt. Nach Deutschland telefonieren. Die meisten Telefone waren aus der Wand gerissen.

Quieren llamar à Alemania. Mit Deutschland will er telefonieren, lacht einer und legt sich hin, um weiterzuschlafen.

Nur ein Telefon hing noch an Drähten. Ein paar Sekunden später hatte ich den Operator in Managua und dann meine Nummer in Deutschland dran. Alles über die Telefonleitung nach Managua.

Das kenne ich. Da geht alles oder gar nichts, lacht Greene.

The libel cases grouped together will come on in Paris on february 23rd [1983]. I do hope you will be there, schreibt mir Graham. Die Klagen gegen ihn kämen am 23. Februar in Paris vor Gericht. Es geht um den Vorwurf der üblen Nachrede in seinem Buch *J'accuse*. Die Anwälte gehen auf und ab, machen Mienen, ziehen die Augenbrauen hoch, runzeln die Stirn, verschränken die Arme, recken Kinn oder Brust heraus und reden und reden und reden.

Mich wundert bloß, sagt Greene, daß die keinen trockenen Hals kriegen. Gehen wir in die Brasserie an der Ecke.

Es sei leicht zu erkennen, hatte Greene beim Mittagessen gesagt, ob jemand gläubig sei. Nämlich daran, ob jemand eine Existenz im Jenseits für möglich halte.

Hält er, Greene, eine Existenz im Jenseits für möglich?

Ich halte das Jenseits immer weniger für möglich, sagt Greene. Aber mein Glaube sagt mir, daß ich Unrecht habe. Ich muß glauben, weil ich es nicht weiß. Glücklicherweise, sagt er, dauert es nicht mehr lange, dann weiß ich es.

Der Katholizismus habe ihn intellektuell überzeugt, nicht emotional.

In Ihren Schriften kommt oft das Wort »escape« vor. Flucht wovor?

Vor der Langeweile. Schon als junger Mann habe ich unter Langeweile gelitten.

Behindert Langeweile die Kreativität?

Manchmal *treibt* sie einen zur Kreativität. Man flieht in erfundene Menschen.

Greene hatte auf der Fahrt in die Seealpen behauptet, daß er ein Melancholiker sei.

Woher soll ein Melancholiker so viel Kreativität nehmen?

Schön, vielleicht bin ich nur manisch-depressiv.

Dann haben wir nur Ihre manischen Phasen gesehen.

Zugegeben, heute bin ich manisch.

Woher nimmt er die Disziplin, trotz seiner Depressionen zu schreiben?

Anders kriegt man kein Buch fertig.

Disziplin? Auch eine Flucht?

Da ist was dran. Es ist furchtbar, wenn ein Buch fertig ist. Korrigieren ist schön. Wie bei einem Bildhauer, denke ich. Der ist auch am glücklichsten, wenn er nur noch hier und da etwas wegnimmt. Ohne Muskelkraft. Wenn ein Buch fertig ist, dann ist für mich das Leben leer.

Und Ihr Glaube?

An Gott?

Der Glaube an Gott.

Je näher ich dem Tod komme, desto weniger weiß ich von Gott. Vielleicht kehrt man im Alter wieder in die Kindheit zurück, vielleicht erlebt man eine zweite Kindheit. Als Kind habe ich gar nichts geglaubt. Aber mein Glaube wird fester, wenn ich mit bestimmten Leuten zusammen bin. Das sind Leute, deren Güte übernatürliche Wurzeln haben muß.

Und doch wissen Sie immer weniger von Gott, je älter Sie werden?

Der Tod interessiert mich nicht mehr so sehr. Als ich ein junger Mann war, hat mich der Tod interessiert. Ich habe russisches Roulette gespielt. Das zeigt Interesse am Tod. Ein Onkel von mir ist im Alter von 91 Jahren vom Baum gefallen und hat den Sturz überlebt. Schrecklich, sich vorzustellen, daß es sich noch so lange hinziehen kann.

Warum nimmt das Für-wahr-Halten mit zunehmendem Alter ab – und der Glaube bleibt? (Greene macht immer einen

Unterschied zwischen glauben, »to believe«, im Sinne von für wahr halten, und »faith«, im Sinne von Glaube und Vertrauen.)

Ich war intellektuell davon überzeugt, sagt Greene, daß im Christentum die Wahrheit liegt. Ich war auch überzeugt, daß unter den christlichen Kirchen die katholische der Wahrheit am nächsten kommt, daß sie die tiefere Einsicht hat. Aber die Argumente von damals habe ich inzwischen vergessen.

In einem Roman, sagt er, habe er die Schriftstellerin Antonia White beschrieben.

Sie war aus der Kirche ausgetreten. Eines Tages trifft sie den Priester ihrer Kindheit. Er ist alt geworden. Sie sagt ihm, daß sie aus der Kirche ausgetreten ist, weil sie nicht mehr glauben kann, und sie fragt den Priester, warum denn *er* an Gott glaube.

Meine Liebe, sagt der Priester. Die Gründe dafür habe ich längst vergessen.

Am Tag, als sie zur Kirche zurückkehrt, erfährt sie, daß der alte Priester gestorben ist. Mein Unglaube wird auch durch solche rätselhaften Zufälle erschüttert.

Daniel Guy umzulegen sei nicht besonders katholisch, wende ich ein.

Greene lacht. Schwer zu beurteilen, ob über meinen Einwand oder über seine Drohung, Daniel Guy zu erschießen. Vermutlich hat er es nie ernst gemeint.

Anlaß für die ARD-Reportage war das Pamphlet gewesen, für das sich Greene von Émile Zola den Titel *J'accuse* geborgt und mit dem Untertitel »The dark side of Nice« erweitert hatte. Der Titel unserer Reportage, »Salade Niçoise«, spielte auf den Bürgermeister von Nizza an. Jacques Médecin hatte ein Kochbuch veröffentlicht. Darin stand das einzig wahre und alleingültige Rezept für »Salade Niçoise«. Unter den Schrifttiteln am Anfang der Reportage wurde der Salat nach Jacques Médecin zubereitet. Artischocken, mittelgroße Tomaten und entweder Thunfisch oder Anchovis, auf keinen Fall beides. Schwarze Oliven aus Nizza, steinhart gekochte Eier. Die Hände eines Küchenchefs geben eine Zutat nach der anderen in eine große Schüssel. Dann nimmt er ein paar Innereien dazu, schüttet etwas Blut darüber und würzt schließlich mit Bleikugeln aus einer aufgeschlitzten Schrotpatrone.

Ich mache die Reportage zusammen mit Dr. Hans Lechleitner. Wir recherchieren in einer Gegend, in der es besser ist, wenn man sich gegenseitig bezeugen kann, was geredet worden ist.

In Greenes Dokumentation *J'accuse* geht es um eine häßliche Scheidungsgeschichte, in die Martine Cloetta, die Tochter der Freundin Greenes, Yvonne Cloetta, verwickelt ist. Und es geht um deren Kinder, zwei Mädchen. Daniel Guy, der geschiedene Mann von Martine Cloetta, behauptet, Greene habe ihm gedroht: Entweder kommen die Kinder mit der Mutter zur Großmutter, oder ich ruiniere Sie mit meinem Namen. Daniel Guy, so Greene, habe dagegen mit Gewalt gedroht und mit seinen Beziehungen zur Unterwelt der Côte d'Azur.

Greene behauptet, Daniel Guy habe Martine Cloetta gegen ihren Willen in einen Free-Sex-Club in Nizza mitgenommen. Schon als Halbwüchsiger sei Guy wegen irgendeiner Sache verurteilt worden. Tatsache ist, daß ihn ein Sonderkommando für den Krieg in Algerien rekrutiert hat und daß General Massu persönlich den 22jährigen ausgezeichnet hat. Seine Exfrau Martine Cloetta sagt uns, sie sei überzeugt, daß ihr Mann Verbindungen zum organisierten Verbrechen habe. Sie kenne seine Freunde, sagt sie. Einige von denen seien verurteilt worden. Sie sei sicher, daß er zur Mafia gehöre. Fragen ergeben, daß ihr nicht ganz klar zu sein scheint, was genau sie unter »Verbindungen zur Mafia« versteht. Nur Bekannte oder Freunde aus der Unterwelt? Oder mehr?

Wenn das wahr wäre, hätte ich die Geschichte längst anders erledigt, sagt Guy und spielt damit auf die Usancen an der Côte d'Azur an, Leute, die lästig sind, verschwinden zu lassen.

Greenes Buch *J'accuse* wird jedenfalls 1982 verboten und beschlagnahmt. Graham sieht in dem Verbot eine Parallele zum Verbot seines Romans *Die Stunde der Komödianten* durch Papa Doc, den Paten des Terrors auf Haiti.

Ich hätte mehr von ihm erwartet, als einen Titel von Zola abzuschreiben, sagt Daniel Guy. Warum nennt er es »Ich klage an!« und nicht »Ich denunziere!«. Im Krieg sind auch Leute zur Gestapo gegangen und haben Angehörige angeschwärzt, um Familienangelegenheiten zu regeln. Er hat meine Existenz vernichtet. Angeblich will er zwei kleine Mädchen vor mir retten. Fabelhaft! Spielen wir die *Marseillaise!* Es gibt viel Eis im Herzen dieses Schriftstellers.

Guy meint, Madame Cloetta, die Mutter von Daniel Guys Exfrau, habe Greene benutzt. Seine Schwäche, seine Liebenswürdigkeit und sein Alter.

Damit hat sie mich vernichtet, sagt er. Die Cloetta erpreßt den 78jährigen. Wenn er nicht tut, was sie will, dann bleibt er in seinen letzten Tagen allein.

Daniel Guys gesellschaftlicher Erfolg war die Heirat mit Martine Cloetta, nach der sich auf der Straße die Leute umdrehen. Sie war Ansagerin bei Tele Monte Carlo gewesen.

Es ist aber nicht die Scheidungsaffäre, die uns veranlaßt, an der Côte d'Azur zu drehen. Mit der Pedanterie eines guten Reporters hat Greene in *J'accuse* die Verfilzung der Stadt mit dem organisierten Verbrechen geschildert. Er nennt Namen von Leuten, die Blut an den Händen haben, und prangert eine Justiz an, die davor ihre Augen verschließt. Die Privataffäre wird durch seinen Text zur Obduktion und zum Skandal einer Region.

Egal, was für Freunde Daniel Guy hat oder nicht hat und wie seine Vergangenheit aussieht. Er ist alles andere als ein unbeschriebenes Blatt, aber Mafiosi sehen anders aus. Er ist den Leuten nicht einmal ähnlich, die im Casinokrieg der Côte d'Azur Dutzende von Toten auf dem Gewissen haben.

Wenn es hier organisiertes Verbrechen gäbe, sagt Bürgermeister Jacques Médecin, könnte keiner darüber schreiben, ohne daß ihm die Arme gebrochen würden, ohne daß er umgelegt würde. Solange man über eine Mafia schreiben kann, existiert sie nicht. Schön, es gibt ein paar Tote. Da werden schon mal Rechnungen beglichen. Gelegentlich wird eben jemand umgelegt. Was können die Bürger von Nizza dafür? Gauner aus Marseille schießen auf Gauner aus Grenoble, Korsen auf Italiener, OAS-Leute auf Araber.

Den größten Bankraub des Jahrhunderts am Place Masséna in Nizza kommentierte er mit »Chapeaux bas«, Hut ab!

Um alles muß man sich kümmern, beschwert er sich. Wir kaufen die Läden in der Altstadt von Nizza, damit die Araber sie nicht kriegen. Man kann sie schließlich nicht erschießen.

Weil das illegal ist?

Ja, das ist illegal.

Hat er leider gesagt? Nein, er hat nicht leider gesagt. Es hat nur so geklungen.

Glaubt Médecin, daß die politische Linke Graham Greenes *J'accuse* benutzt, um ihn, einen rechten Bürgermeister, abzuschießen?

Er zuckt die Schultern.

Das gehört zu den Spielregeln.

Also hat die Affäre Graham Greene doch eine politische Seite?

Es gibt keine Affäre Graham Greene. Monsieur Greene hat ein Buch geschrieben. Na und? In Romanen über New York gibt es mehr Tote, als die Stadt Einwohner hat. Greene ist ein Verleumder.

Als ich Greene zum letzten Mal in Antibes sehe, zeigt er mir eine Pistole, die ihm angeblich der nordirische Botschafter besorgt hat. Die Patronen im Magazin sind eine Mischung diverser Fabrikate und Laborierungen. Bei einigen, die offenbar uralt und vergammelt sind, sitzt das Geschoß viel zu tief in der Hülse. Die Munition ist für den, der sie verschießt, wahrscheinlich gefährlicher als für den, auf den geschossen wird.

Greenes Haß auf Guy, die Ritterlichkeit, mit der er seine Hand über ihm nahestehende Frauen hält, sind eine Sache, Greenes Provokation der Unterwelt der Côte d'Azur, des Clans der Médecins und der Ganoven von Nizza ist eine ganz andere. Sie ist lebensgefährlich. An der Côte d'Azur werden Menschen wegen Geringerem umgebracht.

Gewiß, die Ermordung Greenes hätte Staub aufgewirbelt. Die ganze Welt wäre erschüttert gewesen. Der französische Justizminister hätte eine Sonderkommission einberufen, und die Vorwürfe Greenes in *J'accuse* wären durch akribische polizeiliche Ermittlungen nachgeprüft worden. Täter, die jemanden wie Graham Greene umbringen, wären so gut wie sicher ermittelt worden. Daran konnte das organisierte Verbrechen an der Côte d'Azur nicht interessiert sein. Hätte das alles Graham Greene schützen können? Ich denke, nein.

Killer der Unterwelt haben keinen hohen Intelligenzquotienten. Der Durchschnitt des IQ von Verbrechern liegt weit unter dem Durchschnitt der Bevölkerung. Der Intelligenzquotient von Berufskriminellen liegt sogar noch unter dem von Gelegenheitskriminellen. Berufskiller sind weder so gerissen wie in Hollywood-Filmen noch so schlau, wie die Polizei sie darstellt, wenn ihre Fahndungen erfolglos sind. Ebendas hätte Graham Greene nach der Veröffentlichung von *J'accuse* gefährlich werden können. Greene hatte mit einer raffiniert ausgeheckten Verschwörung gerechnet. Leute, die andere umbringen, ohne lange nachzudenken, sind anders. Sie sind wie die Lohnkiller im Umfeld der Hamburger Pinzner-Affäre, die wegen Mordes zu lebenslanger Haft, also de facto zu 15 Jahren, verurteilt worden waren. Da die Häftlinge in der Justizvollzugsanstalt Hamburg-Fuhlsbüttel Freiheiten haben, die in anderen Gefängnissen undenkbar wären, hatten der Wiener Peter und sein Adlatus D. meine Sekretärin mit Anrufen bombardiert, während ich an einem Buch über die Pinzner-Affäre schrieb.

Bevor ich die Geschichte niederschriebe, ließen sie mir ausrichten, hätte ich mit ihnen zu reden.

Wozu, frage ich den Zuhälter D., als ich ihn einmal zufällig in der Leitung habe.

Weil wir dabei waren und nicht Sie, sagt er.

Immer wenn es geknallt hat, waren Sie doch angeblich ganz woanders, sage ich.

Es ist besser für Sie, wenn Sie mit uns reden, sagt er.

Am Abend vor meinem Besuch in der Justizvollzugsanstalt Fuhlsbüttel treffe ich den Chef von LKA 26 (Abteilung Organisiertes Verbrechen), Kriminaloberrat Dieter Langendörfer, auf ein Bier nach einer Radiosendung.

Der Wiener und D. haben mir eine Besuchsgenehmigung für die JVA Fuhlsbüttel besorgt.

Für wann?

Morgen früh um zehn.

Sie mit den beiden in einem Raum?

Ich denke.

Und das erfahre ich jetzt?

Was soll passieren? Die haben keine Kanonen.

Und was, wenn die Ihnen eine Rasierklinge an die Gurgel halten?

Warum sollten sie?

Was, wenn wir einen Kassiber haben, in dem von Geiselnahme die Rede ist?

Wozu?

Um stiften zu gehen.

Am nächsten Vormittag sitze ich dem Wiener Peter und D. gegenüber. D. hat mutmaßlich im Riemerlinger Forst bei München einen anderen Zuhälter mit dem Spitznamen »Lackschuh« erschossen, der einen Hang für teure Herrenunterwäsche von Dior gehabt hatte. Dafür ist D. aber nicht verurteilt worden. Lebenslänglich hat er sich für einen anderen Mord eingehandelt. D. ist gefährlich wie eine schlecht isolierte Starkstromleitung. Er ist einer von denen, die nicht einmal über das Wetter ohne drohenden Unterton reden können. Konsequenzen sind solchen Leuten egal. Typen wie er handeln aus einer unbezähmbaren und stupiden Wut heraus. Sein Boß, der Wiener, sitzt dabei. Seine Hände und Lippen zittern. Kann es sein, daß er vor dem eigenen Mann Angst hat?

So sehen Leute aus, die Graham Greene gefährlich werden könnten. Kritiker, die Greene nachsagen, daß er die Gefahr dramatisiert habe, wissen nicht, wovon sie reden. In der Unterwelt gibt es solche Typen zum Schweinefüttern.

Graham Greene ist an seinem Alter gestorben. Friedlich, weil die französische Justiz den Leuten, die er in *J'accuse* anprangert, den Gefallen tut und das Buch aus dem Verkehr zieht, indem sie es verbietet.

Mit Waffen freundet man sich nicht an.
Das sind Vipern, die jahrelang auf der
Lauer liegen und auf den ersten falschen
Handgriff warten, um zu töten.
Charles Askins, Combatschütze

16 GEFÄHRLICHES WERKZEUG

Im Alter von dreizehn Jahren habe ich mich mit einer Pistole
angefreundet. Bei den immer häufigeren Bombenangriffen
verbrannten viele Menschen, erstickten, wurden in Luftschutz-
kellern verschüttet oder ertranken im Wasser, das aus den
geborstenen Leitungen in die Keller lief. Wenige hatten das
Glück eines raschen Todes. Wenn die Sirenen heulten, nahm
ich die Pistole, die ich samt Munition auf dem Speicher gefunden hatte, heimlich mit in den Keller, denn ich hatte panische
Angst, in der kalten Finsternis eingeklemmt zu werden, vor
dem langsam steigenden Wasser und vor dem vergeblichen
Ringen um Luft. In mondhellen und kalten Winternächten
wurde Nacht für Nacht der Himmel rot und ließ den Mond
verblassen. Das körperwarme Metall in meiner Hosentasche
gab mir die Garantie, nicht leiden zu müssen. Der zarte Duft
nach Waffenöl war beruhigend wie eine Frauenhand auf der
Stirn. Damals ging mir auf, daß ich von Hause aus ein ängst-
licher Mensch bin, aber noch nicht, daß ich später Gefahren
suchen würde, um mir das Gegenteil zu beweisen. Seit damals
hat die Möglichkeit, in einer ausweglosen Situation Schluß
machen zu können, etwas Beruhigendes für mich. Die Pistole
Kaliber 7.65 war ein Halbautomat der Firma Walther. Sie hatte
schwarze Griffschalen aus Bakelit.

Familienmitglieder, die nicht an irgendeiner Front waren, verteilte man damals auf die Luftschutzkeller der umliegenden Häuser, damit nach einem Treffer wenigstens ein Teil der Familie übrigbliebe. Waffen waren so selbstverständlich wie Maikäfer im Mai und ein von der braunen Obrigkeit gern gesehenes Spielzeug, das der Ertüchtigung der Jugend dienen sollte. Bei Fliegerangriffen tagsüber rannten wir von der Schule nach Hause und hielten uns Bücher über den Kopf, um uns vor den zerlegten Flakgranaten zu schützen, die von röhrenden 8,8-cm-Geschützen zu den britischen und amerikanischen Bomberpulks hinaufgeschickt wurden, oben explodierten und dann als Splitter in allen Tonarten singend und brummend wieder herunterkamen.

Bei einem dieser Angriffe sahen wir, daß eine amerikanische Superfortress Höhe verlor. Sie mußte in einem nahen Waldgebiet herunterkommen. Wir schwangen uns auf die Fahrräder und fanden das Wrack am Ende einer langen Schneise von aufgewühlter Erde und zersplitterten Fichten. Es roch nach Öl, Benzin und Fichtenharz. Auf den verbogenen und zerfetzten Leichtmetallteilen waren noch schöne und halbnackte Vargas-Girls und Mickeymäuse zu erkennen, mit denen amerikanische Piloten ihre fliegenden Festungen bemalten. Wir suchten nach »k-rations«, das waren Notrationen, die sie für eine eventuelle Flucht dabeihatten. Sie enthielten Schokolade. Dem Piloten, der nicht mehr aus der Maschine herausgekommen war, schnallten wir den Fallschirm ab. Die Seide war auf dem Schwarzmarkt eine ganze Menge Benzingutscheine, Butter oder Kaffee wert, denn daraus konnten sich die Schieber elegante Staubmäntel machen lassen. Die Heckkanzel mit dem überschweren Maschinengewehr war abgebrochen und lag ein paar hundert Meter weiter weg im Wald. Wir feuerten ein paar Schuß in die Gegend und hauten mit der Beute ab.

Bevor die ersten amerikanischen Panzer kamen, hatte man alles, was entfernt nach einer Waffe aussah, in Teichen, Wasserläufen oder Jauchegruben versenkt. Es hieß, daß jeder an die Wand gestellt würde, der eine Waffe hatte. Dem fiel auch meine Walther 7.65 zum Opfer.

Eines Tages verstummten das Donnern und das ohrenbetäubende Bersten der Luftminen, deren Luftdruck den alten Strohhut meiner Mutter im Luftschutzkeller zum Hüpfen gebracht hatte. Es stank nicht mehr nach brennendem Phosphor. Der Frühling, lernten wir in der Schule, ließ »sein blaues Band / wieder flattern durch die Lüfte«. Ein amerikanischer Sergeant kam auf einem Fahrrad dahergeradelt, das er irgendwo hatte mitgehen lassen. Er kaute an einer kalten Zigarre, konnte schwäbisch, weil er Vorfahren aus dem Schwäbischen hatte. Er riet uns, die Fenster aufzumachen, die noch nicht mit Brettern vernagelt oder ausgebrannte Höhlen waren, denn nach ihm kämen Panzer, und wenn die auf versprengte SS-Einheiten schießen müßten, dann würden auch die letzten Scheiben noch zu Bruch gehen. Er suchte nach Parteiabzeichen, die er gern gegen Büchsen mit Corned beef eingetauscht hätte, weil er sie als Andenken mit nach Amerika nehmen wollte. Wir hatten keine. Er ließ uns trotzdem eine Büchse Corned beef, Zigaretten und Kaugummi da und radelte weiter, um sein Glück woanders zu versuchen. Die Amerikaner, die nach ihm kamen, hatten Brieftaschen von Soldaten dabei, die in der Nähe von Nürnberg gefallen waren, darin waren Fotos von Kindern, die sie uns zeigten.

Den Verlust meiner Walther 7.65 konnte ich bald ausgleichen, indem ich einem Mitschüler eine Pistole gleichen Typs stahl. Sie hatte allerdings braune Griffschalen aus Bakelit, passend zur Uniform seines Vaters. Der Mitschüler hieß Edgar Gold und war der Sohn eines hochrangigen Führers des Reichsarbeitsdienstes. Er hatte die Pistole mit in die Schule genommen, um damit den Mädchen in der Klasse zu imponieren. Zu

Beginn der Pause, als alle das Klassenzimmer verlassen hatten, um sich die von den Amerikanern herangekarrte Schulspeisung aus Haferflockenbrei mit Vollmilch und Schokolade zu holen, nahm ich sie aus seinem Schulranzen. Die Toilette für Knaben war im Keller. Durch das ebenerdige Fenster schob ich die Pistole hinaus und bedeckte sie draußen mit Erde. Nach der Pause wurden wir alle, zuerst von einem Lehrer, dann von der Polizei, durchsucht. Ein paar Tage später nahm ich die Waffe dann mit nach Hause. Edgar Gold wurde vermutlich von seinem Vater verdroschen. Das gönnte ich ihm, denn er hatte die Mädchen in unserer Klasse sehr beeindruckt.

Schießpulver ist wie Opium, sagte Camillo Lehle. Er mußte es wissen, denn er war einer der besten Revolverschützen weit und breit. Sein Haus war voll von kranken Tieren. Rehkitze, denen ein Lauf abgemäht worden war, blinde Katzen, lahme Hunde, Krähen oder Fasane, denen ein Bein fehlte und die dennoch neugierig durch alle Zimmer hüpften. Sogar ein Storch, dem eine Schlagfalle den Schnabel abgebrochen hatte, war dabei. Camillos Frau war den ganzen Tag beschäftigt, für die Kostgänger zu kochen, die Camillo dauernd anschleppte, um sie zu Hause aufzupäppeln. Ein widriges Schicksal hatte sie zu Freunden gemacht. Ein junger Fuchs, dem der Schwanz fehlte, schlief neben einer Gans. Wie es schien, ohne blutgierige Träume. In Camillos Haus herrschte Waffenstillstand zwischen den Arten. Manche hielten Camillo für einen Narren, wenn es um kranke Tiere ging. Andere hielten ihn für einen Narren, wenn es um Revolver ging. Er brachte mir bei, nach der ersten Phase des Abziehens, die den Hahn eines Revolvers spannt, und nach dem kaum spürbaren und kaum hörbaren Einrasten der Trommel noch einmal den winzigsten Bruchteil einer Sekunde lang innezuhalten, um Kimme und Korn ein letztes Mal auf das Schwarze in der Mitte der Zielscheibe auszurichten, bevor dann der Schuß brach.

Nach dem Krieg brauchte man eine amtliche Erlaubnis für Faustfeuerwaffen. Die Sachkunde prüfte der renommierte waffentechnische Gutachter Manfred Deprée.

Er gibt dem Prüfling einen Revolver in die Hand, und jeder weiß, daß er jetzt als erstes die Trommel entsperren und herausklappen muß, um nachzusehen, ob sie leer ist. Sonst ist er bei Deprée durchgefallen, noch ehe die Prüfung begonnen hat.

Schließen Sie den Revolver, sagt Deprée, und nehmen Sie an, daß er geladen ist. Sie wollen einen genauen Schuß auf ein 25 Meter entferntes Ziel abgeben, zum Beispiel auf die Reifen eines Autos, und dabei unter keinen Umständen den Fahrer treffen. Was machen Sie?

Man spannt mit dem Daumen den Hahn, um das Abzugsgewicht von 3000 Gramm auf wenige Gramm zu reduzieren. Eine ganz leichte Berührung des Abzugs löst jetzt den Schuß aus.

Gut, sagt der Sachverständige. Die Situation hat sich geändert. Sie wollen nicht mehr schießen. Was machen Sie?

Da ein Revolver keine Sicherung hat, muß man den Hahn entspannen. Dazu hält man ihn mit dem Daumen fest, löst mit dem Zeigefinger den Abzug aus und läßt den Schlagbolzen vorsichtig in die Ruhestellung zurückgleiten. Wenn das aussieht, als hätte man es schon ein paarmal gemacht, und wenn man dabei die Mündung des Laufs dem Sachverständigen nicht auf den Bauch gehalten hat, ist die Prüfung im wesentlichen bestanden.

Fast jeder Reporter hat irgendwann einmal als Polizeireporter gearbeitet. Da ich Revolver von Pistolen unterscheiden kann, fällt mir gelegentlich die Berichterstattung zu, wenn Polizisten geschossen haben, im Amtsdeutsch heißt das, wenn sie »von der Schußwaffe Gebrauch gemacht« haben. Es gibt Fälle, bei denen sie unter gar keinen Umständen von der Schußwaffe hätten Gebrauch machen dürfen, und andere, bei denen ihnen gar nichts anderes übriggeblieben war. Wenn man über Fälle berichtet, in denen es falsch war zu schießen, gilt man als Feind der Polizei. Wenn man meint, daß der Gebrauch der Schußwaffe berechtigt war, gilt man als Freund der Polizei. Niemals zählt, was wirklich geschehen ist. Entscheidend ist, auf wessen Seite ein Reporter aus der Sicht der Betroffenen zu stehen scheint.

Der Unterschied zwischen einer Pistole und einem Revolver ist ein fundamentaler. Bei einer Pistole kann sich ungewollt ein Schuß lösen, wenn man nicht richtig damit umgeht. Bei einem Revolver ist das ziemlich unwahrscheinlich. Unter anderem wegen des hohen Abzugsgewichts und weil jeder weiß, daß Revolver niemals gesichert sind. In Spielfilmen werden Revolver dauernd Pistolen genannt und umgekehrt. In Spielfilmen gibt es sogar Revolver mit Schalldämpfern am Ende des Laufs, die nichts nützen, denn der Krach kommt zwischen Trommel und Lauf heraus. Vermutlich soll der Schalldämpfer die Waffe nur verlängern und so zur Chiffre für einen bedrohlichen Penis machen. Im Film treffen Schauspieler auf Hunderte von Metern eine Fliege, denn im Film haben Waffen nichts mit Ballistik zu tun.

In den USA versuchen Präzisionsfreaks seit langem eine »one-minute-rifle« zu bauen, also ein Gewehr mit einem Lauf, der auf 100 Meter Entfernung fünf Geschosse zuverlässig hintereinander in einen Kreis von 25 Millimeter Durchmesser bringt.* Schützen, die das versuchen, benutzen Schießkissen, gefüllt mit Kunststoffgranulat. Sie liegen stundenlang auf erschütterungsfreien Tischen und warten, bis alle Windfähnchen entlang der Bahn schlapp sind und in den Zielfernrohren keine Wärmeschlieren mehr zu sehen sind. Wenn sich die Atmung beruhigt hat, stechen sie ein, und zwischen zwei Herz-

---

* Eine Winkelminute = 1 inch, also 25,4 mm.

schlägen ziehen sie ab. Die Läufe sind so dick und empfindlich, daß sie nach wenigen Schüssen unbrauchbar werden. Das macht aber nichts, denn diese Gewehre haben weder eine jagdliche noch eine militärische Bedeutung. Sie sind eine technische Spielerei. Keiner der Schützen auf der Suche nach der »one-minute-rifle« könnte vom Schießtisch aus so gut treffen wie im Film oder in TV-Krimis jeder Komparse mit verbundenen Augen.

Umfragen ergeben, daß eine große Mehrheit der Fernsehzuschauer gegen Gewalt auf dem Bildschirm ist. Vor allem gegen Waffengewalt. Die Einschaltquoten zeigen, daß eine ebenso große Mehrheit Gewalt auf dem Bildschirm gerne sieht. Vor allem Waffengewalt. Vielleicht sind das nicht dieselben Mehrheiten, aber irgendwo muß sich zwangsläufig die eine Mehrheit mit der anderen überschneiden. Die meisten Menschen finden Faustfeuerwaffen abstoßend, und Leute, die sich damit auskennen, sind ihnen nicht geheuer. Das läßt sich sehr leicht nachempfinden, denn man kann es nicht beschönigen: Feuerwaffen sind Werkzeuge, um Menschen oder Tiere umzubringen. Verglichen mit den Produkten der pharmazeutischen Industrie, mit Zigaretten, mit ungeschütztem Geschlechtsverkehr oder schnellen Autos, handelt es sich allerdings um ziemlich untaugliche Werkzeuge. An Nikotin, am Straßenverkehr oder an AIDS sterben bekanntlich wesentlich mehr Menschen als an Pistolen oder Revolvern.

Der beste Revolverschütze der Welt, Ed McGivern, hatte einen Bauch und ständig einen breitkrempigen Hut auf dem Kopf. Er schoß zweihändig hübsche Porträts von Indianern in Scheunentore. Beim Purzelbaum vorwärts traf er zwischen seinen Oberschenkeln hindurch auf 25 Meter eine Whiskeyflasche, ohne den Hut zu verlieren und ohne sich zu kastrieren. Freiwilligen schoß er Lehmkugeln vom Kopf, die kaum größer waren als das Kaliber seines Revolvers. Denen, die ihm das nachmachen wollten, empfahl er allerdings in seinem Standardwerk *Fast and Fancy Revolver Shooting*, vorher zu üben. »Wenn man das Schießen mit einem Revolver nicht [wie er] als Kunst betreibt«, heißt es da, »dann nimmt man ihn nur aus dem Holster, um jemanden zu erschießen.« Damit will er sagen, daß man mit einer Faustfeuerwaffe besser nicht mutwillig droht.

Revolver haben bekanntlich keine so hohe Feuerkraft wie Pistolen. Man kann höchstens sechs Patronen laden. Aber Feuerkraft ist für Revolverschützen ohnehin ein sinnloses Konzept. Wozu braucht man eine zweite Kugel, hat Charles Askins einmal gefragt. Wenn die erste getroffen hat, braucht man sie nicht. Und wenn man danebengeschossen hat, nützt einem die zweite auch nichts mehr.

Der bekannteste Revolver der Welt heißt Peacemaker, Friedensstifter, hergestellt von der Firma Colt, die ein springendes Hengstfohlen, also einen »colt«, als Markenzeichen hat. Auch im Wilden Westen herrschte der Aberglaube, daß Waffen Frieden stiften. Die Revolver der Konstrukteure Mr. Smith & Mr. Wesson, die den S & W-Revolver entwickelt haben, geben aber schönere Filmdialoge her.

Wie aus dem Nichts stehen Clint Eastwood drei schwerbewaffnete Ganoven gegenüber, die eine alte Rechnung mit ihm begleichen wollen.

Junge, gib auf! rufen sie ihm zu. Wir sind zu dritt, und du bist allein.

Ich bin nicht allein, sagt Clint Eastwood.

Hier sind Mr. Smith, Mr. Wesson und ich. Es ist der letzte Satz, den die Ganoven hören.

Zu einer meiner Aufgaben als gelegentlicher Polizeireporter gehörten auch die Ereignisse am Morgen des 5. September 1972. Wir hatten die Nacht hindurch im Deutschen Olympischen Zentrum DOZ »Grünes« gedreht. So werden Randthemen genannt, die nichts mit der ernsthaften und manchmal

264

ziemlich humorlosen Sportberichterstattung zu tun haben. Als Service für die russischen und kanadischen Athleten hatte die ARD die Leitung Montreal–Moskau angezapft und ein Eishockeyspiel Kanada–Rußland ins DOZ abgezweigt und intern übertragen. Die Sportler waren entspannt und zogen sich gegenseitig auf. Russen und Kanadier tauschten Adressen aus. Der kalte Krieg war weit weg.

In der Morgendämmerung packen wir vor dem DOZ unsere Geräte ein. Im Olympischen Dorf fällt ein schlapper Schuß. Das Geschoß geht in das Fenster der Kantine der Lufthansa über unseren Köpfen. Aber das erfahren wir erst später. Wir meinen, daß einer der olympischen Schützen zu faul war, seinen Lauf durchzuziehen, ihn deshalb aus dem Fenster gehalten und eine Ölpatrone abgeschossen hat. Als wir im Sender ankommen, müssen wir wieder umkehren, denn im Olympischen Dorf ist inzwischen der Teufel los. Ein arabischer Student, der in Deutschland studiert und es bis zum Diplomingenieur gebracht hatte, war seit Beginn der Olympischen Spiele in der Kantine des Olympischen Dorfes beschäftigt gewesen. Er hatte die Terroristen vom »Schwarzen September« durch das Tor 25A ins Dorf gelassen.

Einer der israelischen Athleten wird von den Terroristen erschossen, ein anderer wird angeschossen und liegt im Sterben. Die Terroristen fordern die Freilassung von 234 palästinensischen Häftlingen und der deutschen RAF-Terroristen Andreas Baader und Ulrike Meinhof.

Die Verhandlungen laufen schlecht. Ausrüstung und Ausbildung der Polizei sind miserabel. Am Abend habe ich auf dem Dach des DOZ einen Aufsager für die ARD zu machen. Hoffentlich geschieht möglichst lange nichts, sage ich, denn wenn etwas geschieht, kann es nur mit einer Katastrophe enden. Der Sender strahlt den Aufsager nicht aus. Zu pessimistisch. Polizei und Innenministerium versichern, es gebe keinen Grund zur Sorge. Selbst als die Operation auf dem Flugplatz

Fürstenfeldbruck in Blut und Feuer versinkt, erzählt ein Sprecher des DOZ der internationalen Presse immer noch, die Geiseln seien frei und wohlauf.

Nach den Polizeieinsätzen bei den Schwabinger Krawallen zwischen dem 21. und 25. Juni 1962, bei denen die Polizei alte Leute im Polizeigriff abgeführt, harmlose Besucher von den Tischen der Straßencafés geprügelt und auf Frauen mit Gummiknüppeln eingeschlagen hatte, war im Präsidium unter dem Druck der öffentlichen Meinung die weiche »Münchner Linie« erfunden worden. Die Beamten waren schon vorher nicht für einen Einsatz gegen bewaffnete und gefährliche Gegner ausgebildet und ausgerüstet gewesen. Die »Münchner Linie« hatte die letzten Reste von operativem Know-how beseitigt.

Kurz vor den Olympischen Spielen war es bei einem Banküberfall mit Geiselnahme in der Münchner Prinzregentenstraße zu einer tödlichen Schießerei gekommen, bei der eine Geisel und ein Bankräuber starben. Am 5. September 1972 im Olympischen Dorf sah es nicht aus, als hätte die Polizei oder deren Führung daraus etwas gelernt. Einsatzkräfte fahren zum falschen Flugplatz. Verhandlungen mit den Terroristen werden von den zuständigen Ministern Merk und Genscher geführt, was Verhandlungsexperten für einen unverzeihlichen Fehler halten. Und das nicht nur, weil man durch Rückfragen Zeit schinden kann, die man dringend braucht. Die als Lufthansa-Personal verkleideten Polizisten in der auf dem Flugplatz Fürstenfeldbruck für die Terroristen und ihre Geiseln bereitgestellten Fluchtmaschine, einer Lufthansa Boeing 727, beschließen, nach Hause zu gehen, als es brenzlig wird. Einer der sogenannten Präzisionsschützen verpaßt auf dem Flugplatz Fürstenfeldbruck einem eigenen Kollegen einen Lungenschuß. (Der Getroffene überlebt.) Beamte verkriechen sich im Gebäude der Base Operation am Flugplatz. Angeblich können sie erst nach einem Wutausbruch von Franz Josef Strauß dazu gebracht werden, einzugreifen. Der Politiker soll einem die Pistole aus dem

Holster gerissen und ihn angeschrien haben: Da draußen sterben Leute! Oder muß ich selber rausgehen?

Den Terroristen hatte man erzählt, daß die deutschen Sicherheitsbehörden untätig zusehen würden, wenn sie mit ihren israelischen Geiseln wenige Kilometer vom früheren Konzentrationslager Dachau entfernt in ein unbekanntes Schicksal ausfliegen würden. Unvorstellbar, daß die von Anfang an konsultierte israelische Ministerpräsidentin Golda Meir und der von Anfang an beteiligte israelische Geheimdienst Mossad das zulassen würden. Wenn die Terroristen nicht von Sinnen waren, mußten sie mit einer Polizeiaktion rechnen. Die Frage war nur, wann und wo. Niemand vom Sicherheitsestablishment konnte sich in die Palästinenser hineindenken.

Bei Geiselnahmen durch bewaffnete Täter gilt die Faustregel, daß man, wenn irgend möglich, keinesfalls eine Ortsveränderung zuläßt. Statt die Geiselnehmer zu lassen, wo sie waren, griff die Polizei auf dem Flugplatz Fürstenfeldbruck ein, als die Anführer zur bereitgestellten Fluchtmaschine gingen, um sie zu inspizieren. Die Polizeiführung hoffte, den Widerstand der Terroristen zu brechen, indem sie ihre Anführer erschießen ließ. Eine weitere Fehleinschätzung. Nach den ersten Schüssen der Polizei rennen die beiden zurück zu den Hubschraubern mit den gefesselten Geiseln, um sie mit Handgranaten in Brand zu setzen. Die Scharfschützen der Polizei versuchen sie daran zu hindern, schießen aber zunächst daneben. Die Beamten hatten die Läufe ihrer Gewehre einfach ein Stück weit vor die Terroristen gehalten und gehofft, daß sich Geschosse und Terroristen wie durch ein Wunder treffen würden.

Für die olympischen Disziplinen im Schießen auf schnelle Tontauben und auf laufende Scheiben waren seit Jahrzehnten Methoden entwickelt, die von Fachleuten »swing-past« und »sustained lead« genannt werden. Beide laufen darauf hinaus, daß das Visier durch das Ziel und vor dem Ziel her geschwungen, vor allem aber die Waffe in der Bewegung abgefeuert wird.

Die seitliche Schränkung und die Senkung des Schafts müssen dem Körper des Schützen genau angepaßt sein. Die Balance des Gewehrs muß nach ein paar tausend Übungsschüssen einen instinktiven, aber dennoch millimetergenauen Schwung zulassen.

Nach der Katastrophe wollen wir in einem Bericht nachweisen, daß das verwendete Gewehr G-3 für einen solchen Polizeieinsatz völlig ungeeignet ist, daß die Ausbildung Lücken hat und daß auch deshalb israelische Athleten sterben mußten. Wir wollen den Beweis führen, weil zu befürchten ist, daß es zu weiteren und ähnlichen Einsätzen kommen wird. Polizei, Justiz und Innenministerium sind über unsere Pietätlosigkeit empört. Der deutsche olympische Kader für die laufende Scheibe mag das G-3-Gewehr auch nicht testen. Die Sportler weigern sich, eine Waffe in die Hand zu nehmen, mit der auf Menschen geschossen wird. Für sie ist eine Waffe ein Sportgerät wie ein Speer.

Also machen wir den Test selbst. Das Gewehr wird daraufhin für den Polizeigebrauch abgeschafft, und wir werden beschimpft.

Der offizielle Abschlußbericht der Staatsregierung ist eine phantasievolle Variante der Ereignisse, die alles unterschlägt, was die Sicherheitsbürokratie nicht vorzeigen will. Nach Meinung der Verantwortlichen geht es die Bürger nichts an, was wirklich geschehen ist. Einem Polizisten, der dabei war, wird angedroht, daß er seine Altersversorgung verliert, wenn er redet. Das Verhalten der Polizei erinnert an die Omertà der Mafia und deren Verschwörung des Schweigens. Wie so oft, wird eine aus kriminaltaktischen Gründen sinnvolle Kultur der Geheimhaltung mißbraucht, um eigene Inkompetenz vor jener Öffentlichkeit zu verbergen, die den Sicherheitsapparat bezahlt. Sowohl der israelische Mossad wie die britische SAS hatten angeboten, die Polizeiaktion mit erprobten Kommandos durchzuführen. Weder die Polizeiführung noch das Innenministerium wollen zugeben, daß sie so etwas nicht selbst können. Das Verhängnis nimmt seinen Lauf: Acht Geiseln und fünf Terroristen sterben.

Gefeiert wird der runde Geburtstag eines international renommierten Augenarztes. Ein Chirurg am Tisch plaudert mit einer Chirurgin über längst vergangene gemeinsame Nachtdienste, bei denen es noch nicht üblich gewesen sei, sich die dankbaren Unfälle herauszusuchen und die undankbaren jüngeren Kollegen zu überlassen.

Was, bitte, will ich wissen, ist ein dankbarer Unfall? Ein besonders schwerer Unfall, sagt die Chirurgin. Einer, bei dem nicht sicher ist, ob der Schwerverletzte überleben kann. Ein Unfall also, bei dem sich ein Arzt ganz besonders anstrengen muß und deshalb auch ganz besonders glücklich ist, wenn es der Verletzte mit seiner Hilfe dann doch noch schafft. Undankbare Unfälle, das sind harmlose Kratzer, die jeder Medizinalassistent versorgen kann.

Das letzte Mal hatte ich den Chirurgen Dr. Hans Steinkohl, der auch 2. Bürgermeister der Stadt ist, in der Nacht der Geiselnahme vor der Deutschen Bank in der Münchener Prinzregentenstraße gesehen. Ein Oberstaatsanwalt namens Sechser hatte der Polizei die Einsatzleitung entwunden und die Erschießung des Geiselnehmers verantwortet, um die Geiseln zu retten. Die Polizei hatte sich dazu nicht durchringen können. Der Staatsanwalt hätte vermutlich gegen die Geiselnehmer Dimitri Todorov und Hans-Georg Rammelmayr Artillerie eingesetzt, wenn er Artillerie gehabt hätte.

In einer Kiesgrube üben Polizisten mit Jagdgewehren kurz vor dem Einsatz den gerade erst erfundenen »finalen Rettungsschuß«. Als die Schießerei dann losgeht, leert ein Schupo unmittelbar vor mir das Magazin seiner Dienstpistole in die generelle Richtung des Fluchtfahrzeugs aus, weil er offenbar nicht mit einem vollen Magazin nach Hause kommen möchte.

Nach der offiziellen Version hatte der bereits tödlich getroffene Rammelmayr die Geisel Ingrid Reppel erschossen, die ihm zum Fluchtfahrzeug vorausgehen mußte.

Der Chirurg und Bürgermeister Dr. Hans Steinkohl ist damals durch den Kugelhagel gelaufen, um der schwerverletzten Geisel zu helfen. Brüllend, die Polizei solle endlich aufhören zu schießen. Auf der Straße schlugen Querschläger Funken. Der Chirurg schleppt die Schwerverletzte auf seinen Armen aus dem Schußfeld eines Einsatzes, den er im Stadtrat mitbeschlossen und daher auch mitzuverantworten hatte. War es Mut oder schlechtes Gewissen? Ich frage ihn nicht an diesem Abend, denn das ist eine von den Fragen, auf die man keine ehrliche Antwort kriegt, selbst wenn der Befragte nicht lügen will. Sein Mut hatte mich sehr beeindruckt.

Was hätten Sie denn gemacht, lacht er, wenn Sie nicht als Reporter, sondern als Chirurg dabeigewesen wären?

Daß ich die offizielle Version über die Erschießung der Geisel durch den Bankräuber Rammelmayr bis heute nicht glaube und meine, daß Ingrid Reppel, wenn auch ohne Absicht, von der Polizei erschossen worden ist, hat Gründe.

Am nächsten Tag wird im Justizpalast für die internationale Presse eine Konferenz anberaumt. Oberstaatsanwalt Sechser, der sie leitet, läßt durchblicken, daß der Bankräuber Frau Reppel mit seiner Maschinenpistole erschossen habe. Die Asservaten, eine Maschinenpistole und Rammelmayrs Revolver, Kal.38 spl, sind zu besichtigen. Der Lauf der Maschinenpistole ist durchgezogen und geölt. Da es unwahrscheinlich ist, daß Kriminaltechniker den Lauf einer Tatwaffe über Nacht ölen, frage ich den Oberstaatsanwalt, was wäre, wenn ihm jemand in einem Mordprozeß eine Tatwaffe zumuten würde, aus der möglicherweise gar nicht geschossen worden ist. Der Staatsanwalt sagt, man sei hier nicht in einem Mordprozeß, sondern in einer Pressekonferenz.

Viele Dienstpistolen der Polizei verfeuern dieselbe Munition wie Rammelmayrs Maschinenpistole, nämlich 9mm Parabellum/Luger. Davon unterscheidet sich die Revolvermunition .38 spl erheblich. Wenn die für die Geisel tödlichen Schüsse 9mm Parabellum/Luger waren, dann mußten sie nicht unbedingt aus der Maschinenpistole von Rammelmayr gekommen sein. Ich hatte während der Schießerei kein MP-Feuer gesehen. Zielballistische Gutachten sind nicht immer und in jedem Fall zuverlässig.

Die Erschießung eines Taxifahrers, über die ich zu berichten habe, trägt auch nicht zu meinem Vertrauen in Polizei und Justiz bei. Die Staatsanwaltschaft hatte einen harmlosen Taxifahrer namens Jendrian für einen RAF-Terroristen gehalten und zu nachtschlafender Zeit ein Sondereinsatzkommando zu seiner Wohnung geschickt. Als die schwerbewaffneten Männer die Treppe hinaufpoltern und gegen seine Tür wummern, vermutlich ohne sich als Polizei zu erkennen zu geben, hält Jendrian das für einen Raubüberfall und nimmt in seiner Angst ein Kleinkalibergewehr in die Hand, um die vermeintlichen Einbrecher abzuschrecken. Ob das eine gute Idee war, mag dahingestellt bleiben. Jendrian wurde jedenfalls sofort erschossen. Eine tragische Verkettung unglücklicher Umstände und die ungewollte Folge eines schrecklichen Irrtums. Die Justiz macht die Sache im nachhinein zum Skandal.

Als ich am Morgen nach der Erschießung des vermeintlichen Terroristen in der Redaktion die Pressemitteilung der Justiz sehe, glaube ich nicht, daß der Taxifahrer bei einem »Schußwechsel ... zu Tode gekommen ist«. »Schußwechsel?« »Zu Tode gekommen?« Das klingt für mich, als hätte der Taxifahrer überhaupt nicht geschossen. Die Pressemitteilung wäre sonst anders und nicht so wachsweich formuliert worden.
Wir bitten den Sprecher der Justiz, den Richter am Oberlan-

desgericht Peter Metzger, zum Live-Interview ins Studio. Der Richter ist nur bereit, der Öffentlichkeit Auskunft zu geben, wenn wir ihm unsere Fragen vorher fernschriftlich übermitteln und dann vor der Kamera nur die stellen, die er ausdrücklich genehmigt hat. Darin sehe ich kein Problem.

Als wir live vor der Kamera sitzen, stelle ich den Zuschauern den Sprecher der Justiz vor und sage, daß Herr Metzger mir jetzt einige Fragen beantworten werde. Allerdings nur solche, die er schon kennt und die er uns genehmigt hat. Der Richter kocht. Vermutlich hat er erwartet, daß ich die Zuschauer täuschen und ihnen ein Interview vorspielen würde, das keines ist. Nachdem ich die genehmigten Fragen erledigt habe, frage ich Herrn Metzger, ob er mir jetzt nicht doch wenigstens eine der Fragen erlauben würde, die er mir untersagt hat. Vor Hunderttausenden von Zuschauern kann er schlecht »nein« sagen. Zähneknirschend erlaubt er die Frage. Ich will von ihm wissen, wie lange es dauert, um herauszufinden, ob überhaupt ein »Schußwechsel« stattgefunden und ob der erschossene Taxifahrer tatsächlich aus seinem Gewehr einen Schuß abgegeben habe. Das sei eine komplizierte kriminaltechnische Untersuchung, die Wochen dauern könne, sagt der Sprecher der Justiz. Und wie lange es dauere, frage ich ihn, wenn man sich den Lauf an die Nase hält und daran riecht? Darauf sagt er nichts mehr, und ich bedanke mich für das Interview.

Aber so etwas zahlen sie einem heim.

Der Redakteur Dieter Wagner, der für die SZ die Seite 3 mit wichtigen aktuellen Reportagen macht, und ich arbeiten zu Hause an einem Manuskript für einen Film, der den Konflikt zwischen Polizei und Justiz, das Fiasko an der Prinzregentenstraße und die Täuschung der Öffentlichkeit dokumentieren soll. Wir wollen nachweisen, daß die Geisel nicht von dem Bankräuber erschossen, sondern von einer Kugel aus der Waffe eines Polizisten tödlich getroffen wurde.

Es ist ein schwüler Tag. Ihm sei gar nicht gut, sagt Dieter Wagner. Ob ich einen Magenbitter hätte. So etwas trinkt bei uns keiner, sage ich, krame aber trotzdem in einem Barschrank herum, in dem sich seit Jahren ansammelt, was man gelegentlich geschenkt bekommt, aber nicht trinken mag. Doch, da stehen ein paar Fläschchen, die wie Magenbitter aussehen. Ich schenke dem Kollegen ein Glas ein, bevor er geht. Hui! sagt er, der geht in die Beine. Er steigt in sein Auto und fährt weg.

Minuten später läutet es Sturm. Ein Autofahrer ist draußen, der einen bewußtlosen und im Gesicht blau angelaufenen Mann im Wagen hat. Die Dame des Hauses, eine Chirurgin, tastet nach der Halsschlagader. Mit der Ärztin trage ich den Bewußtlosen ins Haus. Dabei fällt mir seine silberne Gürtelschnalle auf. Um Gottes willen, sage ich, das ist der Dieter Wagner. Sicher, sagt die Chirurgin. Sie hat unseren Gast trotz des entstellten Gesichts sofort erkannt. Keine Atmung, kein Puls. Sie fängt mit der Wiederbelebung an. Im Handumdrehen sind auch die gerufenen Notärzte und ein Herzchirurg da und übernehmen. Herzmassagen und Beatmung sind anstrengend. Die Ärzte wechseln sich ab. Immer wenn einer Pause macht, um draußen eine Zigarette zu rauchen, frage ich, ob ein Magenbitter so etwas auslösen kann. Unsinn, sagt einer. Im Gegenteil, sagt ein anderer, Alkohol erweitert die Gefäße. Ein Arzt bittet mich, die Frau meines Kollegen anzurufen und zu fragen, ob er irgendwelche Drogen genommen hat. Der Chirurgin war eine große Menge Lungenschaum aufgefallen. Dieter Wagner hat keine Drogen genommen. Dann geben die Chirurgen auf. Selbst wenn wir ihn jetzt noch zurückholen könnten, sagt der Notarzt, er würde nie mehr wissen, wer er ist. Das Gehirn sei viel zu lange ohne Sauerstoff gewesen.

Wenn im Haus eines Arztes jemand stirbt, gehört es sich, daß ein unbeteiligter Arzt die Leiche ansieht und den Totenschein ausstellt. Das geschieht. Der Arzt Dr. Glauer untersucht die Leiche, redet mit den Notärzten und vermutet Infarkt.

Zumal der Verstorbene sich schlecht gefühlt und einen Magenbitter verlangt hat. Einer Bestattung steht nichts im Weg. Ich helfe den etwas schmächtigen Herren vom Bestattungsinstitut, den Toten zum Wagen zu tragen.

Um meine Zweifel auszuräumen, schickt die Chirurgin das Fläschchen mit einem kleinen Rest in die Rechtsmedizin der Universität. Eine damit injizierte Ratte stirbt sofort. E-605. Die Staatsanwaltschaft wird verständigt. Die Staatsanwaltschaft schaltet die Mordkommission ein. Zwei Staatsanwälte und ein Polizeibeamter kommen.

Sie haben natürlich das Fläschchen weggeworfen und die Gläser ausgewaschen, sagt der eine Staatsanwalt.

Natürlich nicht, sage ich.

Aber sicher ist die Wäsche vom Bett des Vergifteten abgezogen und gewaschen, sagt der andere.

Und das Kleid der Ärztin, in dem sie Erste Hilfe geleistet hat, ist bestimmt auch schon in der Wäsche, sagt wieder der eine.

Sind Sie nicht der Reporter, der immer so kritisch über die Justiz berichtet? fragt einer der beiden.

Ja, sagt der andere. Das ist er. Jetzt ist er aber selbst in keiner beneidenswerten Lage.

Sie bestreiten also nicht, Ihrem Kollegen ein vergiftetes Getränk gegeben zu haben?

Natürlich nicht, sage ich.

Sicher hätte ich nicht vor, heute oder morgen zu verreisen, sagen sie. Bevor sie gehen, untersagen sie mir, mit Kollegen von der Presse zu reden. Damit verlangen sie von mir, daß ich der *Süddeutschen Zeitung*, die einen ihrer besten Leute durch meine Hand verloren hat, jede Auskunft verweigere.*

---

* Die zitierten Teile des Gesprächs mit den damaligen 1. Staatsanwälten Ludwig Ammon und Dr. Dieter Hummel werden durch eine Zeugin bestätigt. Die beiden Staatsanwälte haben in einem Recherchengespräch am 23. 8. 2005 alle Zitate bestritten.

Draußen sammeln sich Reporter. Endlich kommen die Profis von der Mordkommission.

Schließlich ist Polizeipräsident Dr. Manfred Schreiber am Telefon.

Er sei gerade erst von einer Reise zurückgekommen und habe von dem Fall gehört. Wieso ich nicht sofort sein Büro verständigt hätte? Schließlich würden wir uns seit vielen Jahren kennen.

Ich sage ihm, daß man einen Polizeipräsidenten nicht anruft, den man seit vielen Jahren kennt, wenn man unter Mordverdacht steht.

Blödsinn, sagt Schreiber. Die von der Mordkommission haben mir längst berichtet, daß es gegen Sie keinen Verdacht gibt.

Die Staatsanwaltschaft sieht das anders, sage ich.

Ach, die, sagt Schreiber. Jetzt müssen wir den Täter finden. Und zwar so schnell wie möglich. Wenn sich erst Ihre Kollegen über Sie hermachen, werden Sie den Verdacht ein Leben lang nicht mehr los. Er will wissen, wie er zu uns ins Haus kommt, um uns zu vernehmen, ohne von Reportern gesehen zu werden. Er kommt von einer anderen Straße aus durch den Garten.

Ich muß jeden Konflikt in Ihrem Leben erfahren, sagt er, egal wie intim und egal wie peinlich er Ihnen ist. Vielleicht fällt es Ihnen leichter, darüber mit mir zu reden als mit fremden Beamten der Mordkommission. Er will uns einzeln einvernehmen, um völlige Offenheit sicherzustellen. Wir sagen ihm, daß das überflüssig ist.

Die Einvernahme ergibt keinen Verdacht. Der Chirurgin ist aber nach Rückfragen in ihrem Sekretariat eingefallen, woher der Magenbitter stammen könnte. Sie hat viele Patienten der Allgemeinstation des Klinikums operiert. Einige haben sich mit ein paar netten Zeilen oder ein paar Blümchen bei ihr bedankt. Eines Tages wurden drei verpackte Fläschchen eines billigen Magenbitters für sie im Sekretariat abgegeben. Sie vermutete, daß die von einem Patienten stammten, der sich mehr nicht leisten konnte. Sie war tief gerührt und hat es nicht übers Herz gebracht, das lieb gemeinte Geschenk einfach wegzuwerfen. Sie hat es deshalb zu Hause in den Getränkeschrank gestellt.

Trotz des Verbots der beiden Staatsanwälte erzähle ich, was ich weiß, dem Reporter Herbert Riehl-Heyse von der *Süddeutschen Zeitung*. Nach Veröffentlichung seines Artikels melden sich drei andere Empfänger von Päckchen mit vergiftetem Magenbitter, Richter und Ärzte. Zufällig hatte noch keiner davon getrunken. Alle enthalten E-605. Trotzdem kocht die Gerüchteküche. Nachts erwische ich im Garten einen selbsternannten Privatdetektiv, der ums Haus schleicht und in die Fenster schaut, um mich des Mordes zu überführen. Bei der Beerdigung von Dieter Wagner nehmen mich der Chefredakteur der *Süddeutschen Zeitung,* Hans Heigert, und einer ihrer Herausgeber demonstrativ hinter dem Sarg in ihre Mitte.

Bald darauf ruft mich der Leiter der Mordkommission an. Sie hätten jetzt nur noch zwei Verdächtige im Raster. Wenn einer herausfiele, würden sie den anderen verhaften. Es ist ein gewalttätiger Patient der psychiatrischen Anstalt Haar, der zum Zweck der Resozialisierung Ausgang bekommen und sich in der Umgebung der Anstalt die Adressaten seiner Giftsendungen zusammengesucht hat. Als er verhaftet wird, findet die Mordkommission bei ihm den Magenbitter derselben Marke, das Gift E-605, die Schreibmaschine, auf der die Adressen geschrieben wurden, und in seiner Jackentasche die Artikel der *Süddeutschen Zeitung* über Dieter Wagners Tod.

Der Fall wurde schnell geklärt, weil ich mich nicht an das Redeverbot der Staatsanwälte gehalten habe. Ich unterstelle nicht, daß sie damit weitere Tötungsdelikte in Kauf genommen haben. Sie konnten nicht wissen, daß noch andere Giftsendungen unterwegs waren. Ich meine aber, daß sie eine Rechnung begleichen wollten, indem sie mir Angst machten.

Ein Fremder hat sich im Bridge-Club, ohne
sich vorzustellen, neben George Salmony gesetzt
und schaut ihm ungeniert in die Karten.
Georgie sagt ein hohes und schwieriges Spiel an.
Fremder: Cohn will ich heißen, wenn *die* Partie geht!
Georgie: Wie heißen Sie denn, mein Lieber?
Fremder: Adolf von Schleiss.
Georgie: Na, viel verlieren Sie nicht.
George Salmony, britischer Marineoffizier
und Theaterkritiker in München

17 MAUL-BLUFF

Wenn Kartenspieler andere Mitspieler durch Herumgerede zu
täuschen und hereinzulegen versuchen, dann wird das unter
Zockern Maul-Bluff genannt. Bei seriösen Spielen wie Bridge
gilt das als schlechtes Benehmen oder sogar als Betrug. In win-
digen Pokerpartien wird Maul-Bluff geduldet. In der Werbung
ist er salonfähig. Im politischen Diskurs wird er als besondere
Finesse geschätzt.

Ob Maul-Bluff funktioniert oder nicht, ist vor allem eine
Frage der Wortwahl. Sie ist es, die mit politischer Propaganda
Wählerstimmen gewinnt, die teure und schlechte Ware an den
Mann bringt und Reportern einen Anschein von Hintergrund-
wissen verschafft, das sie nicht haben. Zum Arsenal gehören
Worthülsen, die konkret klingen, sich aber nach Bedarf aus-
legen lassen, Absichtserklärungen, deren Verwirklichung gar
nicht beabsichtigt ist, und das Widerlegen von Behauptungen,
die niemand aufgestellt hat. Maul-Bluffer meinen nichts, sie
gehen statt dessen von etwas aus. Wenn nicht stimmt, wovon
sie ausgegangen sind, dann ist das nicht ihre Schuld, sondern

die der Umstände, von denen sie ausgegangen sind. Wenn die Bürger für weniger Leistung mehr Geld ausgeben sollen, dann heißt das *Reform*. Wenn sie ein zweites oder drittes Mal zahlen sollen, was sie über ihre Steuern oder Versicherungsbeiträge längst bezahlt haben, dann ist von *Eigenverantwortung* die Rede. *Anpassung* heißt, daß den Leuten künftig mehr Geld abgenommen wird. Mit *Umverteilung* sind höhere Abgaben oder Steuern gemeint. *Harmonisierung* bedeutet, daß irgend etwas für alle teurer oder schlechter wird oder daß Renten gekürzt werden.

In der Politik geht es aber nicht nur um die Wortwahl. Unter keinen Umständen dürfen Politiker Fehler zugeben oder gar aus ihnen lernen. Sie müssen alles immer schon gewußt und von jeher gesagt haben. Wenn sie das nicht bei jeder Gelegenheit behaupten, gefährden sie das, was sie ihre Glaubwürdigkeit nennen. Äußerungen und Handlungen müssen außerdem stets »deniable«, also »abstreitbar« sein. »Deniability« ist zu einem stehenden Begriff in der Politologie geworden. Er bedeutet, daß Äußerungen so formuliert werden sollten, daß sie später anders gedeutet werden können, als sie von allen Leuten verstanden wurden, und daß falsche oder illegale Entscheidungen von Nachgeordneten getroffen werden, damit der Verantwortliche nachher sagen kann, er habe von nichts gewußt.

Zum Maul-Bluff gehört auch das angebliche Recht eines jeden auf eine eigene Meinung. Selbst wenn es ein solches Recht gäbe, wäre es nur bedingt tauglich, schwierige Fragen zu klären, denn es in Anspruch zu nehmen bedeutet bekanntlich noch lange nicht, daß auch zutrifft, was man meint. Außerdem gibt es Meinungen, deren Zulässigkeit zumindest fraglich ist. Zum Beispiel, daß es erlaubt ist, einem Nachbarn das Haus anzuzünden, weil dessen Hund bellt. Reporter, die bestreiten, daß Wasser naß ist, sich aber schwertun, das zu beweisen, flüchten gern in die Feststellung, das sei eben ihre Meinung. Politiker reden in solchen Fällen nicht von Meinung, sondern von Überzeugung. In den Zeiten des Maul-Bluffs sind Überzeugungen noch unantastbarer als Meinungen.

Zum Maul-Bluff gehören auch Begriffe, die ein Einverständnis vortäuschen, das es überhaupt nicht gibt: Freiheit. Demokratie. Toleranz. Gerechtigkeit. Frieden. Jeder ist für Frieden, selbst wenn man erst einmal Krieg führen müßte, um ihn zu erzwingen. Jeder ist für Gerechtigkeit, obwohl die Meinungen, was gerecht ist und was nicht, so unvereinbar sind, daß sie ständig rund um den Globus in blutigen Konflikten ausgetragen werden. Jeder ist für Freiheit. Gleichgültig, ob es nur die Freiheit ist, diese oder jene Zahnpasta zu benutzen, eine Freiheit, die man anderen zugesteht, oder nur eine, die man selbst in Anspruch nimmt. Jeder ist für Demokratie. Egal, ob es die Kleptokratie der Demokratischen Republik Kongo ist, eine totalitäre wie die der ehemaligen Deutschen Demokratischen Republik oder die präsidiale der Vereinigten Staaten von Amerika. Jeder ist für Toleranz. Ganz besonders für Toleranz gegenüber anderen Überzeugungen, die erst dann problematisch wird, wenn diese anderen Überzeugungen zum Beispiel Folter für eine legitime Methode der Wahrheitsfindung halten und die Steinigung einer Frau für zulässig, weil sie dem falschen Mann schöne Augen gemacht hat.

Der Maul-Bluff wertet Menschen, indem er einen Teil ihres Wesens für das Ganze nimmt. Sigmund Freud ist für die einen ein Genie, weil er das Unbewußte entdeckt, für die anderen ein Lump, weil er eine Freundin schlecht behandelt haben soll. Daß Menschen vieles zugleich sein können, fällt unter den Tisch. Jeder hat irgendwann etwas gesagt, wofür man ihn verachten darf. Aber nur, wenn man alles unterschlägt, was er sonst noch gesagt hat.

Argumente wertet der Maul-Bluff gern nach ihrer Herkunft. Wenn Jesus von Nazareth, der Prophet Mohammed oder Albert Schweitzer behauptet haben sollten, daß zweimal zwei fünf ist, dann erscheint das einigen Leuten zumindest bedenkenswert. Wenn dagegen Hitler, Stalin oder Pol Pot der Meinung gewesen sein sollten, daß zwei mal zwei nur vier ergibt, dann sind für andere Zweifel angebracht. Die Behauptung, daß ein Kreis keine Ecken hat und daß die kürzeste Entfernung zwischen zwei Punkten eine Gerade ist, erscheint glaubwürdig oder unglaubwürdig, je nachdem, von wem sie kommt.

Marketing ist bei weitem die schillerndste Form des Maul-Bluffs, denn Marketing benutzt bekanntlich nicht nur Lüge und Täuschung, um eine Ware, eine Dienstleistung oder eine Politik an den Mann zu bringen, sondern notfalls sogar unbestreitbare Tatsachen. Der Lügner hat wenigstens ein, wenn auch negatives, Verhältnis zur Wahrheit. Wer Marketing betreibt, hat überhaupt kein Verhältnis zur Wahrheit. Wahrheit oder Lüge, beide sind ihm gleich recht. Insofern ist Marketing sogar noch etwas weiter von der Wahrheit entfernt als bloße Verlogenheit. Manchmal wird Zutreffendes in einem Kontext verkündet, der es zur Täuschung macht. Ein führender Hersteller von Olivenöl wirbt weltweit in Hochglanzanzeigen damit, daß er zur Herstellung des Öls die jahrtausendalte Methode verwende, Oliven vor dem Pressen zu zermahlen. Dem Käufer soll suggeriert werden, daß das etwas ganz Besonderes ist, obwohl das natürlich jede Ölmühle macht. Wissenschaftler, die sich mit dieser epidemischen Entwertung der Wahrheit befaßt haben, nennen diese Form des Maul-Bluffs »Bullshit«. Harry G. Frankfurt, emeritierter Moralphilosoph der Princeton University, meint[*], daß wir uns längst mit der Allgegenwart von Bullshit in Politik und Geschäftsleben abgefunden haben. Der politische Diskurs ist zum Synonym für »Bullshit« geworden. Wie die Desinformationskampagnen

[*] Harry G. Frankfurt, *Bullshit,* Frankfurt a.M. 2006

von Nachrichtendiensten mischen Politiker oft Zutreffendes mit Unzutreffendem.*

Auch Mehrheiten werden in den Dienst des Maul-Bluffs gestellt. In einer Demokratie bestreitet kaum jemand, daß Entscheidungen einer Mehrheit legitim sind. Ob sie klug sind, ist eine andere Frage. Um zu erfahren, ob der Papst glaubt, was er predigt, fragt man nicht ihn, sondern einen repräsentativen Querschnitt der Bevölkerung. Unter anderem, weil man es sich schwer vorstellen kann, daß der Papst eine ehrliche Antwort gäbe. Vor allem aber, weil die Vermutungen von vielen Ahnungslosen nach der momentanen pseudodemokratischen Mode für zuverlässiger gehalten werden als die Meinung von einzelnen, die wissen, wovon die Rede ist. Mehrheiten entscheiden vieles. Das heißt aber noch lange nicht, daß sie richtig entscheiden.

Das auszusprechen ist wiederum nicht politisch korrekt.

Politische Korrektheit oder Political Correctness, kurz PC, ist die gefährlichste Form des Maul-Bluffs. Sie ist eine getarnte Form der Zensur, die auch Reporter zwingen will, nicht zu sagen oder zu schreiben, was sie wirklich meinen. Der Erfinder der PC war Mao Zedong. Drei Jahre vor Beginn der Schrecken seiner »Großen Proletarischen Kulturrevolution« hatte er 1963 in einem programmatischen Aufsatz mit dem Titel »Where Do Correct Ideas Come From?« ein politisch korrektes Denken und Reden gefordert, das den Zielen der kommunistischen Partei Chinas zu dienen habe (und nicht der Realität).**

---

* In der Pressekonferenz vom 13. April 2004 hat George W. Bush wissen lassen, daß Saddam Hussein ein sehr gefährlicher Potentat sei, was niemand bestreiten konnte, und daß er, Bush, sicher sei, man werde im Irak Massenvernichtungswaffen finden, obwohl die amerikanischen Nachrichtendienste dies längst ausgeschlossen hatten.
** William Safire, *Safire's New Political Dictionary*, New York 1993, S. 590.

Die Forderung wurde später von maoistisch-feministischen Gruppen in den USA übernommen und in den siebziger Jahren nach Europa exportiert. Dort wurde die PC dann zu einer Sprachregelung im Sinne liberaler Ideale. Reden und Schreiben sollten Rücksicht auf Gruppen außerhalb des Mainstreams nehmen, also auf Menschen außerhalb der vorherrschenden Traditionen und Gewohnheiten einer Gesellschaft.

Weil Verstöße gegen die Political Correctness aber nicht mit Gefängnis geahndet werden, sondern bloß mit dem Verdacht, Rassist, Fremdenfeind oder Sexist zu sein, also nur mit dem Vorwurf hoffnungsloser Borniertheit, gilt sie nicht als Zensur. Reporter, die weder Rassisten, Fremdenfeinde oder Sexisten sind, aber trotzdem versuchen, Dinge beim richtigen Namen zu nennen, haben mit der PC ein Problem. Der Schriftsteller Philip Roth hat es in die Weltliteratur eingeführt.[*] In diesem Roman moniert ein Hochschullehrer, daß sich einige Studenten in seinen Seminaren nie blicken lassen, und fragt beiläufig und halb im Scherz, ob es sich vielleicht nur um »spooks« handle. Dabei ist ihm nicht bewußt, daß als »spooks« nicht nur Gespenster bezeichnet werden, sondern daß damit auch Schwarze gemeint sein können. Vor allem wenn das Wort aus dem Mund eines Weißen kommt. Er ahnt nicht, daß die Studenten, die seinen Kurs schwänzen, tatsächlich eine schwarze Hautfarbe haben. Seine berufliche Existenz wird vernichtet.

In China führte Mao Zedongs Aufruf zum Kampf gegen alles politisch Unkorrekte in den Jahren 1966 bis 1976 zu den Greueln der »Großen Proletarischen Kulturrevolution«. Sie wurde mit Unterstützung des Verteidigungsministers Lin Biao von einer »Viererbande« entfesselt und zum Pogrom aufgehetzt, der Maos fanatische Frau Jiang Qing, der Journalist Yao

---

[*] *Der menschliche Makel,* München / Wien 2002.

Wenyuan und die Parteiführer Zhang Chunqiao und Wang Hongwen angehörten. Das Land wurde mit einem Netz von Spitzelbürokratie überzogen. Frauen denunzierten ihre Männer, Kinder lieferten ihre Eltern ans Messer. Jede politisch unerwünschte und damit politisch nicht korrekte Äußerung wurde von bewaffneten Rotgardisten gnadenlos verfolgt. Jede nicht der politischen Mode entsprechende Kleidung konnte Folter oder Tod bedeuten. Jeder Bürger spielte mit seinem Leben, der eine abweichlerische Gesinnung erkennen ließ, das konnte ein weißer Kragen sein, eine Brille oder die Lektüre eines Buchs. Intellektuelle und ältere den Traditionen verbundene chinesische Bürger, Künstler und Schriftsteller waren den Gewaltexzessen der Rotgardisten ausgeliefert. Tausende wurden verhöhnt, verprügelt, gefoltert, aufgehängt oder totgeschlagen.

In Europa war der Maul-Bluff der politischen Korrektheit zunächst nur eine Marotte demokratischer Fundamentalisten. Der Versuch, eine multikulturelle Gesellschaft durch kapriziöse Umschreibungen und selektive Nachsicht zu fördern, wurde von einigen Einwanderern als eine Form der Wiedergutmachung verstanden, die das fremdenfeindliche Regime der Nazis sühnen sollte. Viele Eingesessene setzten andererseits die PC mit einer anständigen Gesinnung gleich.[*]

In diesem Klima fühlten sich schon sehr früh eingereiste Kriminelle oder später islamische Terroristen gut aufgehoben. Als die Sonderkommission »Zitrone« der niedersächsischen Polizei italienische Brandstifter und Totschläger einsperrte, schrieben Provinzzeitungen in Italien, die Deutschen würden die Söhne, Brüder und Männer italienischer Frauen einsper-

---

[*] Laut William Pfaff führte die PC zu einer »Ghettoisierung« von Einwanderern, die durch die Multikultibewegung darin bestärkt wurden, sich nicht in die Gesellschaft ihrer Wahl zu integrieren oder auch nur deren Sprache zu erlernen.

ren, so wie sie unter Hitler Juden und Zigeuner eingesperrt hatten. Weder Polizei noch Reporter durften sagen, daß gesuchte Mitglieder der neapolitanischen Camorra oder der sizilianischen Mafia als Italiener identifiziert waren. Sie durften nur als »Tatverdächtige südländischen Typs« bezeichnet werden, und selbst das gab Anlaß zur Kritik.

Die Hamburger Polizei tat sich schwer mit der Beschreibung von Heroindealern in St. Georg. Fahnder, die Täter mit schwarzer Hautfarbe unter sich »Dachpappe« genannt hatten, um nicht die verpönten Wörter »Schwarze« oder »Farbige« gebrauchen zu müssen, bekamen eine Rüge. Schließlich kam jemand auf die Idee, die schwarzen Dealer im internen Schriftverkehr politisch korrekt nur als »das polizeiliche Gegenüber« zu bezeichnen. Die Fahndung durfte zwar Größe, Gewicht, Alter, Haarfarbe oder Augenfarbe von Tätern beschreiben, nicht aber deren Hautfarbe, wenn sie schwarz war.

»Cry Havoc! And let slip the dogs of war!« Schrei Verderben! Und laß sie los, die Hunde des Krieges! Das Shakespeare-Zitat hatten wir im *Weltspiegel* und im Zusammenhang mit dem Krieg zwischen dem Irak und Iran ausgestrahlt, in dem nicht nur Erwachsene, sondern auch Kinder zu Tausenden massakriert wurden. Die Folge waren Morddrohungen von Schiiten, die in der Bundesrepublik seßhaft geworden waren. Der Hund sei ein unreines Tier. Im Zusammenhang mit dem heiligen Krieg der Islamischen Republik Iran gegen den Irak Saddam Husseins sei das Zitat Shakespeares eine Beleidigung Allahs und reiche für eine Fatwa aus, also für ein sich auf den Koran berufendes Todesurteil, das jeder gläubige Moslem zu vollstrecken hat.

In einem rumänischen Dorf reden wir mit einem Mann, der auffallend gut deutsch spricht. Wieso, wollen wir von ihm wissen, denn er sieht nicht aus, als wäre er deutscher Abstammung.

Ha, sagt er stolz, ich bin Zigeuner! Ich kann viele Sprachen.

Es hagelt Proteste. Wir hätten seine Antwort entweder aus dem Bericht herausschneiden oder den Mann dazu bringen sollen, sich wenigstens nicht Zigeuner, sondern Sinti oder Roma zu nennen.

In den frühen Neunzigern drehen wir einen Bericht über die erste Kooperation zwischen der kalabresischen N'drangheta und kriminellen deutschen Anwälten. Das war kriminologisch deshalb von Bedeutung, weil sich mafiose Tätergruppen bis dahin streng abgeschottet hatten und jede Kooperation mit Fremden vermieden.

Beim Drehen in Wuppertal bekommen wir den Kopf der Bande, den Archangelo (Erzengel) M., vor die Kamera, während er vom Gerichtsgebäude in den Gefängniswagen gebracht wird. Er spuckt Gift und Galle, als er die Kamera sieht.

Einen Tag später berichtet die *Tagesschau* der ARD, daß Archangelo M. am Tag nach unseren Aufnahmen mit einer Ladung Sprengstoff freigesprengt wurde und seither flüchtig sei. Offenbar sollte die Sprengung schon am Vortag stattfinden, war aber abgeblasen worden, weil unsere Kamera am Ort der Befreiungsaktion herumstand. Auf dem uralten Fahndungsfoto, das die *Tagesschau* ausstrahlt, ist der »Erzengel« kaum zu erkennen. Wir lassen einen Redakteur in Hamburg wissen, daß wir neues Material in Farbe samt dem Originalton des Erzengels haben. Der Kollege lehnt ab. Die ARD sei nicht der Büttel der Polizei. Wir hatten nur an eine zutreffende Berichterstattung gedacht und dabei ganz übersehen, daß der Ausbrecher mit Hilfe unseres Materials womöglich hätte erkannt und festgenommen werden können, was offenbar ein Verstoß gegen den Komment der PC gewesen wäre.

Die Political Correctness infiziert sogar die Deutsche Lufthansa: Flug 751 am 29.1.1985. Während des Flugs setzen der Redakteur Karl-Otto Saur von der *Süddeutschen Zeitung* und ich die Gespräche einer Redaktionskonferenz fort. Es war um die Frage gegangen, ob und wie Journalisten nach der furchtbaren historischen Erfahrung des Holocaust kritisch mit der israelischen Siedlungspolitik umgehen könnten, ohne Antisemiten nach dem Mund zu reden. Eine Lufthansa-Stewardeß unterbricht das Gespräch, reicht mir die Visitenkarte des Flugkapitäns und fordert mich auf, mich nach der Landung bei ihm zu melden. Wozu? Ich hätte antisemitische Äußerungen gemacht. Wir rätseln, was sie mißverstanden haben könnte. Tatsache bleibt: Eine Lufthansa-Angestellte belauscht das Gespräch von zwei Passagieren, ist zu dämlich zu begreifen, wovon die Rede ist, und meldet, was sie gehört zu haben meint, dem Kapitän der Maschine. Der schickt, statt die Stewardeß zurechtzuweisen, seine Visitenkarte mit der Aufforderung, sich bei ihm für eine private Unterhaltung an Bord zu rechtfertigen.

Auf eine Beschwerde bei der Lufthansa kommt mit Datum 28. 2. 1985 ein Antwortbrief von einem Flugkapitän Martin Gaebel, der bestätigt, daß sich die Lufthansa tatsächlich verpflichtet fühlt, die Gespräche der Passagiere auf politische Korrektheit hin zu überwachen. Darin heißt es: »Die für die Abläufe in der Kabine verantwortliche Purserette und in Folge auch der Kommandant der Maschine, Herr Flugkapitän Ernst, gingen zunächst von der Richtigkeit des ihnen Gemeldeten aus ...«

Unterschiede der Intelligenz von Bevölkerungsgruppen dürfen unter den Bedingungen der politischen Korrektheit keinesfalls beim Namen genannt werden. In *The Bell Curve* heißt es: »Es geht um Unterschiede der intellektuellen Fähigkeiten bei Völkern und Gruppen. Darüber zu reden berührt empfindlichste Gefühle ... So empfindlich, daß es kaum jemand wagt, öffentlich darüber zu diskutieren oder zu schreiben ... Einige, weil sie das Konzept der Intelligenz für falsch halten. Andere denken an totalitäre rassenhygienische Vorstellungen, die sich auf den IQ berufen haben ... Viele fürchten, daß eine offene Diskussion der Intelligenz von Gruppen Rassismus erzeugen könnte ... [Wir aber meinen, daß es nicht möglich ist,] unserer nationalen und sozialen Probleme Herr zu werden, ohne zu begreifen, was Intelligenz mit diesen Problemen zu tun hat. Davor die Augen zu verschließen hieße, ... sich um Symptome und nicht um Ursachen zu kümmern und Lösungen vorzuschlagen, die nichts taugen.«[*]

Spätestens seit Michael Eysenck weiß man, daß sich kognitive Intelligenz so genau messen läßt wie Temperatur oder Luftdruck und daß kulturelle Prägungen, Erziehungseinflüsse und der soziale Status völlig aus derartigen Messungen herausgehalten werden können. IQ-Tests haben zum Beispiel ergeben, daß Eskimokinder als Gruppe intelligenter sind als die Kinder fast aller anderen ethnischen Gruppen, obwohl sie selten Schulen besuchen, meist in ärmlichen Verhältnissen aufwachsen und von Wissenschaftlern westlicher Universitäten getestet wurden.

Ein der politischen Linken zuzurechnender Redakteur des *Nouvel Observateur,* Hervé Algalarondo, schreibt: »Wir, die Post-68er, haben ein Klima politischer Korrektheit geschaffen, in dem man die existierenden politischen Probleme im Zusammenhang mit Rassenunterschieden nicht mehr ehrlich diskutieren kann.«[**]

Der Maul-Bluff ist zur Sprache einer Ära geworden.

---

[*] Richard J. Herrnstein, Charles Murray, *The Bell Curve*, New York 1994.
[**] Polizeisuperintendentin Lucienne Bui Trong vom französischen Inlandsnachrichtendienst berichtet, in ihrem Bereich habe es 1992 knapp 3000 Fälle von urbaner Gewalt gegeben. Im Jahr 1999 sei das auf 29000 Fälle angestiegen. Die Polizei sei angewiesen worden, das nicht zu publizieren, da es sich bei den Gesetzesbrechern vor allem um algerische Jugendliche handle.

Einem Bauern sind Hühner krepiert.
Der Dorfapotheker gibt ihm Pillen,
um den Rest zu retten.
Der Rest krepiert an den Pillen.
Der Bauer rauft sich die Haare.
»Schau«, sagt der Dorfapotheker,
»Pillen hätt' ich noch ein paar.
Aber du hast doch keine Hühner mehr.«
*Dieter Gütt, Chefredakteur ARD Aktuell, über
Programmvorschläge von Intendanten.*

18 EINGEWEIDE

Während die Fernsehsender Scharen von Reportern ins Land
hinausschicken, um dort von Ämtern und Unternehmen, von
Bürgermeistern und Konzernherren, von Regierenden und
Regierten bedingungslose Transparenz und schonungslose
Offenheit zu fordern, schirmen sie die eigenen Innereien mit
allen Mitteln vor den Blicken Neugieriger ab. Die Presseabteilungen führen zwar haufenweise Besucher durch Regiekan-
zeln, Hauptschalträume oder Kulissenlager und damit von
einer Unbegreiflichkeit zur nächsten, aber nur um eine Transparenz vorzutäuschen, die sie scheuen wie der Teufel das
Weihwasser. Wir nannten die Besucher Haruspexe. Das waren
im alten Rom Auguren, also beamtete Wahrsager, die aus den
Eingeweiden von Opfertieren die Auspizien für Kriege und
ähnliche Unternehmungen herauslesen mußten und sich so
gut wie immer irrten.

Die von den Presseabteilungen veranstalteten Führungen
ähneln Abenteuerreisen zum oberen Amazonas. Die Aben-
teuertouristen haben ihre Ahnungslosigkeit im Gepäck dabei

und nehmen sie dann brav wieder mit nach Hause. So wie natürlich auch das Personal von TV-Sendern seine Sicht von der Welt bei seinen Ausflügen in die Realität dabeihat, nur um sie dort mit Kamera und Mikrophon zu belegen und dann wieder mit heimzunehmen.

TV-Sender sind Zusammenballungen von Schneideräumen, Filmabtastern, Sitzungssälen, Maskenbildnereien, Richtantennen, Archiven, Büros, Fahrbereitschaften, Zusammenrottungen von maßgeblichen und unmaßgeblichen Menschen, von Zuständigen und Unzuständigen. Der Aufwand ist riesig, um einen einzigen Kameraschwenk über eine Landschaft, einen einzigen Satz eines Kommentars oder auch nur ein Testbild auszustrahlen. Egal ob der Schwenk verwackelt, die Landschaft langweilig und der Satz überflüssig ist. Der Kampf um das, was ausgestrahlt wird oder nicht, tobt vierundzwanzig Stunden, sieben Tage die Woche. Aber davon sehen Haruspexe nichts. Nirgends sind Zuständigkeit und Verantwortung so gründlich entkoppelt wie in TV-Sendern. Reporter entdecken in den Schrifttiteln ihrer Berichte dauernd die Namen von Leuten, die keine Ahnung haben, worum es geht, und die den Bericht nie gesehen haben. Ihre Namen stehen dort, weil es diese Leute in irgendeiner schwer durchschaubaren Funktion irgendwo gibt. Wenn Klagen wegen Geschäftsschädigung oder übler Nachrede ins Haus stehen oder wenn etwas anderes schiefgeht, sind sie unauffindbar.

Die Herausgabe der Sender an Parteien und Verbände ist trotz des erbitterten Widerstands einzelner Redaktionen in vollem Gang. Während über Product Placement und Schleichwerbung in läppischen Seifenopern ein großes Geschrei gemacht wird, gehört der Einfluß von Parteien und Verbänden auf die Informationsprogramme längst zur Normalität.

Zeitungen sind nach geltendem Recht sogenannte Tendenzbetriebe. Sie werden so genannt, weil sie tendenziös berichten und ihre Mitarbeiter auf die politischen, künstlerischen oder konfessionellen Vorlieben der Zeitungsbesitzer und deren Chefredakteure einschwören dürfen. Das öffentlich-rechtliche Fernsehen ist dagegen zu einer inneren Vielfalt verpflichtet. Juristen nennen das »Binnenpluralität«: Das gesamte Programm eines Senders, nicht aber die einzelne Sendung, muß von der Tendenz her ausgewogen sein.

Für einige Parteipolitiker war und ist die Forderung nach Binnenpluralität ein willkommener Anlaß, sich das Fernsehen gefügig zu machen. Sie verstehen darunter eine Verpflichtung von Fernsehleuten, die parteipolitischen Standpunkte möglichst unkommentiert nebeneinanderzustellen. Informationen oder Sachverhalte, die im Diskurs der Parteien keine Rolle spielen oder von ihnen aus wahltaktischen Gründen unterschlagen werden, gelten in den Augen der meisten als abseitige Randthemen, die im Programm eines Massenmediums nichts verloren haben.

Bundespräsident Carstens räumte zu Beginn des Jahres 1983 in einem Brief an den Norddeutschen Rundfunk zwar ausdrücklich ein, daß es durchaus zulässig sein könne, sogar die Regierung zu kritisieren. Zugleich stellte er in diesem Brief aber auch sich und vor allem der ARD die Frage, ob denn den Zuschauern regierungskritische Kommentare ohne die gleichzeitige Gegenrede der Regierung überhaupt zugemutet werden dürften, also ohne das herzustellen, was nicht nur der Bundespräsident unter Ausgewogenheit verstand. Seiner Sicht schlossen sich eilends auch die Hersteller von Konsumgütern und die Anbieter von Dienstleistungen an, die mit den frei erfundenen Vorzügen ihrer Produkte und Leistungen geworben hatten und dafür von den Konsumentensendungen des Fernsehens in die Pfanne gehauen wurden. Sogar ein Schwindelunternehmen, das eine unwirksame Medizin gegen Krebs angeboten hatte, verlangte Sendezeit, um die magischen Eigenschaften seines Produkts nach der Kritik des Fernsehens noch ein weiteres Mal anzupreisen und so Ausgewogenheit herzustellen. Strafverteidiger verlangten Sendezeit, um die brutalen Metzeleien ihrer Mandanten in ein schöneres und damit ausgewogeneres Licht zu rücken. Es war zu befürchten, daß sich irgendwann ein alter Nazi melden würde, um vor einer Kamera zu sagen, die Konzentrationslager Hitlers hätten schließlich auch ihr Gutes gehabt.

Die berechtigte Forderung, alle Seiten eines Konflikts zu hören, sollte durch die Forderung ersetzt werden, allen Seiten Sendezeit einzuräumen. Dazu hatte schon der legendäre Vater der TV-Dokumentation, Ed Murrow, gemeint, es gebe Dinge, die hätten nur eine Seite. Zum Beispiel die KZs der Nazis. Der Kolumnist Jack Anderson, der wie die *New York Times* und die *Washington Post* die streng geheimen Protokolle des National Security Council publizierte, war der Meinung, daß auch als geheim eingestufte Dokumente publiziert werden dürfen, wenn es um Dinge geht, die die Bürger wissen müssen. Zum Beispiel die wirklichen und nicht nur die verlautbarten Ziele der amerikanischen Außenpolitik.

Henry [Kissinger] wird von uns bezahlt, sagte uns Jack Anderson. Henry ist unser Angestellter. Seine Schreibmaschine, sein Schreibpapier, sein Büro, sein Außenministerium, seine Arbeit, alles wird von uns bezahlt. Es gehört uns.

Aber wer entscheidet, was die Bürger wissen müssen und was nicht?

Chirurgen entscheiden, wie man operiert, Bauern entscheiden, was sie auf ihrem Feld anpflanzen, Unternehmer entscheiden, welche Produkte sie auf den Markt werfen, und Dachdecker entscheiden, wie man ein Dach deckt. Genauso entscheiden Zeitungsleute und Fernsehleute, was gedruckt oder gesendet wird. Schlicht und einfach, weil es ihr Beruf ist, das zu entscheiden. Die *New York Times,* die *Washington Post* und Jack Anderson wurden verklagt, erhielten aber den Pulitzerpreis 1971 für ihre Veröffentlichungen. Justice William

O. Douglas erklärte dazu in seiner Urteilsbegründung: Die Preisgabe von geheimen außenpolitischen Protokollen durch die Presse habe sicher einen enormen Einfluß auf die amerikanische Außenpolitik gehabt, aber geheimes Regieren sei grundsätzlich antidemokratisch, weil damit allzuoft nur Fehler verheimlicht würden. Es bedürfe der öffentlichen Debatte, die stets »uninhibited, robust, and wide open« – rücksichtslos, hart und ganz offen – zu sein habe.

Die Aufsichtsgremien der öffentlich-rechtlichen Sender Deutschlands, in denen angeblich die »gesellschaftlich relevanten Kräfte« versammelt sind, sollen das Radio- und Fernsehprogramm überwachen und sowohl für unabhängigen Journalismus wie für Ausgewogenheit sorgen. Da die Mitglieder der Gremien aber von Parteien, Verbänden und anderen »Pressure-groups«* entsandt werden, tun sie das Gegenteil und versuchen das Programm im Sinne ihrer jeweiligen Entsender zu beeinflussen. Die Mehrheit der Rundfunkräte kann solchen Gruppen zugeordnet werden, selbst wenn sie ihnen nicht angehören. Wenn es zum Schwur kommt, wird der Vertreter einer christlichen Kirche nicht gegen den Personalvorschlag einer christlichen Partei stimmen und der Vertreter der Gewerkschaft nicht gegen den der SPD. Die sogenannten Grauen in den Rundfunkgremien sind zwar unabhängig, aber eine bedeutungslose Minderheit.

Die Gremien widmen sich vor allem der Personalpolitik in den oberen Etagen. Weiter unten ist das relativ einfach. Nehmen wir an, der Pressesprecher der Regierungspartei, der in der Politik keine Fortüne gehabt hat, muß versorgt werden.

---

* Terminus technicus: »Pressure-groups wirken innerhalb eines politischen Systems, um ihre Ziele auf Dauer zu fördern, unabhängig davon, wer politisch die Macht hat.« William Safire, *Safire's New Political Dictionary*, New York 1993, S. 612.

Was er kann, ist nicht klar. Klar ist, was er verdienen muß. Nämlich das Gehalt eines Abteilungsleiters oder Hauptabteilungsleiters beim Fernsehen. Eine relativ hohe Position empfiehlt sich ohnehin, denn nur dann hat er genügend Mitarbeiter, die das können, was er nicht kann. Ein solches Arrangement mit der Regierungspartei bleibt dem Vertreter der Gewerkschaft natürlich nicht verborgen. Auch der weiß jemanden, der beim Fernsehen untergebracht werden muß. Da man der Regierungspartei den Wunsch erfüllt hat, kann man ihn der Gewerkschaft schlecht abschlagen. Wie sich bald herausstellt, hat auch die Opposition einen oder zwei verdiente Parteisoldaten in petto. Schließlich gibt es noch den Protegé eines Ministers, und zu guter Letzt ist da noch die entfernte Verwandte eines Kardinals, die versorgt werden muß.

Die so Versorgten können nicht allzuviel anrichten. Verhindern allerdings können sie einiges, denn sie nehmen an der Beratung der redaktionellen Planung teil und können diejenigen, die hinter ihnen stehen, frühzeitig alarmieren, wenn Redakteure etwas senden wollen, was denen nicht gefällt. Solange die Versorgten für ihr Gehalt und die späteren Ruhebezüge nur spazierengehen oder Sitzungen besuchen, ist der Schaden dennoch begrenzt. Erst wenn sie Programm machen, geht die Sache ins Geld. Die entfernte Verwandte des Kardinals zum Beispiel bekommt ein paar Millionen. Nicht etwa, weil sie auf Fußreflexzonenmassagen schwört, und das nicht in einer Geste christlicher Demut, wohl aber als Therapie gegen Verspannung unter Schreibtischen von TV-Gewaltigen demonstriert, sondern um damit einen frommen Schinken zu produzieren, der so schlecht ist, daß ihn der Sender irgendwann gegen Mitternacht im Programm verstecken und unter Ausschluß der Öffentlichkeit versenden muß.

Wenn schließlich alles gegessen ist, monieren die Parteien und Verbände, die ihre Fußkranken an die Sender losgeworden sind, nicht nur mangelnde Sparsamkeit, sondern vor allem die Erzeugnisse von Leuten, die von den jeweils anderen Parteien und Verbänden dem Sender untergejubelt wurden.

Der spätere ORB-Intendant Hans-Jürgen Rosenbauer, hat das etwas gouvernementaler formuliert: » ... daß sowohl programmliche Defizite wie materielles Fehlverhalten auch Folgen eines Parteienfilzes sind, den sie [die Parteien] und ihre Helfer in den Sendern zu verantworten haben.«[*]

Eine der unterhaltsameren Veranstaltungen der Öffentlich-Rechtlichen ist die Telefonkonferenz der ARD, täglich um 14 Uhr, die sogenannte Schalte, an der alle ARD-Sender teilnehmen, um aktuelle Programme, Kommentare und mittelfristige Programmplanungen zu besprechen. Die Schalte ist das Alibi, hinter dem nach deren Ende rechte oder linke Seilschaften miteinander telefonieren, um die wirklich wichtigen programmpolitischen Entscheidungen auszuhandeln.

Diese Schalte wird in einigen Sendern so hochgeschätzt, daß nur Auserwählte um das Mikrophon herum Platz nehmen dürfen. Der Chefredakteur beugt sich zur Abwehr unerwünschten Dreinredens mit ausgestellten Ellenbogen über das Mikrophon und läßt keinen heran, der etwas anderes sagen möchte, als er gesagt haben will. Mit der hohlen Hand sichert er zudem den Knopf, der das Mikrophon aktiviert. Hinter den Sitzenden stehen ein paar untere Chargen herum oder lehnen an den Wänden. Sie werden geduldet, weil sie so tun, als hätten sie nur kurz hereingeschaut und würden ohnehin gleich wieder gehen.

Da die Schalte geheim ist, aber bundesweit ungefähr zweihundert offizielle Teilnehmer hat, bleibt sie niemals geheim. Sie fand und findet wesentlich mehr Interesse bei der Medienpresse als die Verlautbarungen der Pressestellen und wird daher regelmäßig angezapft. Wer einen internen Vorgang ver-

[*] Am 19. Februar 1983.

öffentlicht sehen will, braucht ihn daher nur in der Schalte vorzutragen.

Da ständig Außenstehende mithören, geht man einigermaßen höflich miteinander um. Viel höflicher als in den noch viel unterhaltsameren Telefonaten zwischen den Chefetagen der Funkhäuser. Die werden so gut wie nie angezapft, obwohl sie meist per Funktelefon aus diversen Dienstwagen geführt werden. Ich kann mich nur an eines erinnern, in dem am 2. Oktober 1981 um 17.30 Uhr der NDR-Intendant Friedrich Wilhelm Räuker seinen Referenten Joachim Lampe (beide CDU-Ticket) darüber informierte, daß er seinen derzeitigen Chefredakteur Aktuelles, Edmund Gruber (CSU-Ticket), für eine Diva, eine dumme Sau und eine dumme Nudel halte. Als das in der Zeitung stand, regte sich kaum jemand auf. Warum sollten Intendanten über Redakteure anders reden als Redakteure über Intendanten?

Ich erinnere mich im Lauf von vielen Jahren nur an eine Schalte, die mit einer gewissen Berechtigung vertraulich hätte sein können, wenn nicht, wie immer, Dutzende von Nichtberechtigten zugehört hätten.

Der Streit an den Mikrophonen der deutschen Funkhäuser hatte sich an der Legalität oder Illegalität des Schwangerschaftsabbruchs entzündet. Einige Frauengruppen wollten damals jeden Schwangerschaftsabbruch legalisiert und einzig und allein der Entscheidung der schwangeren Frau unterworfen wissen. Diese Gruppen sollten sich später in ihren eigenen Argumenten verfangen, nämlich als der Bioethiker Peter Singer fragte, ob es nicht besser sei, schwergeschädigte Föten entweder nicht auszutragen oder sie nach der Geburt wenigstens nicht künstlich an einem kurzen und moribunden Leben zu halten. Die Gruppen, die einerseits ein bedingungsloses Recht auf einen Schwangerschaftsabbruch forderten, waren andererseits entschieden gegen jede Diskriminierung von behindertem Leben. Das war ein Konflikt, der schlimmstenfalls darauf hinauslief, daß der Abbruch von Schwangerschaften mit gesunden Föten erlaubt bleiben sollte, während Schwangerschaften mit behinderten Föten ausgetragen werden mußten. Damit waren einige antiklerikale Feministinnen unversehens mit einer Hälfte ihrer Argumente ganz in die Nähe des Heiligen Vaters in Rom geraten.

Panorama Hamburg zeigte irgendwann, worum es ging, nämlich eine Abtreibung. Große Aufregung in der Schalte. Der Streit ging schnell ins Persönliche. Peter Merseburger warf der Phalanx der Entrüsteten in der Hitze des Gefechts auch noch »Heuchelei« vor und goß damit Öl ins Feuer. Die Kritik an *Panorama* war zu einem Sturm der Empörung geworden, und es war bemerkenswert, wer sich mit welcher Vita sexualis besonders ereiferte. Merseburger mußte den Gang nach Canossa antreten und sich entschuldigen, um *Panorama* nicht zu gefährden.

Bald danach stand wieder eine Indiskretion aus der Schalte im *Gong*, den damals noch der heutige *Focus*-Chef Helmut Markwort machte.

Das hört mir auf, verkündete der ARD-Koordinator Martin Schulze den zugeschalteten Sendern. Seine Geduld sei jetzt erschöpft. Alle erwarteten, daß Schulze dem *Gong*-Chef seine Sekundanten schicken und ihn auf schwere Säbel fordern würde. Statt dessen ließ er die Schalte wissen, er werde mit Markwort essen gehen.

Ich rief von einem Nebenzimmer aus Markwort an. Sekunden später klingelte bei Schulze in der ARD-Koordination das Telefon. Markwort war dran. Er habe gerade in der Schalte gehört, daß Schulze mit ihm essen wolle. Ob ihm das »Tantris« in Schwabing recht sei.

Die Schalte vom 5. Dezember 1984 war es, die wie nur wenige andere die öffentlich-rechtliche Programmpolitik zeigte. Die *Süddeutsche Zeitung* hatte mit der Schlagzeile aufgemacht »Finanzielle Sonderregelung für das Verlegerfernsehen«. Danach sollte das private Verlegerfernsehen vom Postminister subventioniert werden, um das öffentlich-rechtliche Fernsehen in die Knie zu zwingen, in dem es noch viel zu viele Redaktionen gab, die sich weder den Schwarzen noch den Roten unterwerfen wollten und daher beiden auf die Nerven fielen.

Der Koordinator ließ die ARD-Sender wissen, daß sich die Intendanten für eine normale Behandlung des Themas ausgesprochen hätten. Der Fachausdruck dafür lautet: »Regelberichterstattung«. Der NDR-Intendant Friedrich Wilhelm Räuker, zu diesem Zeitpunkt Vorsitzender der Arbeitsgemeinschaft der Rundfunkanstalten in Deutschland, kurz ARD, wisse noch nicht, ob er im Namen der ARD eine Stellungnahme formulieren werde oder nicht. Das hinge von einer genaueren Prüfung des Schwarz-Schillingschen Vorhabens ab.

Da die Intendanten für eine normale journalistische Behandlung sind und da die Sache den Nerv der seit Monaten in dieser Debatte autistischen ARD und die Versorgung von Millionen Zuschauern trifft, verzichtet der BR-Redakteur Helmut Engelhardt (unabhängig) auf seine sonst unerbittliche und zeitraubende Höflichkeit und plädiert dafür, den *Brennpunkt* auszutauschen und das Thema auf die Tagesordnung zu setzen, »damit die ARD endlich aus ihrer Sprachlosigkeit herauskommt«.

Der Vorschlag wird diskussionslos vom Koordinator abgewürgt. Aber, so hört man aus Hamburg, TT *(Tagesthemen)* wird etwas machen. Was denn? Wisse man nicht, da der Reporter noch unterwegs sei. Das ist normal. Allerdings käme bei einer Regelberichterstattung sonst niemand auf die Idee, vorher zu fragen, was später herauskommt.

Zur normalen Behandlung eines wichtigen Themas gehört eigentlich auch ein Kommentar. Also Kommentar.

1. Fall: Räuker kommt als ARD-Vorsitzender mit einer ARD-Stellungnahme zu Stuhle. Dann könne man keinesfalls kommentieren, weil es sich dann um zwei, womöglich unterschied-

liche, Äußerungen der ARD handle. Das ist offensichtlicher Blödsinn, denn ein Kommentar hätte nichts mit einer offiziellen Stellungnahme des ARD-Vorsitzenden zu tun. Letztere wäre zu behandeln wie eine Stellungnahme der Bundesanstalt für Arbeit oder des Knödelfabrikanten Pfanni. Das Argument findet keine Mehrheit.

2. Fall: Räuker kommt nicht als ARD-Vorsitzender mit einer Stellungnahme zu Stuhle. Dann könne man erst recht nicht kommentieren, weil man dann Räuker vorgreife, der dazu womöglich in den nächsten Tagen etwas ganz anderes sage. Das Argument, daß dies unerheblich sei, da der Kommentar nichts mit einer Verlautbarung der ARD zu tun habe, dringt ebensowenig durch.

Im Klartext: Es gibt keinen Fall, in dem die ARD eine für die elektronischen Medien in der Bundesrepublik Deutschland und die Zuschauer der ARD entscheidend wichtige politische Maßnahme kommentieren könnte.

Nun kommt doch Unruhe auf in der Schalte.

Also Abstimmung zwischen einem Schwarz-Schilling-Kommentar und einem hilfsweisen NATO-Kommentar. Der Chefredakteur des Bayerischen Rundfunks, Wolf Feller (CSU-Ticket), stimmt für NATO, denn es sind vor allem seine politischen Freunde, die den Schwarz-Schillingschen Vorstoß stützen. Die Abstimmung geht trotzdem 6:4 (damals neun Sender, ein Koordinator) für einen Schwarz-Schilling-Kommentar aus.

Wer soll das machen? fragt der Koordinator. Wolf Feller schlägt Schwarzkopf (CDU-Ticket) vor, der nun wirklich nicht geht, weil er auch koordiniert und in dieser Funktion nur verlautbaren, aber nicht kommentieren kann. Es stellt sich heraus, daß Schwarzkopf (Spitzname: »blackhead«, zu deutsch »Mitesser«) nicht kann oder nicht mag. Der Schwarze Peter wird Friedrich Nowottny (unabhängig) angetragen. Der bellt, offenbar sauer über den absurden Verlauf der Diskussion, »Nein, danke!« ins Mikrophon.

Andere Kommentatoren werden nicht gefunden, weil, ganz im Gegensatz zu sonst, nicht nach ihnen gesucht wird. Der Kommentar über Schwarz-Schillings Neuordnung des Fernsehens muß abgesetzt werden, weil die ARD keinen Kommentator finden will.

Thilo Schneider, stellvertretender Chefredakteur (SPD-Tikket), bekommt als Reserveoffizier den Zuschlag für einen NATO-Kommentar. Was wäre passiert, wenn er trotzdem Schwarz-Schilling kommentiert hätte? Gar nichts, denn das Thema hatte eine Mehrheit in der Schalte gehabt. Aber so etwas tut ein stellvertretender Chefredakteur auf einem SPD-Ticket natürlich nicht.

Der medienpolitische Hintergrund solcher und ähnlicher Manöver war zunächst der Versuch konservativer Politiker, die Fernsehlandschaft zu ihren Gunsten zu verändern. Sie fühlten sich von linken oder linksliberalen Redaktionen benachteiligt. Hin und wieder sogar zu Recht.

Der Bayerische Rundfunk allerdings hatte ein weitergehendes Interesse. Seine Hierarchie stand der Mehrheitspartei CSU im bayerischen Landtag näher, als es sich für ein publizistisches Unternehmen ziemt. Das Problem für den BR waren daher weniger die eigenen Sendungen, sondern eher die des NDR und des WDR, ganz zu schweigen von denen aus Bremen, die ständig die »Programmanregungen« der bayerischen Staatskanzlei konterkarierten. Wie solche Programmanregungen übermittelt wurden, war unter anderem einem Brief des Chefredakteurs an den Fernsehdirektor zu entnehmen, in dem es heißt: »... hatte ich ein längeres Gespräch mit Kultusminister Maier ... Herr Minister Maier wird mir in den kommenden Tagen entsprechendes Material übermitteln, damit sowohl im ARD-Programm *(Die Fernsehdiskussion, Report, Plusminus)* als auch im Dritten Programm *(Aktuelles Studio)* diese Themen aufgegriffen werden können.«

Wenn die öffentlich-rechtlichen Sender erst einmal durch kommerzielle Anbieter unter Konkurrenzdruck kommen würden, dann hoffte die CDU/CSU endlich ein Gegengewicht gegen den »Rotfunk« schaffen zu können. »Rotfunk« war in den Augen der Konservativen damals alles, was nicht rabenschwarz war. Von den privaten Anbietern, denen die christlichen Parteien eine Bresche schlugen, erhoffte man sich, daß sie eher prokapitalistisch als antikapitalistisch und eher rechten Inhalten als linken zugeneigt sein würden. Dazu mußten allerdings die christlichen Parteien nicht nur nahestehenden Interessenten Lizenzen verschaffen, sondern darüber hinaus ihre christlichen Mitglieder in den Rundfunkgremien anweisen, nackte Brüste oder Kehrseiten und exzessive Gewalt auf dem Bildschirm in Zukunft nicht mehr zu beanstanden, denn beides würde bei den kommerziellen Sendern aller Voraussicht nach an der Tagesordnung sein.

Es war schließlich noch gar nicht so lange her, daß eine knappe Sekunde einer knabenhaften Mädchenbrust zu einer Demonstration katholischer Landfrauen vor dem Funkhaus in München, zu Protesten der CSU und des erzbischöflichen Ordinariats geführt hatten. Horst Hano hatte für das unter dem Moderator Hans Heigert unabhängige Magazin *Report* über eine hitzige Debatte im holländischen Parlament berichtet. Eine junge Frau hatte in einer Jugendsendung des holländischen Fernsehens vor der Kamera gesessen und Zeitung gelesen. Jemand hatte ihr etwas zugerufen, sie hatte den Kopf gehoben und die Zeitung sinken lassen. Es waren, wie der *Spiegel* erfreut registrierte, die ersten nackten Mädchenbrüste im Deutschen Fernsehen. Vor der Ausstrahlung hatte ich mich als der für die Sendung verantwortliche Redakteur mit dem Chefredakteur Hans Heigert stundenlang im Schneideraum herumgestritten. Ich war der Meinung, daß man über diesen lächerlichen Skandal nicht berichten könne, ohne den harmlosen Gegenstand der Erregung zu zeigen. Nach langem Hin und Her einigten wir uns auf 16 Filmbilder, das sind ungefähr zwei Drittel einer Sekunde, in denen Brüste auf die Bildschirme der Republik kamen, die nur mit großer Mühe als sekundäre Geschlechtsmerkmale zu erkennen waren.

Die konservativen Parteien versprachen sich von den neuen Anbietern für die ebenso neue christliche Toleranz gegenüber Softpornos, Brüllshows und Gewalt dreierlei: Dankbarkeit, Dankbarkeit und noch einmal Dankbarkeit. Schnell mußten sie einsehen, daß sie sich damit gründlich verrechnet hatten, denn auch bei den kommerziellen Sendern gab es journalistische Profis. Das erste, was das kommerzielle Fernsehen zur Freude seiner Zuschauer abschaffte, waren die langweiligen Gefälligkeitsinterviews mit linken und rechten Politikern, unter denen schon ARD und ZDF gelitten hatten. Politiker unterhalb der Spitzen, gleich welcher Couleur, durften bei den neuen Anbietern, wenn überhaupt, dann nur in Kurznachrichten und in kontroversen oder belanglosen Talkshows auftreten. Aber auch das nur, wenn ihre Auftritte Unterhaltungswert hatten, weil sie zum Gaudium der Zuschauer die Fassung verloren oder sich auf andere Weise lächerlich machten.

Das führte dazu, daß sich die christlichen Parteien verladen fühlten, sich wieder auf die öffentlich-rechtlichen Sender besannen und mit neuen Strategien deren Herausgabe zu erzwingen versuchten. Die SPD hatte ihre Strategie der Personalunterwanderung mit genau demselben Ziel, nämlich Usurpierung des Programms, ohnehin nicht ändern müssen und konnte sich jetzt auch noch als Verteidiger der journalistischen Unabhängigkeit aufspielen.

Intendant Friedrich Wilhelm Räuker (CDU-Ticket) war damals der Buhmann der Linken, so wie der WDR-Intendant Friedrich-Wilhelm Freiherr von Sell das rote Tuch der Rechten war. Ich sah Räuker nach einer Konfrontation ganz anders.

Als der NDR zerschlagen werden sollte, suchte Winfried Scharlau nach einem Kommentator aus einem anderen ARD-

Sender, um den NDR nicht dem Verdacht der Befangenheit auszusetzen. Da die Zerschlagung von der CDU eingefädelt werden sollte, lag es nahe, sich einen kritischen Kommentator aus einem schwarzen Sender zu holen. So kam Scharlau auf mich.

Kommentare wurden, da sie Meinungsäußerungen waren, in keinem Sender »abgenommen«, das heißt, kontrolliert und genehmigt. Nur beim Bayerischen Rundfunk mußten die Kommentare unsicherer Kantonisten, darunter meine, vor der Ausstrahlung dem Chefredakteur zur Genehmigung vorgelegt werden. Meinungsäußerungen allerdings, in denen es um die Interessen der ARD ging, mußten bei jedem Sender dem für die Ausstrahlung verantwortlichen Intendanten zum Gegenlesen gegeben werden.

Der Intendant des NDR nahm meinen Kommentar und stapfte schimpfend in seinem Hamburger Büro auf und ab. Das sei das Niederträchtigste und Gemeinste, was er seit langem gelesen habe, schnaubte er.

Langsam drängte die Zeit.

Also strahlt der NDR den Kommentar aus oder nicht?

Wofür halten Sie mich? Natürlich strahlt der NDR Ihren Kommentar aus, hatte Räuker gesagt.

Keine Frage, es gibt politische Einseitigkeiten und Vorurteile im Programm. Auch wenn Filmmaterial oder Magnetbänder nicht ganz so geduldig sind wie Zeitungspapier. Aber nur ein winziger Teil ist böse Absicht. Das meiste ist das Werk von Leuten, die entweder nicht das Pulver erfunden haben oder mit vorauseilendem Gehorsam ihre Karriere ein wenig in Schwung bringen wollen. Hinter der Unterwanderung der Sender durch rechte und linke Interessengruppen steckt im Süden eine Staatskanzlei, im Norden eine nicht leicht zu definierende Basis.

Als einer der drei Moderatoren von *III nach 9* von Radio Bremen habe ich mit der Schauspielerin Angelica Domröse zu reden. Angelica Domröse ist zu diesem Zeitpunkt in der DDR längst ein Star, schön und intelligent. Sie war dort unter Druck gekommen, nachdem sie wie andere Intellektuelle und Künstler einen Protest gegen die Ausweisung Wolf Biermanns unterschrieben hatte. Danach ging sie nach West-Berlin.

Als Profi ist die Domröse gewohnt, daß vor einem Auftritt eine Lichtprobe gemacht wird. Sie gehört somit zu den wenigen, die sich nicht klaglos dem Licht eines Fernsehstudios aussetzen, mit dem den Gästen hin und wieder die Nase weggeleuchtet wird. Den meisten ist das Licht egal. Sie sind froh, daß sie auftreten dürfen, denn sie sind Politiker oder gehören zu den von uns so genannten »Menschenvertretern«. In Talkshows sieht man kaum noch Lokomotivführer, statt dessen den Sprecher der Lokomotivführergewerkschaft, keinen Arzt, sondern den Sprecher der Ärztekammer, keine Krankenschwester, aber dafür die Sprecherin der ÖTV. Das Publikum im Studio besteht vorwiegend aus sogenannten GEZs. Das sind »Gezielt eingeladene Zuschauer«. Vor der Kamera gibt es bei solchen Veranstaltungen also überwiegend Leute, die von sich geben, was ihrem jeweiligen Interessenverband zweckmäßig erscheint, und ein Publikum, das klatscht, wenn es klatschen soll. Solchen Leuten ist das Licht im Studio schnurz.

Die Domröse lebt von ihrem Talent, ihrer Ausstrahlung und damit auch von ihrem Gesicht. Die Redaktion sagt die Lichtprobe zu. Also sagt Angelica Domröse zu.

Murren im Studio. Leises Murren in der Redaktion. Lautes Murren von Lea Rosh. Lichtprobe? Für die rote Basis in Bremen eine hochpolitische Frage. Seit wann ist ein Licht, das gut genug für den Jungsozialisten Gerhard Schröder war, nicht gut genug für eine Schauspielerin aus der DDR? Ein Licht, über das sich nicht einmal der Intendant von Radio Bremen beklagt, obwohl er doch bei fast jeder Sendung mit seiner Freundin ganz vorne sitzt. Lichtprobe? Elitäre Starallüren sind das. Noch dazu von einem Star der DDR, der drüben wenigstens das sozialistische Gleichheitsdogma verinnerlicht haben sollte.

Ich bitte um ein Augenlicht für Frau Domröse, um ihre Augen aufzuhellen, und sage ihr, daß sie wunderbar aussieht. Vereinbart sei eine Lichtprobe, sagt sie und bittet, daß wenigstens der Studiomonitor etwas gedreht wird, damit sie ihr Bild kontrollieren kann. Kontrolle? Auch das noch! Der Monitor bleibt, wo er ist.

Mein Einwand, daß Zusagen zu erfüllen seien, egal was welche Basis im Studio aus welchen ideologischen Gründen auch immer davon halte, überzeugt keinen. Keine Lichtprobe. Kurz vor Beginn der Sendung finde ich Angelica Domröse in ihrer Garderobe. Eigentlich, sagt sie, müßte ich jetzt gehen.

Wenn Sie wollen, fahre ich Sie ins Hotel.

Fernsehdirektor Dr. Conrad eilt uns nach. Sie können nicht Minuten vor einem Live-Auftritt das Studio verlassen.

Wenn Sie mit zum Parkplatz kommen, werden Sie sehen, daß ich das kann.

Hinter ihm wuseln Redakteure der Sendung herum, die sich auf einen Eklat freuen, der wieder einmal klarmacht, daß die netteren Menschen hinter der Kamera und nicht vor ihr sind.

Sie lassen eine Live-Sendung platzen?

Lichtprobe, ja oder nein?

Wie denn? Die Titel laufen gleich, und Frau Domröse ist als erste dran.

Dann ziehen Sie eine andere Nummer vor, und die Kamera macht in einer Ecke des Studios die Lichtprobe.

Die Lichtprobe wird gemacht, und ich bin im roten Bremen genauso unten durch wie im schwarzen München.

Von München aus schicken wir dem Regierungschef der Republik Österreich, Bundeskanzler Franz Vranitzky, einen Lear-Jet nach Wien, um ihn für meine Sendung abzuholen. Da ihn niemand von der Bayerischen Staatsregierung am Flugplatz begrüßt, obwohl das Protokoll informiert ist, und da sich auch kein Polizeischutz blicken läßt, lade ich den österreichischen Bundeskanzler ins Auto, fahre ihn nach Hause, wo wir ihm etwas zu essen geben.

Das Team und ich waren gerade aus Halle gekommen, wo Neonazis versucht hatten, eine Live-Sendung der ARD zu sprengen. Der Radau war über den Sender gegangen, und der österreichische Bundeskanzler hatte das offenbar gesehen und sich Sorgen gemacht, daß es zu einem »spill over«, also zu einem Überschwappen der Ex-DDR-Neonazi-Szene in die alte Bundesrepublik und Österreich kommen könnte. Dazu will er Näheres wissen.

Im Studio des Münchner Senders ist somit an diesem Abend der Regierungschef eines befreundeten Nachbarlandes. Unter solchen Umständen verlangt es die Kleiderordnung, daß der Hausherr Männchen macht und den Regierungschef begrüßt. Dieser Regierungschef ist allerdings ein Sozi. Der Intendant ist verhindert.

Das wenigste, was der Regierungschef unterhalb einer krassen Unhöflichkeit jetzt noch erwarten kann, ist eine Begrüßung durch den Fernsehdirektor. Der kommt auch nicht.

Im schlimmsten Fall, und nur mit einer zwingenden Begründung, hätte es schließlich auch der Chefredakteur getan. Der läßt sich ebensowenig blicken. Keiner riskiert ein Stirnrunzeln von Edmund Stoiber.

Doch, es war lehrreich, bei einem schwarzen und bei einem roten Sender zu arbeiten. Beide Farben sind dem elektronischen Journalismus gleich unzuträglich, wenn auch auf ganz verschiedene Weise. Je länger man den Job eines Reporters macht, desto bedeutungsloser werden ohnehin Etiketten wie rot und schwarz oder links und rechts. Menschen werden durch anderes besser definiert. Das hatte mir in meiner ersten Pressekonferenz in Washington, DC der Senator aus Massachusetts, John Fitzgerald Kennedy, klargemacht. Kennedy sagte damals auf die Frage eines Reporters nach seinem Gegner, dem erzkonservativen Senator von Arizona, Barry Goldwater: Ich werde ihn politisch bekämpfen, solange ich atme. Aber wenn mein Haus brennt, möchte ich, daß er mein Nachbar ist.

Die Usurpation einer Fernsehsendung durch Neonazis in Halle, nach der uns der österreichische Bundeskanzler ausgefragt hatte, war nicht nur eine Krawallnummer gewesen. Während der Sendung war uns ein junger Neonazi mit Bomberjacke und Springerstiefeln aufgefallen, der sich kaum am Krawall beteiligt hatte. Er blieb im Studio zurück. Die Skins warteten draußen auf ihn. Die schlagen mich tot, murmelte er. Wir sorgten dafür, daß ihn die Glatzköpfe nicht erwischten, schmuggelten ihn hinaus und redeten die halbe Nacht mit ihm. Viele Jahre später ließ er mir ausrichten, er sei in den Westen gegangen und habe jetzt ein florierendes handwerkliches Unternehmen. Er ließ mir seinen herzlichen Dank dafür übermitteln, daß ich ihm damals in Halle das Leben gerettet hätte. Offensichtlich war ihm die Situation gefährlicher vorgekommen, als sie tatsächlich war.

III nach 9 war damals mit Abstand die beste Talkshow der ARD. Damals wäre es noch ausgeschlossen gewesen, der Kaiserin Farah Diba Fragen über den Terror ihres Mannes zu ersparen, nur weil sie ein Buch hatte schreiben lassen, für das sie in *III nach 9* Reklame machen wollte. Es wäre auch unvorstellbar gewesen, die Nazivergangenheit von Walter Jens zu unterschlagen, nur weil der Antifaschist keine Lust hatte, darüber zu reden. Daß auch anständige Leute und nicht nur Schufte auf totalitäre Systeme hereinfallen, ist es bekanntlich, was diese so gefährlich macht. Verschenkt.

Meine Talkshow *Veranda* wurde schon nach wenigen Sendungen zur schlechtesten der ARD. Ich hatte mich auf erschwerte Bedingungen eingelassen, um mit völlig unzureichenden Mitteln den Programmplatz zu füllen, bis Biolek mit seinem riesigen Apparat so weit war. Ich war verspannt, rechthaberisch und verärgert über mich selbst. Der Chefredakteur (CSU-Ticket) hatte mir einen Redakteur (SPD-Ticket) aufgebrummt, der auf mich aufpassen mußte. Endlich durfte ein Linker etwas leiten, und das tat er mit dem Flair eines Fahrkartenkontrolleurs.

Vor meinen Ausflügen in die Niederungen der Talkshows hatte ich als Reporter echten Leuten echte Fragen gestellt und war neugierig auf die Antworten gewesen. Als Talkshowmoderator hatte ich Fragen an Prominente zu stellen, deren Antworten mir gleichgültig waren, oder an Politiker, bei denen man genau weiß, was sie in einer Talkshow sagen, und noch genauer, was sie nicht sagen.

Trotzdem gibt es schöne Augenblicke. Ein berüchtigter Waffenschieber versucht den Sender, die Redaktion und mich zu erpressen. Bis kurz vor Beginn der Live-Sendung hatten er und sein Anwalt zugesagt, daß sie vor der Kamera auspacken würden. Sekunden vor Beginn der Sendung verlangen beide die verbindliche Zusage, daß ich die entscheidenden Fragen nicht stellen würde. Andernfalls gingen sie nicht vor die Kamera, und wir müßten dann eben warme Luft senden. Ich erläutere den Herren, daß die Sendung ohne sie vermutlich sogar spannender wäre als mit ihnen. Ich sei gern bereit, die Geschichte allein und ohne ihren Widerspruch den Zuschauern zu erzählen. Sie traten auf.

Anderes bringt einen an den Rand der Verzweiflung. Ein international renommierter Verhaltensforscher schlottert vor Lampenfieber. Endlich gelingt es mir, ihn zu beruhigen. Wir sind in eine Plauderei über die Schwierigkeit vertieft, sich zu entspannen und zugleich zu konzentrieren wie beim Golfspielen oder beim Tontaubenschießen. Die Sendung beginnt. Er merkt es nicht. Seine Formulierungen sind präzise, seine Beispiele sind treffend, sein Wortwitz ist lustig, und sein kluges

Gesicht geht in Großaufnahme über den Sender. Der Auftritt verspricht ein Highlight zu werden. Aber dann taucht ein Typ von der Aufnahmeleitung in unserem Gesichtsfeld auf, heftig winkend tanzt er herum, um unsere Aufmerksamkeit zu erregen, und wedelt mit einem Schild, auf dem steht: SIND AUF SENDUNG! offenbar hatte jemand gedacht, daß man in einer Talkshow alles darf, bloß nicht ganz normal miteinander reden.

In meiner ersten Zeit als Redakteur beim Fernsehen sprach mich ein Azubi an. Das war Jahre, bevor dieser Azubi dann nach einigen Affären in einer Chefredaktion irgendwo Intendant wurde. Er ließ mich wissen, daß mein damaliger Intendant ein Schulfreund von ihm sei, mit dem er sich duze. Er sei dabei, eine Art Mafia innerhalb der ARD aufzubauen. Da könne man sich gegenseitig Jobs zuschanzen, sich über alles mögliche kurzschließen, um sich dann gegenseitig Steine in den Garten zu werfen.

Daß man sich so viel Mühe machen sollte, nur um irgendwo Intendant oder womöglich auch bloß Fernsehdirektor zu werden, sah ich nicht ein, da ich keine Ahnung von der Machtfülle und den Ruhebezügen derartiger Positionen hatte. Alles, was ich wußte, war, daß Intendanten und Fernsehdirektoren dauernd mit Leuten essen gehen mußten, mit denen wir Reporter uns nicht einmal in der Kantine eines Bestattungsunternehmens hätten blicken lassen. Außerdem war die Einladung meines karrierebewußten Kollegen eine Schimäre. Sein Schulfreund und mein Intendant machte später nämlich jemanden zum Fernsehdirektor, der gewiß keinem solchen Kartell angehörte. Die Vermutung machte die Runde, der Intendant habe das vor allem getan, um sich Stimmen im Rundfunkrat für seine Wiederwahl zu sichern. Aber das erklärte nicht alles. Selbstverständlich liegt jeder Partei daran, Nahesteher in die Chefetagen der Sender zu befördern. Dennoch blieb rätselhaft, warum sie ihre politischen Anliegen sogar auf den Bildschirmen der Nation von Sympathisanten vertreten lassen, die wesentlich besser für anderes qualifiziert sind. Mißgünstige meinten, daß es sich für eine Partei ganz besonders auszahle, jemandem Bildschirmpräsenz zu verschaffen, der dafür nicht geeignet sei, weil der Betreffende der Partei dafür dann auch ganz besonders dankbar sein müsse.

Prof. Dr. Clemens Münster, der erste Fernsehdirektor meines Senders, BR, pflegte entgegen den heutigen Usancen Redaktionskonferenzen noch persönlich zu leiten. Der Sender, das waren damals ein paar Schlichtbauten und Baracken und eine ziemlich hohe Antenne am nördlichen Ende des Englischen Gartens.

Als Münster wieder einmal einen seiner flammenden Appelle an die versammelten Redakteure richtet, doch endlich ein besseres Programm zu machen, meldet sich der linkskatholische Redakteur Dr. Horst Dallmayr alias Dalli zu Wort.

Wie wollen Sie denn ein besseres Programm machen, Herr Münster? Sie haben doch gar keine Leute, die ein besseres Programm machen könnten, Herr Münster. Fangen wir ganz oben an: bei Ihnen, Herr Münster.

Damals lachten Fernsehdirektoren noch über solche Witze. In späteren Jahren bekamen sie schon schmale Lippen, wenn Beifall für ihre dürftigen Diskussionsbeiträge ausblieb. Clemens Münster hatte sogar einen Roman geschrieben, in dem allerdings nach Meinung jener im Sender, die verdächtigt wurden, dem Opus Dei nahezustehen, viel zu oft nackt gebadet wurde. Der Hauptabteilungsleiter Sport, Heinz Maegerlein, duzte noch keine oder keinen, nur weil derjenige oder diejenige einen Abfahrtslauf oder ein Tennismatch gewonnen hatte. Statt dessen versuchte er bei Live-Übertragungen sogar Sportereignissen wie Gewichtheben oder Boxen mit erlesenen Formulierungen poetischen Glanz zu verleihen.

Wie denn die Sportberichterstattung am Wochenende gelaufen sei, fragte der Fernsehdirektor in die Runde der Redakteure. Wieder ein ganz echter Maegerlein, sagte einer: Schmelings und Goethes Faust. Alle lachten. Später vergingen den Redakteuren die Witze. Mit dem Fernsehen wurde es wie mit gewissen Liebesbeziehungen: Entweder man nimmt sie nicht ernst, oder man leidet unter ihnen.

Themen aus dem Ausland waren vor allem dann wichtig, wenn sie auch innenpolitisch und damit parteipolitisch auszuschlachten waren.

Als Strauß im November 1977 General Augusto Pinochet besucht und in Chile keine Diktatur, sondern »politische Stabilität« und »inneren Frieden« findet, muß der *Weltspiegel* am 27. November 1977 dazu einen Filmbericht von Dr. Rolf Pflücke ausstrahlen, den ein Redakteur (SPD-Ticket) bestellt hatte.

Was in dem Bericht nicht vorkommt, ergänzt meine Moderation: Das Nachrichtenmagazin *Time* hatte berichtet, daß tausend Regimegegner von Pinochets Geheimpolizei DINA zu Tode gefoltert worden seien. Das Schicksal von 1500 Verschleppten war laut Amnesty International ungewiß, und der katholische Bischof von Santiago de Chile hat den Terror des Regimes ebenso verurteilt wie Henry Kissinger, der als Sympathisant linker Revolutionäre unverdächtig war. In Dr. Pflückes Bericht sagt ein Chile-Deutscher: »Hier hat jeder absolute Freiheit. Es gibt keine Knechtung.«

Während ich meine *Weltspiegel*-Moderation schreibe, ist mir klar, daß sie sehr leicht meine letzte sein kann. Sie besteht im wesentlichen aus den genannten vier Zitaten.

Chefredakteur Rudolf Mühlfenzl, der mich kurz vor der Live-Sendung aus der Maske holen läßt, hat Schaum vor dem Mund. Er sei seit dreißig Jahren Journalist und habe in all den Jahren nicht einen so schlechten Journalismus erlebt. Das Thema sei die 125-Jahr-Feier der Chile-Deutschen. Daher sei jeder Hinweis auf Folterungen in Chile unzulässig. Solange Korrespondenten wie Fritz Pleitgen in Moskau auf dem linken Auge blind seien, ginge der Text mit den vier Zitaten nicht über seinen Sender. Franz Josef Strauß hatte die Feststellung der *Süddeutschen Zeitung,* daß der Weg der Junta »mit Leichen gepflastert und vom Schreien der Gefolterten und dem Schweigen der Unterdrückten begleitet« sei, als »dumm« und »idiotisch« bezeichnet. Der CSU-Vorsitzende hatte aber einge-räumt, daß es bei der Ermordung des gewählten Präsidenten Allende durch das Militär »nicht freundlich zugegangen« sei, denn wenn das Militär eingreife, dann sei das eben »anders, als wenn der Franziskanerorden Suppe« verteile.

Ich sehe keine Möglichkeit, meinen Text zu ändern. Der Chefredakteur ist kurz davor, in den Teppich zu beißen. Die Live-Sendung rückt näher. Nach einem Blick auf die Uhr schlägt der Chefredakteur als äußersten Kompromiß vor, nur die folgenden Passagen in der Moderation zu lassen: »... Chile ist eine Militärdiktatur. Nach dem amerikanischen Nachrich-tenmagazin *Time* und zahlreichen anderen Quellen gehören Folter und Mord zum politischen System Chiles.« Und: »Der frühere amerikanische Außenminister Kissinger sagte bei einem Besuch in Santiago: Eine Regierung, die die Rechte der Bürger mit Füßen tritt, stellt die eigene Daseinsberechtigung in Frage.« Die Zitate von Strauß, die Pinochet und dessen Ter-ror in Schutz nehmen, die Erklärungen von Amnesty Interna-tional und die Kritik des Bischofs von Santiago de Chile sollen gestrichen werden. Auch dafür sehe ich keinen Grund.

Natürlich hat jeder Chefredakteur das Recht, einen Text zu redigieren. In diesem Fall bitte ich ihn, mit eigener Hand die Zitate von Strauß, von einem katholischen Bischof und von Amnesty International aus meiner Moderation zu streichen, und jeden seiner Striche zu paraphieren. Er wirft mir Arbeits-verweigerung vor. Theoretisch reicht Arbeitsverweigerung für eine fristlose Entlassung. Das Dumme ist, irgendwer muß den

Weltspiegel moderieren, der gleich ausgestrahlt werden soll. Wenn ich als Moderator gefeuert bin, dann braucht der Sender innerhalb von Minuten einen anderen Moderator. Es gebe, so der Chefredakteur, nur noch die Möglichkeit, daß er an meiner Stelle vor die Kamera gehe. Kurz vor Beginn der Sendung verzichtet er dann aber doch darauf. Der *Weltspiegel* wird sonntags ausgestrahlt, und dieser Sonntag ist trotz Spätherbst sehr warm. Der Chefredakteur ist im Tennisdreß zur Abnahme erschienen. Er hat also kein Sakko dabei, mit dem er den *Weltspiegel* hätte moderieren können. Mein Angebot, ihm das meine zu leihen, lehnt er ab.

Augusto Pinochet einzuschätzen war relativ einfach. Was aber macht ein Reporter, der sich seiner Sache nicht sicher ist? Je erfahrener er ist, desto häufiger kommt das vor. Längst hat er gemerkt, daß man sich nicht einmal auf Fakten verlassen kann. Mit denen kann man viel belegen – und das Gegenteil von vielem. Vorausgesetzt, man ignoriert alle, die nicht bestätigen, was man ohnehin meint. Hinzu kommt, daß die Trennung von einer vorgefaßten Meinung so weh tut wie eine Amputation ohne Narkose. Vorurteile sind es, die Reporter auf die Beine bringen, Vorurteile sind es, die sie veranlassen, auf das geruhsame Leben in einem TV-Sender zu verzichten und mit der Knochenarbeit draußen zu beginnen. Oft, allzuoft nur, um nach all der Mühe herauszufinden, was sie eigentlich gar nicht herausfinden wollten. Sich von Vorurteilen zu trennen ist unglaublich schmerzhaft. Reporter müssen diesen Schmerz ertragen lernen, weil sie ihm dauernd ausgesetzt sind.

Die wichtigste Waffe der Parteien im Kampf um Wählerstimmen ist die Angst der Wähler vor den angeblichen Machenschaften des jeweiligen politischen Gegners. In den ersten Jahren der Bundesrepublik waren es vor allem Parteien wie Vorläuferorganisationen der späteren NPD, vor denen gewarnt wurde, als hätten Kryptonazis im demokratischen Deutschland tatsächlich eine Chance. Die hemmungslose Propaganda weckte in ausländischen Zeitungen die absurde Vermutung, alte und neue Nazis könnten in Deutschland wieder die Macht ergreifen. Noch bevor später die Grünen und die PDS für Angst sorgen mußten, waren es die von Franz Schönhuber gegründeten rechtsextremen Republikaner, mit denen die etablierten Parteien jene Wähler an die Urnen trieben, die sie mit ihrer Arroganz zu Nichtwählern gemacht hatten. Die Wahlpropaganda lief immer auf dasselbe hinaus: 1. Ihr *müßt* wählen. 2. Ihr müßt *uns* wählen, also die CDU, die CSU, die SPD oder die FDP, egal was für eine Politik wir machen, und egal wie wir uns aufführen, denn sonst stürzen Parteien wie die NPD, die Republikaner, die Grünen oder die PDS das Land ins Verderben. Daß keine dieser Parteien jemals in der Republik eine Mehrheit finden würde, um zu regieren, ging in der Hitze des Gefechts unter. Die Propaganda der Parteien suggerierte den Wählern außerdem, daß hohe Wahlbeteiligungen das Kennzeichen einer gesunden Demokratie seien, obwohl einige Politologen daran erhebliche Zweifel hatten und haben. Hohe Wahlbeteiligungen, so meinen sie, zeigen vor allem einen Vertrauensverlust in die Stabilität der von den Parteien und von jeder Parteipolitik unabhängigen demokratischen Institutionen, also der Stabilität von Verfassung, Parlament und Justiz. Je höher die Wahlbeteiligung sei, desto deutlicher werde, daß die Wähler Wohl oder Wehe des Landes nur dieser oder jener Nase im Bundeskanzleramt zuschrieben und nicht einem funktionierenden Parlament, nicht der Kompetenz des Gesetzgebers, nicht einer unabhängigen Justiz und nicht der Trennung und dem Gleichgewicht der politischen Macht.

Daß aus dem in jeder Gesellschaft vorhandenen Protestpotential von Linksextremen und Rechtsextremen oder einer belanglosen Partei wie den Republikanern von Franz Schönhuber ein Schreckgespenst gemacht werden konnte, war ein Erfolg dieser Propaganda. Die politische Geisterfahrt des Fernsehmannes Franz Schönhuber war aber auch symptomatisch für ein Massenmedium, das sich mit der Herausgabe der Sender an die Parteien mehr oder weniger abgefunden hatte.

Schönhuber war jahrelang ein unauffälliger Sportreporter gewesen. Als er in der Politik mehr Ruhm witterte als beim Sport, erwachte in ihm der Volkstribun. Fortan betrieb er Politik wie Fußball. Einmal linksaußen, dann rechtsaußen und zwischendurch ein paarmal in der Mitte. Niemand nahm ihn besonders ernst. Das machte ihn sechs Jahre lang zum Vorsitzenden des Bayerischen Journalistenverbandes und zwei Jahre lang zum Mitglied des deutschen Presserats, des höchsten Gremiums, das über die professionelle Ethik der deutschen Medien wachen sollte. Er wurde Chefredakteur der Münchner Boulevard-Zeitung *TZ*, Hauptabteilungsleiter beim Fernsehen und zuerst stellvertretender Chefredakteur im Bayerischen Rundfunk, dann sogar designierter Chefredakteur des ARD-Senders. Außerdem bekam er den bayerischen Verdienstorden. Das allerdings war nichts Besonderes. Etwas Besonderes war es, ihn als TV-Schaffender in München nicht zu kriegen.

Schönhuber war kein Intellektueller, aber alles andere als dumm. Nie arrogant und immer hilfsbereit gegenüber Kollegen. Als er hörte, daß sich der Vorsitzende der israelitischen Kultusgemeinde und SPD-Rundfunkrat Dr. Lamm beim Intendanten über meine kritische *Weltspiegel*-Moderation zur israelischen Siedlungspolitik beschwert hatte, bat er mich zum Kaffee in sein Büro.

Brauchst was gegen den Lamm?

Gibt's da was?

Der Rundfunkrat, so Schönhuber, habe für die Produktion Nr. 331020/18316 mit dem Titel »Akko«, ausgestrahlt am 28.9.1975, ein Honorar in Höhe von 10 000 D-Mark und eine nicht abzurechnende Reisekostenpauschale von 8000 D-Mark erhalten.

Schönhuber schob mir das Dossier über den Tisch.

In den Titeln der Reportage »Akko« war zwar die Mitarbeit Lamms erwähnt, die Sendung war aber angeblich von den Korrespondenten Dern und Piltz gemacht worden. Ich rufe also den damaligen Israel-Korrespondenten Eberhardt Piltz in Tel Aviv an und frage ihn, was der Rundfunkrat denn zur Sendung beigetragen habe. Nichts, sagt Piltz.

Es hätte mich hellhörig machen müssen, daß Schönhuber Dossiers in seiner Schublade hatte. Es hat mich nicht hellhörig gemacht. Wenn er von einem Korruptionsfall wußte, hätte ihn eigentlich sein Arbeitsvertrag verpflichtet, den Intendanten zu informieren. Aber es war denkbar, daß er kurz vor seiner Wahl zum Chefredakteur meines Senders keinen Rundfunkrat gegen sich aufbringen wollte. Deshalb erschien es mir einleuchtend, daß er den Fall lieber einem Kollegen zur Aufklärung überließ. Ich erzähle also die Sache in der Redaktionskonferenz. Der Anwalt des Rundfunkrats schreibt mir schon zwei Tage später, ich hätte derartige Vorwürfe künftig zu unterlassen, und ich schreibe zurück, daß das mein Arbeitsvertrag leider nicht zuläßt.

Kurz danach erscheint in einem Bistumsblättchen ein Artikel, in dem Schönhuber »liberale Anpasser« beschimpft, die nichts gegen die »linken Kader« in den öffentlich-rechtlichen Sendern unternähmen, obwohl die nur »auf die Stunde X warten« würden. Was sie in dieser »Stunde X« dann tun würden, blieb der Phantasie der katholischen Leser überlassen. Vermutlich würden sie die Mikrophone an sich reißen, zum Sturm auf die bayerische Staatskanzlei blasen und so im Süden der Republik eine Revolution anzetteln.

Seine Konkurrenten um die Position des Chefredakteurs eines ARD-Senders wähnte der ehemalige Sportreporter damit ausgeschaltet. Liberale (gemeint waren konservative) Anpasser waren das letzte, was die CSU in einem Sender haben wollte, den sie ohnehin weitgehend in der Hand hatte.

Franz, sage ich zu Schönhuber, laß das. Wenn du wieder so etwas schreibst, dann schreibe ich auch.

Das ist gut, sagt Schönhuber. Ich schreibe. Du schreibst. Dann schreibe wieder ich, dann schreibst wieder du. Da profilieren wir uns beide.

Franz, wenn ich was schreibe, könnte es dir vielleicht weh tun.

Ein zweiter Aufguß seines Stunde-X-Artikels erscheint am 23. April 1977 im *Münchner Merkur* unter dem Titel »Die Schwächen der liberalen Anpasser«, der sich laut Vorspann »mit dem in unserer Medienlandschaft herrschenden geistigen Klima« befaßt. Schönhuber beklagt darin noch einmal, daß die liberalen Anpasser »einer entschlossenen und in sich solidarischen linken Kadertruppe« nur mit halbherzigen Beschwichtigungen entgegentreten.

Karl-Otto Saur macht in der *Süddeutschen Zeitung* die Fernsehseite. Ich frage ihn, ob er einen Text über Franz Schönhuber drucken würde. Würde ich, sagt er. Dann gebe ich dem Chefredakteur des *Münchner Merkur,* Dr. Paul Pucher, meinen Text.

Süffig, sagt er. Zum Lachen. Können wir aber leider nicht drucken.

Nicht? Macht nichts, dann eben in der *Süddeutschen.*

Jetzt will er meinen Text doch noch einmal lesen.

Aber redigieren muß man das schon, sagt er. »Schönhuber hat Laut gegeben. Waidlaut nennen das die Jäger, wenn ein Hund juchzt, bloß weil er meint, daß die Hatz bald aufgeht.« Also wissen Sie, den Schönhuber mit einem Hund zu vergleichen. Der wäre beinahe Oberbürgermeister von München geworden.

»Was hat er denn auf einmal, der Franzäh«, liest er weiter. »Und warum träumt ihm auf einmal so schlecht?« Das ist lustig, das können wir drucken. Aber dann, sagt Dr. Pucher und schüttelt traurig den Kopf: »So wird man was: Ein bisserl Kollegen diffamieren, den großen rechten Vorschlaghammer ... Dazu und nur dazu muß der Franzäh sich als Speerspitze der Rechten profilieren. Jetzt hat ihn sogar der *Stern* so genannt. Hoffentlich hat der Franzäh dem Henri Nannen dafür wenigstens eine Flasche Schampus geschickt.«

Wir greifen nicht gern andere Publikationen an, sagt Dr. Pucher.

Nicht? Nicht einmal den *Stern?*

Nicht einmal den *Stern,* sagt Dr. Pucher. Und das, also das geht überhaupt nicht. »Die linken Kader gibt es nicht. Jeder sieht doch am Programm, daß die Rechten fast alles unter sich ausmachen ...« Aber das, das geht wieder, das ist zum Lachen: »Man sollte beim Intendanten eine Petition übergeben, daß er den Franzl nicht schimpft. Er muß ihn weiterhin öffentlich dahermeinen lassen. Spätestens nach dem ersten Dutzend solcher Artikel werden sogar die in der Lazarettstraße [damals CSU-Hauptquartier] merken, was los ist. So dumm können die nicht sein.«

Der Chefredakteur Dr. Pucher lacht herzlich. Ja, sagte er, »so dumm können die nicht sein!« Das ist gut. Aber redigieren muß man das schon.

Schade, sage ich. Dann nehme ich das Manuskript halt wieder mit.

Man berät sich ein Stockwerk höher und springt über den eigenen Schatten. Im Vorspann der Samstag/Montag-Ausgabe 28./30. Mai 1977 steht es dann unter dem Titel: »Vermutungen über Schönhuber«. Dr. Pucher schreibt im Vorspann unter anderem: »Obwohl wir Schönhubers Auffassung in den wesentlichen Punkten teilen, möchten wir unseren Lesern Lindlaus auf die Person zielende, bissige Replik – auch der journalistischen Fairneß wegen – nicht vorenthalten.«

Meine Beziehung zu Schönhuber ist von da an nicht mehr die alte. Die Erwiderung verfaßt aber nicht er. In der schreibt der Chefredakteur des *Münchner Merkur:* »Leitende Männer [des Bayerischen Rundfunks], die nicht zuletzt wegen ihres Parteibuchs in den Spitzenpositionen hocken, sollten sich nicht hinter ›Ausgewogenheit‹ und ›Liberalität‹ verstecken, wenn ihnen die Courage fehlt, die nützlichen Idioten des Kommunismus … mit ihrer doppelten Moral zur Ordnung zu rufen.«

Mit den »nützlichen Idioten des Kommunismus« sind ich und ein paar Dutzend Kollegen gemeint.

Zwei Jahre später kommt Schönhuber von einem Skiurlaub zurück und erfährt, daß ein anonymes Pamphlet in Umlauf ist, in dem es um seine bis dahin im Sender unbekannte Vergangenheit als Unterscharführer der Waffen-SS geht. Vermutlich entschließt sich Schönhuber zu diesem Zeitpunkt, ein Buch über seine SS-Vergangenheit zu schreiben, das den Titel *Ich war dabei* tragen wird.

Während Schönhuber an seinem SS-Buch schreibt, avanciert er zum designierten Chefredakteur des ARD-Senders in München.

Flughafen Frankfurt/M. Die Maschine nach München ist weg. Drei Stunden Zeit, um zu lesen. Am Zeitungsstand fällt mir eine Schlagzeile auf: »Wie das Fernsehen das Volk belügt«. Damit macht die *Deutsche Nationalzeitung* vom 23. Oktober 1981 auf. Die ganze Seite 3 ist dem neuen Buch von Franz Schönhuber gewidmet, *Ich war dabei*, Leinen, DM 34.–. »Eine geballte Ladung oft bitterer Wahrheiten«, heißt es da, »die der verordneten Siegerpropaganda völlig widersprechen«. Und: »… das Buch darf in keiner Bibliothek fehlen«. Zwei Seiten Beifall vom Herausgeber Dr. Gerhard Frey persönlich. Direkte und indirekte Zitate, Fazit der *Deutschen Nationalzeitung*: »Ein großes Buch.«

Die Redaktionssitzung am nächsten Tag wird bereits vom designierten Chefredakteur Franz Schönhuber geleitet. Von seinem Buch habe ich nur ein paar Seiten gelesen. Haug von Kuenheim wird am 6. November 1981 in der *Zeit* darüber schreiben: »… Um es kurz zu machen, das Buch ist widerlich. Es lohnt sich nicht, auf die 352 Seiten einzugehen.«

Ich habe die *Deutsche Nationalzeitung* in der Sitzung dabei und zitiere aus ihr. Wenn nicht alles gelogen ist, was Dr. Frey über das Buch von Franz Schönhuber schreibt, dann sollte der nicht Chefredakteur eines ARD-Senders werden. Nachsichtiges Lächeln von Schönhuber. Die meisten der Redakteure lächeln nachsichtig mit. In wenigen Wochen wird der ehemalige SS-Scharführer Schönhuber ihr Chefredakteur sein, da ist es besser mitzulächeln.

Der SPD-Rundfunkrat Böddrich hatte Schönhuber zu dem SS-Buch bereits überschwenglich gratuliert, ebenso der Rundfunkrat Dr. Lamm von der israelitischen Kultusgemeinde. Vom Intendanten (CSU-Ticket) kam zur »SS-Schnulze« (*Zeit* 7. 5. 1982) ein »Franz, ich gratulier dir«. Die Münchner Boulevardzeitungen *AZ* und *TZ* lassen jubeln. Das Werk erklimmt die Bestsellerliste des *Bayernkurier*. Der katholische Pfarrer Tammling singt eine Lobeshymne auf den Freiwilligen der SS, der in einem »grundehrlichen Buch, das einer Lebensbeichte gleichkommt«, schildert, wie er »in den Gefahren des Fronteinsatzes Zuflucht im Gebet« findet. Der SPD-Rundfunkrat malt sogar ein Herz unter seinen Glückwunsch und schreibt daneben: » ... liche Gratulation!«

Als Chefredakteur wird Schönhuber Sendezeit zu vergeben haben. Dafür bringen Partei- und Verbandsfunktionäre nicht nur die eigenen Großmütter um.

In der Redaktionskonferenz werde ich geschlachtet. Dabei tun sich vor allem die Linken hervor. Unter Schönhuber wollen sie endlich auch etwas werden. Sie werfen mir Rufmord vor, Gossenjournalismus, Profilneurose, Realitätsverlust. Der *Report*-Chef Günther von Lojewski (CDU-Ticket), späterer Intendant des Senders Freies Berlin, bezichtigt mich eines unerträglichen moralischen Rigorismus, und der Linksaußen des Münchner Senders und RFFU-Vorsitzende Dieter Kuhr prangert an, daß ich dieses »lehrreiche« und »wichtige« Buch nicht einmal ganz gelesen hätte. Bei jeder weiteren Wortmeldung hoffe ich, daß sich endlich wer meldet und sagt, na ja, so toll ist das Buch ja wirklich nicht. Die zwei oder drei Reporter, die das getan hätten, sind beim Drehen, im Schneideraum oder irgendwo zwischen Timbuktu und Osaka.

Nachher sage ich dem noch amtierenden Chefredakteur Rudolf Mühlfenzl, daß ich das Buch zu Ende lesen und mich in der nächsten Redaktionskonferenz wieder zu Wort melden werde. Ich wäre ihm dankbar, wenn er seinem designierten Nachfolger Franz Schönhuber auch bei dieser Sitzung die Leitung überlassen würde. Er ist gern dazu bereit, denn er ist froh über jeden Eklat, der nicht auf seine Kosten geht.

Ein Unterscharführer der SS, der im Stil billiger Landserheftchen unter dem Titel *Ich war dabei* peinliche Frontamouren beschreibt, so argumentiere ich, sei als Chefredakteur eines ARD-Senders ungeeignet. Ich belege das mit Zitaten aus dem Buch, rede über seine Anwanzerei bei der politischen Rechten wie bei der politischen Linken, erwähne seine erste Frau, eine Jüdin, die später disponibel wurde.

Zuerst lacht Schönhuber noch. Schließlich bilde ich mir ein, Blut unter seinem Stuhl zu sehen, aber das ist Wunschdenken.

Ein stellvertretender Vorsitzender der Rundfunk-und-Fernseh-Gewerkschaft (linke SPD) verstellt mir nach der Konferenz den Weg.

Das war blanker Faschismus, was Sie eben gemacht haben.

Blanker Faschismus?

Sie wollten den Kollegen Schönhuber kaputtmachen, sagt er.

Es gibt ein Kinderfoto von mir, mit einem Spielzeugstahlhelm aus Blech auf dem Kopf, einer Holzgranate in der einen und einem Hakenkreuzfähnchen aus Papier in der anderen Hand. Man erkennt, daß in meinen Hosen Windeln stecken. Ich lasse das Foto vergrößern, schreibe als Anspielung auf Schönhubers Buch darauf »Ich auch!« und hänge es außen an meine Bürotür. Der Hausmeister des TV-Studios bittet mich, es abzunehmen, weil ein Hakenkreuz darauf ist. Sonst müsse er Anzeige erstatten.

Wochen später sagt mir meine Sekretärin, jemand sei am Telefon, der seinen Namen nicht nenne, aber darauf bestehe, sofort mit mir verbunden zu werden. Da ich seit dem Eklat mit dem künftigen Chefredakteur etwas vereinsamt bin, nehme ich ab. Jemand aus der obersten schwarzen Hierarchie des Senders ist dran. Sie müssen nicht auswandern, sagt die mir vertraute Stimme. Gerade haben wir Schönhuber fristlos entlassen.

Nicht wegen des SS-Buchs *Ich war dabei,* sondern weil er eine Sendung für eigene Zwecke mißbraucht hatte. Sein SS-Buch hätte arbeitsrechtlich für eine fristlose Entlassung nicht gereicht.

Nach der Entlassung des designierten Chefredakteurs lassen sich wieder Kollegen in meinem Büro blicken. Einer sagt, er habe mich eigentlich nur kritisiert, weil ich Schönhuber nicht hart genug angegriffen hätte.

Am 24. November 1981 fordert der Vorstand des Bayerischen Journalisten-Verbandes Schönhuber auf, »den Ehrenvorsitz im BJV umgehend niederzulegen«. Seinen bayerischen Verdienstorden liefert er wieder in der Staatskanzlei ab.

Der spätere Fernsehdirektor Wolf Feller zeigt sich schon damals als gewiefter Taktiker: Hättest du den Schönhuber Chefredakteur werden lassen, sagt er, dann hätte er nicht die Republikaner gegründet.

Kiebitz: Mann, hören Sie auf!
Merken Sie nicht, was die mit Ihnen machen?
Die spielen falsch. Die nehmen Sie aus
wie eine Weihnachtsgans!
Zocker: Ich weiß! Aber das ist die einzige
Partie in der Stadt.
*Antwort auf die häufige Frage, warum
man zum Fernsehen gegangen ist*

19 SCHABERNACK

Berichte, die nach den Maßstäben von Nachrichtenredaktionen keinen besonderen Informationswert haben, dafür aber lustig oder kurios sind, nennen Insider »Rausschmeißer«. Sie werden gern am Ende von Nachrichtensendungen und politischen Magazinen ausgestrahlt, die in der Regel eine trostlose Sammlung von Flugzeugabstürzen, Ölkatastrophen, Parlamentsquerelen, Giftmüllskandalen und Korruptionsaffären sind. Rausschmeißer sollen den Zuschauern schlechte Träume verscheuchen und sie nach dem Fernsehen getröstet ins Bett schicken. Reporter versuchen gelegentlich, mit solchen Stücken Botschaften an der berufsimmanenten Humorlosigkeit von Nachrichtenredakteuren vorbeizuschwindeln.

Michail Gorbatschow hatte in seinem Buch *Perestroika* den Umbau und eine Reform des sowjetischen politischen Regimes gefordert. Das Stichwort war Glasnost. Glasnost versprach eine neue Offenheit und damit Rede- und Pressefreiheit. Viele Zuschauer wähnten in Rußland eine Meinungsfreiheit nach westlichem Vorbild gekommen. Das war falsch. Ein Land, dessen zaristischer Absolutismus nur durch ein totalitäres Regime abgelöst worden ist, wird nicht über Nacht zu einem Hort der Rede- und Gedankenfreiheit, auch wenn die herrschende Gorbi-Manie etwas anderes suggerierte. Die wenigsten wußten, daß Lenin den Begriff Glasnost lange vor Gorbatschow in einem ganz anderen Sinne gebraucht hatte, nämlich als freiwillige Offenbarung eigener Missetaten. Er forderte Glasnost von Funktionären der Partei, die gefehlt hatten. In Schauprozessen sollten sie sich selbst bezichtigen und den Sanktionen der Partei unterwerfen. Glasnost war, laut Lenin, das Schwert, das die Wunden heilt, die es zufügt.

Russische Künstler konnten jedoch die Freiheit nicht praktizieren, die ihnen die Glasnost Gorbatschows in Aussicht zu stellen schien. Nicht zuletzt, weil sie es noch gar nicht gelernt hatten, dort anzugreifen, wo es der alten Gesinnungsbürokratie weh getan hätte. Das alles konnte man nur in einem Rausschmeißer unterbringen und hoffen, daß die Zuschauer hinter dem kuriosen Stück die Information erkennen würden. Der Redaktion redeten wir ein, daß es um die neue Freiheit in der russischen Kunst gehe. Das war »in«.

»Tod dem Drachen« war der Titel eines Films, den der Direktor des Moskauer Lenin-Komsomol-Theaters, Mark Sacharow, inszenierte. Hauptdarsteller war der russische Film- und Theaterstar Alexander Abdulow. Er spielte den Ritter Lancelot der sagenhaften Artusrunde, der mit seinem Schwert den Drachen umgebracht hatte. Der Drache, das war die Macht des Kreml und des KGB. Das Untier stand für die neuen Wasserträger, die sich nur wenig von den alten unterschieden. Ritter Lancelot war nicht Gorbatschow – so weit ging der Film nicht, auch wenn einige Kritiker das vermuteten –, aber eine Art Prophet des Aufbruchs. Das Sujet war der Märchenkomödie »Drakon« von Jewgeni Schwarz nachempfunden, die wiederum der Oper »Lanzelot« von Paul Dessau als Vorlage diente, deren Libretto

Heiner Müller schrieb. Die Oper war 1969 im Staatstheater der DDR uraufgeführt worden und hatte damit das sozialistische Imprimatur.

Die Kampfansage an die alte Politbürokratie der UdSSR mußte sich immer noch sehr vorsichtig hinter Gleichnissen verstecken, um nur ja niemandem im Kreml auf die Zehen zu treten. Das war es, was wir den Zuschauern erzählen wollten.

Der Schluß des Films wurde in der gewaltigen Festung von Burghausen gedreht, die am Ufer der Salzach in den Himmel ragt. Im achten und neunten Jahrhundert war auf dieser Höhe ein Amtshof der agilolfingischen Herzöge gestanden, die damit ihre Salzschiffahrt schützen wollten. Zur Festung wurde der Hof erst später ausgebaut. Zuerst gegen den Ansturm der Türken, dann gegen den der Schweden. Napoleon hat später die Vorbauten der Außenverteidigung schleifen lassen, weil er sie für veraltet hielt.

Nachdem Ritter Lancelot in Sacharows Film seine Abenteuer überstanden hatte, mußte er sich in einem der Burghöfe samt Rüstung und einem mannshohen Schwert in den Korb eines Heißluftballons zwängen, um damit, bejubelt von der Filmmusik, in den Sommerhimmel zu steigen. Der Ballon war blau wie das Firmament, und der Ballonfahrer hatte sich auf den Boden des Korbs gesetzt, um für die Kamera unsichtbar zu bleiben. Am Ende der Geschichte standen also nicht Lancelots Liebe zur Königin und die Zwietracht, die in der Artusrunde ausbrach. Der Ritter wurde der immer noch real existierenden Korruption und der knallharten Pressezensur der russischen Union einfach himmelwärts entrückt.

Die Salzach unterhalb der Festung Burghausen wurde nach dem Erbfolgekrieg zur Grenze zwischen Deutschland und Österreich. Als der Film gedreht wurde, war sie daher die östliche Außengrenze der EU. Es herrschte immer noch feindseliges Mißtrauen gegenüber dem Osten und an diesem Tag ein leichter, aber stetiger Westwind. Wir schickten den Kameraassistenten hinunter zu den deutschen und österreichischen Zöllnern auf der Brücke der Salzach, um sie zu bitten, uns den Schlagbaum schnell und ohne Kontrolle aufzumachen, sollten wir es eilig haben. Nach unserer Einschätzung mußte der Ballon schon Minuten nach dem Start im Luftraum der Republik Österreich sein, die eifersüchtig über ihre Neutralität wachte.

Was sich im Wiener Verteidigungsministerium abspielte, als ein »unidentifizierbares fliegendes Objekt über österreichischem Hoheitsgebiet« gemeldet wurde, erfuhren wir erst später. Der Ballon war bald vom Radar der österreichischen Luftüberwachung erfaßt worden. Der Filmstar Abdulow genoß trotz seiner unbequemen Ritterrüstung die Ballonfahrt und schilderte dem Regisseur Sacharow am Boden über sein Funkgerät, wie schön die Aussicht auf das Alpenvorland sei, auf den Traunsee, den Attersee und was er da unten sonst noch alles sähe. Natürlich sprachen die beiden russisch miteinander. Als die österreichische Luftüberwachung endlich die Funkfrequenz hatte und mithörte, schrillten in Wien die Alarmglocken. Der Verteidigungsminister wurde geholt. Die Piloten der wenigen österreichischen Abfangjäger (Bundeskanzler Kreisky: So an Schmarrn brauchma net) machten sich fertig.

Wir rasten unterdessen mit dem Auto hinter dem Ballon her, um die Landung von Ritter Lancelot in Oberösterreich nicht zu versäumen. Der russische Filmstar hatte weder Geld noch einen Ausweis, geschweige denn das für jeden Russen unerläßliche Visum dabei. Seine Ritterrüstung hatte keine Taschen, in die er so etwas hätte hineinstecken können.

Als der Ballon über den Wiesen und Feldern Oberösterreichs zu sinken begann und im Verteidigungsministerium entwarnt wurde, weil man das fliegende Objekt als harmlosen Ballon identifiziert hatte, eilte von den verstreuten Vierkanthöfen Landvolk herbei, um die aus dem Korb heruntergeworfenen Taue festzuhalten und den Passagieren beim Aussteigen zu helfen. Zuerst reichte Ritter Lancelot einer Bäuerin sein Schwert

und kletterte dann selbst aus dem Korb. Die Gesichter des Land-
volks und die Versuche der Ländler, den Ritter in ein Gespräch
zu verwickeln, waren es, die dem Stück Sendezeit in den *Tagesthemen* der ARD verschafften, obwohl es mit der angekündig-
ten neuen Freiheit der russischen Kunst nicht viel zu tun hatte.
Da weder der Ritter Lancelot das Landvolk verstand noch das
Landvolk den Ritter Lancelot, füllten sie den russischen Filmstar
zunächst mit Bier und selbstgemachtem Nußschnaps ab, ließen
ihn ihre ebenfalls selbstgemachten, mit Bärlauch gewürzten
Würste kosten und luden ihn ein, falls nötig, im nächsten Hof
seine Rüstung zu demontieren, um sich dort zu erleichtern.
Der Ballonfahrer, der mit seiner illegalen Fracht die Außengrenze der EU passiert hatte, hielt sich aus allem heraus.

Wir telefonierten vom nächsten Bauernhof aus mit den
Innenministerien in Wien und in München. Beide redeten mit
ihren Zollbeamten auf der Brücke der Salzach, und die schau-
ten dann auch weisungsgemäß in die Luft, bis wir und der russische Filmstar ohne Visum Brücke und Grenze wieder Richtung Westen passiert hatten.

Einen anderen Rausschmeißer machten wir in Rom. Wir hatten
das Stück der Redaktion angedreht, weil es nicht nur antielitär
sei, was damals ebenso »in« war wie die Freiheit der Kunst,
sondern weil es unsere Zuschauer vor großem Schaden bewah-
ren würde. In Rom verkaufte Seine Königliche Hoheit Prinz
Gabriele Francesco Cruylas Gravina Ramacca, Herzog der Normandie, von Gottes Gnaden und aufgrund erblichen Rechts
»Thronanwärter von Catalanien und Sizilien«, alle möglichen
Adelstitel. Leute, die geadelt werden wollten, mußten aber
nicht nur zahlen, sondern sich einen roten Seidenumhang
kaufen, der innen weiß gefüttert und über dem Frack zu tragen
war. Er zeigte links das in Silber gestickte Ordenskreuz. Zudem
hatten die Kunden des Prinzen ein nicht ganz billiges Schwert
für den Ritterschlag zu erwerben.

Der Rausschmeißer begann mit einer bildfüllenden und glänzenden Kugel auf dem Bildschirm. Als sich die Kugel von der Kamera entfernte, sah man, daß es der Hinterkopf des kahlgeschorenen Prinzen und »Thronanwärters von Catalanien und Sizilien« war. Der Text: »Und so schaut er von hinten aus, der Herrscher beider Sizilien ...«

Schon drei Tage nach der Ausstrahlung ließ der Prinz seinen »Granluogitenente per la Germania della reale Corona Normanna di Sicilia«, kurz seinen Hofmarschall, Herrn von der Planitz, beim Sender nachfragen, ob die beiden Reporter, Horst Hano und ich, sich über eine Erhebung in den Adelsstand »motu proprio« freuen würden. Wir hätten uns außerordentlich um die Krone beider Sizilien verdient gemacht, denn auf unseren Rausschmeißer hin, mit dem wir das Haus Ramacca durch den Kakao gezogen hatten, waren ganze Busladungen mit prospektiven Rittern über die Alpen nach Rom aufgebrochen und hatten sich Ordensmäntel und Schwerter gekauft, um sich zu Rittern schlagen zu lassen. Wir ließen den Hofmarschall wissen, daß wir uns geehrt fühlen würden, falls uns der Adelstitel auch per Post zugestellt werden könne. Die Post kam schon nach wenigen Tagen:

Sehr geehrter Cavaliere Lindlau,

Ich habe die Ehre, Ihnen mitteilen zu dürfen, dass Seine Königliche Hoheit Prinz Gabriele Francesco Cruylas Gravina Ramacca, Herzog der Normandie, von Gottes Gnaden und auf Grund erblichen Rechts Tronanwärter von Catalanien und Sizilien, Ihnen den Grad eines Ritters im Offiziersrang des Königlichen Militärordens der Normannischen Krone von Sizilien motu proprio verliehen hat.[*]

---

[*] motu proprio = aus eigenem Antrieb, eine Formel, die ursprünglich besagte, daß ein Erlaß auf Antrieb des Papstes erlassen wurde, also nicht aufgrund einer Bitte oder eines Antrags. Seit Innozenz VIII. gebräuchlich.

Gleichzeitig mit den aufrichtigsten Wünschen für Ihr Wohlergehen und mit Dank für Ihre um die Krone erworbenen Verdienste unseres allergnädigsten Prinzen, darf ich Sie, hochverehrter Cavaliere, bitten, auch meine persönlichen Glückwünsche annehmen zu wollen.

Der Groß-Statthalter der Normannischen Krone von Sizilien. gez. Herr von der Planitz

Der Orden, ein silbernes Kreuz, so der Beipackzettel, war am Band zu tragen. Das Band war rot und zeigte silberne Balken und zwei goldene Kronen. Der Adelspaß war allerdings nur begrenzt verwendbar. Wirkungsvoll eigentlich nur bei den Parkwächtern in Rom, die salutierten, wenn man ihn vorwies.

Ich bin das, was zünftige Jäger als Kochtopfjäger verspotten. Fleisch, das weder das Grauen der Transporte noch das der Schlachthöfe hinter sich hat und ohne Angst verendet ist, weil es nicht einmal mehr den Knall der Büchse gehört hat, schmeckt mir besser. Den Hirschen, zu dem mich der Hofmarschall im Auftrag des herzkranken Fürsten von Thurn und Taxis gebeten hatte, wollte ich trotzdem erlegen, weil es das letzte Mal sein konnte, daß ich Johannes von Thurn und Taxis sah, bei dem ich oft und gern zur Jagd gewesen war. Als ich den Hirschen erlegt hatte, sagte mir der Leiblakai des Fürsten, Herr Lechner, ein Herr in des Wortes allerbester Bedeutung, daß Seine Durchlaucht eine Strecke wünsche, um den erlegten Hirschen zu würdigen.

Fackeln und Reden. Nur weil ich im fürstlichen »Thiergarten« einen Hirschen totgeschossen hatte?

Ich sagte, das sei wunderbar, wenn auch ein wenig zuviel des Aufhebens. Wie auch immer, ich würde das Haupt des Hirschen präparieren lassen, um mich stets an den feierlichen Anlaß zu erinnern.

Als alle Fackeln gelöscht, alle Reden gehalten waren und der

Bruch, ein Fichtenzweig, am Hut steckte, rief die Fürstin Gloria aus einem Fenster im oberen Stock des Jagdschlößchens in die Feierlichkeit mit prosaischer Lautstärke hinunter: Goldi, der Dago will den Hirschen ausstopfen lassen!

Und du wirst mit ausgestopft, rief der Fürst hinauf. Dann wollte er von mir wissen, wieso ich eigentlich nicht zu seinen Schwarzwildjagden käme.

Nun, sagte ich, ich kann schlecht einfach kommen. Einladen müßten Sie mich zuvor schon.

Bei der nächsten Schwarzwildjagd wartet ein Jäger an der Mühle beim fürstlichen Thiergarten.

Wann's erlauben, Herr Graf, sagt er, dann fahr ich voraus.

Bin kein Graf.

Was sind's denn dann?

Gar nix, sage ich.

Mei, sagt der Leibjäger. A Baron san's leicht. Den Titel des Hauses Ramacca behielt ich lieber für mich.

Es gibt Rausschmeißer, die nicht als Rausschmeißer gedacht sind, sich aber später als solche herausstellen. Der Schutz der Intimsphäre hatte in den sechziger Jahren einen ideologischen Schub bekommen und war zu einem der Prüfsteine der freiheitlich-demokratischen Grundordnung geworden. Die Intimsphäre, so schien es manchmal, wurde besonders verbissen von Leuten verteidigt, die gar keine nennenswerte hatten.

Was passiert eigentlich, so hatte ein engagierter Volontär in der Redaktionskonferenz gefragt, wenn jemand zu einer Detektei geht und die dafür bezahlt, daß sie die Privatsphäre eines Staatsbürgers bis in den intimsten Bereich hinein ausforscht? Ohne einen Ermittlungsauftrag der Staatsanwaltschaft, ohne richterlichen Beschluß und ohne jede plausible Begründung?

Das roch nach einem jener Stücke, die man damals zum engagierten Journalismus rechnete. Solche Stücke hatten den

Vorteil, daß sie relativ leicht zu machen waren, denn Engagement genügte. Fakten waren weniger wichtig. Wir heuerten über einen Strohmann die renommierteste Detektei Deutschlands, nämlich das Internationale Informations- und Überwachungsinstitut F. J. an, dessen Chef auch noch Vorsitzender des Bundesverbandes Deutscher Detektive war. Der Strohmann hatte dem Unternehmen weisgemacht, daß er ein guter Freund von mir sei und sich große Sorgen um mich mache. Vor allem wegen meines verschwenderischen und frivolen Lebenswandels. Laut Beobachtungsbericht der Detektei wurde die »Beobachtung um 11 Uhr aufgenommen«. Wir merkten nichts davon. Einerseits war diese Unauffälligkeit der Bespitzelung unheimlich, andererseits waren wir von der Professionalität des Unternehmens beeindruckt. Mein Kollege und Zeuge, der Redakteur Horst Hano, und ich fuhren meinen Wagen auf eine Hebebühne und suchten ihn Zentimeter für Zentimeter nach einem Ortungssender ab. Wir hatten vor, den Sender von meinem Auto abzumontieren und an den Dienstwagen des Intendanten zu hängen. Aber wir fanden nichts. Im späteren Bericht der Detektei hieß es dann: »Infolge des starken Berufsverkehrs wurde das Fahrzeug in der Situlistraße verloren.«

Am nächsten Tag, nehmen wir uns vor, würden wir vor jeder Ampel brav anhalten und nur ganz langsam fahren, damit uns der Detektiv nicht wieder verlor, denn wir hatten ihm ein ganzes Programm von verschwenderischen und frivolen Ausschweifungen vorzuführen, und wir hofften im Sinne unseres engagierten Berichts, daß er seine Erkenntnisse gegen Geld an unseren Strohmann weitergeben würde.

»Um 20.40 Uhr fuhr Herr L. zum französischen Restaurant ›Bonne Auberge‹«, heißt es im Beobachtungsbericht der Detektei. Dort habe er ein Dutzend Austern gegessen und Weißwein getrunken. Dabei hatten wir den Detektiv zum ersten Mal zu Gesicht bekommen. In seinem Räuberzivil wäre er nicht in das Restaurant hineingelassen worden, hätte ich nicht dem Ober ein Trinkgeld zugesteckt. Offenbar hielt der Detektiv meine Austern für eine Art Vorgericht und bestellte sich arglos ein T-bone-Steak. Als sein Steak kam, zahlte ich und ging. Er mußte sein Steak schleunigst in eine Serviette wickeln und in die Hosentasche schieben, um es mitzunehmen, denn er wollte meinen Wagen nicht auch am zweiten Tag der Beobachtung wieder verlieren. Den Rest der Nacht verbrachten wir in einem illegalen Spielclub, in einer Sauna von zweifelhaftem Ruf, wechselten ein paarmal den Wagen, und schließlich stieg ich in einem Vorort Münchens mit einem leeren Koffer über einen fremden Zaun und mit einem schweren wieder zurück. Der Detektiv fuhr einen BMW V8, dessen typische Begrenzungsleuchten ihn auch in der Nacht unverkennbar machten.

Der hat uns schon wieder verloren, sagte Horst Hano. Ich konnte ihn nach einem Blick in den Rückspiegel beruhigen. Der Wagen war hinter uns. Der Beobachtungsbericht wies es aus: »In einem dunklen Seitenweg stellte [die Zielperson] ihren Wagen unbeleuchtet ab und blieb mit der Dame [Redaktionsmitglied Horst Hano] etwa 10 Minuten sitzen. Dann fuhren sie nach München. Auf der Fahrt umarmten und küßten sich jeweils bei Rotlicht an den Verkehrsampeln Herr L. und seine Begleiterin ... Um 23.25 Uhr trafen sie vor dem Hause W-Straße 39 ein. Beide betraten das Haus, ohne das Treppenlicht einzuschalten.« In der W-Straße 39 hatte unsere Sekretärin auf uns gewartet. Bis zwei Uhr früh spielten Horst Hano und ich Schach, während unsere Sekretärin leicht oder gar nicht bekleidet alle paar Minuten am hell erleuchteten Fenster vorbeihuschte. Nichts davon war im Bericht vermerkt. Offensichtlich hatte die Detektei vermutet, daß dem Strohmann nur an Beweisen für eine Scheidung gelegen war. Und die hatten sie geliefert.

Also drehten wir ein paar Tage später, was wirklich geschehen war, und zitierten dazu den Beobachtungsbericht der international renommierten Detektei. Der Verband der Detektive beraumte noch in der Nacht der Ausstrahlung eine Krisensitzung an, um herauszufinden, wer unter den Kollegen die deutschen Detektive zum Gespött des Landes gemacht hatte. Den Vorsitz führte der Chef des Unternehmens, das wir engagiert hatten. Wir hielten dicht, der Sender hielt dicht. Es dauerte drei Tage, bis der Vorsitzende zusammenbrach und seinen Kollegen gestand, daß er selbst das Karnickel war.

Auch Kischinjow war so ein Rausschmeißer. Kischinjow war die Hauptstadt der moldawischen Sowjetrepublik und für westliche Nachrichtenredaktionen »in the middle of nowhere« zwischen Odessa am Schwarzen Meer und nahe dem rumänischen Iași (phonetisch: Jasch).

Der Mai verdeckt das Elend im Armenhaus der UdSSR. Vor dem Lenin-Denkmal lassen sich Brautleute mit roten Rosen vor Wladimir Iljitsch aus Bronze für ihre Enkel fotografieren. Der Pope ratscht vor der Kirche mit dem Kameramann und will von ihm wissen, wie es Rummenigge geht. Im Krieg hätten die Deutschen die alte Kirche geschont, sagt er, aber alles drum herum dem Erdboden gleichgemacht. Es klingt, als wäre es ihm andersherum lieber gewesen.

In einer Baracke neben dem Hotel gibt es gegen Dollars Scotch-Whisky. Auf der anderen Seite des Regals taucht zwischen den Flaschen ein vertrautes Gesicht auf.

Hi, sage ich durch die Flaschen.

Hi, sagt Jane Fonda.

Auf dem Weg zurück ins Hotel frage ich sie, was sie in dem Nest macht. Sie weicht aus. In den USA könnte es ihr schaden, daß sie den sowjetischen Behörden immer willkommen ist, weil sie ein ziemlich entspanntes Verhältnis zum Kommunismus hat und daher für einige Amerikaner als Vaterlandsverräterin gilt. Sie war nicht nur demonstrativ nach Hanoi gefahren, sondern nutzt jetzt die Zugänglichkeit der kommunistischen Behörden, um Leuten zu helfen, die Probleme mit dem Regime haben.

Und Sie?

Deutsch-sowjetische Umweltkonferenz. Reporter.

Entsetzt bleibt sie stehen.

Und morgen steht in der Zeitung, daß ich hier bin!

Nichts steht in der Zeitung, wenn Sie es nicht wollen.

Das glaubt sie erst, als wir sie abends bei einem kleinstädtischen John Lennon Revival der aufmüpfigen Kischinjow Jugend noch einmal sehen und keine Aufnahmen von ihr machen.

Der Bürgermeister empfängt uns. Zusammen mit der Partei hat er in einer nächtlichen Sitzung einen Drehplan für uns ausgearbeitet. Darin steht auf die Minute genau, wann wir wo was drehen. Prima, sage ich. Sie übernehmen das Team und machen den Film, und ich setze mich in Ihr Büro und regiere inzwischen Kischinjow. Er lacht. Moskau ist weit. Und es lohnt nicht, schon am zweiten Tag einen Eklat mit der Entourage eines deutschen Umweltministers anzuzetteln.

Nach einem Dammbruch war die Lauge eines Kaliwerks in den Dnjestr gelaufen. Die kommunistische Bürokratie konnte trotz einer drakonischen Nachrichtensperre die Katastrophe nicht vertuschen. Die Folgen waren bis nach Kischinjow zu spüren gewesen. Aber deshalb haben sie die Umweltkonferenz nicht dorthin verlegt. Eher, um die Reporter so weit wie möglich von Moskau wegzuhalten.

Gastgeber ist der sowjetische Umweltminister Juri Antonowitsch Israel. Minister, das sagt in der UdSSR nicht viel. Minister gibt es wie Sand am Meer. Israel ist aber auch Vorsitzender des Staatskomitees der UdSSR für Hydrometrie und ein international renommierter Wissenschaftler.

Der Bonner Regierung ist es egal, daß der bayerische Umweltminister Alfred Dick ein paar Tage in Kischinjow bundesdeutsche Umweltpolitik macht, und der Staatskanzlei in München ist es egal, ob denen in Bonn das gefällt oder nicht.

334

Außerdem haben CSU und Sowjets ein paar Gemeinsamkeiten, die man nicht gern an die große Glocke hängt. Beide sind ganz versessen auf Atomkraft. Mit den Protesten dagegen tut sich die Miliz der Sowjets allerdings leichter als die Bayerische Staatsregierung, die in Wackersdorf beinahe einen Bürgerkrieg riskieren wird.

Beiden Seiten ist klar, daß die marxistisch-leninistische Planwirtschaft den Planeten Erde genauso zugrunde richtet wie der freiheitlich-demokratische Kapitalismus. Wachstum ist die Religion beider Systeme. Für die Delegierten beider Seiten ist es daher angenehm, sich in Kischinjow gegenseitig Umweltsünden an den Kopf zu werfen, die beide zu Hause lieber verschweigen.

Das sowjetische Informationsministerium hatte die Veranstalter wissen lassen, daß die Bayern fromm sind. Der halboffizielle Teil des inoffiziellen Teils der offiziellen Delegation wird während der umweltpolitischen Beratungen zu tagelangen Kirchenbesichtigungen ins Umland gekarrt. So merken die Begleiter von Umweltminister Alfred Dick gar nicht, daß in der Stadt gerade wieder eine atheistische Kampagne läuft. Am Markt von Kischinjow nimmt die Miliz Frauen fest, die in ihren Taschen Konterbande haben: geweihte Wachskerzen.

Wenn man eine Kirche gesehen hat, hat man alle gesehen, sagt der Kameraassistent. Die Konferenz mit ihren zeitraubenden Übersetzungen ist ein Schlafmittel. Die Formulierung des gemeinsamen sowjetisch-deutschen Schlußkommuniqués kommt und kommt und kommt nicht zustande.

Woran hakt es denn? fragen wir den Umweltminister Alfred Dick.

Die Russen bestehen auf einem Passus, in dem es heißt, daß sich die Konferenz auch entschieden gegen einen Atomkrieg ausspreche, weil sie der Ansicht seien, daß nach einem Atomkrieg auch der beste Umweltschutz nicht mehr besonders viel nütze.

Und?

In der Münchner Staatskanzlei führen sie sich auf, sagt Staatsminister Dick. Und wie die sich aufführen! Die meinen, daß die Amerikaner sauer sein könnten, wenn ich das unterschreibe, und der Strauß tobt. Der sieht überhaupt nicht ein, was der Umweltschutz mit einem Atomkrieg zu tun haben soll.

Die Formulierung, um die es geht, lautet im Original: »Sie [die Teilnehmer] wiesen auf die große Gefahr für die Biosphäre und für die Menschheit generell hin, die von einem Atomkrieg ausgehen könnte.« Deshalb, so hieß es dann weiter im Text, sei die Erhaltung des Friedens auch umweltpolitisch eine Notwendigkeit.

Das scheint ein trauriges Stück zu werden. Wir müssen uns schleunigst etwas überlegen. Der sowjetische Umweltminister Juri Antonowitsch Israel, der mit unseren schriftlich eingereichten Fragen ohnehin nicht glücklich ist, nimmt unsere ständige Abwesenheit im Sitzungssaal zum Anlaß, in einer seiner Reden auf die Pflichtvergessenheit kapitalistischer Reporter hinzuweisen.

Das palaisartige Gebäude, in dem die Konferenz stattfindet, scheint bald nach der Jahrhundertwende gebaut worden zu sein. Eine Art Jugendstil. Wir wollen wissen, welchem moldawischen Fürsten es die Sowjets wohl abgenommen haben.

Es sei ganz neu, erfahren wir. Erst vor zwei Jahren errichtet.

Eine neue Epoche der sowjetischen Architektur? Nostalgischer Historismus? Wir sind offenbar Zeugen einer ästhetisch-ideologischen Revolution in Kischinjow! Leonid Breschnew und Konstantin Tschernenko haben noch dazu in Kischinjow ihre politische Karriere begonnen. Das ist es! Breschnew soll als junger Mann kein Kind von Traurigkeit gewesen sein, hört man. Sein politischer Sturm und Drang sei von zahllosen Frauenaffären begleitet gewesen. Sogar von einem Duell ist die Rede. Nachher habe Breschnew den gehörnten Ehemann umarmt und sich mit ihm betrunken. Der

Ablauf muß umgekehrt gewesen sein, denn beide haben offenbar mehrmals danebengeschossen. Konstantin Ustinowitsch Tschernenko soll Breschnew bei seinen damaligen Amouren zu Diensten gewesen sein, heißt es, mit der Beflissenheit eines Bauern, der einen Riecher für kommende Größe hat.

Wo hat er denn gewohnt in Kischinjow, der Generalsekretär Breschnew?

Achselzucken, Kopfschütteln.

Jemand sagt, Gartenstraße, Ecke Puschkinstraße.

Aber da kann Breschnew nicht gewohnt haben, da kann niemand gewohnt haben, der wichtig ist. Wahrscheinlich haben wir die Adresse falsch verstanden.

Wir fragen jemanden im früheren Haus des Zentralkomitees, in dem Breschnew sich seine ersten Sporen verdient hat.

Breschnews Wohnung?

Ja, doch, die sei in der Gogolstraße gewesen, aber die Wohnung gebe es nicht mehr. Man habe aus ihr einen Kindergarten gemacht. Wir fahren hin. In der Gogolstraße gibt es keinen Kindergarten.

Endlich macht Krzysztof, ein Reporter von Gostel-Radio Moskau, den Mund auf. Krzysztof ist abgeordnet worden, um uns zu beaufsichtigen. Er hat in der DDR Deutsch gelernt.

Breschnew habe in einem der Wohnblocks außerhalb gewohnt, habe man ihm bei Gostel-Radio gesagt. Krzysztof versucht sich in dem Wohnblock nach Breschnews historischer Bleibe durchzufragen. Hoffnungslos. Da gibt es nur neue Mieter, und die sagen nichts. Schon gar nicht vor einer Kamera. Außerdem sind die tristen Bauten kaum für romantische Abenteuer geeignet.

Es ist nicht die allerbeste Idee des KGB, einen russischen Reporter damit zu beauftragen, auf deutsche Reporter aufzupassen. Immer wenn wir etwas drehen, was wir eigentlich nicht drehen sollten, verschwindet er, angeblich um sich Zigaretten zu holen, und bleibt so lange weg, bis wir genug gedreht haben.

Die Russen sind große Zocker vor dem Herrn. In den Drehpausen bringen wir Krzysztof Hollywood-Gin-Rummy bei. Nach unserer Abreise wird er damit ganz Gostel-Radio in Moskau verseuchen. Außerdem haben wir ihm Kartenspiele mitgebracht, auf denen statt Buben, Damen und Königen weibliche Nackedeis zu sehen sind. Besonders die Karo-Dame findet er bezaubernd. Wie er sagt, wegen ihrer birnenförmigen Brüste. Die Spielkarten sind bei Gostel-Radio von da an begehrter als Jeans, amerikanische Zigaretten oder Jazzplatten.

Endlich findet Krzysztof einen Zeugen, der Breschnew in seiner Zeit in Kischinjow gekannt haben will.

Breschnew, sagt der, klar wisse er, wo der gewohnt hat. Er sieht sich um und flüstert: In dem Palais, in dem gerade die deutsch-sowjetische Umweltkonferenz tagt. Es stellt sich heraus, daß die Konferenzteilnehmer ziemlich genau da sitzen, wo zu Beginn der dreißiger Jahre das sagenumwobene Schlafzimmer Breschnews gewesen sein muß.

Das Schlafzimmer und die ganze Wohnung hatten sie abgerissen und vor zwei Jahren ein Palais mit dem schönen Namen »Haus der Begegnung« darüber gebaut.

Beim letzten Abendessen in Kischinjow steht als Vorgericht Kaviar für die Delegation des Ministers aus München auf dem Tisch. Wenn wir den ganzen Kaviar essen, bevor die anderen kommen, merkt keiner was, schlägt der Kameraassistent vor.

Also, was ist jetzt mit dem Schlußkommuniqué, fragen wir den Minister.

Ich hab unterschrieben, sagt Alfred Dick. Mir ist wurscht, was die in München sagen. Mich wählen sie in Straubing, und die Straubinger, die sind auch gegen einen Atomkrieg.

Wer hat jemals einen Greis gesehen,
der nicht die vergangene Zeit gelobt,
die gegenwärtige hingegen getadelt hätte.
Michel de Montaigne

RENDEZVOUS MIT EINER UTOPIE

Wie es denn so läuft hier, will der Androide wissen. Seine Stimme klingt wie die eines Menschen.* Wo sie den erfunden haben, scheint man uns ein paar tausend Jahre voraus zu sein.

Danke der Nachfrage, sage ich.

Ich meine, was man bei euch Politik nennt, sagt er.

Wir haben Grundrechte, wir haben die Genfer Konvention, die Charta der Vereinten Nationen, KSZE-Vereinbarungen, und eine Friedenskonferenz jagt die andere.

Im Vorwort haben Sie behauptet, daß Sie über Sachen schreiben, über die berichtet wird, obwohl es sie gar nicht gibt. Aber das Wichtigste haben Sie vergessen.

Lassen Sie mich raten.

Dauernd ist davon die Rede.

Keine Ahnung, was Sie meinen.

Es kommt in jedem Leitartikel und in jeder Parlamentsrede vor, versucht er mir auf die Sprünge zu helfen.

Aufschwung, Arbeitsplätze, sage ich, nein, warten Sie, Reform! Von Reform ist dauernd die Rede. Obwohl sie keiner will.

---

* Android = menschenähnlich, BBC-News 27.7.2005: Professor Hiroshi Ishiguru von der Universität Osaka hat den Androiden »Repliee Q1« vorgestellt. Er reagiert mit natürlichen Bewegungen und redet mit menschlicher Stimme.

Kalt, sagt er. Eiskalt.

Sie meinen die Parteien?

Schon wärmer, sagt er.

Aber die gibt es doch. Und wie es die gibt.

Die Demokratiiiiie! schreit er. Sie haben die Demokratie vergessen! Dauernd ist von ihr die Rede! Obwohl es sie gar nicht gibt!

Daß ich nicht lache! Wo wir gerade dabei sind, sie auf der ganzen Welt einzuführen! Vor allem unsere amerikanischen Freunde sind dabei. Im Irak, in Afrika und bald sogar in China!

Ich meine eine echte Demokratie, sagt er. Eine, in der die »zeitlosen und ewig gültigen Regeln« gelten, von denen schon der alte Marcus Tullius geschwärmt hat.[*]

Du lieber Gott! Marcus Tullius Cicero! Der ist seit über 2000 Jahren tot. Wir haben das alles längst weiterentwickelt. Viel, viel weiter! Wir haben jetzt eine *repräsentative* Demokratie, die sich gewaschen hat. Davon konnte der alte Cicero nur träumen! Wir haben demokratische Grundwerte. Eherne Prinzipien.

Ich weiß, ich weiß, sagt der Androide und zählt sie an seinen Fingern auf: freie Wahlen, freie Gewissensentscheidung der Abgeordneten, Trennung der Staatsgewalten, Gleichgewicht der Macht. Und – er hebt seinen längsten Finger – vor allem eine von der Politik unabhängige Justiz.

Steht alles im Grundgesetz, sage ich.

Ja, ja, da steht es, sagt er. Jedenfalls in dem, was davon nach ein paar Dutzend Änderungen noch übrig ist. Dieser … (er kommt nicht auf den Namen). Renommierter Staatsdenker, sagt er, Italiener, bedeutender politischer Philosoph, Universität Florenz. Der meint, daß eure repräsentative Demokratie längst zu einer »demokratischen Fürstenherrschaft« und einer »Wahloligarchie« verkommen ist.

---

[*] Marcus Tullius Cicero, geb. 3.1.106 v.Chr., ermordet 7.12.43 v.Chr.

Ach *der!* sage ich. Sie meinen Danilo Zolo. Der und ein bedeutender Staatsdenker!*

Und was ist mit diesem Franzosen aus der Normandie, dem die Despotie der Mehrheit genausoviel Angst gemacht hat wie die eines Tyrannen?

Tocqueville? Alexis de Tocqueville! Verkrachter Außenminister. Neunzehntes Jahrhundert. Null Ahnung von Demokratie. Zugegeben, sage ich, wir haben die Demokratie auch nicht erfunden. Aber wenn der aus Braunau nicht dazwischengekommen wäre, dann *hätten* wir sie erfunden.

Und was ist mit John Adams? Immerhin der zweite demokratische Präsident eurer sogenannten Neuzeit. Der hat eine ganz neue Aristokratie von Parteischranzen kommen sehen.

John Adams, George Washington, Thomas Jefferson. Die haben damals nur herumprobiert und gehofft, daß nach ihnen jemand kommt, der dann die Sache in die Hand nimmt und richtig macht.

Und dieser Staatsdenker, den sich Kofi Annan gerade erst aus dem französischen Außenministerium an die UNO geholt hat? Heller Kopf, große politische Erfahrung, enorme diplomatische Verdienste. Jean-Marie Guéhenno. Der hat gerade ein Buch über das Ende der Demokratie veröffentlicht!

Nicht so laut, sage ich. Wenn das jemand hört …!

Gibt es denn bei euch keine Meinungsfreiheit?

Natürlich gibt es die. Aber man darf sie nicht mißbrauchen. Solange man die Meinungsfreiheit nicht mißbraucht, solange es Parteien gibt, solange es freie Wahlen gibt …

… Richtig! Die freien Wahlen! Man hört, daß sie bei euch für Politik Reklame machen wie für Klopapier.

Wie soll man denn sonst Wahlen gewinnen?

Man hört, daß die Politiker bei euch den Wählern das Blaue

---

* Danilo Zolo, *Die demokratische Fürstenherrschaft*, Göttingen 1998.

vom Himmel herunter versprechen. Und jeder weiß, daß sie nichts davon einhalten.

Also, da sind Sie wirklich falsch informiert, sage ich. Das weiß keiner, denn von einer Wahl bis zur nächsten haben das alle längst wieder vergessen. Die Leute sollen wählen. Wie man sie dazu bringt, ist doch wirklich Nebensache.

Und es gibt niemanden, der Bedenken hat gegenüber dieser ... dieser real existierenden Demokratie?

Da verwechseln Sie etwas. Real existiert nur der Sozialismus. Und da hat man ja gesehen, wohin der führt.

Ich frage ja nur, sagt er. Ich will ja nur wissen, ob es niemanden gibt, der irgendwelche Einwände hat?

Einwände? Mehr als genug. Milliarden schimpfen auf die Demokratie wie die Rohrspatzen! Es braucht eben Zeit, bis man endlich auch den letzten Bananenbieger überzeugt hat. Aber alle aufgeklärten Menschen applaudieren der Demokratie.

Alle?

Ununterbrochen und bei jeder Gelegenheit.

Warum?

Man könnte sie sonst für katilinarische Existenzen halten. Wenn Sie wissen, was das ist.

Man hört, daß bei euch gar keine richtigen Wahlen stattfinden, weil die Parteien in ihren Hochburgen den Bürgern ihre Abgeordneten praktisch diktieren können. Sogar Kandidaten, die bei den Wählern wegen flagranter Unfähigkeit durchfallen, kommen trotzdem ins Parlament, weil ihre Partei sie auf einer Liste absichert.*

Parteien wissen doch viel besser als irgendwelche Wähler, wer ein guter Politiker ist und wer nicht.

Die Forschungsgruppe Wahlen hat ermittelt, daß 60 Prozent der Wähler nicht in der Lage sind, eine vernünftige Wahl-

---

* Herbert von Arnim, Staatsrechtler, SZ 10. 1. 2003.

entscheidung zu treffen. Jeder zwanzigste Wähler, so die Forschungsgruppe, schafft es nicht einmal, das Kreuz an der Stelle zu machen, die er für die richtige *hält*.*

Die sollten lieber den Mund halten, statt das Volk zu beschimpfen. Damit beleidigen diese Leute den Souverän der Demokratie!

Bitte, sagt der Androide, bitte, ich bin doch nur neugierig. Neugierde ist doch bestimmt nicht verboten. Meine Leute würden auch gern wissen, warum man hier für alles eine Prüfung ablegen muß, auch wenn man nur zum Angeln geht, Lichtschalter repariert oder als Bademeister Kindern das Schwimmen beibringt.

Damit nichts falsch gemacht wird, sage ich. In einer Demokratie kann man nicht zulassen, daß irgend etwas falsch gemacht wird.

Aber um eine Regierung zu wählen, braucht man keine Prüfung?

Natürlich nicht. Da geht es bloß um Mehrheiten.

Was für Mehrheiten? Nicht einmal die Hälfte der Bürger ist wahlberechtigt. Von den Wahlberechtigten gehen bestenfalls zwei Drittel zur Wahl. Von denen wählt höchstens die Hälfte die Partei, die gewinnt. Sie wird also unter dem Strich nur von jedem elften oder zwölften Staatsbürger gewählt.

Genau deshalb trichtern wir unseren Mitbürgern doch vor jeder Wahl ein, daß sie wählen *müssen*! Alle Zeitungen schreiben, daß sie wählen *müssen*. Alle Kommentatoren sagen, daß sie wählen *müssen*. Sogar die Bischöfe predigen, daß sie wählen *müssen*.

Obwohl gar nicht in der Verfassung steht, daß sie wählen müssen?

* Dieter Roth, Forschungsgruppe Wahlen, SZ 10. 1. 2003.

Eben *weil* es nicht in der Verfassung steht, sagen wir es den Bürgern. Ist denn das so schwer zu verstehen?

Und was ist mit denen, die nicht wählen?

Verantwortungsloses Gesindel!

Könnte es nicht sein, daß denen einfach die Parteien zum Hals heraushängen? Und daß sie das den Parteien irgendwie mitteilen wollen?

Die meisten wählen. Das ist die Hauptsache! Damit die Abgeordneten dann Gesetze vorschlagen und nach ihrem besten Wissen und Gewissen über die Gesetze entscheiden können, die sie vorgeschlagen haben.

Ja, das mit dem Gewissen habe ich auch gehört.* Aber wo bleibt denn das Gewissen bei diesem Fraktionszwang? War da nicht kürzlich ein Parteiführer, der Abgeordneten, die nicht abgestimmt haben, wie die Partei wollte, damit gedroht hat, daß sie bei der nächsten Kandidatenaufstellung keinen Listenplatz mehr kriegen?**

Was heißt *ein* Parteiführer? Das machen alle. Dafür gibt es Parteiführer. Disziplin muß sein in einer Demokratie.

Aber wenn man Abgeordnete dafür bestraft, daß sie ihrem Gewissen folgen? Wenn man ihnen den Sitz im Parlament wegnimmt, falls sie nicht parieren, ihre Diäten, ihre Zweitwohnung, ihre Dienstwagen …

---

* Artikel 38 Abs. 1 Grundgesetz: »Die Abgeordneten des deutschen Bundestags werden in allgemeiner, unmittelbarer, freier, gleicher und geheimer Wahl gewählt. Sie sind Vertreter des ganzen Volkes, an Aufträge und Weisungen nicht gebunden und nur ihrem Gewissen unterworfen.«
Geschäftsordnung des Bundestags §13 Abs. I: »Jedes Mitglied des Bundestags folgt bei Reden, Handlungen, Abstimmungen und Wahlen seiner Überzeugung und seinem Gewissen.«
** SPD-Generalsekretär Franz Müntefering hatte 2001 neunzehn Abgeordneten, die gegen den Einsatz der Bundeswehr in Mazedonien gestimmt hatten, mit Sanktionen bei der Aufstellung der Listen gedroht.

... Das sind doch alles nur leere Drohungen. In unserer Verfassung steht klar und deutlich, daß kein Abgeordneter für sein Stimmverhalten bestraft werden darf. Man macht ihnen ein bißchen Angst, das ist alles.*

Aber das Gewissen ...

... Hören Sie mir damit auf. Eine Partei, die sich auf das Gewissen von Abgeordneten verläßt, kann sich auch gleich begraben lassen. Damit kann man nicht einmal Opposition machen, geschweige denn regieren.

Vor kurzem, sagt der Androide, ist ein Abweichler von seinen Parteifreunden als »ehrloses Schwein«, »Verräter« und »Lump« beschimpft worden.**

Also, da muß ich Ihnen recht geben. Solche Ausdrücke sollten für Mitglieder des Hohen Hauses nur mit größter Zurückhaltung benutzt werden ...

... Er hatte doch nur eine Regierung verhindern wollen, die mit einer Mehrheit von einer einzigen Stimme durch jeden Abgeordneten hätte erpreßt werden können und wahrscheinlich erpreßt worden wäre!

Einzelfälle, sage ich. Schwarze Schafe. Randerscheinungen.

In der Vergangenheit soll es zu Abstimmungen im Parlament gekommen sein, bei denen eine an die Regierung gewählte Partei für ein Gesetz gestimmt hat, das sie bekämpft hatte, solange sie in der Opposition war. Und die abgewählte Regierungspartei stimmte plötzlich dagegen, obwohl sie dafür gewesen war, solange sie regiert hatte, denn als Opposition wollte sie um keinen Preis wie die Regierung stimmen. Abge-

* Artikel 46 Abs. 1 Grundgesetz: »Ein Abgeordneter darf zu keiner Zeit wegen seiner Abstimmung oder wegen einer Äußerung, die er im Bundestag oder in einem seiner Ausschüsse getan hat, gerichtlich oder dienstlich verfolgt oder sonst außerhalb des Bundestages zur Verantwortung gezogen werden.«
** Wahl in Schleswig-Holstein März 2005.

ordnete, die nicht gegen ihr Gewissen abstimmen wollten, haben sich der Stimme enthalten, obwohl sie teils für das Gesetz und teils dagegen waren. Damit hat kein einziger Abgeordneter abgestimmt, wie es euer Grundgesetz verlangt.*

Wenn das verfassungswidrig wäre, glauben Sie mir, dann hätten unsere Verfassungsrichter längst etwas unternommen. Die kriegen ihre roten Roben schließlich nicht, um in der Nase zu bohren.

Darüber hat der Androide gelacht, weil natürlich jemand, der keine richtige Nase hat, sich gar nicht vorstellen kann, warum Verfassungsrichter darin bohren sollten.

Besteht denn keine Gefahr für die Gewaltenteilung und das Gleichgewicht der Macht, will er wissen, wenn Ministerien, die sich gegenseitig kontrollieren sollten, einfach zusammengelegt werden?**

Die kungeln doch sowieso miteinander. Da kann man sie auch gleich zusammenlegen.

Und was mich noch interessiert, sagt er, das ist diese europäische Verfassung. Die hätte doch einfach alles geregelt. Von der Außenpolitik über den Lichtbildausweis für Haustiere bis zu einer Kartoffelordnung, die bestimmt, welche Kartoffeln man essen darf.

Damit hätten wir den Amerikanern gezeigt, wie so etwas geht, sage ich. Bei denen hat jedes Bundesland andere Gesetze. Was die Verfassung nennen, samt Bill of Rights und sämtlichen Verfassungsergänzungen, haben die auf lächerlichen dreißig Seiten untergebracht. Kein Wunder, daß sie Präsidenten haben, die Kriege anfangen, die sie dann nicht gewinnen.

---

* »Raumstation Bonn«, ARD 30. 3. 1979, und SZ 24./25. 3. 2005.
** NRW: zeitweilig Innenministerium und Justizministerium. Die Ressorts wurden nach dem Protest von Verfassungsrechtlern wieder getrennt. Hessen: zeitweilig Innenministerium und Landwirtschaftsministerium.

Wäre es nicht vielleicht doch besser gewesen, wenn man Ihren Souverän, also das Volk, zu dieser europäischen Verfassung befragt hätte?

Sinnlos, vollkommen sinnlos. Die Europäische Verfassung ist ein Jahrhundertwerk! Mit 500 Seiten, zwei Präambeln, 448 Artikeln und 36 Zusatzprotokollen. Wer soll denn das lesen?

Unterwegs, sagt der Außerirdische, hatten wir guten Empfang. Da habe ich mir die Sendung *Panorama* angesehen ...

... dieses selbsternannte politische Magazin?

Die haben eine Umfrage unter Abgeordneten gemacht, die gerade im Deutschen Bundestag für die Europäische Verfassung gestimmt hatten. Keiner hatte eine blasse Ahnung vom Inhalt. Einige fanden es recht spaßig, daß der Reporter ausgerechnet von ihnen wissen wollte, was in der Verfassung steht, nur weil sie ihr ein paar Stunden zuvor im Hohen Hause zugestimmt hatten.**

Wenn etwas die Demokratie kaputtmacht, dann sind es solche Sendungen, sage ich.

Was mich noch interessiert, sagt der Androide. Wie läuft es denn mit der Justiz? Dieser Franzose da, dieser Monte ..., Monte ...

Montesquieu?

Richtig, Montesquieu. Der hat die Trennung der drei Gewalten, Gesetze zu erlassen, Gesetze durchzusetzen und Konflikte zu entscheiden, für sehr wichtig gehalten. Vor allem die absolute Unabhängigkeit der Justiz und der Richter hat er für die Grundbedingung einer republikanischen Staatsverfassung gehalten.**

Da kann ich Sie beruhigen. Unsere Richter machen, was sie wollen.

---

* *Panorama* Nr. 253 vom 12. 5. 2005.
** Charles de Secondat, Baron de La Brède et de Montesquieu, 18. 1. 1689 – 10. 2. 1755.

Und ihre Beförderung hängt nicht hin und wieder doch vom Wohlwollen einer Partei ab?

Normalerweise nicht. Höchstens um die Ernennung von Verfassungsrichtern streiten sich die Parteien gelegentlich wie die Straßenköter. Aber schließlich müssen sie ihre verdienten Parteimitglieder oder Nahesteher bei Laune halten und mit einer von diesen schönen roten Roben belohnen.

Und das Gericht ist dann nicht parteiisch?

Einmal gewinnen die einen, dann gewinnen wieder die anderen.

Und Unabhängige? Gewinnen die auch?

Da müßte ich nachdenken. Genaugenommen werden eigentlich nur die Justizminister von den Parteien bestimmt.

Aber die sind doch durch die Parteisatzung, die sie unterschrieben haben, zur Loyalität gegenüber ihrer Partei verpflichtet.

Reine Formsache.

Wie man hört, soll es vorgekommen sein, daß Justizminister Parteifreunde vor staatsanwaltschaftlichen Ermittlungen gewarnt haben.

Selbst Parteifreunde sind immer noch Freunde. Wo soll das denn hinführen, wenn Freundschaft nichts mehr zählt und wenn …

… Eine Staatsministerin der Justiz hat gesagt, es gebe einfach eine Aversion der Regierung gegen eine unabhängige Justiz.* Und ihre Nachfolgerin im Amt hat sogar von Richtern verlangt, den Primat der Parteipolitik zu respektieren, obwohl doch dieser Monte …, Monte …

… Montesquieu …

---

* Die Staaatsministerin der Justiz a. D. Dr. Mathilde Berghofer-Weichner im Zusammenhang mit der Abschaffung des Bayerischen Obersten Landesgerichts: Es gebe (bei der Staatsregierung) »einfach eine Aversion gegen die unabhängige Justiz« (SZ 15. 7. 2004).

… Montesquieu meint, daß es gerade dieser Primat ist, vor dem die Justiz unter allen Umständen geschützt werden muß.*
Franzose! Die schlagen auch Prinzessinnen Köpfe ab.
Immanuel Kant war kein Franzose. Und der hat das auch gemeint.**
Sie scheinen zu glauben, daß eine Justiz, die Prozesse verschlampt*** und Mörder laufen läßt, besser ist als eine Justiz, die von den Parteien wenigstens einigermaßen an die Kandare genommen wird? Was wollen Sie eigentlich? Eine Diktatur der Justiz? Darüber sollten Sie einmal mit Silvio Berlusconi reden.
Wer ist denn Silvio Berlusconi? will der Androide wissen.

Sie haben es natürlich sogleich bemerkt: Den Androiden gibt es sowenig wie den Holzkopf, der ihn mit dämlichen Antworten abspeisen will. Den allerdings könnte es geben. Und so ganz und gar Unrecht hat der Androide auch wieder nicht, wenn er meint, daß eine echte repräsentative Demokratie nicht existiert. Woher sollte er wissen, daß man das nicht laut sagen darf, denn die Demokratie ist eine Heilslehre, die von allen Bürgern fromme Gläubigkeit verlangt. Nichts, gar nichts darf den Glauben erschüttern, daß der gegenwärtige Zustand der Demokratie bis zum Ende aller Tage die beste aller Staatsformen ist und für alle Zeiten bleiben wird. Nichts, gar nichts darf die Gewißheit in Frage stellen, daß die historische Entwicklung ausgerechnet in unseren Tagen für immer zum Stillstand kommt und auf das noble demokratische Experiment niemals mehr etwas Besseres folgen kann. Zum Beispiel eine

* Die Staatsministerin der Justiz Dr. Beate Merk hat die Richterschaft aufgefordert, »den Primat der Politik zu respektieren« (vor dem Bayrischen Richter-Verein am 18. 3. 2004).
** Immanuel Kant: »Das Recht muß nie der Politik, wohl aber die Politik jederzeit dem Recht angepaßt werden.«
***BGH (Az:2 BvR 1315/05).

echte repräsentative Demokratie mit einer von Parteien und Politikern unabhängigen Justiz, mit einer wirklichen Trennung der legislativen, exekutiven und judikativen Gewalt, einem Wahlkampf, der mit Fakten und nicht mit Reklame bestritten wird, und mit unabhängigen Repräsentanten in den Parlamenten, die allein nach ihrem Gewissen abstimmen.

Am 1. September 1948 versammelten sich im Bonner Museum König die Mitglieder des Parlamentarischen Rates, um eine demokratische Verfassung niederzuschreiben. Sie brauchten dazu neun Monate. Einer der Autoren war der Richter, Politiker und Staatsrechtler Carlo Schmid. Viele Jahre später, nach einem Interview über das Verhältnis zwischen Politikern und Intellektuellen in Deutschland, kam die Rede auf den Umgang der politischen Parteien mit dem Grundgesetz. Carlo Schmid war bereit, etwas über die Kluft zu sagen, die sich zwischen Verfassung und Verfassungswirklichkeit aufgetan hatte. Mit der Bedingung allerdings, daß wir seine Anmerkungen bis nach seinem Tod unter Verschluß halten würden. Das versprachen wir.

Die Rollen mit dem 16-mm-Film und dem synchronen 16-mm-Perfoband wurden versiegelt in einem Schrank im Büro des Senders untergebracht. Als Carlo Schmid im Dezember 1979 starb, drehten wir gerade in den USA. Wir riefen im Sender an und veranlaßten, Bild und Originalton aus dem Schrank zu nehmen und einschlägigen Redaktionen zur Ausstrahlung anzubieten. Die Bänder wurden gefunden, verschwanden dann aber spurlos. Vermutlich hatte einem der im Sender tätigen Parteisoldaten nicht gefallen, was Carlo Schmid über den Umgang der Parteien mit der Verfassung gesagt hatte.

Wenn Leser und Zuschauer nicht ihre Zeitungen verbrennen und ihre Fernsehgeräte aus den Fenstern werfen, die ihnen täglich vom desolaten Zustand der Demokratie berichten, dann hat das wahrscheinlich etwas mit der elenden Stammtischweisheit von Winston Churchill zu tun, die Demokratie sei von vielen schlechten Staatsformen immer noch die beste.* Wozu sich also um eine bessere bemühen?

Donato Giannotti** war es, der wahrscheinlich als einer der ersten im sechzehnten Jahrhundert die Regeln eines demokratisch-republikanischen Staatswesens beschrieben hat: »Gesetzgeberische und außenpolitische Entscheidungen«, so Giannotti, »sollen von wenigen Gewählten vorgeschlagen, ausgearbeitet und diskutiert werden, sodann von vielen oder allen Bürgern beraten und beschlossen und schließlich wiederum von wenigen dafür Gewählten ausgeführt werden.« Wobei die wenigen, die vorschlagen, streng von den vielen, die entscheiden, zu trennen seien. Die Ausführung des von den vielen Beschlossenen wiederum könne, so Donato Giannotti, durch die wenigen erfolgen, weil sie mehr von der Sache verstünden, denn sie hätten alle Argumente gehört.

Der britische Staatsmann John Stuart Mill*** hat dreihundert Jahre nach Giannotti in seinen *Considerations on Representative Government* vorgeschlagen, die Macht einer womöglich aufgehetzten, desinformierten oder durch Propaganda manipulierten Mehrheit durch intelligente Minderheiten zu kontrollieren und notfalls einzuschränken. Denn, so der mit ihm befreundete und gleichaltrige französische Richter und Staatsmann Alexis de Tocqueville, »wenn die demokratischen Völker an die Stelle aller verschiedenen Mächte ... die absolute Macht einer Mehrheit stellen würden, so hätte das Übel nur ein anderes Aussehen bekommen ... sie hätten [dann] nur eine neue Abart der Knechtschaft entdeckt«.

John Stuart Mill fürchtete, daß eines Tages sogar ein aus

---

* Democracy is the worst form of government, except for all those other forms that have been tried from time to time.
** 1492–1573.
*** 1806–1873.

guten Gründen aus dem Parlament verbanntes Plebiszit ins Parlament zurückgeholt werden könnte. Die Parteien haben diese Befürchtung inzwischen erfüllt. Sie unterwerfen sich oft Meinungsumfragen und handeln somit, als gäbe es ein Plebiszit.* Stuart Mills Forderung nach einer Begrenzung der Macht von Mehrheiten durch qualifizierte Minderheiten führte zum inzwischen parteitaktisch mißbrauchten Instrument des »electoral college«, also der Wahlmänner in den USA.

Der zweite demokratische Präsident der Neuzeit, John Adams**, hatte sechzig Jahre vor Tocqueville und Mill geschrieben: »Die Menschheit wird irgendwann merken, daß ungezähmte Mehrheiten so tyrannisch und grausam sein können wie unumschränkte Despoten.«

Sucht man nach den Ursachen für die Entartung der Demokratie, dann sind das neben menschlicher Unzulänglichkeit vor allem die politischen Interessengruppen, genannt Parteien. In Deutschland haben sie sich durch das inzwischen mehrfach novellierte Parteiengesetz vom 24. Juli 1967 eine Zuständigkeit angeeignet, die ihnen die Verfassung ausdrücklich verweigert. Sie sollen laut Grundgesetz an der Willensbildung »mitwirken«, nur *mit*wirken. Im Parteiengesetz haben sie sich selbst »dauernd« Zuständigkeit für alles und jedes und noch dazu »auf allen Gebieten des öffentlichen Lebens« erteilt. Sie ernennen seither ungeniert Chefärzte, Theaterintendanten, Bankdirektoren, Fernsehdirektoren und sogar Fußballfunktionäre.

---

* Der Vater der modernen PR, Edward L. Bernays, hatte schon in den dreißiger Jahren vor der Gefahr durch Meinungsumfragen gewarnt: Sie könnten dazu führen, daß die politisch Verantwortlichen nicht mehr das Notwendige entscheiden, sondern nur den Launen und Vorlieben der Befragten folgen. L. Penny, *Your Call is Important to Us*, New York 2005.

** 1735–1826, Vizepräsident George Washingtons, zweiter Präsident der Vereinigten Staaten von 1797 bis 1801.

Den Wählern reden sie ein, daß sie nicht nur Wahlen und ein Parlament zu organisieren hätten, sondern weit darüber hinaus die eigentlichen Träger der Demokratie seien.

Der erste demokratische Regierungschef der Neuzeit, George Washington*, hat in seiner »farewell-adress« vom 19. September 1796 geschrieben: »Laßt mich auf das eindringlichste vor dem verderblichen Einfluß der Parteien warnen!« Washington war vermutlich einer der letzten demokratischen Politiker der Neuzeit, der noch wußte, wann es Zeit ist, sich zu verabschieden. Als General hatte Washington dies getan, als er nach dem Kampf um die Unabhängigkeit seinen Degen zurückgab. Ein zweites Mal hatte er es getan, als er auf eine dritte Amtszeit verzichtete, obwohl er die Wahl mühelos gewonnen hätte.** George Washington war davon überzeugt, daß eine demokratische Konföderation nicht von Menschen, sondern vom Gesetz regiert wird. Er hatte Abstand zu beiden Parteien gehalten. Selbst Washingtons Zeitgenosse und politischer Gegner Thomas Jefferson***, einer der Geburtshelfer der Parteien, sprach aus, was viele dachten: »Wenn ich nur mit Hilfe einer Partei in den Himmel käme, würde ich lieber auf den Himmel verzichten.«

Washington hatte in das erste demokratische Kabinett der Neuzeit Minister aus beiden politischen Lagern berufen. General Alexander Hamilton, Führer der Föderalisten, war sein Schatzminister und legte den Grundstein zur finanziellen Macht der Union. Obwohl Washington eher ihm und dessen

---

* Erste Amtszeit von 1789 bis 1793, zweite Amtszeit von 1793 bis 1797.
** Traditionell blieben die Präsidenten der USA seit George Washington höchstens zwei Legislaturperioden im Amt. Verfassungsrechtlich begrenzt wurde ihre Amtszeit auf zweimal vier Jahre aber erst am 27. 2. 1951 durch das Amendment XXII (Verfassungszusatz 22).
***1743–1826, Präsident der Vereinigten Staaten von Amerika von 1801 bis 1808.

föderalistischer Partei zuneigte, auch wenn er die zahllosen Frauenaffären Hamiltons nicht besonders schätzte, hatte er dem Führer der demokratischen Republikaner, Thomas Jefferson, »wegen Ihres Talents und Ihrer Begabung« das wichtigste Amt nach dem Präsidenten anvertraut und ihn zum Secretary of State gemacht. Das Amt reichte damals weit über das eines Außenministers hinaus. Er war neben der Außenpolitik auch zuständig für das Innenressort, das Landwirtschaftsressort, das Wirtschaftsressort und für die Marine. Die Berufung Jeffersons ins Kabinett war so, als hätte Konrad Adenauer Willy Brandt zum Außenminister und Vizekanzler gemacht oder Helmut Schmidt Franz Josef Strauß zum Innenminister. Jeffersons Republikaner waren die Vorläufer der heutigen Demokraten. Sie nannten sich aber nicht so, weil die Bezeichnung »demokratisch« in den letzten Jahren des achtzehnten und den ersten Jahren des neunzehnten Jahrhunderts negativ besetzt war. Die »demokratischen« Exzesse der Französischen Revolution steckten vielen noch in den Knochen.

Die Föderalisten sahen durch die Verteilung der politischen Macht die nationale Einheit gefährdet, während die damaligen Republikaner eher in der zunehmenden Zentralisierung eine Bedrohung sahen. Besonders Jefferson sah das so. Wenigstens, solange er nicht selbst Präsident war. Washingtons Vizepräsident und Nachfolger im Amt, John Adams, war davon überzeugt, daß politische Parteien mit ihrem Egoismus sogar die Union gefährden könnten: »Nichts fürchte ich mehr als die Trennung der Republik in zwei große Parteien, deren jede sich um einen Führer schart und [nur noch] gegeneinander handelt.«

Die Urheber der ersten demokratischen Verfassung der Neuzeit hatte der Gedanke schaudern lassen, daß sich irgendwann mächtige politische Parteien herausbilden könnten. Sie hatten daher eine Verfassung verabschiedet, die deren Existenz einfach ignorierte. Parteien galten als »der üble Geist einer Republik« (Washington).

Alexis de Tocqueville hatte dann Mitte des neunzehnten Jahrhunderts noch einmal gewarnt: »[Die Parteien] bilden ein Volk im Volke, einen Staat im Staate ... darin den Repräsentanten der Mehrheit vergleichbar. Wie diese treten sie auf mit dem trügerischen Anspruch, die Nation zu vertreten, und mit dem ganzen daraus entstehenden moralischen Gewicht ... Und wenn eine Partei erst einmal an die Herrschaft gelangt ist, [geht] die gesamte öffentliche Gewalt in ihre Hände über; ihre Freunde besetzen alle Stellen und verfügen über die gesamte organisierte Macht.«[*]

Tocqueville sah den politischen Parteien eine Bürokratie auf dem Fuß folgen, die autoritäre Züge haben würde: »Ich behaupte, daß die öffentliche Verwaltung ... sich nicht nur inquisitorischer um die Einzelheiten des staatlichen Lebens kümmert, sondern allenthalben weiter als früher in das Privatleben vordringt. Immer mehr, immer unbedeutendere Vorgänge regelt sie auf ihre Weise. Sie breitet sich mit jedem Tag mehr aus, neben dem einzelnen, um ihn herum und über ihm, um ihm beizustehen, ihn zu beraten und zu vergewaltigen.«

Auch der Charakter demokratischer Führer scheint sich im Lauf der Jahrhunderte verändert zu haben. Alexander Hamilton war im Juli 1804 von seinem politischen Gegner, dem Vizepräsidenten Colonel Aaron Burr, in einem Duell erschossen worden. Der General hatte Burr bei einem privaten Abendessen im Haus des Richters James Kent einen gefährlichen Mann genannt, dem man nicht trauen dürfe, und Burr hatte Hamilton das Schlimmste unterstellt, was man damals einem amerikanischen Politiker unterstellen konnte, nämlich die Absicht, die Monarchie wiedereinzuführen, deren Abschaffung so viel Blut gekostet hatte.

---

[*] Alexis de Tocqueville, *Über die Demokratie in Amerika*, Frankfurt a. M. 1956. Daraus auch die folgenden Zitate.

Zweihundert Jahre später wirft sich die politische Klasse vom Landesverrat über Zuhälterei bis zur Amtsunfähigkeit alle nur erdenklichen Beleidigungen an den Kopf, ohne daß die Beschimpften besonders irritiert wären. Wenn die Mehrheitsverhältnisse eine Koalition erzwingen, duzen und umarmen sich Politiker, die sich gerade noch beschimpft und verleumdet haben, denn die Macht ist süß.

Auch der Charakter der Wähler scheint sich geändert zu haben. Abraham Lincoln würde heute weder in den USA noch sonstwo gewählt. Wenn er etwas sagt, dann ist es oft von beißender Ironie. Als er sich weigert, Deserteure an die Wand stellen zu lassen, und seine Nachsicht begründen muß, sagt er, die armen Teufel sterben doch vor Angst, wenn man sie vor ein Erschießungskommando schleppt. Als ihn ein entgeisterter britischer Botschafter in der präsidialen Residenz beim Schuhputzen vorfindet, entfährt ihm: »Mr. President! Sir! You shine your own shoes?!« Lincoln: »Whose shoes do you shine?«*
Seine Gestalt ist dürr, er hat abstehende Ohren, viel zu lange Arme und ständig wirre Haare. Sein Gesicht ist so zerknautscht wie seine Anzüge. Karikaturisten zeichnen ihn oft als Gorilla. Leute, die ihn näher kennen, vermuten, daß er mit depressiven Schüben kämpft. Seine Antrittsrede zur zweiten Amtsperiode am 4. März 1865 nach dem Elend und dem Horror eines Bürgerkriegs ist sehr kurz, und das von Lincoln handgeschriebene Manuskript ist voller orthographischer Fehler. Unter Politologen gilt diese Rede dennoch als die beste Antrittsrede, die je ein Präsident bei seiner Amtseinführung gehalten hat. »With malice toward none; with charity for all; with firmness in the right …«**

---

* »Sir, Sie putzen Ihre eigenen Schuhe?!« Lincoln: »Wessen Schuhe putzen Sie denn?«
** Groll gegen keinen; Mitgefühl für jeden; Entschlossenheit für das Rechte …

Er bittet nicht darum, nein, er ordnet an, für die Opfer des Kriegs zu sorgen, er befiehlt Versöhnung und Zusammenhalt.

Der Irrglaube, Demokratie müsse im Interesse des Weltfriedens rund um den Globus erzwungen werden, ist in den letzten Jahrzehnten zum Glaubenssatz geworden. Es handelt sich um die umstrittene Theorie vom demokratischen Frieden. Sie besagt, daß Kriege zwischen Demokratien unmöglich oder wenigstens unwahrscheinlich seien. Ihre Verfechter – und das sind fast alle zeitgenössischen westlichen Politiker – meinen, daß Kriege verhindert werden könnten, wenn es gelänge, mit wirtschaftlichem Druck oder militärischer Gewalt möglichst viele Länder der Erde zur Demokratie zu bekehren.

Der Politologe Roland Kley von der Universität Basel schreibt[*], die Theorie des demokratischen Friedens sei zu einem Gemeinplatz geworden. Die Pariser Charta der KSZE berufe sich ebenso darauf wie die »Agenda for Peace« der UNO. Das könne »leicht zu ideologischen Kreuzzügen, zu militärischen Abenteuern und zur Überdehnung der eigenen Macht« des Westens führen. Die Theorie vom demokratischen Frieden sei vor allem ein Ausdruck amerikanischen Selbstverständnisses und hauptsächlich in den Vereinigten Staaten entwickelt worden. Sie spiele daher vor allem in der außenpolitischen Rhetorik der USA eine Rolle. Tatsächlich weist Präsident George W. Bush in jeder seiner Reden darauf hin, daß der Weltfriede nur über eine Demokratisierung durch die militärische und wirtschaftliche Macht der USA und ihrer Verbündeten gesichert werden könne. Neben wirtschaftlichen und sicherheitspolitischen Interessen war es diese Theorie, die Amerika zum Engagement in Südostasien, auf dem Balkan, in Afghanistan, im Irak und in anderen Regionen der Erde veranlaßt und

---

[*] Roland Kley, *Der Friede unter den Demokratien,* Göttingen 1999.

das Land nicht nur hoffnungslos verschuldet, sondern an den Rand seiner militärischen Leistungsfähigkeit gebracht hat. Insider des Pentagon meinen, daß die Streitkräfte der USA schon jetzt nicht mehr in der Lage seien, einem Angriff etwa der hochorganisierten syrischen Streitkräfte oder einer kleinen Nuklearmacht zu widerstehen, ohne sich und die ganze Erde in die Steinzeit zu bomben. Der »militärisch-industrielle Komplex«* einer gigantischen Rüstungsindustrie redet der politischen Führung ein, daß Demokratisierungskriege mit ihren Produkten schnell und leicht zu gewinnen seien. Ihr Marketing gaukelt eine militärische Schlagkraft vor, die es nicht gibt und die gegenüber Insurgenten auch sinnlos wäre, selbst wenn es sie gäbe. Sie macht Reklame für Spionagesatelliten, die angeblich jede Zigarettenschachtel auf der Erdoberfläche erkennen, aber die Abschußrampen von Scud-Raketen nicht finden. Von der Rüstungsindustrie als zuverlässig angebotene Zielaufnahmen täuschen Treffer vor. Ein Experte des Pentagon gab zu, daß von hundert Abschußrampen, die im zweiten Irakkrieg nach den Zielaufnahmen als zerstört galten, nicht eine einzige tatsächlich getroffen worden war.** Daß die Amerikaner des Fanatismus von Insurgenten mit ihrem ebenso kostspieligen*** wie untauglichen Arsenal nicht Herr werden, hat sich sowohl in Vietnam, in Afghanistan, in Somalia, im Irak und anderen Regionen gezeigt. Pessimistische amerikanische

---

* Präsident Dwight D. Eisenhower in dem Film *Good Night, and Good Luck,* Warner 2005.
** *The New Yorker,* 13. 12. 2004.
***Die Kosten des zweiten Irakkriegs liegen zur Zeit wahrscheinlich über 2 Billionen US-Dollar. Bob Herbert, *New York Times* 23. 3. 2006. Die katastrophale nationale Verschuldung in Höhe von 8 Billionen ist vermutlich nur die Spitze des Eisbergs. Die innere und äußere Verschuldung der USA liege über 70 Billionen US-Dollar, so Kevin Philips, *American Theocracy,* New York 2006, und Alan Brinkley *New York Times* 19. 3. 2006.

Kommentatoren sehen ein Ende des amerikanischen Imperiums heraufdämmern.

In seiner Geschichte des Peloponnesischen Kriegs (431–404 n. Chr.) beschreibt Thukydides eine vergleichbare Überdehnung der Macht der imperialen Demokratie von Athen beim Versuch, die eigene Vorherrschaft gegenüber Sparta zu sichern. Diese Überdehnung führte schließlich zum Zusammenbruch der Demokratie Athens.

Reporter versuchen hin und wieder Sachverhalte mitzuteilen, die politisch unerwünscht sind. Nicht nur in autoritären Systemen, sondern auch in Demokratien gibt es Sprachregelungen, die das entweder gar nicht oder nur sehr ungern zulassen. Verstöße werden allerdings entweder nicht oder wenigstens nicht drakonisch bestraft.

Alexis de Tocqueville: »Der (demokratische) Machthaber sagt nicht: Du denkst wie ich, oder du stirbst. Er sagt: Du hast die Freiheit, nicht zu denken wie ich. Leben, Vermögen, alles bleibt dir erhalten, aber du bist ein Fremder unter uns … Wenn du dich einem von deinesgleichen näherst, so wird er dich fliehen, sonst meidet man auch ihn.«

Wer den Verfall der repräsentativen Demokratie nicht hinnimmt, wird zum Feind der Demokratie erklärt. Wer Korruption und Selbstherrlichkeit der politischen Parteien anprangert, dem wird unterstellt, den Rückfall in die Diktatur zu wollen. Wer die Regelwut und die Arroganz einer gesichtslosen Bürokratie und die autoritäre Machtzusammenballung eines europäischen Superstaats nicht gutheißt, verrät Europa. Wie jede Demagogie, so bedient sich auch die des demokratischen Marketings aus dem Fundus der schrecklichen Vereinfachungen.

Alexis de Tocqueville, der all das ahnte, war mit 22 Jahren Richter in Versailles, dann Abgeordneter in Paris, später kurze Zeit Außenminister der Zweiten Republik. Außerdem war er Mitglied der Académie Française. Die französische Regierung hatte ihn von 1832 bis 1833, also im Alter von 26 Jahren, in die Vereinigten Staaten geschickt, damit er dort die Justiz und den Strafvollzug studiere. Was ihn wesentlich mehr interessierte, war die sogenannte Demokratie, die damals noch ganz jung war.

Der erschlossene Teil des Kontinents war vom Elend und Blutvergießen innerer und äußerer Konflikte, von Korruption, politischen Intrigen und der Machtgier ideologischer Pressuregroups zerrissen. Sie zu einer Union von vereinigten Staaten zu machen schien gegen Ende des achtzehnten Jahrhunderts ein aussichtsloser Versuch. Benjamin Franklin* war damit schon 1754 gescheitert. Die Einigung wurde später dann doch in einem mühsamen und Jahre dauernden Prozeß erreicht. Unter anderem, weil man die Verfassung und die Bill of Rights (die ersten zehn Amendments) nicht zu einem Monstrum an Gesetzen, Vorschriften und Ausführungsbestimmungen aufblähte, um darin auch noch das nebensächlichste Partikularinteresse der beteiligten Staaten unterzubringen. Die Verfassungstexte beschränkten sich auf wenige Prinzipien, denen viele zustimmen konnten. Zumal die Staaten die Freiheit hatten, ihre Angelegenheiten unterhalb der Verfassung selbst zu regeln.

Eben weil er kein Feind der Demokratie sei, schrieb Tocqueville, nachdem er sich aus seinem Amt als Außenminister zurückgezogen hatte, weise er auf ihre Mängel hin: »... und diese Mängel wachsen mit der Macht der Mehrheit.« Und: »Ich wollte die Demokratie kennenlernen, und sei es auch nur, um zu erfahren, was wir von ihr zu erhoffen oder zu befürchten haben.«

Tocqueville war einerseits fasziniert von einer Staatsform, die davon ausging, daß alle Menschen gleich viel wert sind, obwohl sie doch offensichtlich höchst unterschiedlich intelligent, unterschiedlich begabt, unterschiedlich fleißig und

* 1706–1790.

unterschiedlich geneigt waren, dem Gemeinwohl zu dienen. Andererseits befürchtete er, je mehr die Unterschiede der Menschen geleugnet und je ähnlicher sie einander gemacht würden, desto mehr »sickere das Dogma von der Gleichheit ihrer Verstandeskräfte in ihren Glauben ein«.

Die Gleichmacherei war es, die ihn am meisten beunruhigte, weil sie, wie er vermutete, einer bürokratischen Regelwut Tür und Tor öffnen und zu Mittelmaß nicht nur in der Politik, sondern in fast allen Bereichen der Gesellschaft führen könne. Das »Aufkommen herausragender Frauen und Männer« werde, so meinte er, unter dem Druck eines »übermächtigen Sozialtotalitarismus« wenn nicht verhindert, so doch erschwert.

Tocqueville befürchtete, daß sich die Menschen in dieser neuen und revolutionären Staatsform nicht mehr durch Geburt, Stand, geschweige denn Intelligenz oder Leistung unterscheiden würden, sondern nur durch ihre Fähigkeit, Geld anzuhäufen: »Was für unsere Väter ekelhafte Raffgier war, gilt dann als Verdienst.«

Heute, 150 Jahre nach Tocqueville, schreibt Jean-Marie Guéhenno in *Das Ende der Demokratie*, die immer häufigeren Finanzskandale in den großen Demokratien seien keine Anomalie. Sie ergäben sich logisch aus dem Triumph der »einzigen uns noch verbleibenden Universalität: der des Geldes«*.

Wie werden Politologen, wie werden Chronisten unterschiedlicher Provenienz, vom Historiker bis zum Reporter, damit fertig, daß die repräsentative Demokratie zu einem Zeitpunkt weltweit und notfalls mit Gewalt durchgesetzt werden soll, an dem nicht mehr zu übersehen ist, daß sie zu einer leeren Anmaßung zu werden droht?

Im Sommer 2005 hat sich die deutsche Politik weit von der

---

* Jean-Marie Guéhenno, *Das Ende der Demokratie*, Düsseldorf 1998.

repräsentativen Demokratie entfernt und einer bloßen Parteiendemokratie angenähert. Unbemerkt von einer breiten Öffentlichkeit und kaum kommentiert von der Presse. Das Bundesverfassungsgericht in Karlsruhe beugte sich mit einer Mehrheit von 7 zu 1 dem Wunsch der Parteien nach einer Auflösung des Parlaments und nach Neuwahlen. Mit seiner Entscheidung hat das Gericht eine fingierte und daher von der Verfassung nicht gewollte Vertrauensfrage als Anlaß für Neuwahlen hingenommen. Nicht nur die Parteien haben also taktische Opportunität über die Verfassung gestellt, sondern sogar die Verfassungsrichter. Letztere hielten, wie aus der Urteilsbegründung hervorgeht, die Einschätzung von Parteipolitikern für wichtiger als Artikel 38 der Verfassung und § 3/I der Geschäftsordnung des Bundestags, die eine Stimmabgabe verlangen, die der ehrlichen Überzeugung der Abgeordneten entspricht. Der fingierten Vertrauensfrage folgte dann die ebenfalls fingierte Wahl einer Bundeskanzlerin, bei der Abgeordnete angewiesen wurden, für eine Politikerin zu stimmen, die sie bis dahin bekämpft hatten. Im Zuge der Neuwahlen wurde später gleich auch noch Artikel 65 Grundgesetz auf kaltem Wege außer Kraft gesetzt, in dem es heißt: »Der Bundeskanzler bestimmt die Richtlinien der Politik …« Die Einpeitscher von SPD und CSU stellten ungeniert fest, daß dieses Gebot der Verfassung nicht »lebenswirklich« sei (Müntefering) und daß es »kein klassisches Weisungsrecht« einer Bundeskanzlerin gebe (Stoiber). Die Verantwortung für die Politik der Bundesrepublik Deutschland durch eine von der Verfassung bestimmte Richtlinienkompetenz des Bundeskanzlers oder der Bundeskanzlerin wurde ausgehebelt, um den Parteien mehr Spielraum und damit mehr Macht zu geben, als ihnen die Verfassung zugesteht.*

---

* Niccolò Machiavelli: Wenn es Brauch wird, die Verfassung zu guten Zwecken zu brechen, bricht man sie schließlich auch zu schlimmen Zwecken.

Kann man also behaupten, daß die repräsentative Demokratie bei uns und auch sonstwo gescheitert ist? Obwohl uns Millionen um sie beneiden? Obwohl in demokratischen Ländern weniger Menschen verhungern und mehr Menschen älter werden als in undemokratischen Ländern? Nein, das kann man nicht. Aber man kann behaupten, daß sie dabei ist zu scheitern.

Reporter kommen herum. Nicht in Sonderflugzeugen, nicht in kugelsicheren Staatskarossen. Sie sind nicht zu Staatsbanketten eingeladen und werden nicht in Luxushotels kaserniert. Sie reden daher mit den Leuten, die in undemokratischen Ländern daheim sind. Dort sagen die einen, daß sie selbst für eine nur pseudodemokratische Staatsform unendlich dankbar wären, während andere skeptisch sind und manche sogar Angst vor der Demokratie haben. Ein paar unwichtige Freiheiten, sagen sie, würden mit einem verheerenden Anwachsen von Korruption bezahlt. Die Kluft zwischen reich und arm sei in einer Demokratie noch viel schmerzlicher als vordemokratische Armut und vordemokratischer Mangel. Sie sähen auch keinen Grund, ihre kriminellen Kleptokraten gegen die legale Raffgier von Banken, Konzernherren und Aufsichtsräten einzutauschen. Die korrupten Familienclans, von denen sie regiert würden, kämen das Land unter dem Strich billiger als die Fehler und Kompromisse demokratischer Politiker, die Abfindungen von Aufsichtsratsvorsitzenden oder das Versikkern von Steuergeldern in sinnlosen Projekten oder korrupten Machenschaften. Demokratische Politiker, sagen sie, seien nicht weniger verlogen als undemokratische. Gefoltert würde auch in Demokratien, gehungert und betrogen würde dort auch. Ihre schlimmsten Despoten tauschten gerade in einem ihrer Paläste mit westlichen demokratischen Staatsmännern Trinksprüche aus, damit die dann daheim erzählen können, man habe in freundschaftlicher Atmosphäre irgendwelche Einverständnisse erzielt.

Wenn man den Leuten in solchen Ländern sagt, selbst mit so

einem Staatsbesuch sei die Demokratie doch wenigstens ein kleines Stück weitergekommen, dann meinen sie, das eben sei es, was sie befürchteten. Was interessiert es einen Kumpel in der Tunguska, der nicht genug verdient, um seine Kinder zu ernähren, was kümmert es den Polizisten in Damaskus, der sich keine Schuhe leisten kann, wenn er sich nicht bestechen läßt, was den Campesino, der in Nicaragua Zuckerrohr schlägt, oder die Frau, die mit einem Baby auf dem Rücken auf einem Maisfeld in Afrika schuftet, was kümmert sie alle die Freiheit der Kunst oder die Möglichkeit, Leitartikel zu verfassen, ohne dafür eingesperrt zu werden? Sie glauben es einfach nicht, daß solche Freiheiten eine Voraussetzung dafür sind, daß sich ihr Leben bessert.

In moslemischen Ländern fürchten nicht nur Fanatiker eine Freiheit, die sie als Zügellosigkeit empfinden. Sie fürchten, daß ihre Frauen oder ihre Söhne mit dem Nachbarn, mit der Nachbarin oder mit beiden ins Bett gehen, wie sie es in westlichen Filmen sehen. Sie haben Angst, daß ihre Töchter keinen Mann, aber Kinder kriegen, bevor sie eine Familie haben, die einmal für sie sorgen kann, wenn sie alt sind. Sie begreifen die Regeln nicht, die Frauen dazu bringen, ihre sekundären Geschlechtsmerkmale zu präsentieren, nur um nach der Polizei zu rufen, wenn Männer das so verstehen, wie es doch offensichtlich gemeint sein muß.

Der Reporter versucht ihnen einzureden, daß man sich an alles gewöhnt, an Korruption, an nackte Haut, verlogene Politik, minderjährige Mütter, Raffgier und den neuen Unterschied zwischen arm und reich. Er erzählt ihnen von den Werten der Menschlichkeit, der Gleichberechtigung, der Chancengleichheit, der Meinungsfreiheit und von der Solidarität des sozialen Gewissens und blickt dabei in verständnislose Gesichter. Irgendwann zweifelt er, ob es richtig ist, beschädigte Ware zu exportieren oder auch nur gute Ware jemandem aufzudrängen, der sie gar nicht haben will.

Vielleicht ist die repräsentative Demokratie eine Utopie, die sich der Verwirklichung entzieht. Trotzdem hat sich diese Utopie ein paar Jahrhunderte lang gehalten, und der Versuch, ihr wenigstens näherzukommen, hat zu so etwas wie Fortschritt geführt. Eine Generation, die diesen Versuch aufgibt, weil sie glaubt, alles erreicht zu haben, tut sich schwer, Ungläubige zu bekehren. Intelligente Bomben, westliches Kapital und westliche Medien allein überzeugen niemanden. Wenn die Erben jetzt auch noch damit beginnen, die seit Jahrtausenden bekannten Grundsätze eines freiheitlichen Staatsmanagements über Bord zu werfen, nur um die Utopie auf eine erbärmliche parteipolitische Wirklichkeit herunterzustutzen, dann ist der endgültige Verfall dessen sicher, was sie Demokratie nennen. Entscheidend scheint zu sein, ob es eine Mehrheit gibt, die den Versuch fortsetzt, der Utopie näherzukommen. Gegen die Arroganz der politischen Parteien, gegen die Servilität von Verfassungsrichtern, gegen den Egoismus von Interessenverbänden, gegen weltliche und religiöse Engstirnigkeit und gegen den Schwindel parteipolitischen Marketings. Entscheidend ist vermutlich, ob es diese Mehrheit gibt, und wenn ja, ob sie aufgibt oder nicht.

Vor vielen Jahren hat uns ein französischer Dramatiker nach einem Interview einen seiner Texte mitgegeben. Im Dialog sagt jemand, der erfahren hatte, daß es unmöglich ist, einen anderen Menschen auch nur einen einzigen Tag lang ohne Vorbehalt zu lieben: »Versucht es, versucht es trotzdem.«

Brigitte Seebacher
Willy Brandt

446 Seiten. Gebunden

»Wenn du jetzt nicht schreibst, wer dein Vater ist, arbeite ich
nicht weiter mit an deinem Text!« Diese Szene beleuchtet,
warum Brigitte Seebacher ein einzigartiges Buch über Willy
Brandt geschrieben hat: Sie vermag vieles zu sagen, was der
oft so verschlossene Mann ihr anvertraut hat. Einfühlsam, wie
es nur jemand kann, der jahrelang mit Willy Brandt gelebt
und geredet hat, zeichnet sie sein Porträt. Und zugleich wertet
sie mit der Kompetenz der ausgewiesenen Historikerin und
Journalistin das bislang unbekannte Quellenmaterial aus, zu
dem ausschließlich sie Zugang hat. So werden beispiels-
weise viele der immer weiter wuchernden Legenden rund um
den Rücktritt als Bundeskanzler 1974 widerlegt. Unbekannte Zusammenhänge werden sichtbar, die helfen, die
politische und menschliche Ausnahmeerscheinung Willy
Brandt zu verstehen.